与会人员合影

王毓瑚先生 1929 年在德国慕尼黑

王毓瑚先生 50 年代在罗道庄北京农业大学校区

王毓瑚先生 1972 年手术后在北京农业大学平房

1974年王毓瑚先生与夫人在紫竹院公园

王毓瑚先生1975年

王毓瑚先生1975年在圆明园遗址西洋楼前

1980年10月15日王毓瑚先生在北京农业大学小楼与胡道静、吴德铎夫妇及杨直民、董恺忱、詹玉荣、阎万英合影

1980年10月王毓瑚先生最后一次参加全国农史会议

历史视角中的“三农”

——王毓瑚先生诞辰一百周年纪念文集

李　军　王秀清　主编

中国农业出版社

前　言

2007年12月22日是中国著名农史专家、经济史学家、农书目录专家、中国农业大学（原北京农业大学）教授王毓瑚（1907—1980）诞辰一百周年，为纪念这位国内外知名学者，先生生前工作过的中国农业大学经济管理学院和中国农业大学图书馆在北京联合举办了“纪念王毓瑚先生诞辰一百周年暨历史视角中的‘三农’学术研讨会”。来自中国社会科学院、中国科学院、中国农业博物馆、北京大学、北京师范大学、首都师范大学、人民出版社、中国农业出版社等驻京高校、科研单位的学者以及《光明日报》、《经济日报》、《农民日报》等新闻媒体的记者和王毓瑚先生的亲属、生前好友约50余人出席了本次研讨会。

会议为期一天，上午举行了纪念王先生的座谈会。中国农业大学副校长郭大、经济管理学院院长王秀清、图书馆馆长何秀荣、前馆长杨直民等高度评价了王毓瑚先生的生平事迹、人格风范；农史学界的专家董恺忱、李根蟠、闵宗殿等回顾了王先生在学术上的杰出贡献。他们一致认为，本次研讨会的召开必将推进农大农史学科的发展。王先生的哲嗣、陕西省社科院的王京阳研究员代表亲属对本次会议的举办表示感谢。下午举办了以“历史视角中的三农”为题的学术研讨会，学者们围绕历史与现实中的三农问题展开了热烈的讨论，内容涉及农业财政、农产品贸易、区域农业经济、农业技术、农业推广、荒政等各个方面，时间纵横古今，研究方法呈现多元化，既有传统史学的研究，也有经济学、行政管理学等方法的运用，充分反映了农史学界研究的趋势。

研讨会结束后，决定出版纪念文集。纪念文集的编辑得到各位学者的响应，在会上发言的学者纷纷将其发言稿或文章整理发送过来，因故缺席本次会议的学者也通过各种方式表达了对本次会议的关注。正是在众多学者的热忱帮助和大力支持下，纪念文集才得以顺利编撰完成。

按照会议的进程，纪念文集分为上、下两编。其中，上编是纪念性的文章，收录学者、亲属、友朋回顾王先生生平事迹、学术贡献的文章。下编收录学者们关于中外古今农业问题的论文，并按照内容和时间进行了分类。需要说明的是，由于学者的研究领域不同，所做文献注释、文章格式也存在差异，本文集保存原貌未做统一，同时希望这些体例能反映不同学科对农史研究的关注。书末收录了王毓瑚先生撰写的《略论中国古来农具的演变》一文，该文虽然在《王毓瑚论文集》中收录过，但当时未保存图片，为反映先生研究的原貌，本纪念文集将先生当年手绘的农具图片一并录入。

最后，我们对支持本次会议的方方面面人士表示最诚挚的谢意！

编　者

2008年7月

目录

上　编

高明独断　恢宏大度

——略谈王毓瑚先生的学术风格

李根蟠

（中国社会科学院经济研究所）

一

上世纪70年代末，我在《在中国农业科学》杂志工作，组织和处理农史方面的稿件是我的工作任务之一。我从陈道先生处得知，王毓瑚先生正在撰写中国农业史方面的系列文章，为此我到北京农业大学拜访他。拜访的另一个目的是请教。当时我迫切需要在经历长期政治运动后把荒废的学业重新抓起来，跨进农史领域的门坎。要见这样一位蜚声中外的农史界的前辈学者，心情既是兴奋，又未免有点忐忑——王先生是一个怎样的人呢？王先生是在他的住房——由工棚改建的一间平房接待我的，它是那样的窄小，由于阴暗，白天有时也要开灯，这是我没有想到的。但先生的慈祥、热情和睿智照亮了我的心扉。从他的住房出来的时候，有一种如沐春风的感觉。从此，我和王先生就有了多次的接触。他那宽广的胸怀、对学问的执著和对后学的爱护，使我深受感染。

我们见面谈论的惟一主题是学问。先生总是提出这样那样的问题和见解供研讨。面对我这样一个初出茅庐的新手，先生是那样的平易近人和循循善诱。给我印象最深刻的话是："李先生，这个问题你是怎样看的？""李先生，这个问题，谈谈你的看法吧！"完全是平等讨论的态度。对我提出的不同意见，先生不以为忤，反而乐意听取和切磋，这就提高了我探讨问题、发表意见的兴趣和勇气。那时先生年事已高，又做过直肠癌手术，身体并不好，但谈起学问，兴致就来了，总有说不完的话。我不敢谈得太久。当我要告辞的时候，先生总是说："李先生，我们再谈谈！"

1979年，《中国史研究》刊登了我的《春秋赋税制度及其演变初探》一文，这是我"文革"后发表的第一篇文章。我送了一份抽印本给王先生，请他指教。当我再看到他的时候，他很高兴地说：这篇文章写得不错，用经济学理论分析问题，有见解，有深度。我已经把它寄给天野（按，天野元之助是日本研究中国农业史的知名学者）了，你没有意见吧！接着，又向我谈起天野对中国经济史和农业史的研究。末了，从书架上拿出天野的《中国社会经济史·殷周之部》给我，说：“你拿去看吧。”他没有说借，也没有说送，这本书现在还在我的手头，成了我永远保存的纪念品。看来，王先生当时有意把我推介给日本学界。先生对后学的奖掖和对我的关爱，于此可见一斑。

我和先生应该说是相当投缘的。我把王先生当作我的老师，王先生实际上已经把我当作他的学生了。

我是1963年中山大学历史系毕业后分配到中国农科院农业经济所工作的，这意味着我将要从事农业史的研究。离校前拜访梁方仲先生，他要我向万国鼎先生请教，并随手写了一封介绍信。到了工作单位以后，又是劳动实习，又是社教、又是“文革”；梁方仲和万国鼎先生也相继过世。直至70年代末，才重新抓业务，进入农史界的圈子。当我最需要指导的时候，天授我良师，这就是王毓瑚先生和游修龄先生。我与王毓瑚先生的接触比与游修龄先生的接触稍早，由于同在北京，当面请益的机会也较多。当我最需要王先生的提携的时候，王先生却离我们而去了。这不但是农史界的巨大损失，对我个人也是重大的损失。

二

我在和王毓瑚先生的接触中，总觉得在他身上有一种特殊的气质和风格，与农史界其他前辈和学者不大一样。这种气质和风格，似乎可以用“高明独断、恢宏大度”来概括。

“高明”是相对于“沉潜”而言的，《尚书·洪范》首先把这两个词连在一起使用，其中有“沉潜刚克，高明柔克”的说法，是讲对下层庶民（“沉潜”）和上层贵族（“高明”）分别采取或镇压（“刚克”）或怀柔（“柔克”）的不同统治方术。清代章学诚借用它指称两类不同风格的学术流派。他说：“由汉氏以来，学者以其所得，托之撰述以自表见者，盖不少矣。高明者多独断之学，沉潜者尚考索之功，天下之学术，不能不具此二途。”这种划分大体符合学术史的实际，故常常被人们引用。章学诚认为这两种学派无高下之分，应该相互补充和推进，可收“相需之益”，如果相互隔绝和攻讦，则有“两伤之弊”，这是他的高明处。但他强调的是两者的区分，却容易导致绝对化。其实，“高明”和“沉潜”也可以理解为两种不同的学术造诣和研究手段，是能够不同程度地在一个学派和一个学人身上统一起来的。

王毓瑚先生就是把“高明独断之学”和“沉潜考索之功”结合起来的。他十分重视作为学术研究基础的资料收集整理工作。抗日战争在重庆编译局工作期间，王毓瑚先生与傅筑夫、史念海两先生合作，从事中国经济史资料的系统收集和整理，这在中国经济史学发展史上，尚属首次。新中国建立后，他又以个人之力收集整理中国畜牧史资料，初步填补了这一领域的空白。众所周知，王毓瑚先生的突出贡献之一是对祖国农业遗产的整理，他不但为编写《中国农学书录》付出了巨大的心血——这部书至今仍是研究中国古农书和古农学不可须臾或离的工具，而且亲自动手整理和校点了一批重要农书。他也重视对古文献的考证和解读，《王毓瑚论文集》中保存了他考释《吕氏春秋》、《氾胜之书》、《管子·地员篇》、《尚书·禹贡》、《史记·货殖列传》等重要古籍的心得和成果。尽管如此，从王毓瑚先生总的学术倾向看，并不属于“沉潜”派，而是属于“高明”派。

何谓“高明独断”？有人解释为独立思考或史识，当然是有道理的，但不全面。清人把“高明”和“精明”作了区分：站在楼上看得远，站在山顶视野宽，这是“高明”；用尺量，用秤称，弄得很精确，这是“精明”。“考索”并非没有史识，“精明”也可以说是一种“史识”，但不同于“高明”，“高明”的史识是高瞻远瞩获得的通识。“高明”的另一个特点是大处着眼。即章氏所说的“高明者由大略而切求，沉潜者循度数而徐达”。

视野宽阔和抓大捐细正是王毓瑚先生做学问的特点，也是他典型的“高明”派学术风格的体现。

王先生非常重视“通”。他晚年计划撰写农业史论丛，就是在长期钻研史料和深入思考的基础上对中国农业历史上的重大问题进行贯通的研究。保留在《王毓瑚论文集》中的关于中国历史上农作物、农具、土地利用、水的问题和农业区扩展的通论性文章，就是这一计划的部分成果，可惜的是尚未最终完成。王先生的研究从不停止在静态的描述，总是从动态揭示事物发展的基本脉络，而且是指向现实的。读先生的文章，可以感受到他是从强烈的现实关怀出发的，体现了系统总结历史经验为现实提供借鉴的明确意图。王先生的研究又从不把研究对象孤立起来，总是联系到自然和社会的方方面面。例如《中国农业发展中的水和历史上的农田水利问题》一文，王先生首先分析了中国历史上“水”的条件，指出其中有许多不利因素，中国农民是在与水的条件进行艰苦斗争中走过来的。他把水利和水害联系起来考察，指出“除水害第一，兴水利第二”的逻辑关系，从而正确地阐述了中国古代水利事业兴起和发展的过程。接着，王先生又考察了战国以后形成的专制政权和土地私有制与治水活动的关系，阐述了官府治水与民间治水的不同实况，力图对其功过利弊进行辩证的分析，避免片面性。可见，王先生的这些论述与一般的水利史研究是多么的不同，它显然给我们提供了一幅更为全面和更为真实的历史画面。不但通论性研究如此，断代的个案研究也体现了这种精神。如《近代后套开垦试论》，不但简要而清晰地介绍了后套的地理环境，近代后套开垦的背景、缘起、进程，开渠与垦田的关系，开垦活动的组织和“资本积累”方式，而且分析了“地商”（开垦活动的“组织者”）和农民（作为开垦主力的内地移民）、“地商”和官府的关系。最后指出后套的开垦活动移植了内地单打一的农耕方式，未能融合和改造当地原有的原始游牧方式，实现新的农牧结合，留下深刻的历史教训。这一论述涵盖了自然和社会、生产力和生产关系、经济基础和上层建筑的各个方面，给人们展示了立体的、动态的、活生生的历史。还应该指出的是，王先生虽然不是专门研究历史地理的，但对历史地理有很深的造诣，这使得他能够驾轻就熟地把历史的基本要素——时、地、人有机地结合起来。

以上所说的“通”已经包括了“直通”和“横通”。但王先生的“横通”不止于此，它还包括了中外比较和世界眼光。这当然与王先生在德国和法国八年的游学经历有关。先生熟悉西方经济史和经济思想史。他首倡比较农史研究，主张把中国农业史放在世界历史长河中考察，主张把中国史和外国史视为一个整体；他自己在这方面已经做了一些奠基的工作。如果天假以年，一定会结出硕果。虽然先生壮志未酬，但我们从先生关于中国历史的论著中仍然可以发现他的世界眼光，处处进行中外的比较。例如，关于“水”的问题，先生拿中国历史上“水”的条件与古代埃及、印度比较，分析两者的不同，指出不能把马克思、恩格斯关于“古代东方”的论述生搬硬套到中国历史上来，批评一些西方人认为中国自古以来就存在完整的灌溉系统、中国中央集权专制帝国的形成是由于兴建灌溉系统的需要的观点。王先生又指出，以内地移民为主力的后套开垦带有“殖民地”性质，但与近代西方资本主义的殖民地具有不同的性质。王毓瑚先生又写过《从〈史记·货殖列传〉来推论中国古代历史发展阶段》一文，把战国秦汉社会与西欧夺取政权时期的社会相比较，认为两者存在不少相同或相似的现象和观念，均以逐利为最高原则，但战国秦汉的逐利主要是商业活动，工商业者各级依附于政权，始终未能发展为西欧近代的那种资产阶级；他认为这是中国经济史应该探讨的主要问题。文章纵论古今中外，汪洋恣肆，写得很大气。王先生曾把文稿给我看，要我提意见，我看了以后很受启发，回信中写了“这篇文章对于用教条主义态度研究历史的人，亦可以震聋发聩”这样的话。诸如此类的例子，可以说是不胜枚举的。

总之，王先生的学术视野可以用“天人古今”（“天”指自然，“人”指社会）和“古今中外”来概括。“直通”和“横通”的结合就是“会通”。王先生致力于“会通”之学。读王先生的文章，有一种丰满的历史感，而不光是获得割裂的零散的知识。

与这种宽阔的视野相联系的，是大处着眼的恢宏气度。上面所说的这些研究，都是从大处着眼的。即使是考证文字，也是要言不烦，从不纠缠于细枝末节。最典型的是他对《史记·货殖列传》别开生面的考释。他指出，该文在世代传写中难免有文字的错讹，容易见仁见智，扯不清楚。“现在应该抛开一切个别字句上的纠缠，改从大处着眼，指出其微言大义，重要的是抓住作者立论的实质。”这篇文章的主旨是什么呢？它讲的是春秋以来三百年的历史大“变局”，人们冲破了被宗法制度束缚的“死板的、静止的”局面，“一切都变得活动了”，“天下熙熙皆为利来，天下攘攘皆为利往”。太史公肯定了这样一种新的价值观。根据这一总体的认识，王先生再对其中的一些文句进行考释，果然精彩纷呈，新见迭出。把传统的考证方式倒过来用，“反弹琵琶”，真是一大创造。

王先生显然不喜欢烦琐的考证，不愿意在与大旨无关的细节上耗费时间和精力。他的文章有思想，有文采，如流水行云，夹叙夹议，洋洋洒洒，一气呵成，而不加注释。王先生的这种风格，在有些人看来，确乎大大咧咧，不中规矩，难免受到诟病。正如最近过世的赵俪生先生所说的：中国学术界深受乾嘉学派的影响，往往对“沉潜派”推崇备至，而对“高明派”则毁誉不一。据说《近代后套开垦试论》一文投到《北京农业大学学报》时，就曾因为没有注释，一度面临退稿处理的厄运。这对一个蜚声中外的名学者来说，是多么尴尬事呀！我最近重读该文，深感真是一篇不可多得的上乘佳作。不但文笔流畅、优美，而且把近代后套开垦的历史源流和各方面的关系交待得一清二楚，把参与开垦活动的各色人等的地位、面目和心理刻画得入木三分、栩栩如生；不但揭示了这段历史的本质，而且有血有肉、丰满厚实，读后深受启迪。企图“枪毙”它的这位编辑先生的水平实在不敢恭维。文章虽无注释，但显然是有充分的史实依据，并非空口说白话。从作者一贯重视收集整理材料，并花大力气进行这一工作也可以证明这一点。我在读《王毓瑚论文集》时注意到，先生早年（如上世纪 40 年代）的文章是有注释的，而晚年的文章一般不加注释。这决非一种倒退或疏忽，而是反映了先生新的追求，也标志着他的造诣更深，独特的风格更趋成熟。这样的文章不是拼盘，不是杂烩，不能靠堆砌材料，烦琐考证，只有把史料真正吃透，深思熟虑，融会贯通，变成与自己血肉相连的思想，再形诸文字，才能达到如此浑然天成的境界。先生显然认为，这样的文章能更完整、更深刻、更丰满地复原立体的动态的历史，而不是割裂的历史资料或历史片断的拼凑。对于先生来说，写文章是为了用世，是给大众看的，给广大农业工作者看的，而不是给少数精英学者把玩的古董，所以务求通俗流畅，力戒烦琐艰涩。我觉得，这就是先生采取这种写作风格的用意所在。为了同一目的，先生还亲自写农史科普文章。农史界前辈有重视普及的好传统，王先生就是其中突出的一位。他的史话性的《中国古代农业科学的成就》，是我学习农史的入门书之一。

历史研究要以史实为基础，这是毫无疑问的。王毓瑚先生是这样教导我们，他自己也是这样做的。为了把史实搞清楚，需要对有关资料进行必要的考证；重视考证，是中国传统史学的优良传统，我们应该继承和发扬。但也要认识到，考证本身是有局限的，光是对具体史料的考证，难以揭露历史事件和历史现象的本质，难以找到它们之间的内在联系和发展规律。赵俪生先生说过：有些问题单靠考据不能解决，要靠理性思维。诚哉斯言！上文提到，王毓瑚先生讲，春秋之前是一个凝固的、死板的社会，战国以后一切活起来了，动起来了。多么精彩的概括啊！王先生谈论中国古代农具时又讲过：中国古代曾经出现过一些高效的大型农具，但没有真正普及；中国农民主要还是使用简陋的农具做出细致的农活来，这是中国传统农业的一个特点。当我读到这些论断时，一种深沉的历史感油然而生，我似乎看到智慧的闪光。但这些论断是靠考据得来的吗？显然不是！要靠理性思维。恐怕也不是单纯靠理性思维，其中包含了联想、直觉和跳跃性思维的成分，可以说是一种“感悟”。“感悟”有助于我们把握单靠有限的资料和历史表象难以触及和揭示的历史联系和历史本质。“感悟”似乎有点玄，但它不是拍脑瓜拍出来的，而是有基础的。这个基础就是长期的对史料的钻研和积累，丰富的生活阅历和人生体验，对古今中外世事的熟稔和洞察，以及勤于思考，善于保持思想的活力，等等。当古的和今的，历史的和现实的各种事物、现象、思想在历史工作者头脑中碰撞、交融时，就有可能擦出火花，就可能对历史产生新的认知，产生某种“感悟”。“感悟”属于实践者，属于思考者，属于智者。王毓瑚先生就是这样一位智者。

三

王毓瑚先生给我们留下了许多珍贵的东西，我们对他的最好纪念是向他学习，继承他的学术遗产和遗志。这种学习不是全盘接受他的研究结论和刻意模仿他的某些做法，而是从他的治学精神和治学方法中汲收营养和获取启迪，以改进和推动我们的研究。

附记：这篇文章是以我在 2007 年 12 月 22 日王毓瑚百年寿辰纪念会上的发言为基础整理而成的。

深情怀念王毓瑚先生诲人不倦、刻意求新的治学精神

杨直民

（中国农业大学图书馆）

提要： 从1954年，作者到毓瑚先生身边从事图书馆工作和农史学术研习。文章简述了初触工作时的被动、朦胧状态，由先生一步步引领到熟悉业务和开展研究。逐步在先生帮助下明确了合适于自己的农业科技史研究方向。先生带领作者求师访友。指导作者处理搞好图书馆工作和搞好农史研究的互动关系。也述及1980年后努力践行毓瑚先生倡导的“农学思想史”研究和《农学思想史》的写作。

写 在 前 面

2007年纪念王毓瑚先生（1907—1980）百年诞辰，这一年王师母99岁高龄仙逝。回忆老师的音容、笑貌和殷切教诲，可以感受先生治学的功绩和伟力。80年代中国科学技术学会编撰《中国科学技术专家传略》农学编—综合卷，约我撰写《王毓瑚传略》（1992年，中国农业科技出版社出版）。作者在规定字数内写有农史学家、经济史学家、农书目录专家、北京农业大学（中国农业大学）农经系王毓瑚教授兼学校图书馆长的业绩。毓瑚先生在德国读高中和大学经济系，再转赴法国学经济。早期从事经济思想史和中国经济史研究，著译颇丰。1949年，特别是1952年全国农业院校农经教师学习班（在北京农大卢沟桥农场办班）后，当时研究经济思想史已无可能。先生在丰富资料的基础上，转向农史研究，取得丰硕成果。“传略”对先生①致力于整理、校注中国农书古籍；②推进农业经济史和农业科技史研究；③肇端比较农业史、农学思想史、世界农业史的研究；④培养人才和构筑博采众长、刻意求新、诲人不倦的治学精神等方面，做了约略的叙述，在此不赘。

2007年9月14～19日，中国农业大学农学系1953年毕业的约60位校

友，在临近毕业55周年时，在京聚会，到学校省亲，交流心得。部分校友倡议编一本《农学人生》（暂名），校友们可就毕业进入工作岗位后，留下点滴无法淡忘的历史镜头。讲些80岁上下的我们普通人在平凡工作上所历最难忘的往事，对自己走过路程作些追忆、联想。我思前想后，自己的成长、变化，深受毓瑚先生启迪、指导的惠益，应该写一些真切感受。

一、先生引领我进入图书馆业务与农史学术领域

我1953年从北京农业大学农学系毕业，提前留校分配在学校翻译室当助教，派赴东北农学院外语班，主要是学俄语笔译、口译。1954年3月学校调我到图书馆任秘书，开始在农经系教授兼图书馆长王毓瑚先生领导下工作。由于我思想上热衷搞农学，认为到图书馆学非所用；也由于我的重技术重业务思想植根较深，中学时老师灌输的是“学好数理化、走遍全天下”的思想。我父亲学法律，叔父学经济，父亲在旧社会也就是办个律师事务所或在法院找个事做，工作波动很大。我上小学中学就不想读文法，喜欢理化，1949年高二考大学报的是农业化学系。所以，一心想到技术基层岗位工作，不断向校领导提出要求调动。学校党政主管坚决不同意我调离，但提出可以让我师从毓瑚先生研习农史。我是在组织上服从、思想上搞不通的状况下走进图书馆和农史行列的。我们这些人有个特点，尽管思想搞不通，但对待工作、任务，确是认真、敬业的。回过头来看，毓瑚先生影响、引导我这样的犟牛从图书馆工作上上路，进入农史研习领域，真是煞费苦心的。我在1992年所写的《王毓瑚传略》一文中的“博采众长、刻意求新、诲人不倦的治学作风”一节，主要写的是老师帮助自己的感受。

到了图书馆，对我来说，首先是如何做好工作的问题。这是学校主管校长、书记注意之点，他们分配我工作时，说：那里没有党员，馆长是老教授，他兼职不能花多少时间，你要把工作做好，做出成绩是大家的，出了问题由你承担。毓瑚先生不勉强我，但耐心地跟我说，要把大学图书馆办得学术性强些，图书馆的业务事项尽量从学术性、技术性上思考。这些话对我确是终生受益的。20世纪50年代，著名大学多是学术水平高的教授、专家任图书馆长。当时学校图书馆工作人员中也汇聚着不少阅历广、经验丰富、外语好、业务精通的人才。我在馆中注意尊重、发挥长者、同仁们的专长。1957年，北农大图书馆以丰富而有特色的农业书刊馆藏，在经国务院批准的《全国图书协调方案》中，被确定为全国第一中心图书馆委员会成员馆之一，参与承担农业中心图书馆的任务。1960年北农大图书馆被评为北京市首届文化教育单位先进集

体。这些，都和毓瑚先生的办馆主张密不可分。我根据毓瑚先生经常提到的：大学图书馆馆长要代表教师使用图书文献的利益和要求，同时要代表学校科学管理和长期使用图书文献的利益和要求的精神，在图书馆具体工作中，我尽力把图书馆办成一个为师生欢迎的图书馆，办成一个具有专业藏书特点的图书馆，办成一个具有较高学术水平的图书馆。毓瑚先生在《中国农学书录》、《中国畜牧史资料》等方面的学术成就，也为我和北农大图书馆工作人员树立了远可景仰、近得学习的典范。

二、先生常以“条条大路通罗马”、“哥伦布鸡蛋”的话给予激励

毓瑚先生为拓宽我的学术视野，常用“条条大路通罗马”的话来劝戒。即是说，你有志农学，范围很宽，基础打扎实，深入研究，许多题目都可做出自己的在宝塔尖上增高的工作。当我对一些项目积聚较多资料，有不少想法却未动笔时，先生则鼓励我认准目标，投入实践，像“哥伦布鸡蛋”一语所示那样，快捷地把鸡蛋立起来，尽管事后别人看来并无玄机，但要干一件事必须有一种强烈实施的胆魄。毓瑚先生尽可能把我引领进学术园地。1955 年 4 月农业部召开农业历史遗产整理研究座谈会和中科院召开的 1956 年 9 月科学史学术研讨会，毓瑚先生出席这些会议。他总是创造条件带我去列席、听会，让我体会科学史、农史学术研究的意义和对各方学者治学特点与学术争辩的氛围。1955 年在北京华北农科所（后为中国农业科学院）召开农业遗产整理座谈会期间，石声汉、王毓瑚、日本土壤微生物学家坂野新夫用德文交谈，学有专长的学者用外文讨论问题，对我很有触动。对我当时不太安心图书馆工作，不太情愿搞农史的思想，无疑是一次实际的教育。1955 年毓瑚先生和耕作学家孙渠先生在学校倡办“农书典籍轮读会”，对我是另一种形式的农史研习引导。毓瑚先生撰写《学习夏纬瑛先生〈吕氏春秋上农等四篇校释〉笔记》［载《农业遗产研究集刊》(3)，农业出版社，1959 年］让我参与，是对我的提携。毓瑚先生指点我写农史文章，数遍、十数遍地提出修改思路，一般不予具体改动，而使之领悟了自己去完成，质量把关上从不放松，态度上极其宽厚。他对农史研究要贯通中西，相互比较，吸收多学科成就，但必须要有自己的部分拿手工作的主张，对我教育很深。他很注重研究近现代农业历史课题，着力于为当今农业建设寻求有益的借鉴。他屡屡结合实例，向我们讲述“学无常师”、“博采众长”的道理。他说研究中外农业历史，忌讳先定框框套套，接着填充材料。他主张撰写论著，要努力把问题搞清，道理说透，尽量少用引文，力求

用自已的话表述看法，能与读者更多交流。对农史界若干纷争我有时不得其解，毓瑚先生告诉我，要多看别人长处和学术贡献，不要在那些枝节上花心思。在国内同辈农史名家中，毓瑚先生从未给人以争强好胜、锋芒毕露的印象；而是以见地深湛、富于哲理的切磋获得人们的尊敬。

在探讨农史过程中，我在一些年份内心压力确实很大。应承下来跟随毓瑚先生研习农史，多年没有出“活儿”，原来觉得轻而易举的事，真正做起来确是费力，觉得自已的“底子”太薄了，不知天高地厚的思绪变成了空白，反倒不知从何做起了。吃力的爬坡阶段是极其艰苦的。那时“运动”一个接着一个，白天黑夜开会，时不时批一批“不务正业”、“个人主义”、“白专道路”。大的运动“帽子”更其厉害。

1957年初，毓瑚先生准备带我外出考察“区田”，时间也就在入夏阶段。我向学校领导也报告过了。那时我就一门心思做准备，“鸣放”会之类的活动我都未去，“学非所用”对领导上派我任务的抵触情绪也未展现出来。到要走的时刻，不让走了。找主管校长、书记，都不让外出调查“区田”去了。接着，开始了“反右派斗争”。我事后想真怕，如果不被考察区田限住，我太有可能为“用人不当”发作了。我也庆幸我所在的图书馆那么多人员中没有出现“划右派”的账。1958年中共中央北戴河会议后，农林院校师生下放农村，我和毓瑚先生不在一个省区。毓瑚先生所在的农经系教师有1958年“拔白旗”等的大批判。1960年农经教师派到农村“调查体验”，后又“社教”，直至“文化大革命”，我向他求教农史研究断多继少。“文化大革命”的十年间，我在农大图书馆接受各式各样的“冲击”，农史活动几乎停止。后期，我在“斗批改”中分配在园艺系，下放、搬迁、参加体力劳动。直到1973年北农大从陕北迁到涿县，1977年中共中央、国务院批准北农大回到北京办校，我才在农大基建工棚的平房见到病榻上的毓瑚先生。学校指定我回图书馆主持业务、学术工作后，我即写报告请求学校为毓瑚先生恢复了编制、恢复工作。毓瑚先生在患重病时期，还深切地提出北农大农史研究应着力研究世界农业史、农学思想史、比较农业史。

三、先生带着我去求师访友

探讨农史，我遇到的明显困难是古籍、历史学基础方面的。石声汉先生在1956年中国科学院召开的科学史学术研讨会上，指着我和自然科学史研究所苟萃华说，你们学农学的要补学历史，学历史的要补学农学或生物学。毓瑚先生提倡学术自由探讨，主张长于历史、长于农业技术、长于文献校勘、长于地区特点、长于国外情况、长于专项研究、长于综合概括等不同学习背景、学术风格的人要互相尊重，彼此借助，才能共同推动农史研究。在校内，毓瑚先生与农学、园艺、土化、气象、畜牧、兽医等许多系的老师切磋学术，都是双方受益的。在校外，毓瑚先生联系广泛。我永不能忘记他带我去清华大学访问刘仙洲老前辈的情形。1975 年，毓瑚先生就农具的一些问题，向刘老求教，虔诚的态度，让我肃然起敬。他还让我陪他到北京经济学院访问傅筑夫先生。两位经济史界老友谈论学界问题之深入、切要，令我钦羡。1979 年，我撰出《中国农业科技史稿》“宋元部分”打印稿送审，毓瑚先生亲自给他的老友北京大学历史系邓广铭先生写了信，书稿曾获得邓先生的回信与鼓励。在毓瑚先生的指导下，我竭力补学历史、文献方面的知识。我向图书馆的学界前辈求教，向各系、特别是动物类学科的老师求教。搞农史研究需要这样做，在学校图书馆搞好书刊文献建设、正确分类编目、提高参考服务水平也需要这样做。每年图书馆大批量订刊、订购图书时，我都登门向各系老师求教。这对我了解各学科发展缘起、前沿动态、起落兴衰、重点所在等，确有帮助。

四、提醒我注意农学史与图书馆学研究的互动

我在北农大图书馆具体运作，不能不适应全国、北京市大学图书馆界关注的热点，但我尽可能考虑图书馆与农史研究的互动。毓瑚先生多次提醒我，农史学习研究和图书馆业务研究改进要摆顺关系，并力求使之互动。

从客观需求和主观条件上都需要自己把农学史研究写作与农业图书馆研究写作结合起来。单写农史，图书馆里的人们会认为你走偏；只写图书馆，我既没有那么多的精力，也难以突出农科大学图书馆的特点。在 1966—1976 年学术交流沉寂多年，北农大下放、搬迁陕北甘泉，北农大图书馆已近于从北京市图书馆界和出版发行界除名的情况下，我写出《中国农书及其分类系统》、《从几部农书的传承看中日两国人民间悠久的文化技术交流》论文，受到中国图书馆学会筹委会的重视，迅即约我以北京农业大学图书馆代表及论文作者身份，出席 1979 年在太原召开的中国图书馆学会成立及第一届学术研讨会，《中国农书及其分类系统》一文安排在大会发言，对北农大图书馆的恢复与发展曾有较好的影响。

五、在毓瑚先生开创工作的基础上向前推展

1980 年末，毓瑚先生逝世后，学校让我接任图书馆长的工作。我沿着先

生辅助教学科研的大学图书馆要办得有较高学术水平的思路，结合新情况将业务加以推进。1983年有世界银行贷款支持的“北京农业大学模式图书馆”项目启动，到1990年建成使用。我1984年赴英参观现代型大学图书馆建筑。1986年到加拿大圭尔夫大学研究访问半年，我看他们的图书馆建筑、设备，以农业科技史课题为切入点，了解他们的图书馆藏书建设、管理服务、计算机运转体系。围绕现代型大学图书馆管理建设，我集中撰写了十数篇，同时写出《加拿大农业历史发展中的若干重大变化》、《发人深思的“阿米什”农业》等文章。我的论文写作中相当一部分是农史学、图书馆学双关的材料。

秉承毓瑚先生的教诲，奋力推进“农学思想史”教学研究和《农学思想史》的撰著。20世纪80年代，我和我的爱人张湘琴在农学思想史教学科研以及研究生培养方面都做出一定的努力。1995年，我接受撰写《农学思想史》的项目，重要的是，践行毓瑚先生发展“农学思想史”研究的倡导。毓瑚先生治经济思想史多年，体会深刻。他和孙渠先生议论中国古代农学，也竭力从精深角度着力。再者，张湘琴他们农业高校科学哲学35位教师（包括今中国农大张法瑞教授，他曾为该书编写75条“中外农学家与重要农书简介”）撰写《农业哲学基础》（科学出版社，1991）（请到金善宝、沈其益、陈华癸三位农科一级教授任主编）；米景九、张湘琴主持《自然辩证法大百科全书—农业科学哲学分支》编写，约我撰出《世界农学思想史》、《中国古代农学思想史》、《农业起源思想》等长条目。张湘琴哲学课经多年讲授，深感哲学教学从抽象概念到抽象概念有循环怪圈的弊端。1972年在陕北清泉沟恢复教课后，力求多读些中外典籍。1979年写出《论王充的生物进化思想》，文稿送呈毓瑚先生。毓瑚先生写出“本文作者从科学史的角度阐述和评价王充的生物科学思想，简明扼要，很值得一读”，“可登学报”。当时学校学报发表论文实行的是专家评审、公开推荐运作模式，极其认真严肃。那时，张湘琴得到毓瑚先生这样相关学科知名学者的好评和推荐，对自己向农业科学哲学和农学思想领域拓展，是个莫大的推力。对她在农业科学哲学、农学方法论的论著写作和农学思想史方面7名研究生（涉及近现代遗传学思想、动物营养学思想、农业生态学思想、农林水土保持思想、农业系统学思想、生态系统思想、作物遗传育种学思想等方面）的培养，都有着深远的影响。80年代初，张湘琴首先接受《自然辩证法大百科全书—农业科学哲学分支》副主编的任务，后来又参编中外农业科学家传略、农业及有关学科阐释、农业发明发现重大事件的解说等近千个条目，这些分散的材料集聚起来，对农学及各分支学科的发生、发展、概念、定义、在学科体系中所居层次、所占位置，都逐渐清晰起来。

《农学思想史》编写中的困难是前无成例。农学涉及面甚宽，中外古今怎么搭框架、摆重点？总编委会要求突出近现代，特别是重点在现代又怎么把握？编写提纲改易了五次才达成了共识。写作体例、篇幅，又有具体要求。一个案例往往所据素材来自多种书籍、版本，特别是改革开放前，我们曾在较长时段闭关自守，世界农业科技史、相关思想史研究基础薄弱。研究、写作中，困难不断袭来，运作甚为耗力。这倒也激发了我的研究探索兴趣。

《农学思想史》一书的主要特点可以从路甬祥院士的《学科思想史丛书—总序》、石元春院士写的《农学思想史》“序”和撰著者“后记”中看得出来。这是我们从20世纪50年代起，在毓瑚先生的治学精神的影响下，在长期的农业科学哲学、农业科学技术史的教学、科研和研究生培养工作中，深感农学思想史研究有迫切需求和相当难度，愿意在这一领域作些探索，是集腋成裘、多年沉静深思的产物。

《农学思想史》撰写、印制出来了，初步感觉是这类书出来得太少了，出来得太晚了。祛除浮躁风气，太需要深入浅出的、引领人们深刻思索的著作了。《农学思想史》及《科学思想史丛书》编写提纲讨论过程中，曾有知名学者提出：这类书应为各有关高校作为学生必读的书籍和开设相关课程的教材。当然，值不值得这样做，要看事物本身的价值和需求的发展。书的不足之处是有些重要地域未能述及，环境部分显得简略，农产品加工制作和食品安全等领域未能专章讨论。一些案例还有的行文不顺。错漏频现、缺少索引等也是不可忽视之处。《农学思想史》是一部填补学术空白、甚为耗力之作。学过农学、长期在农科大学工作，对古今中外农业科学技术历史演进及学术思路变化作些阐释，我觉得为之投注心血是值得的。撰写的这本书，虽然有些粗疏，在毓瑚先生百年诞辰之际，权作学生们交给老师的一份答卷吧！

参 考 文 献

[1] 杨直民．王毓瑚（传略）．中国科学技术专家传略．农学编—综合卷1．中国农业科技出版社，1992

[2] 王毓瑚，杨直民．学习夏纬瑛“吕氏春秋”上农等四篇校释笔记．农业遗产研究集刊．农业出版社，1959

[3] 杨直民．记石声汉与王毓瑚两教授的深厚友谊．西北农业大学学报：石声汉先生诞辰85周年纪念专刊，1992

[4] 杨直民．20世纪的中国农史研究．古今农业，2000（3）
[5] 杨直民．孙渠教授耕作学治学精神永远值得珍念．中国农业大学百年校庆丛书——百年回眸．中国农业大学出版社，2005
[6] 杨直民．新中国第一次农业科技史及生物学史组学术报告会记实．古今农业，2007（2）
[7] 杨直民执笔，署名北京农业大学图书馆．中国农书及其分类系统．农史研究第三辑．农业出版社，1983
[8] 杨直民．北京农业大学图书馆（1949—1995）简史．为中国农业大学校园网图书馆项目供稿，1996

百年学术立尧功

——纪念王毓瑚先生诞辰一百周年暨历史视角中的“三农”学术研讨会感言

徐旺生

（中国农业博物馆）

百年学术立尧功，史料农书世所宗。

天下四分衷比较，中西稼穑究殊同。

吾生也晚，王先生1980年离世的时候，我还是华中农业大学畜牧系的大二学生，学习的课题主要是畜牧，根本不知有农业史这个领域。不过，正是由于王先生等前辈在农业史领域的耕耘，使我得以进入农业史研究领域，至今不悔。如果说那时我与农业史有什么联系的话，恐怕在业余时间对历史感兴趣这一点上能够找到共同点。还是在1982年，我们班上的同学得到了北京农业大学的硕士学位招生简章，先师北京农业大学畜牧系张仲葛教授计划招收畜牧科技史研究生，让我产生了报考的想法。凭借着在大学百科知识竞赛中获得过二等奖的背景，也受益于选修了华中农业大学附中王冀民先师的大学语文的教益，于是我给张老师写信，先师回信中鼓励我，并推荐了一些有关报考的参考书目，王毓瑚先生的《中国畜牧史料集》和《中国农学书录》赫然在目，《中国农学书录》在中国农业历史研究领域的地位，用“尧功”二字来评价实不为过。如果说搞农业史的人没有不参考王先生《中国农学书录》的话，那么对于从事畜牧科技史研究的我们来说，这两本书就是案头必备的引路人。而《中国畜牧史料集》也是应张仲葛先生等之邀而编纂而成的。我是幸运的，1983年如愿考入北京农业畜牧系畜牧业科技史研究生，来到首都北京，进入了农业历史研究领域的殿堂。

在北京农业大学，1983至1986年，3年的科技史学习虽然无法得到王先生的亲自教益，但是他的《中国畜牧史料集》和《中国农学书录》成为我们学习的指路工具。在学习的过程中，除了得到张老师的指导外，当时的北京农业大学，王先生的高足，时任图书馆馆长的杨直民先生及时给我们开了科学技术史课程，王先生的另一高足董恺忱先生和兽医系于船先生在各自领域的研究成果和治学的精神，对我的学术研究产生了潜移默化的影响。1980 年《北京农业大学学报》第 3 期上，刊载了王毓瑚、张仲葛、于船、董恺忱、杨直民等先生关于农业史研究的文章，在当时农业历史研究刚刚复兴不久的情况下，无疑是给我这个初入农业史研究领域的新手最好的学习材料。其中，王毓瑚先生的《近代后套开垦试论》一文，当时就给了我很大的启发，也对我后来的从事农业经济史研究产生了重要的影响。促使我思考农业结构与农业发展的关系问题。我在 2001 年左右撰写了《论中国传统农业的效率空间及其相关问题》一文，发表在《中国农史》2002 年 4 期上，尽管是一篇普通的文章，但却是我从畜牧科技史转型向农业史后，又向农业经济史转型后写的第一篇文章，文章发表以后，又被中国人民大学报刊资料中心《经济史》2003 年第 2 期全文转载，说明我的研究得到了承认，这里应该向王先生表示感谢。

在中国的农业史研究领域，早期存在着“东万、西石、南梁、北王”一说，这里的“东万”是指南京农业大学的万国鼎先生、“西石”是指原西北农业大学的石声汉先生、“南梁”是指华南农业大学的梁家勉先生，“北王”就是指原北京农业大学的王毓瑚先生，他们都是农业史研究的开拓者，都是德高学富。农业历史研究四分天下，北京农业大学占其一。就学术研究的领域来看，4 个重要农业史研究领地各有特色，而北京农业大学的特色就是比较农业史和农业思想史，王先生的两位高足，董恺忱先生和杨直民先生最近分别出版的《东亚与西欧农法比较研究》（中国农业出版社，2007 年）和《农学思想史》（湖南教育出版社，2006 年）便是最好的证明。两本大部头著作，都是从世界历史的角度来研究农业史，对中西古代的农法和农业思想进行比较。这种学贯中西的研究特色，对于进入农业历史研究新阶段的今天来说，其光芒显得特别耀眼。中国农业大学的农业史研究必将会在老一辈学者的带领下，谱写新的篇章。

哲人已逝，风范长存，激励着后学努力奋斗。

王毓瑚先生校注之《王祯农书》解读

——纪念王毓瑚先生诞辰一百周年

柴福珍

（中国农业大学人文与发展学院）

王毓瑚先生不愧为我国著名的农史学家，他不仅撰写了《中国农学书录》、《中国畜牧史资料》等力作，开创了我国农史研究的诸多方向；还整理校注了《先秦农家言四篇别释》、《区种十种》、《秦晋农言》、《农桑衣食撮要》、《王祯农书》等多种农书。这其中《王祯农书》“在我国古代农学著述当中，算是篇幅比较大而价值也比较高的一种”①，这部农书共13万多字，插图280余幅②，是“第一次对所谓广义的农业的生产知识做了较全面的、系统的论述，提出来一个中国传统的农学的体系”③。因此，对这部距今近700年的农书④进行前无古人的校注，其工作量之大是不言而喻的。王毓瑚先生历时十余年（1955—1966），不但将农书的各种传本进行了比较分析，还整理出了版本系统；不但对书中的文字标点进行了校订，还详细校订了书中的插图，阅读此校本会让人随时感受到先生扎实的语言功底、充足的农学知识储备和锲而不舍、精益求精的治学精神。也正因为有了先生的校本作基础，才有了后来缪启愉先生的《东鲁王氏农书译注》，才有了农史后学们更多的相关研究。作为农史后学之一，我也深深受益于王毓瑚先生的《王祯农书》校本，我的硕士毕业论文正是在王毓瑚先生所作校本的基础上才得以完成的。

一、王毓瑚先生注重古农书版本比较，增强了农书的历史感和确定性

王毓瑚先生非常注重校注底本的选择。《王祯农书》作为我们祖国极为可

① 王毓瑚。《王祯农书》校者说明。王祯农书（王毓瑚校）。北京：农业出版社，1981.

② 若按一器一图统计，有300余幅。

③ 王毓瑚。《王祯农书》校者说明。王祯农书（王毓瑚校）。北京：农业出版社，1981.

④ 据王祯自序，本书完成于元代皇庆二年，即1313年。

贵的遗产，首先是古书，由于历时久远，十分需要辨别真伪，核对第一手来源，而此前却没有什么人作过相关工作，因此恢复其本来面目当然是农书整理的首要任务。王先生经过仔细考证，得出《王祯农书》在元代仅有不完全的刊本，只包括《农桑通诀》和《农器图谱》两部分，而包括《百谷谱》在内三部分都齐全的仅是传抄本。明代则有三种刻本：永乐大典本、嘉靖本和万历本。清代有广本、聚珍本（库本）和农报本。清亡以后有农专本、万有本和中华本。在理清这些版本的递嬗关系的基础上，王先生明确了《王祯农书》版本的两大系统：明本和库本，形成了《王祯农书》传本谱系。再经过对各种版本细致地比较，最终选择库本为校注底本，以明本为主要参校版本。

在确定了校注底本和主要参校版本之后，王先生就将版本之间的比较贯穿到了整个校订农书的工作过程中。不仅有明本和库本之间的校对，还有对文中所引古籍的校订。校本每一篇每一目都有多少不等的校记，有对不同版本的文字的校订，有对农书引文的校订，有些篇目的校记多达 30 条之多（如《农桑通诀·垦耕篇》等），普通篇目的校记通常也是 10 余条。从而不仅增强了农书的历史感，更增强了农书文字的准确性。

因文章篇幅所限，这里选校记较少的《农桑通诀·牛耕起本》为例①：

牛耕起本[一]

尝闻古之耕者用耒耜，以二耜为耦而耕，皆人力也。三代以来，牛但奉祭、享宾、驾车、犒师而已，未及于耕也。至春秋之间，始有牛耕犁用[二]，《山海经》曰，后稷之孙叔均始作牛耕，是也。故孔子有"犁牛"之言，而弟子冉耕字伯牛。《礼记》、《吕氏月令》季冬出土牛，示农耕早晚。其力见於[三]此，后世因之，皆赖其力。

校记

［一］明本本目比库本原多一幅叔均教牛耕图，版面与前目相同。略去。②

［二］明本此句作"始有牛耕用犁"。

［三］"於"字，明本作"如"。

在第一条校记中，王先生在对明本和库本精心比较的基础上，指出了图的

① 校注本中仍用繁体字，这里为便于阅读计，举例用简化字。

② 前目指的是《农事起本》。其校记［一］写有：版面上半是图，下半是文字。这样的图画没有科学价值，而且也未必是原书所有，因此略去。

存在可能性，充分表明了对农书科学性的充分肯定。第二条校记就牛耕用犁和牛耕犁用进行了甄别，确定下来原文应作牛耕犁用，这是与题目和全目内容一致的，文中强调的是牛耕，而非犁。第三条校记内容则就一字之别也悉心地标记下来。凡此种种，我们不仅看到了农书流传过程中产生的种种差异，更可以将校记作为准确的资料加以使用。因此，王毓瑚先生对古农书版本的比较成果，大大方便了后学的相关研究，其校注条目实为古农书及其相关研究开辟了方便之门。

二、王毓瑚先生精心校订插图，增强了农书的科学性

王毓瑚先生非常注重插图的校注。“同文字比较起来，古书中的插图经过传写传刻是更容易走样的，所以本书①的图稿究竟是个什么样子，现在无从得之”。这些图画中有些画面上有字，有些则没有，有些图在有些本子上有背景描画，而另外的本子则没有。为恢复农书所绘农器本来面目，王毓瑚先生不仅将库本和明本进行了比对，还对《天工开物》、《图书集成》、《授时通考》、《农政全书》等古籍中的图画进行了比对，足见先生对农书插图校注的重视。通过一系列艰苦的校订工作，王毓瑚先生对于《王祯农书》众多插图中那些“没有科学价值，而且也未必是原书所有”的图进行了大胆舍弃，同时又十分认真地校订了那些有实用价值的农器图，并且在校本中，做了诸多插图校记。如《农器图谱》中在蚕椽、蚕箔图后加校记：

明本此二图分别排在各该说明文字之前，库本此二目的文字联在一起，插图也同在一幅图上面。现在依库本安排。

王先生如此舍弃与校订的工作，更加突出了农书的科学性。也正是王先生这样细致的校图工作，给日本东海大学文学部教授渡部武对《王祯农书》中所见中国传统农具的综合研究工作奠定了良好的基础。

三、王毓瑚先生的治学态度求真务实而勤奋严谨

王毓瑚先生的治学态度是求真务实的。先生早年求学救国，辗转国外学习经济学和经济思想史，回国之后曾在经济史方面有多种译作和论述。但是当社会需要发生变化时他也能毅然转变研究方向，开始从事农史研究。正像大家所听到和看到的，在农史方面他也做出了骄人的成绩，仅就校订农书来说，他这

---

① 本书指的是《王祯农书》。

样力求农书原本模样，校记如此细致准确，俨然已将自己的学术生命与社会需要紧紧地联系在了一起。

王毓瑚先生的治学态度也是勤奋严谨的。就《王祯农书》而言，其最后成书距今已近700年，语言文字等方面与现代汉语产生了较大的差异，农书的版本历来也存有争议，尤其是究竟有无元刻本；再者在《王祯农书》中，农书所引也不一定尽合所引原文，有节略选用的，有化用原意的，有直接使用、不注引文出处的；此外，《王祯农书》中还包括了大量的农器插图，因为传本的不同也各自不同。但是在王先生校订工作开始之前却还几乎没有什么人做过相关工作。王先生尽一己之力，在当时资料来源与信息处理远没有现在快捷，又在因社会变动并不完全能够投入工作的情况下完成这样一个浩然巨大的工作，一切都是那么艰难，没有勤奋而完成这一工作是无法想象的。而校本的准确又是先生严谨治学的极好印证。

四、王毓瑚的校本及其治学精神给我以深刻启迪

作为农史后学，我深深受益于王毓瑚先生的《王祯农书》校本。2005年春季，基于大学中文的专业基础，我选择了农书研究的论文研究方向，开始致力于《王祯农书》诸问题的探讨。打开校本，我被王毓瑚先生的《王祯农书》校本对版本选择的精严和农器插图的重视所震撼。王先生何以对这些问题这样关注？带着这个疑问，我认真反复阅读着王毓瑚先生的《王祯农书》校本。我开始意识到，古农书是历史上的农书，农书里有技术，也有历史，想要准确反映古代农业技术直至历史的真面目，还原古农书是一个重要途径。这其中版本和插图的还原是极为重要的问题。惟有准确还原古农书的文字和插图，才能使后学们更客观地对待古书传本中出现的问题，才能对农书本身作出中肯的评价和更有价值的研究。《王祯农书》的成书时代毕竟已经几百年，几经传抄刊刻，农书难免会出现这样那样的缺点，尤其是现在还无法找到元刻本或者元朝本，将这些缺点归于作者一人，或对这部农书的优缺点径以“二八开”的判断实在失之偏激，如果就农书具体某一版本的优劣来判断这一版本更为合适。

王毓瑚先生的《王祯农书》校本对于农器插图的重视还从另一方面启迪了我，使我对《王祯农书》的研究有了新的视角。我逐渐认识到王先生对于农器插图的重视正是对历史上农具演变历程的重视，对农具演变历程的重视和研究正可以为今天的农业机械化提供历史经验。正是这一思考，我在自己的论文中强化了对农书中的农器及农器诗的研究，用很大篇幅来讨论古农具的发展规律和发展趋势，并对当时的社会状况给予了充分的考虑。

王毓瑚先生求真务实而勤奋严谨的治学态度也时时激励着我在研究中迎难而上。如前所述，《王祯农书》的成书时代毕竟距今已经几百年，研究它并非轻而易举之事，不仅阅读上不免会有些困难，在对内容把握和深入探究方面也难免会有打退堂鼓的时候，这时我会时时想起王先生工作的艰难，从而得到激励，尽快振作起来，继续我的学习和研究之旅。

值此王毓瑚先生诞辰一百周年之际，不揣冒昧谈了以上话语，特别希望能道出我对先生的感佩追念之情，与大家共勉。

半个世纪的友谊：记陈士骅与王毓瑚教授

陈浩　陈灞　陈沅　陈冲

今年（2007）是古农史专家王毓瑚教授百年诞辰，他与我们的父亲陈士骅相交半个世纪，友谊情深，亲如兄弟。现仅写此短文，记述他们交往的旧事，以寄托我们晚辈的怀念。

1920年，出生在河北省安新县安州镇的陈士骅和出生在高阳县西田果庄的王毓瑚，分别从老家进京，同时考入京师第四中学。安新、高阳两县依白洋淀相比邻，两人既是同乡，又在同班读书，从此结为挚友。1924年又都以优异成绩在四中毕业。1925年7月在王毓瑚的父亲王树屏同乡世交齐竺山的率领下，他们同赴欧洲自费留学（同去者还有冯叔平、冯祥光等人）。去时取道俄罗斯，坐火车穿过茫茫的西伯利亚，到达了德国。齐竺山推荐他们先入波兹坦实业中学读书，补习德语和法语（波兹坦实业中学必修外语是法语）以及数学、物理等课程。因为入读波兹坦实业中学是他们融入西方社会重要一步，和德国学生混在一起，德语的口语以及阅读、书写能力有了很大提高，并接受了德国教育严谨、求实的学风。1927年两人分别转入慕尼黑工业大学和巴黎大学学习，艰苦奋斗，打工挣钱维系学业。陈士骅晚年在《寄王大病榻》（调寄沁园春）词写道：

"才冠少年，联袂别井，负笈离乡。念寒窗十载，毕尝辛苦，寂灯孤旅，那敢徜徉。笔下千言，书破万卷，辱获人称学有长。"

终至学有所成，并于1933年和1934年相继回国。

回国后，他们曾同时受聘于西北农专（今西北农林科技大学前身）任教。1936年西安事变（双十二事变）后，告别关中，返回北平。1937年7月，卢沟桥事变，抗战爆发，北平沦陷。尽管二人都已建立家庭，但实不堪在日寇铁蹄下忍辱偷生，1938年两人又一起，离开北平，经天津与大沽口，避乱南行，历经千辛万苦，到达抗战的后方。北平到天津，路程才一百多公里，火车却缓行了近半天，车上挤满了从北平出走的人，前胸贴后背，几无立锥之地，所带干粮都碾成粉末。陈士骅晚年曾赋诗记此情景：

京津车上　三八年春避乱南行，与王大同车赴津。

忆昔避兵荒，过津将浮海。千万逋逃客，一车尽情载。幸获立锥地，时遭邻足踩。拥挤思罐鱼，踡曲念笼蟹。鼻息咻咻闻，胸臀软软偎。涕唾勉可吞，便溲无由解。车停人涌波，车行身筛米。短短三时程，竟忍终日馁。点水未沾唇，始识饥渴罪。亦曾裹糇粮，手缚胶难摆。到津急欲尝，探囊已成醢。诘朝望天祐，过卡免危殆。但求脱樊笼，艰辛何足悔。乱离有时尽，江山终不改。

抗战胜利后，1946年他们同被北京大学校长胡适聘为北京大学的教授。新中国成立后，先是原北京大学农学院、清华大学农学院、华北大学农学院、辅仁大学农学系等院系合并组建成北京农业大学，王毓瑚合并后去到农业大学；1952年全国院系调整，清华大学成为一所多科性工业大学，陈士骅由北大工学院任上转到清华大学。不久他们均以较高的学术威望被聘兼任两校的图书馆馆长。陈士骅教授认为："清华大学图书馆历经劫难，两代人的心血，才形成了现在的规模：几十万册图书；完整的中西文期刊和资料；相应的科学的管理制度等。拆散容易，重建就难了；调出一部分支援兄弟单位可以，但不能损坏其整体的基础。"在这之前，很多单位如社科院、教育部领导，登门拜访，要求调出珍贵图书，都被他顶了回去或婉言谢绝了。而北京农业大学图书馆开始筹建，也是百废待兴，且经费不足，王毓瑚非常着急，经常到陈士骅处，要求他把原清华大学农学院的图书、中西文期刊、资料调到农大图书馆，以解燃眉之急。由此开始了两位挚友，各为其主的一场大战。王毓瑚学贯中西，通今博古，他深知适应农业大学各专业学科当前和长远教学和科研的发展，以及交叉学科的需求。为此他为父亲开了一大摞清单，号称"逼宫"，要陈士骅交出"大印"。当时我家的阿姨也说："两位大教授见面，就开始对骂，真有意思。"

有一天，王毓瑚又兴冲冲来到陈家，对父亲说："老子无事不登三宝殿，今天我程咬金三斧头，与你见个高低。"父亲大笑："你不但是程咬金，而是李逵闹江州，两把板斧赤裸裸上阵了。老子今天就成全了你吧。"其实父亲也作了认真的考虑，清华大学现有各专业学科的现状与发展，和农业大学各学科的联系不会太多了；他签字同意把原清华大学农学院的图书、中西文日文期刊、资料、各届毕业生论文，以及部分相关图书，都调拨给北京农业大学图书馆。王毓瑚很高兴："老子今天敲得胜鼓还朝，明天在御花园设宴犒赏你。"父亲笑了："我受了那么多罪，可不能参加你的鸿门宴了。"这件事过去半个世纪了，现在看来虽貌似趣闻，其实透过它可看出为建设高学术水平的综合性的图书馆，王毓瑚教授与陈士骅教授付出了多么大的心血。

王毓瑚与陈士骅从少年到青年就在一起读书，接受国学与西学的教育；在脾气和秉性上极其相似，真可说是莫逆之交了。往往一个飘过的眼神，对方就能心领神会。两人单独面晤时，陈士骅是德语夹杂法语，王毓瑚是法语夹德语，侃侃而谈。据说一次图书会议，几方发生争执，他们就用这种方式交谈，达成一致意见。旁边的与会者都说：“听他们说话的口气和语调，就如同两个外国人在交谈，法语和德语的水平实在太纯熟了。”

1963年，父亲突患中风，右手、右足均废，在家养病；而面对1966年骤起的“文革”浩劫和对他的人格羞辱，父亲开始不断地思索，他开始回顾自己一生的经历，回顾少年时代的生活，之后赴德求学、回国报效祖国的整个历程。一件件往事浮现眼前。他已将自己与民族的命运融合在了一起，成为一个爱国的老知识分子“科学救国”的写照。于是他决心写诗明志，并进行了人生晚年的最后拼搏。就在这时农大又从涿州迁往陕北甘泉。对这次大迁徙，王毓瑚赋诗道：

涿郡风水难扎根，周年不到再拔坟。此番长流三千里，陕北高原寄游魂。
甘泉县内清泉沟，新址寻来费九牛。可奈名实不相称，恰是饮水使人愁。
傍沟住户若晨星，尽是外县逃荒农。死里逃生不怕死，含笑听人说蟒精。

王毓瑚举家西迁，落户甘泉一口窑洞，相伴只有王大婶（由于陈、王两家至交，王毓瑚的子女称陈士骅夫妇为陈大伯、陈大妈；陈士骅的子女称王毓瑚夫妇为王大叔、王大婶）和女儿王盼。在父亲的关照下，去陕北插队的次子陈冲，常到甘泉沟看望王大叔。甘泉天寒地冻，王大叔蜷缩在窑洞的被窝里；陈冲的到来，全家人十分高兴，把从北京带来的食品招待他。甘泉缺水，陈冲先挑了一天水，接着又劈了两天劈柴，一片诚心，把累活都抢着干完了。王毓瑚也不时从窑洞钻出来，裹着一件大棉袄，戴着厚毡帽子，笑着看陈冲干活。陈冲临走前，王毓瑚设午宴招待，并请陈士骅和王毓瑚都相识的好友、著名农药学家黄瑞纶教授出席，这些学有专长的教授，在冰天雪地的陕北窑洞里，无事可作，无书可读，跟逃荒的农民有什么差别？黄瑞伦谈起在国外的学习，禁不住唏嘘落泪。父亲得知，很是气愤，写信给王毓瑚说：“贵当局也真可以，如此荒唐，草菅人命，真是属王八的。据传已有卷席大散之势，不告自归者已近千家。”当时“文革”浩劫对知识分子身心的伤害是谁也不能抹杀和淡化的。

1971年，王毓瑚也因患直肠癌，由陕西返回北京，手术后住在农大平房养病。王毓瑚虽患有多种疾病，但仍钟情于中国古农史的研究和古农书校注，不舍昼夜，奋力工作。老友归来，陈士骅找到了知音，每有佳作，必先誊抄一份手稿寄给王毓瑚，先睹为快。王毓瑚读后，回忆起很多往事，引发诗兴，写诗原韵奉和。两人书信往返日渐频繁，几乎每周一封。他们在“文化大革命”中，尽管遭到“非人待遇”，但没有因此消沉，仍发奋写作，创作了大量题材多样的诗篇。无论是山水田园，赠友送别，思乡怀旧，吊古伤今，都寄托了一个爱国、正直的知识分子深厚的情思；表达了内心的痛苦、愤怒、迷惘、彷徨和向往；对那些“黑白颠倒”、“怪人怪事”进行了无情的鞭挞。这份产生在20世纪70年代近百封的“两地书”，具有极高的文学价值和历史价值。值得后人认真的学习、思索和研究。

陈士骅与王毓瑚教授在学问上互相砥砺，在事业上互相支持，在生活上互相关怀。他们的奋斗、拼搏与献身精神，对我们后代的教育是深入骨髓的，永远和我们在一起，永远活在我们心中。

2007年12月24日

（作者是王毓瑚先生挚友陈士骅的子女）

真挚可贵的学者之谊

石定机

（清华大学计算机系）

去年（2007）11月，京阳兄弟打电话告诉我：农大将于年底开会纪念先父石声汉的挚友王毓瑚伯伯百年诞辰，邀我出席。但很遗憾，我当时因患腰椎间盘突出，站立都很困难，更不用说走路了，故未能与会亲聆大家对王伯伯的赞颂，也失去一次向王伯伯致敬并追思他和先父间真挚可贵的学者之谊的机会。

得悉农大准备出版一本王毓瑚教授纪念文集，我很想写几句话来弥补遗憾。

先父和王伯伯曾于1936—1937年同在陕西武功西北农林专科学校（今西北农林科技大学前身）任教，但专业不同，当时交往很少。进入50年代，他们都投入中国古代农书和农业历史的研究，学术交往增多，对彼此学术水平和人品的尊重，使他们结成了深厚的友谊，互相支持，互相帮助。先父在自己的著作中，多次对王伯伯致谢。例如1956年5月30日，先父在《齐民要术今释》（初稿）的小引中写道："1954年底，西北农学院辛树帜院长和北京农业大学农业经济系王毓瑚教授，商谈整理祖国农学遗产问题时，决定把整理《齐民要术》的任务交给我。而且，北京农业大学还慷慨地将所有有关材料全部借给我用。"在先父出版的古农书中多次在小引中向王毓瑚伯伯表示真诚的感谢。

跟随王伯伯从事农史研究的北京农业大学杨直民教授曾以《记石声汉与王毓瑚两教授的深厚友谊》为题生动地追忆两位老一辈农史工作者之间感人的故事。杨教授说："农业古籍整理座谈会后，石先生即着手校释《齐民要术》。当毓瑚教授知道石先生那里尚没有'金泽本'并正为之焦急时，即说：石先生那里眼下最需要'金泽本'《齐民要术》，我们这里目前没人搞，要赶紧挂号寄去。……毓瑚先生从1958年起，在农经系屡屡'下放'的背景下，挤时间撰出《王祯农书校注》稿。1966年'文化革命'掀起后，北京'破四旧'动得早。稿子是毓瑚先生的'心血'，想来想去妥裹严封把稿子寄去武功，托请老友帮助保存。石先生后来日子也不好过，家被抄，和夫人被'扫地出门'，赶到西北农学院西墙外的小土屋中居住。但为了不负朋友重托，全家'冒险'辗转收藏，把稿本包裹掩藏在煤堆里，全力保护，得以完好保存。后来毓瑚先生每每念及。80 年代，《王祯农书校注》由农业出版社刊印出版，两位好友均未见到‘印本’的问世，但这本书可以作为他们友情的见证。”

王伯伯的另一位高足董恺忱教授也在不同的场合提及先父和我们全家帮王伯伯收藏《王祯农书校注》稿的事，并说王伯伯多次向知己道及此事，只是未见诸文字。

我因早在 1950 年就离家来北京上大学，所以直到 1965 年暑假，王伯伯和先父到大连开会考察，我趁便去大连游览，才在他们下榻的大连宾馆初次见到王伯伯。王伯伯热情地对我说："你不必另找住处了，晚上就在我们房间的沙发上凑合睡觉吧。"

第二次见王伯伯已是在 1972 年，我从四川绵阳清华分校回京不久，从他们共同的挚友，原清华大学副校长陈士骅伯伯处得知王伯伯因病回京治疗，住在农大平房，我赶忙骑自行车去探望。见王伯伯面色尚可，精神挺好。当我告诉他父亲已于 1971 年 6 月因胰腺癌在天津去世时，他难过得半天说不出话来，最后只说："你父亲是不随便交朋友的，只交值得交的……"足見他们的感情之深。

随后王伯伯写信，把先父去世的消息又告诉了他们共同的朋友，原上海人民出版社编审、国务院古籍整理出版规划小组成员、华东师大图书馆学系胡道静教授。后来胡伯伯在 1987 年为先父的《辑徐衷南方草物状》所写题记中追述道："大难之临，余亦罹祸，陷于囹圄者九载，世事都无所闻。四凶服罪，甫得脱灾。毓瑚师自京中，函告往事，且言石公病革之日，卧疗天津，时师亦以沉疴困病首都，咫尺之间，未能存问。乃石公不起而师得痊愈，因云‘石公硕学，宁欲以己为代’。毓翁之于石公，倾倒若此。"胡伯伯还写道："小子奉书，悲不自胜。禀复毓师，谓假令言代，岂可以师代公？天之不仁，其不以末学无能之小子取代为可诅也。然尤不幸者，毓师以积疾积劳，嗣亦于 1980 年岁暮辞世而会石公于九泉。明灯双暗，小子自此有踽踽冥行之感。"

上面所摘录的农史学界几位专家对于王伯伯和先父石声汉之间深厚真挚的友谊的记述，读后令我十分感动，特转引如上，作为对王伯伯百年诞辰的一份纪念礼，也用以表达我对王伯伯的敬意。

2008 年 3 月 20 日

（作者系著名农史学家石声汉先生的长子）

“高斋昼夜百瓴甋，劳身苦骨时矻矻”*

——回忆先舅王毓瑚先生

齐儆　王琬

今天能参加纪念王毓瑚先生诞辰一百周年暨历史视角中的“三农”学术研讨会，非常高兴。也对农大经管学院、图书馆组织这次会议，表示衷心感谢！

先舅是位仁慈的长者，我从小起就经常受到他的关爱与教诲。舅父也是一位热爱祖国、热爱新社会的知识分子，他一生孜孜不倦整理与研究中国农业经济与中国农学史，勤勤恳恳执教于高校讲台。他积极学习马克思主义，为了更好地领会原著精神，他认真阅读并仔细钻研原版经典著作，如德文版《资本论》等。他也深入思考许多理论问题，记得有次与舅父就讨论过“亚细亚生产方式”。杨直民教授在《王毓瑚传略》中也曾记述说：“王毓瑚提到，马克思、恩格斯以至列宁，都不曾明白地规定过一个社会发展的绝对公式。”关于“社会经济形态演进的几个时代”，马克思在《政治经济学批判》序言以及《资本主义生产以前各形态》手稿中也只是说，是“大体来说”，是“在大多数基本上”，并未说是“绝对公式”。舅父的观点是很有见地的。

我从北京大学哲学系毕业后，分配至四川大学任教。舅父曾让我帮他收集四川的农史资料以及四川农书、农谚等。我利用开门办学、外出考察等机会，遍访巴蜀各地，怀铅提椠，留意蒐罗。其中有几次重要的经历，值得记述：

一是《三农记》：《三农记》，作者张宗法（1714—1803），四川什邡人，终身不仕，亲自参加农业生产劳动，还著有《正情说》。《三农记》成书于乾隆二十五年，共二十四卷，除叙述耕垦、栽培以及畜牧兽医外，还讲了天时、占课、月令、风俗等，共记载了植物一百八十五种，家畜十八种。摘引前人著作二百二十余种，多处征引老农精见。为一本反映清代四川一带农业生产与农业

---

* 此为徐光启句。

活动情况的综合性农书。我曾各处寻访，“踏破铁鞋”一直未获。后于60年代初从成都古籍书店偶然购得，欣喜不已，真是“得来全不费工夫”。此本《三农记》为较好的“藜照书屋”本，现在可能存在舅父捐赠农大的图书中。“藜照”良版，定励农大学子“燃藜”之志。

再是《活兽慈舟》：清代晚期李南晖著，该书对黄牛、水牛、猪、马、羊等家畜的二百四十种病症均有论述，收录方剂（包括单方）七百多条。当时正处“文革”，我开了封“革委会”的介绍信，写了句“此致革命敬礼”，去四川省农科院就取得了。记得那是本油印本，而且也有部分残失。听舅父说，李南晖还著有《活人慈舟》，医兽疗人，“活兽、活人”。这位“清峰居士”真正是在全面慈航济众，普度有情。

三是《豳风考》：《豳风考》是四川大学历史系徐中舒教授过去写的一篇论文，舅父想要看看，参与备用。其时“文革”甚嚣，徐先生被污“反动学术权威”，直接联系不便，是通过友人私下转索而得的。《豳风》是《诗经·国风》之一，其作品产生于西周，是《国风》中最早的诗歌。由于周是重视农业的民族，故豳诗多带务农色彩。《汉书·地理志》就说：“公刘处豳……，其民有先王遗风，好稼穑，务本业，故豳诗言农桑衣食之本甚备”。已故徐中舒先生是先秦史专家，曾主编《甲骨文字典》等。

自己从事的虽非农学农史专业，但过去多受舅父影响与教导，对科技史等也有了一定的兴趣，也从舅父那里学到很多知识与方法，这些对我目前参加国家《中华大典》的编纂工作（承担《哲学典》诸子百家中天文、数学家，农家，医学部分）很有帮助。

多年以来“红学”一直是显学，就像凤姐说的：“比一部书还热闹”。“文革”中“评红”更呈畸炽，“真是鲜花着锦，烈火烹油之盛”。以至1975年故宫博物院明清档案部得以编辑出版了《关于江宁织造曹家档案史料》，1976年又继续编辑出版了《李煦奏折》。我曾送去给舅父看，舅父很感兴趣，对其中康熙五十四年至五十六年，曹頫、李熙有关玉田米（御田米）试种的奏折尤加重视，还做了摘录，记了笔记。

玉田米是一种优质稻米，味腴、气香、微红、粒长，煮熟后红如胭脂，故名“御田胭脂米”。据清刘迁玑《在园杂志》及《顺天府志》记载，此种米是康熙在丰泽园御田布种的玉田稻良种，也叫玉田米，为内膳所用。又因在京郊御田布种，故也叫御田胭脂米。《红楼梦》第五十三回，乌进孝账目单子上就有“御田胭脂米”。《红楼梦》第四十二回：“刘姥姥忙跟了平儿到那边屋里，只见堆着半炕东西。平儿又说道：‘……这两条口袋是你昨日装果子的，如今这一个里头装了两斗御田粳米，熬粥是难得的’”。《红楼梦》第七十五回：“贾母因问：‘拿稀饭来吃些罢’。尤氏早捧过一碗米，说是红稻米粥。”这里“御田粳米”、“红稻米”，也都是指的“御田胭脂米”。

著名红学家周汝昌《胭脂米传奇》一文中说：“据河北遵化州志，胭脂米不止一个单一品种，有所差别；产地本在玉田兰庄，其后丰润也有了此米（玉田、丰润，皆遵化州所辖之县）。”更值得说到的是“……康熙帝曾在中南海丰泽园中种植此米，并曾赏与曹寅、李煦的‘故事’。可巧，那时毛泽东正住在丰泽园，读了这段故事，引起了浓厚兴趣，即命农业部、河北省寻找此米。后来河北省委果然寻找到了，把培育收获的胭脂米运送给主席。因此米珍稀味美，有一次前日本首相田中访华时，在贵宾席尝到此米，念之于怀，竟向毛主席请索此米，据确知者言，此米果然给了日本”。

说到《红楼梦》，还有一件事更应提及。舅父对《红楼梦》久感兴趣，一次谈论红学时，舅父提到，农科院陈善铭先生家中存过一个版本，我听了觉得此事很重要，不久后经舅父引介，去拜访了陈先生夫妇，方知那是非常重要的“庚辰本”。后来我将此事告知了周汝昌先生与红学家冯其庸先生（原文化部艺术研究院红学所长，中国红学会长，《红楼梦学刊》主编）。随后周先生曾著有《版本异闻》一篇，论述此事。

冯先生在《论庚辰本》及《石头记脂本研究》两书中，更着重谈及此事：“去年夏天，我承齐儆同志转告，农科院的陈善铭教授和他的夫人，熟知庚辰本的来历。这一消息对我来说简直是‘石破天惊’。于是我们约定了一个时间，一起去访问了陈善铭教授。原来陈老的夫人是原藏庚辰本的徐星署先生的女儿，陈老是植物保护学方面的专家，而对于文物书画又极精于鉴赏，陈老和他的夫人为人热情诚恳，承他们招待了我们。据陈老讲，过去他们住东四三条五号。此书是1932年初在隆福寺的小摊上买到的，是徐星署先生买回来的。这种小摊是书店摆的，与一般的小摊不同。这部庚辰本《石头记》，是北城的旗人卖出来的，徐星署先生买得的时候是八元钱。徐先生对此书极为珍视，他在世时，轻易不让他们翻看，1938年徐先生去世，当时陈老在国外，抗战时此书曾放在天津周叔弢、周绍良先生家里一年，后仍归徐家。解放以后，经郑振铎先生介绍由燕京大学收藏，后归北京大学。”

在《红楼梦》的众多版本中，庚辰本是很重要的。现在流行的人民文学出版社1982年出版的红楼梦研究所新校注本，发行已达数百万册，径可视为“钦定部颁”本。这样权威的《红楼梦》版本，即是以庚辰本与程乙本为底本而校注整理的“新校注本”。

红学史上，使红学界“石破天惊”的，未料竟是两位农学家。昔年陈先生与舅父两位热爱《红楼梦》的老人，为《红楼梦》版本研究提供了重要线索与

史料，对红学研究作了重要的贡献。真是“不在梅边在柳边，个中谁拾画婵娟?”（《红楼梦》第五十一回）

“考其德行道艺，而兴贤者能者”（《周礼》）。先舅的文章道德、道德文章，激励我辈，彪焕农史。

丁亥冬至　蓟门葭琯云房

（作者齐儆系王毓瑚教授之外甥）

纪念大舅百年诞辰

齐曾荫

接到京阳表弟的电话，说农大将召开会议，纪念大舅王毓瑚教授百年诞辰，还希望我写点文字。放下电话之后，大舅的音容笑貌立即从我的脑海中浮现出来，历历往事也都一齐汇聚心头。

童年时候，在我见到大舅之前，就听母亲说了许多关于大舅的事，诸如：大舅年轻时学习非常刻苦，成绩优异，十八岁就到欧洲留学，一去九年，在法国、德国等许多国家勤工俭学。因此，法语、德语都很好。回国后就埋头做学问，把所学的知识贡献给国家。

我初见大舅是在抗战胜利之后大舅从大后方回到北京的时候，从那时开始，大舅的家就对我产生了巨大的吸引力。不管是东斜街也好，罗道庄、马连洼也罢，大舅的家搬到哪里，这个吸引力也就随之转移过去。所以从小到大，“去看大舅”于我则像过节般地快乐。大舅则是把他的书房、把颐和园的长廊、西堤，香山的鬼见愁，圆明园的林荫小路全都变成了向我传授知识的课堂，对我进行“谈话教学”。随着我年龄的增长，其内容也由浅入深，时间则从上个世纪的40年代一直延续到70年代，有近30年之久。这种谈话事前从未设定过题目，我也没有提过特别的要求，每次都是古今中外、海阔天空、纵横驰骋，所涉猎的领域非常广泛，而每涉及一个题目又都有相当的深度。前些年我曾经听李政道先生来北京做过一次演讲，当时曾有记者问李先生：“在您的学业之中，所获收益最大的事情是什么?”李先生答曰：“那是在作费米教授研究生的时候，每个星期六的下午，拿出半天的时间和教授坐在一起，做事先不约定题目的交谈。这种谈话就像是一个飘忽不定的火苗一样，谁也不知火苗下一步将飘向何方，可是它的每一次飘动，都会令人有意想不到的收获。”一听此言，我脑中出现的第一反应，就是大舅对我所进行的“谈话教学”。今天回顾起来，人的一生中能够有机会受到这样的教育而且又是时近三十年之久，那实在是人生的一大幸事。下面，就将大舅对我所进行的“谈话教学”中选取我受益最大的几个方面，做一个简要的总结：

一、学习必须打下尽可能深厚的基础，做学问需要极扎实的基本功

说到这个问题时，大舅为我举京剧的例子：富连成科班教戏时，不是一出戏一出戏地教，而是先教撇腰、踢腿、抻筋、走台步、听锣鼓、吊嗓子、校正板眼、字正腔圆……当这些基本功都练得很扎实之后，那学多少戏也是易如反掌。那时，我已经考入北京大学，正在化学系学习。大舅曾问我学校的课程安排，我回答说："学制六年，这是陆平校长为了在教学质量方面赶超莫斯科大学而设置的。前四年都上基础课，第五年的上半年专业基础课，下半年专业课。第六年做一年毕业论文，学会怎样搞科研。而且在所有的基础课中，都是实验课占据相当的比重。"对于我的回答，大舅大为赞赏，由此可见，教授们的所见都是略同的。现在回想起来，我自己后来之所以能够做成一点事情，这和包括大舅在内的所有教过我的教授们都非常重视基本功的训练是密切相关的。

二、"程序教学法"或称"阶梯式教学法"

对于这个问题，大舅一样是用一个实例来说明它。他说："学习是不可能一蹴而就的，就像人上楼一样，想一步跳上二楼、三楼，那是根本不可能的。可是，要是沿着楼梯一蹬蹬地向上走，那就能很容易地上去。持续地攀登，不懈地努力，即使是遇到上百层的摩天大楼，也一样能上得去。老师的作用其实就像是给学生指引或建造楼梯，由学生自己去攀登，遇到哪一级上起来有困难，就需要老师及时地推一下、拉一把。或者把它的台阶分细点、变矮点，帮助学生越过难关。如此坚持下去，时间一长，就会发现，啊！原来我已经爬得很高了。其实，一个高水平的老师，就应当能为学生指引出科学合理、高效率的阶梯来。"又说，要注重成功本身对于学生的奖励，泰山南天门有一副对联：

门辟九霄仰步三天胜迹
阶崇万级俯临千嶂奇观

说的就是这个道理。当我们从岱宗坊开始，经过红门宫、万仙楼、经石峪、壶天阁、中天门、对松山、升仙坊，一步步地爬上来，再攀上陡峭的十八盘，便登上了南天门。从这里向上，可以直达碧霞宫和玉皇顶；回望，则可俯瞰千嶂

奇观，阅尽齐鲁大地的美景。这很自然地让人想起孔子说的“登泰山而小天下”以及杜甫说的“会当临绝顶，一览众山小”。爬泰山的过程也是学习、做学问过程的缩影和象征。

三、求索认知并且严格地遵循规律

我还体会到，如果我们对学习的规律认识得深刻透彻，并且认真严格地遵循它，学习成绩便会提高；反之，便会降低。做学问也是一样。毛主席对战争规律认识得深刻，对它把握得好，所以就能指挥部队打胜仗，从胜利走向胜利。其实，世上的事情无不如此，规律这个东西是客观的，人无法改变它，也不能生造出来。只能认知和遵循它，顺之遵之则昌，违之逆之则败。老子在《道德经》中，就说了许多关于规律的话，例如：治大国如烹小鲜；千里之行始于足下，九尺之台积于垒土；天网恢恢，疏而不漏；无为，无不为；以及祸兮福所倚，福兮祸所伏等等。那么对于《道德经》可做如下的解读：道者，基本规律也；德者，得也，两者之间是通假关系；经则是理论。把它们连接起来就是：求索认知并严格地遵循规律，便可以得到更多收获的理论。

道可道非常道——关于事物运行发展规律的这件事是完全可以说得清楚的，可它决不是那种一般性的规律，而是根本性的规律。

无为——对于那些违反规律的事情，就应当无为——千万不要去做。

无不为——对于那些符合客观规律的事情，就应当无不为——尽一切努力地去做。

四、关于大舅所从事的事业

在我小的时候，这件事对我来说是个谜，是个挺大的谜。因为每当我问起大舅时，大舅总是很谦虚地说：“我搞的那些东西都是老古董，没用，你不用问。”大舅越是不说，我的好奇心就越大，越想知道。因为若说没用，那怎么总会有外国的学者、留学生来向大舅交流、请教呢？后来我入读北大以及从北大毕业之后，这个谜也就自然而然地解开了——中国自古以来以农立国，历朝历代都非常重视农业。中华五千年文明史，在相当程度上说就是农业文明史。因此，历史上存留下来的有关农业生产技术、管理、政策的典籍浩如烟海。于是，研究整理这些典籍，并从中寻找总结出规律性的东西，从而有利于今后的发展，可以说是非常重要且很有意义和价值的一件工作。这正如毛主席所说：知道它的过去，就可以知道它的现在；知道它的过去和现在，就可以知道它的将来。

虽说大舅不与我谈他的业务，但是相处时间长了，也总会流露一些出来。例如，大舅就曾和我说过隋文帝杨坚这个人，他一生中做了许多大事：打了四场仗，都打赢了。尤其是灭陈之役，准备最充分，进展最顺利，取得的胜利也最彻底。从而结束了中国长达300多年的战乱与分裂，重新统一了起来，在我国统一多民族国家的形成历程中做出了巨大的贡献；隋文帝还是杰出的革新家，创新了许多行政、法律制度。科举考试制度就是从他那时开始实行的，用它来培养、选拔人才；在农业上他推选均田和租庸调制，使人口大幅度增加，生产迅速发展。开皇一共才24年，却建了许多大的粮仓，装满了粮食，诸如含嘉仓、兴洛仓、回洛仓、河阳仓、黎阳仓、太仓、广通仓、常平仓、山阳仓等。这些粮食经过他儿子杨广十几年的折腾，又经过隋末的天下大乱，直到唐太宗的贞观年间还未吃完，这实在是中国农业史上的奇迹，确实值得深入地研究和总结。

此外大舅还和我讲过刘宴、杨炎在中唐时推行两税法以延缓唐朝衰落进程的故事以及吕蒙正、范仲淹的农业政策，王安石的方田均税法，张居正的一条鞭法，和西学东渐时期的徐光启和他的《农政全书》等等农业史上的故事。

五、大舅是很忧国忧民的人

上世纪70年代，大舅不幸罹患癌症，从延安回到北京，在协和医院做手术之后住在农大平房。我那时去看大舅，发现他虽然身居陋室却是心怀天下。他对我谈起一喜一忧，喜的是林彪因为叛逃摔死在蒙古的温都尔汗，再不能祸国殃民了；忧的是国家、人民、社会究竟向何方向发展还看不明白。他向我反复念叨的是为什么和怎么办的问题，当时我向大舅说了自己的看法，他听后眼睛一亮，脸上露出惊喜的神色。这神色中分明包含着："这么多年来我没有白教你"的成分。他非常高兴，半认真半开玩笑地把我的看法说成是"么么（我的小名）思想"，还叮嘱我说："你好好整理、完善一下，以后有机会把它写出来。"最后还追加了一句："现在在外头可千万不能说。"这个外头不能说当然是因为当时"四人帮"还在横行，若被他们人听到，是要被揪辫子、打棍子的。今天可以告慰大舅的是，"四人帮"早已覆灭，变成了一个历史词汇，中国也已经走上了民富国强的康庄之路。我在退休后有了空闲时间，就遵照大舅之嘱把这篇文章写了出来，并起名为《学习与思考》，前些日子交给了京阳表弟。我想在天堂的大舅知道了一定会非常高兴的。

六、回　报

大舅教导我多年，从来没有企盼过我有什么回报，这是一种最无私的亲情。可是我心里清楚，我是非回报不可的，而且要滴水之恩当涌泉相报。我还知道，我最好的回报大舅的办法，就是对国家、人民和社会做出尽可能多的贡献。现在同样可以告慰大舅的是，这一点我已经做到了。今天我可以问心无愧地说，北京大学、汇文中学等母校的老师教授们没有白培养我，大舅也没有白教导我。下面说说我所做过的主要科研工作，作为向大舅的汇报，大舅若知定会更加高兴。

(1) 1984年主持“湿法磷酸聚晶工艺”的研究与开发；

(2) 同年承担湖北省科委的“磷化工考察”任务，撰写的《磷化工考察报告》获得当年化工部科技情报二等奖；

(3) 1987至1994年陆续完成了“湿法磷酸聚晶工艺”的小试并通过省科委的鉴定和化工部、湖北省科委组织的中试及工业化试产，最终通过了化工部鉴定；

(4) 1995年获评为“八五”期间优秀科技成果；

(5) 1997年获得国家专利局的“保密专利”申请；

(6) 1998年被国家科委评为“九五”期间国家重点推广新科技项目。

这些年来，我撰写的《湿法磷酸聚晶工艺的研究与开发》论文，先后被收入“中国科技发展经典文库”、“中国科教兴国战略文库”。我本人还被收录进《世界科技名人录》、《中国专家人才库》等辞书，被化工部磷肥工业协会聘请为专家。

七、薪火相传　生生不息

中华文明是世界四大古文明之一，而且是惟一从未断代和湮灭的文明。究其原因，那是由于它能够代代衔接、源远流长，这也正是鲁迅先生所说的中华民族的脊梁。

“上帝”对人是很吝啬的，给每个人的寿命只有几十年，慷慨一点、长一点的也就一百多年，和人类历史长河相比实在太短暂。我这里说的“上帝”不是天主教堂里的那个上帝。它的学名应当叫“客观规律”，也叫“自然规律”，就是老子所说的那个“道”。这就决定了人只能用接力棒的办法，一棒棒地传递下去。人类社会也只能是个接力棒的社会，这是惟一行得通的办法。其中重要的是，得把一切好的宝贵的东西继承下来，使之流传下去，并发扬光大。

今天非常感谢农大的各位领导和有关部门，专门召开会议隆重纪念我大舅百年诞辰。我想最好的纪念大舅的办法，就是要把他集毕生精力、不断耕耘所研究的学问；数十年如一日、专心致志、认认真真、勤勤恳恳、扎扎实实做学问的精神；对学生悉心教导、诲人不倦的精神，全都传承下去。

梅贻琦先生曾经说过："大学者，非有大楼者也，乃有大师者也。"想我自己成长的经历，很感幸运。在北大学习时，恰遇陆平校长要强化基础课教学，因此许多课都由我国一流化学大师亲授。诸如：有机化学——邢其毅教授、统计力学（在化学中的应用）——唐有祺教授、热力学——傅鹰教授、电解质溶液理论——黄子卿教授。和我的同学们相比，我还要更幸运一些，那就是我还受过大舅多年的指导。

如前所述，人类社会是一个接力棒的社会，对于其中的每一个人都有接好棒、跑好棒再传好棒的责任和义务。转眼间，传给我"棒"的教授们多已仙逝，我自己也到了该交棒的年龄。韩愈说："学者必有师，师者，所以传道、授业、解惑也。"傅聪先生也说："我今天的责任就是传音乐之道。"对照起来，我自己今天该交的"棒"和该传的"道"，当是学习方法之道，是所有交给我接力棒的老师们、教授们的严谨治学之风。我今天的责任和义务是尽可能多教些学生，把所有好的宝贵的东西都流传下去，而不在我手中停顿。当能如此，在天堂的大舅也就可以放心了。

八、京　剧

大舅喜欢京剧，尤其喜欢余叔岩余派的老生唱腔。经常见到大舅在阅读、写作之余，哼上、唱上几段戏，以消除疲乏。大舅的嗓音并不高亢，但唱起来声色圆润、韵味浓郁。我受大舅的影响也喜欢余派，我学唱的方法通常是买来唱片，用留声机放唱片，跟着学。不过，有些精彩的唱段买不到唱片，遇到这种情况，大舅就一句一句地教我唱，还帮我校正板眼。时间一长，这样的唱段就多了起来。这对陶冶我的性情真是受益匪浅。

由于时间仓促，今天我就简要地回忆起这些，献给会议、献给大舅的百年诞辰。最后，谨祝大舅安息！

2007 年 12 月 18 日

（作者系王毓瑚教授之外甥）

终生铭记伯父的恩情与教诲

王向阳

伯父王毓瑚教授离开我们已经二十八年了，每每想起他那慈祥的面容和语意深长的教诲，都会潸然泪下。

我少年丧母，由于父亲在天津工作，我一直跟着伯父母、叔婶母在北京上学。我之所以选择学习地理学，就是深受伯父的影响。伯父是位德高望重的经济学家、农史学家，专业精通，又善于吸收其他学科的知识。我记得在伯父家经常见到一位亲戚来与伯父谈论天下大事，这位亲戚叫韩兴民，是市内一个高级中学的地理教师。他们谈论到了托罗密对地理学的贡献，地理学对西欧各国走向海洋走向世界，使整个欧洲社会经济发生了翻天覆地的变化，对整个世界产生了巨大的影响。当时我经常听到这些谈论，使我年幼的头脑开始辩明前程与幻想，萌发了对地理学的兴趣。我要学习这种能够改变国家面貌的学问，此次确立了我要学地理学的志向。

1952 年我考入北京大学地质地理系，走上了我一生为之奋斗的事业之路。从上大学开始，我经常受到伯父的指点，在老人家的指引下，我更加懂得了环境与社会生产、经济发展关系的重要性，了解了环境与历史变迁的关系，尤其是环境与农牧业的关系等等。

不料 1958 年我被后补划为右派，1962 年下放到东北农村劳动，从此以后失去了聆听老人家教导的机会。1980 年我落实政策返回北大，才又能够与家人团聚。伯父虽然在“文革”当中受到冲击，身体又欠佳，但仍振作精神向我讲述他一生在学术上的收获，对我的启发很大，收益匪浅。我记得老人谈了历史上不同年代、地域农牧业的发展情况，鼓励我在这方面做做文章。于是在此基础上我写了《我国五千年来气候变化与北方各民族活动的关系》（内容涉及匈奴、鲜卑、女真、契丹、满、蒙古等少数民族）、《安（安阳）—蓟（北京）大道考》、《元朝时期木棉、高粱的改良和利用对社会发展的作用》、《大兴安岭东麓的土地利用》、《郭守敬一生对社会的贡献》等多篇论文。但正当我在伯父及北大诸多老师的帮助下，迅速恢复重建自己的事业的时候，忽然噩耗传来，伯父竟永远离我们而去，这自我落实政策与家人团聚只有短短两年，“上帝”真是太不公正了！为什么不能给我们更多时间聆听老人家的教导呢！我悲痛万分，但只能接受现实。悲痛之余，要牢记老人家的遗训，才能使先伯在天之灵放心。

先伯父一直教导我们要学会做事，更要学会做人。他常讲知识不是个人私有的，要为社会做出贡献，要教书育人、培养后代。我本着先伯的遗教，这些年来也努力培养了许多甘心情愿、全力以赴为国家为人民努力工作无私奉献的学生，后学渐长，我想先伯会以快慰之情安息了。

2008 年 1 月 25 日

（作者系王毓瑚教授之侄）

忆大爹

王 莹

我父亲他们是老哥仨，其中伯父王毓瑚为长兄，按照我们祖籍河北高阳县的叫法，我们称呼他为大爹。

有关大爹的故事，我从小就听过很多。比如听长辈们说，大爹早在青年时代就曾怀着知识救国的宏图大志远赴欧洲留学。本来，按照爷爷的意向和他本人的志愿是准备学工的，可是到了国外，大爹深深感到中国经济的贫困与落后，于是毅然改读经济学，立志定要探索出一条使国家经济强盛的道路；又比如，大爹苦读近十年后终于踏上了回国的旅途，可他却又做出一桩惊人之举——竟把自己在德、法两国获得的宝贵的学位证书都扔进了大海里，以表明自己绝不图名分，誓以真才实学报效祖国的决心；再比如，大爹回国以后，多次谢绝官职，放弃高薪，一心扑在学术和教育领域里，几十年如一日默默耕耘、著书立说。他个人的生活始终十分简朴，但却经常助人为乐，特别是当一些贫困的学生和晚辈们在读书和上学的问题上遭遇困境的时候，他更是不论远近亲疏、一律慷慨解囊，而且从来不图回报……如此等等，从此，在我幼小的心里，就对这位慈祥而又可亲的长者萌生了深深的崇敬之情。

1952 年“三五反”运动后，我父亲蒙冤入狱，不久又被遣送到了东北。当年我只有四岁，两个哥哥也都很年幼。当年，尽管大爹上奉岳母，下有五个未成年的子女，生活负担本来已经很重，但却仍然挺身而出，义不容辞地帮助我的母亲分担起了抚养我们兄妹的重担，而且这一帮就长达七年！1961 年，国家机关精简裁员，母亲因家庭问题的牵扯也被下放到了边疆，我们兄妹因此成了无家可归的孩子。回想起那段远离父母的辛酸岁月里，大爹就像对待自己的亲生儿女一样时时牵挂着、惦记着我们。每逢休息的日子，他总是把我们叫到家里，一一询问我们学习、生活的情况。尽管当时的物资供应十分紧张，却还是经常尽最大可能让大娘变换着花样做些好吃的东西给我们解馋。又因为我是个女孩子，还总担心我在往来的路上倒车会不安全，所以，每次都嘱咐我的堂兄广阳大哥亲自到学校去把我接回家。返校的时候，还要求他一直把我送到学校大门口，直到看着我走进校门之后才肯放心地离去……在大爹胜似父亲般的关心和疼爱下，我们兄妹三人又重新获得了家庭的温暖，就像离群的乳燕一样在这里找到了自己安全的归巢。

那时，大爹的家住在西郊农大，校园的四周还都是大片空旷的农田，远远向西望去，连绵起伏的群山就像一道厚厚的屏障包围着半壁云天。大爹一有空，就会兴头十足地像个“孩子王”似的领着我和他家的几个弟妹们外出去散步、游玩。他走到哪里，就会把知识带到哪里，于是，这广阔的天地就成了我们露天的大课堂。当踏过田间地埂时，大爹常常会停下脚步来考考我们，教我们识别庄稼，给我们讲农田耕作的辛苦以及作物生长的常识，教育我们绝不能浪费粮食、绝不能作五谷不分的书呆子。当踏上圆明园的遗址，又会给我们讲历史故事、讲中国古园林建筑的精湛艺术以及痛说西方列强入侵后对中国乃至世界所犯下的罪恶……每一次，我们都会被这些生动的讲解内容深深吸引。记得那时从大爹家西行数百米，就能看到几座山。抬头望去，山上的一石一木清晰可见，常常让人误以为这山离得实在是太近了，好像走到它跟前不过几步之遥而已。一开始，我们几个孩子还想“较劲”，想比试一下看谁能第一个跑到山脚下。可很快我们就发现，尽管大家都已跑得气喘吁吁的了，可是和山的距离却好像纹丝未变，一切都像处在静止之中，而我们的努力也竟然成了徒劳！大爹看着我们一个个垂头丧气走回来的样子禁不住笑了，他说：“你们听说过‘望山跑死马’吗？想想这是为什么呢——是人与大自然相比实在是太渺小了！可是，如果我们从另一个角度上看，人又是最伟大的！为什么呢？因为人能够掌握知识、掌握大自然的规律、能改造大自然啊！”接着，大爹就从眼前的这件事引发开来，告诉我们如何将树立远大的目标与一步步脚踏实地、埋头苦干的精神结合起来，又如何将一个大目标分解成若干个小目标，坚持不懈“积跬步以至千里”以及“千里之行，始于足下”的道理。其间，大爹还教我们背诵唐诗宋词、欣赏古代散文名篇等等。就这样，在大爹日久的熏陶下，我不仅增长了知识和见识，而且渐渐懂得了许多做人的道理。

初中毕业前后，我曾因当时所谓的“出身”问题背过思想包袱，那时候，既想家、又怨家，内心矛盾、困惑，一度甚至有些消沉。大爹及时地开导我，他不止一次地把我叫到身边，先从“塞翁失马，焉知非福”说起，让我懂得世间万物都处在不断的变化之中，所谓的好事、坏事都只是阶段性、而且是从不同角度上相对而言的道理。接着又借古人“囊萤”、“映雪”，在困境中发奋读书，日后成就大业的故事，鼓励我视逆境为动力、为锻炼自己的好机会，坚定信念、奋发图强、努力做一个襟怀宽广、有抱负、有学识的人。最难忘的是那年暑假，大爹带我和弟妹们去登香山的情景。那年，他已经五十多岁了，却还精气神十足地亲自领着我们沿十八盘“之”字形的山道迂回上行。在边走边观山赏景的过程中，大爹不断地启发诱导我，让我更直观地感受和理解苏轼的著名诗句“横看成岭侧成峰，远近高低各不同”中所揭示的深刻哲理。我顿时悟出：大爹带我来登山，绝不仅仅是一次单纯的郊游，他是希望我能在思想上来一次攀登、实现一次飞跃，希望我能站到一个更高的境界里，用积极的态度对待人生；他更是希望我能够真正懂得：一个人只有在逆境和困难面前永不气馁、永不言败、永远不懈地去追求、去奋斗，才有可能“阅尽人间春色”，才能有“一览众山小”的气魄啊！我的心灵受到了强烈的震动！从那以后，聆听大爹的教诲几乎成了我日常生活的必修课，每隔一段时间，我就会主动地坐到大爹身边汇报思想、谈学习心得体会、接受大爹的点评，我把这称为“定期充电”，不断地为自己汲取前进的动力。尽管1966年“文革”开始后这一切不得不被迫中断了，但是大爹所传授给我的精神营养乃至思想的精髓却足以影响了我的一生。以至于在我日后坎坷的人生道路上，每当遭遇挫折与变故时，我都能以达观和理智的姿态从容应对，我想，追根溯源，还是得益于此吧。

平日里，大爹还十分注重指导我们树立正确的学习态度和方法，他总是勉励我们要活到老、学到老。他说，人们常用“浩如烟海”这个词来比喻知识的博大，伟大的物理学家牛顿为科学做出了那么大的贡献，可是仍自谦地说自己只不过是在知识的大海边上捡拾到了几只贝壳而已。那么对于我们来说，学习就更是永无止境，是一辈子都做不完的事啊！他还告诉我们，读书、学习的过程中最忌讳的是不求甚解，这和我们做人的道理一样，一定要摒弃浮躁、虚荣以及表面化的东西，要踏踏实实、勤于思考，要多问几个为什么，做到不仅“知其然，还要知其所以然”，要力争达到精益求精的地步才能算掌握了真知。记得有一次，大爹拿来一张近期的报纸，指着头版一条醒目的标题中“凯旋归来”几个字让我们辨别正误。我一时怔住了——“凯旋归来”这不是平日常见的词吗，更何况又是登在报纸上能有什么错呢？大爹看我们不解，就叫我们聚过来一起翻阅词典。真是不查不知道，一查才恍然大悟：原来，词典上明明写着：“凯”为胜利的意思，而“旋”则为返回或归来，“凯旋”二字本已是“胜利归来”之意，若再加上一个“归来”不就是明显的画蛇添足了吗！事后，大爹就着这件事语重心长地告诫我们，这是在学习汉语字词方面囫囵吞枣、不求甚解的一个典型的例子，这类事闹个笑话是小，出了纰漏是大，而若误传后人那就得算是一种罪过了！这虽然只是一件小事，但多年来却始终极其深刻地铭记在我的心里，让我无论在学习还是工作上时时提醒自己，并从此养成了认真、扎实的好习惯。

在大爹身边生活的日子里，我就像徜徉在一座知识的宫殿中时时地从心底感到无比的充实和快乐，这种充实与快乐几乎伴随了我一生。其间特别应当提到的是，在我青春时代所经历的那段蹉跎岁月里，是读书弥补了我们几近枯竭的精神世界，也带给了我们多少深刻而丰厚的人生启迪啊！

在我儿时的记忆里，大爹的脑海仿佛就是我们一部取之不尽、用之不竭的大百科全书，他那并不很宽敞的小二层居室里也处处都笼罩着浓浓的书卷气息。从楼下的书房到楼上的卧室、从里到外、从上到下甚至角角落落都堪称是“书的世界”，涉及内容海阔天空、包罗万象，其中有中文、有外文，有线装古籍、也有现代图册，就连卫生间马桶后背的水箱上也高高地摆放着一大摞书。有一次，我无意中在这一摞大都是看不懂的文字中竟发现了一本俄语词典，就好奇地问大爹：“您不是已经掌握好几国的外语了吗，怎么，还要再学俄语吗？”大爹笑着回答说，因为现在图书馆里有不少俄语的资料，为了工作上查阅的方便，所以就不妨挤出时间来学一学。整块的时间没有，就只能利用这些“边角料”了。接着他老人家又带着几分幽默地眨着眼睛说：“其实，时间就是这样挤出来的，我把坐在马桶上的时间用来学学俄语，这也正是伏案工作之余换换脑筋，是一种很不错的休息方式啊！”那一刻，我曾经深深地为大爹那种孜孜不倦的治学精神所震撼！是啊，大爹是把自己一生全部的精力和乐趣都与学习、读书和求知紧紧地联系在了一起！他终日里手不释卷，他一生视知识为生命、他为知识而生、为知识而奉献，他早已把自己与知识融成了一体啊！

大爹虽是一位著名的农史学家和经济史学家，也是一位造诣极深的教授和学者，但是他老人家却非常朴实、平易近人。他从不鄙薄简单的劳动，更时时处处身体力行，尊重各个领域、各不同工种的普通劳动者。这使我又想起了一件小事，有一回，大爹看见我和堂妹用搓板正在洗衣服，就颇有感触地对我们说：“你们发现了吗？这个制造搓板的工匠有多聪明啊！他把搓板上的棱儿凿成弯弯的弧形，你们想想，这与横向的直棱儿相比是不是更合理、也更好用呢？”一句话提醒了我们，是啊，生活中点点滴滴看起来微不足道的小事，其实都包含着大大小小的学问，也凝聚着前人的智慧和发明创造，正像大爹经常提醒我们的那样：“艺不压身，你们一定要多留心、多观察，哪一项劳动都不简单，都有自身的一套学问。要尽可能地多学，要不耻下问，要趁着年轻尽可能多掌握一切有益的知识和技能。”他还不断地提示我们：我们在享受前人的发明与创造成果的时候，还应当想一想，我们能为后人们留下什么呢？这些话，长久地在我心里扎下了根——做一个对社会有贡献的人、一个谦虚好学、富有内涵的人——这谆谆教诲的话语几乎成了我成长时期的座右铭。

回首我的童年和少年时代曾经历了不幸，然而，正因为这不幸，才使我能有机会更近距离地聆听大爹——我心目中这位近乎圣者的大爱之声，这，是不是应当说又是一件很幸福、也很幸运的事呢！记得当年，大爹曾把我比喻为一块好木料，并表示一定要亲自对我下“精雕细琢”之功。倘若从这个意义上讲，大爹是不是应当算是造就我人生品格和走向的第一人呢！1966 年当我高中毕业的时候，因遭遇“文革”动乱，日后上山下乡，命运几经动荡周折，其间阴差阳错，致使当初的理想化为泡影，但几十年来我却能遵从大爹的教导，始终勤奋学习，努力工作，在平凡的工作岗位上仍做出了突出的成绩，值此大爹百年之祭，也算是对他老人家的告慰吧。

如今，大爹驾鹤西归，已经走得离我们很远很远了，但是当我提笔追忆这些难忘的往事的时候，他老人家那亲切而熟悉的音容笑貌却历历清晰地又重现在我近前。我忽然觉得，其实，亲爱的大爹并没有走远，他仍然活着——活在我们心里，活在他卷帙浩繁的著述里，永远活在他曾经笔耕不辍的字里行间！

（作者王莹系王毓瑚先生的侄女）

父亲永在我们心中

广阳　京阳　王盼　嵩阳　瀚阳

今年（2007）是父亲王毓瑚教授百年诞辰，母亲也在夏末秋初，以九八高龄无疾而终，回想起与父母在一起的历历往事和对我们的谆谆教导，真盼望历史能够轮回。欣闻父亲原来工作过的单位，现今的中国农业大学经济管理学院和学校图书馆准备联合召开纪念父亲百年诞辰的学术会，邀请各方贤达缅怀父亲的学术成就，我们子女更是由衷的感谢！

父亲一生都是从事学术研究和教学工作，无论在强虏凌国之时，或者各种运动的影响，他依然坚持在学术的田野中耕耘。其实我们同父亲的相处时间并不很多：广阳两岁多，父亲就因“七七事变”爆发，离开北平，辗转到大后方的重庆，就任国立编译馆的编审和复旦大学教授，直至八年抗战胜利才返回北平；“文革”当中，先是京阳等三兄妹到内蒙古农村插队，后来农大搬迁陕北，最小的瀚阳托付给姑姑留在北京上初中；当“四人帮”倒台后，一家人刚刚有望团圆，父亲又因癌症和心脏病而过早告别人世。但父亲和蔼可亲的形象和他悉心的教诲，始终是我们生活的力量。

父亲从小学习就很用功，不过他从不跟我们说起这些，这些往事都是我们的姑姑以及父亲的同窗好友陈士骅大伯的哲嗣等亲友告诉我们的。我们只是从父亲整日埋头写作和每次给我们讲历史讲古文、解数理学难题的时候才能感受到他的勤奋和好学。据姑姑说，父亲从小就跟几个姐姐一起听课，九虚岁时就能写白话文和文言文的作文了。小学三年级时来到北京，有次老师出题“诸葛亮出师表观后”，父亲的作文满篇都是大红的双圈，深得老师的喜爱。以致多年后父亲在德国留学时写回的家书中，还感慨小时本可以跳班去上高几年级的课，进京后又从头学，耽误了几年时间，实在太可惜了。因为父亲年年考试成绩都在第一名，竟得“包第一”的誉称。父亲中学就读于北京四中，也常常是文理各科都能名列前茅，与同窗陈士骅大伯差堪伯仲。当时我们的爷爷在四中教德文课。爷爷因为身体不好，有时假期个别学生找爷爷补习德文，父亲就帮爷爷批改作业，当小先生。由此打下了深厚的文化功底和进一步学术研究的基础。父亲读书很专心，也喜好动脑筋。记得我家刚搬到罗道庄宿舍时，曾碰到一个水缸问题。因为住的房子是原来日本人所盖，门窗都很小。当时院子里遗留了不少像倒过来的钢盔式的日式容器，许多人家就想把它搬进屋子当水缸用。可是缸大门窄，只好敲掉边沿才移入厨房。但惟有我家的缸是体面进家，并非我家门阔，而是父亲仔细观察了缸的各部曲线，多次调整角度之后才把缸转进去的。事后不少人还是觉得不可思议：当年日本人可都没办法，只能弃之门外。

父亲尽管是在旧学和新学的交替时期上的学，但他始终认为学习不能强迫，一定要有“兴趣”作动力。广阳从小学习也很好，上中学，上北大都是保送，在选择专业时，父亲没有硬性包办，而是让广阳自己选择了物理系的光学专业，这一专业当时刚刚创立，学生也只有几个人，还要比其他专业多上一年，父子虽然对这个专业都不是很了解，但儿子对这个新专业有兴趣，父亲就多加鼓励，期能有所成就。也是在上世纪 50 年代，京阳和嵩阳在小学时，有一位从部队转业的李老师教音乐课，业余组织小乐队。这位李老师吹拉弹唱都在行。父亲听说孩子想学胡琴后，就亲自到城里买琴回来，让孩子参加学习。后来学校的乐队不但在海淀区的学校汇演中得到了好评，还曾到城里王府井的吉祥剧院舞台上参加了市里的比赛表演。音乐虽然没有成为孩子们的最终职业，但父亲的拳拳之心却让我们永远铭记。而且不管是学画画、学书法、学无线电、学照相以至集邮票、攒洋画到游泳、溜冰、踢足球，父亲无不大力支持，让孩子自由地发展。其实这样的支持，是在家境并不宽裕的情况下做出的。因为父亲是长子，母亲也从未参加工作，而且很长一段时间，我们的奶奶和姥姥都在家里奉养，特别是姥姥身边只有这一个女儿，跟我们一起住的时间更多，当时我们的两位叔叔又不在北京，几个叔伯兄弟姐妹也常常来家同住，幸好那时我家已由城里租的西四东斜街 25 号搬到西郊当时称新北京的罗道庄农大家属宿舍，住的日式平房比城里略大，前后又有点院子可以种菜种树栽葡萄，条件比城里略好，可是人口一多，日常开销就很吃紧。家里虽能活动开，可是高级点的玩具却很少有，连小孩子最爱吃的点心，也是母亲跟保姆学着做的，甚至家里还自养了一只母羊挤奶，有时我们孩子也要到野外割草搂树叶找饲料。

父亲没有给孩子们规定什么样的发展道路，没有要求必须达到什么样的水平，只要正当，就顺其自然，所以我们都很开心。父亲自己也是一样，他小时就喜欢京戏，十岁左右，见到街上有背着老式唱机放京戏的，就跟着听学，尤其喜欢花脸，放学回家还边走边唱，家人听到那抑扬顿挫带有童声的唱腔，就知道“瑚下学快到家了”。后来他竟会模仿谭派的打渔杀家等不少段子。当时四中组织课余文艺会，请老师教戏，父亲还一板一眼地学了京戏的腔、韵。记得上世纪 50 年代初有一年的新年晚会，在当时农大罗道庄校区南边新礼堂里，父亲还真登台扮装，和老友土化系教授黄瑞伦伯伯及孟伯伯、吴伯伯等先生演唱了段“失、空、斩”的折子戏，父亲扮演老生诸葛亮。父亲小时还喜欢足球，在欧洲留学时也踢过，家里怕他受伤，写信极力劝阻，才放弃这个爱好。但是父亲的这些兴趣一直保留下来，还常常与我们议论京剧中的锣鼓节奏应多些和缓以更优雅，足球比赛中如何改进越位规则以多变局等等，记得在60年代家里还订了《体育报》，父亲经常边看报纸边和我们谈论赛事、趣闻，脸上洋溢着快乐、兴奋的表情历历如在目前。父亲总是时时有意激励我们的生活和学习兴趣，不要走枯燥单一的八股老路。所以我们对父亲是敬而不畏。比如父亲在伏案写作，常用“回头说”来回复我们的要求时，我们就偷偷躲在父亲的椅子后喊他，等父亲回过头头答应后，我们立刻搬出爸爸刚答应的“回头说”来较真，这时父亲只好停下笔来跟我们保证。其实，我们那时真不知道父亲工作有多么重。

上世纪五六十年代，父亲在农业经济系从事教学工作之外，还兼着学校图书馆的馆长。虽然受到所谓“拔白旗”的影响，但还是整理了不少古代的农书和农史资料书，单是1957年和1958年就有《中国农学书录》和《中国畜牧史资料》两书分别由中华书局和科学出版社出版。记得当时书稿太多，又都是父亲用普通白报纸起草的，稿子需要清抄，所以母亲在家务事做完后还帮着誊清，广阳假期回家也来帮忙。《中国农学书录》随后又加修订增补，1964年改由农业出版社出版。这本工具书虽只为符合中国农书范围的五百多部古书做了提要，但要从浩如烟海的古籍中遴选，并非易事。书自出版以来多次印刷，我国台湾及日本也有印行，因目前尚无可替代者，去年（2006）中华书局又再次重印了四千本。整理古代农书，对留学德法，学习经济学的父亲来说，似有改行之意。父亲在《中国农学书录》的序言中就坦诚“本人既不通农业技术，对于目录之学也是门外汉”。可是父亲依靠中小学打下的国学根底，再加上勤奋地补课，终于在新的学术领域做出了新的成绩。据说父亲留学回来后，一直从事经济学的教学和研究工作，也翻译了几本德奥国人的经济学著作，可是到重庆的国立编译馆协助傅筑夫伯伯搜集中国经济史资料时，熟悉中国古代文献的程度还不能和傅伯伯及当时也在编译馆的从事历史地图编绘的史念海伯伯等相比。于是父亲的业余时间就都钻进书库，开始通读二十四史和《四库全书》，几个月后，人虽变得又黑又瘦，像是害了一场大病，但他的精神很好，因为与同事的差距又拉近了。后来史念海伯伯在指导京阳读古书时，也拿父亲的往事作鼓励。史伯伯还在父亲一篇遗作的按语中说到：“毓瑚教授治学，博览群书，时多新意，率能发前人之所未发，为侪辈所景仰推崇。不佞曾从之游，每闻谠言，为之心折。……顾颉刚先生偶得見其所著《秦汉帝国之经济及交通地理》，颇加称道，即以之编入《文史杂志》。”父亲也是在当时通过史念海伯伯认识了国学大师顾颉刚先生，顾颉刚先生对父亲的学问颇为肯定，抗战胜利后，顾先生又给胡适校长写信，推荐父亲到北京大学农学院任教。此后父亲就一直在北大农学院及后来的北京农业大学从事教学和学术研究工作。

文化大革命前，父亲除了教学和著书外，还常常出差在外。有时是下放劳动，有时是农业考察，短者十几天，长者有数月。那时电话也不方便，邮递也不如现在快捷，我们只好数着天等父亲回来。虽然父亲回来大都不能给我们带回什么好吃好玩儿的东西，但我们最爱听父亲讲当地的新鲜事。有一年父亲受命到内蒙古东部的哲里木盟考察草原荒地的开垦问题，回来后给我们讲起不少蒙古族人的风俗，比如当地的靰鞡鞋和絮在鞋里的靰鞡草。而当地的草原却不是我们想像中的“风吹草低见牛羊”的那种景象。由于自清末以来有许多关内人到这里开垦，不少草原已开始沙化，出现了大片的“坨子地”，有的地方还很严重。父亲对此深表忧虑。认为这种地方由于滥垦滥牧滥伐，土地资源和植物资源遭受了很大的破坏，有如发育欠佳或健康失调的青壮年，现在需要的是治疗和调理。实现农牧林三者的综合发展。父亲在哲里木盟一个多月的考察，行程1900多里，哲盟各县都留下了他的足迹。“文革”中，京阳兄妹到内蒙古插队，身处逆境的父亲还常常问起当地的草原开发情况。当得知去的头一年冬天搂草用八齿的大耙，第二年就得加到十几齿方能搂上柴草，草原的退化特别明显的情况时，父亲慨叹这又将会重蹈覆辙。在哲盟的考察虽有汽车代步，可是父亲还是觉得考察方式留有遗憾。他给我们讲，有一个词叫“鸟瞰”，是古人想像天空中的小鸟看大地而造出来的词，如果这次考察能乘上一个小飞机，在草原上空低低地飞翔，就既能把大草原的轮廓看得周到，又能把不同的地貌和植被观察清楚，就像有“鸟瞰”的感觉了。这种像后来的“遥感技术”，当时是不可能的。不过父亲一直盼望能有这样的机会，并把这样的想法也告诉了他的老友、从事历史地理研究的史念海伯伯。后来史伯伯病重时还曾幻想着自己已经联系好飞机，准备到汉水上游去做一次低空的实地考察。父亲也曾去内蒙古的河套地区考察近代农田荒芜和开垦的问题。这是他的一项研究课题。后来父亲在给西北农学院辛树帜院长的信中专门报告了“此次到河套一游，得偿多年来的宿愿，颇感快愉。收得一些资料，现已开始整理。俟有头绪，尚拟向颉刚先生请教，因近人之注意后套地区的开垦事业，实受顾公之启发也”。父亲和同事詹玉蓉老师等收集了不少材料，也跑了不少地方。据说一次父亲他们到河套西部的磴口一带调查，深入荒原深部考察途中碰到几户人家，主人竟问起日本鬼子走了没有？他们与世隔绝已有二十年。我们听了都特别好奇，羡慕野外考察能多长见识。只是父亲他们考察路远，没有多听那户人家的讲述，否则我们也就能听说更多的趣闻了。总之，父亲每次出外回来，都是我们特别兴奋的时候，外面世界的新奇和疑问，正是父亲鼓励我们求知上进的刺激素。可惜“文化大革命”的开始，这些“美味佳肴”就再也没有了。

“文革”刚开始，父亲就被打成反动学术权威游街陪斗。红卫兵抄家时把家里的书，包括爷爷留下的许多线装古书和父亲的许多文稿都用几辆三轮车拉走了，等后来书退还时，仅有小孩竹车拉回了两三车，有的还是水泡过的。可父亲坚信知识是有用的，在整天挨批判、写检查之后，不顾休息，还抽空给我们讲解德语的课程，他这是在抓紧时间把知识传授给下一代。现在想来，在那种极“左”的气氛当中，这真是需要多大的胆量和多么坚强的信念！不久，京阳兄妹准备到农村插队，父亲又用“晋侯在外十九年矣，险阻艰难备尝之矣，民之情伪尽知之矣”的话鼓励做好精神和意志上的准备。这是父亲过去给孩子讲《左传》晋重耳出奔中的一段话。就是告诉子女要敢于面对社会，面对生活，尽管一时失去接受高等教育的机会，总有一天是要重归正途的。本来父亲长期患有高血压，“文革”开始次年就到了退休年龄，可运动中一样要去劳动改造，打扫厕所。尤其是有人揭发父亲在重庆编译馆时好像参加过国民党，结果红卫兵连番审查，甚至闹得父亲的老友家也不得安宁，就连顾颉刚先生亦受连累，多亏外人制止才没有受伤。这场史无前例的运动真是让父亲的身心俱受摧残。幸好父亲本没有什么政治问题，也从未参加过什么国民党，造反派只好作罢。但是父亲在学校由北京迁到河北涿县又远迁到陕北甘泉沟的几经折腾之后，终于是病倒了。1971 年夏，父亲在母亲和女儿的陪伴下，回北京做了直肠癌手术，随后在农大旧址留守处的平房暂栖养病。

这正应了那句“祸兮福所倚，福兮祸所伏”的话，父亲虽染重病，但也终于有了一个歇息的机会，可以暂脱无休止的折腾的漩涡。对于喜欢求新思维的父亲来说，就是有了一个可以静思的绝好时间。不过父亲和母亲暂栖的平房，是原来的工人宿舍，但自迁校之后，得不到维修，居住条件却是很差了。有时房子里返潮，父母亲的被子褥子要常常拿到外面晾晒。可父亲没有说过一句抱怨的话，也没向学校提出任何要求，除了服药调理外，就是想法读书写作和联络劫后老友，好像是在跟时间和生命赛跑。原来运到陕北的书籍文稿，也要广阳和嵩阳专门去趟甘泉尽量找到运回北京。一次京阳回家，见到父亲正看《齐民要术今释》，这本书是跟父亲同龄的老友石声汉伯伯的著作。石伯伯在农史学界名气很大，著述等身，可惜在“文革”当中的 1971 年春不幸因病去世。京阳怕父亲睹物伤心，就说石伯伯的著述早已印刷成书，只作收藏纪念就行了，别再劳神细读，影响身体恢复。不料父亲严肃地说：“这怎么成？你石伯伯生前就要我给书提意见，我一直没有完成，现在更得抓紧看完，答应人家的要求不能食言！”父亲还给有关方面写信，希望整理出版石伯伯的遗著。那时

"文化大革命"还在进行，虽然"林彪事件"后，知识分子的处境好了一些，但"四人帮"还在台上，人们的思想言论还是受到压抑。那时，父亲的老友、当过清华大学副校长的陈士骅大伯就把自己的诗作寄来，回忆过去的年代，几乎是周周有信。陈大伯已患中风，仍以左手录诗，凡上千首。父亲则每以陈大伯的精神教育我们。陈大伯是河北安新人，跟我们老家高阳为邻县，可算同乡，与父亲同去欧洲留学，成为水利专家，1973 年不幸因病去世。陈大伯天赋极高，作画作诗，无师自通。前几年，陈大伯的哲嗣将这些诗作编成《陈士骅诗集》正式出版，其中提到"王大"即我父亲的就有好多首。在陈大伯的影响下，父亲也做起了打油诗相赠。说来有趣，父亲的几位老友中，出身文科的经济学家傅筑夫伯伯、历史地理学家史念海伯伯跟父亲一样未闻有诗作发表，倒是学习水利学的陈士骅大伯和学习植物生理学的石声汉伯伯都有诗词佳作结集出版，著名诗词研究专家叶嘉莹先生还为石伯伯的《荔尾词存》写了长篇序言。父亲作诗不多，在父亲所写的打油诗中，不少是写这些年的境遇的，其中一组诗描写了农大由新北京的罗道庄迁到圆明园北的马连洼后以至"文革"中南迁至涿县复又西迁到陕北甘泉的历程。陈大伯曾在和诗的小序里说："王大以病榻怀今诗十五首见示。虽系游戏之作，难掩辛酸之情。"父亲当时的心情，细细体味，的确是这样的。父亲的诗中这样写道：

十年一梦马连洼，庭前小圃可种瓜。自是犹少林下趣，寓居毕竟远喧哗。
西边咫尺一片山，雨过清新亦可观。山下引来密云水，绿波垂柳似江南。
西北旺村位冲途，小馆居然比郇厨。惜缘穿渠沉水底，便宜龙君众水族。
昆明湖上万人喧，几人知有圆明园。当年规模差可认，每番凭吊总留连。
名园稀窥为惮劳，却喜勤奔青龙桥。提回几斤牛羊肉，一路春风意气豪。
一声疏散似惊雷，农大迁涿再不回。拒马河边扎新寨，新型学府新运开。
初来村内暂安家，时逢野老话桑麻。敢向井边摇辘轳，自力更生乐无涯。
从来人杰地亦灵，昭烈桓侯旧有名。更有一事颇自慰，善长故乡读水经。
冬烘头脑昧古今，织履此已无传人。偷闲学得新手艺，能将稻秆编座墩。
农场自有五亩园，瓜果架桃好解馋。物美价廉吃个够，一天辛苦变香甜。
涿郡风水难扎根，周年不到再拔坟。此番长流三千里，陕北高原寄游魂。
甘泉县内清泉沟，新址寻来费九牛。可奈名实不相称，恰是饮水使人愁。
傍沟住户若晨星，尽是外县逃荒农。死里求生不怕死，含笑听人说蟒精。
抗大精神指无前，偏向荒谷索良田。山上山下人争奋，想像当年南泥湾。
劳动建校敢言劳，但盼有菜卖两毛。尔来清斋连数月，无怪夫子乐濩韶。

陈大伯的四首奉和诗其一题作《马连洼》：

燕恋故巢鳖恋洼，架长葡桃棚长瓜。物性天生终不改，塞北寒杨少蝉哗。

其二题作《圆明园》：

跋涉荒园不辞劳，阖家相送到小桥。南北异途依依别，每念当年足力豪。

其三题作《涿州编蒲墩》：

谁知病袭似迅雷，意气消磨不复回。编墩织履千底事，只图眉锁片时开。

其四题作《甘泉寻泉》：

名实天壤隔鸿沟，壮志偏教鼠食牛。向地索粮天索水，功到自成不须愁。

后来的发展确如陈大伯所戏言，功到自成不须愁，农大最终是摆脱了困境，分步重返了旧址。不过陕北的一幕，也确让农大人惊心不已。父亲曾和过土化系教授、著名土壤学家李连捷先生的诗。诗中就这样描写：

桃园今已无桃花，盛世胡为集水涯。断臂折腰传全省，焦头烂额为一家。羞人豪语标沟底，欺天壮志挂悬崖。名将成名原若此，老军空自泪如麻。

但是不管怎样，历史终于会翻到新的一页。父亲也为此而做着准备。我们每次回家，不是见父亲在跟校内外的客人谈话，就是見他在各式各样的空白纸上写作，或者是一笔一划地用复写纸在稿纸上誊写，完全不像一个休养中的癌症患者，倒像是一个地道的“上班族”。当时来家次数最多的是学校图书馆的杨直民先生和董恺忱先生，他们跟父亲一道从事农史农书的研究，都有显著的成绩。京阳、嵩阳时在工矿，父亲希望他们能接触学习科学技术史方面的知识，就常以两位先生为例，鼓励他们钻研学问要持之以恒，不要怕半路出家。如果能动手撰文，并提出至少一个是自己的新论点，就是对学术研究有所贡献。过去父亲所撰写的文章，都分送校内外的老师专家请教，然后再加修改，并不急于发表。他还认真地告诫他们“别把四十岁以前写的文章看得太重”，也就是文章千古事，不能太急功近利。

父亲在“文化大革命”结束前后的几年中，陆续写出了好几篇长文。从篇名就可以看出父亲是在总结自己多年来对于农业史和农业经济史上的思考和看法。这些文章是：《我国历史上的土地利用》，《中国农业发展中的水和历史上的农田水利问题》，《我国历史上农耕区向北面的扩展》，《略论中国古来农具的演变》，《我国自古以来的重要农作物》，《近代后套开垦试论》，《读〈史记货殖列传〉杂识》，《从〈史记货殖列传〉来推论中国古代历史发展阶段》，《我国历史上农业地理的一些特点和问题》等。这些文章好多都是父亲去世后，经杨直民、董恺忱等先生整理后送交农史刊物发表的。也有的文章登在史念海伯伯主编的《中国历史地理论丛》上面。由于父亲文章中的观点自成一家之言，有时与所谓传统观点不合，在改革开放初期，还曾吓住过编辑。父亲那篇《读〈史记货殖列传〉杂识》的七八千字的札记，原准备刊在史念海伯伯主编的《文史集林》上，由出版社出版，但因文章中有议论司马迁记述的春秋战国时社会经济活动与西方资本主义发展初始相比较的文字，编辑认为不妥，意欲删掉，幸得史伯伯转请另一家杂志以增刊形式出版《集林》，父亲的文章才得见诸于世。父亲的另一篇论述中国古代资本主义因素出现和发展的文章《从〈史记货殖列传〉来推论中国古代历史发展阶段》，原是应傅筑夫伯伯之约而写的，傅伯伯在他的一篇《再论资本主义萌芽》的长篇论文中，还特别引用了其中上千字的论证，认为“老友王毓瑚教授”关于中国从春秋末到汉初是资产阶级经济冲击封建制度的历史时期，也就是资本主义萌芽产生的时期的观点是完全正确的。父亲这篇文章最后是傅伯伯转交给著名学者黄宗智教授放到香港出版的《抖擞》杂志 1981 年 3 月发表的。傅伯伯是著名的中国经济史学家，学识渊博，父亲在抗战期间的重庆国立编译馆工作时，就是与傅伯伯合作整理中国经济史资料。“文革”后，傅伯伯由南开大学调到北京经济学院，重新开始中国经济史的研究工作。可能是同气相求，傅伯伯虽长父亲几岁，还是不顾年迈，多次奔波几十公里由东郊红庙到农大平房，请父亲协助工作，甚至还找有关部门为父亲安排了楼房宿舍，要父亲搬到东郊去住，好便于商量研究大计。但父亲那时因在肠癌术后，心脏也不太好，只能谢绝傅伯伯的好意。不过父亲十分关心中国经济史的研究，有一次傅伯伯又来看父亲，父亲还把自己过去多年收集整理的一大包材料，交给同来的傅伯伯的研究生，让他们带回参考利用。也许是傅伯伯耄耋之年抓紧时间收集资料著书立说的推动，再加上拨乱反正学术研究走向正轨的春风，傅伯伯和父亲早年编纂的《中国经济史资料》手稿竟在人民大学的资料室发现，父亲听说后非常高兴，因为这也是他多年的心血所在。傅伯伯很快就请人整理正式出版，第一本《秦汉三国编》终于在 1982 年印出，可是父亲却已在两年前病逝了，还是没能亲眼看到自己辛勤劳作成果的问世。父亲没能看到自己成果问世的还有文革前就已初稿完成的《王祯农书》校点本和《先秦农家言四篇别释》，庆幸的是两书后来都由农业出版社正式出版，了却了父亲的整理祖国农业学术遗产的夙愿。其中《王祯农书》的手稿“文革”中还辗转到西北农学院石伯伯家，隐藏在煤堆中才保留下来。

由于父亲身体不好，不能出远门，但他总想多为国家多做些事情。“文革”之后，很快跟国外的学者设法取得联系。日本研究中国农史的学者天野元之助教授就与父亲的信件往来不断，天野先生还把他的著作《中国古农书考》和父亲的《中国农学书录》合刊在日本印刷。时在法国的华侨王守义，按老家论唤父亲为瑚叔，来信提到旅法画家潘张玉良的遗产中可资助国内的学生到法国学习，父亲非常高兴，认为中国不能再作锁国，应当学习外国的好东西。父亲积极联系有关方面，虽然最后没有成功，但父亲确实看到了改革开放的曙光。经过“文革”的劫难，许多的朋友也都不断恢复了联系。其中上海的胡道静先生最为父亲关心。因为胡先生也是在农史研究中成就卓著的学者，尤其是也编过一部《中国古农书总录》，与父亲的《中国农学书录》相辅相成，不料“文革”中这部百万巨著因胡先生身陷囹圄而毁灭。父亲听说非常难过，希望胡先生能在新时期继续从事农史的研究，为社会做更多的贡献。1980 年 10 月 15 号，胡道静先生来北京开农史学的会议，父亲也参加了会议，会后胡先生还专门到农大来看望父亲。从父亲跟胡先生的合影照片上看，父亲满脸挂着喜悦的微笑。我们家人看到父亲能在深秋到户外活动也很高兴。可天云难测，孰料刚过一个多月，父亲忽因心脏病发作，永远告别了我们，也告别了他的事业。

今年，父亲到了百年诞辰，我们也都陆续进入老年，可回想父母亲抚育教诲我们的点点往事，我们心中不能平静。父亲永远活在我们心中！

中国农业大学经济管理学院和图书馆联合组织纪念父亲百年诞辰和三农学术研讨会，展示新一代学人的丰硕成果，并在会后出版纪念文集，我们再次表示衷心的谢忱！相信父亲地下有知，也一定会为农史研究事业的薪火相传兴旺发达而感到高兴！

2007 年 10 月 20 日

（作者为王毓瑚先生子女）

下　编

日本农法研究之回顾与展望

——兼论其在中国的回应与运用

董恺忱

（中国农业大学经济管理学院）

（一）

农法这一概念的提出，其在日本是于二次大战之后，虽然其内容在农业生产与经营等方面在此之前的研究已经涉及，作为研究成果也已有多种论著行世。战后日本经济在其恢复的过程中，面临着食粮的严重匮乏，为此急切需要解决对策的提出，并反思此前何以应处失措。农业生产之备受朝野多方关注，遂推动其相关理论研究的深化，从而使探究日本农业生产结构原型的问题陡之突显，是以在此基础上，趋向于体系化的综合研究。作为概括其较庞杂多端的内容，使其统一纳入较规范的构架中，农法的概念遂被提出，期在有助于相关研究的加强及深化。其源头初始基于对此前相关研究积累成果加以总结与反思，并在改革与强化对现实问题解决之方法与对策讨论的同时，进而展望探索其未来的出路。经过讨论争议，农法这一概念虽已逐渐被较多识者认同并应用，但仍未能提升至具有严谨科学内含的高度，从而作为农学领域的通用范畴，仍有待深入讨究。

日本从二战结束迄今已历时半个多世纪，其有关农法的研究，在方法与内容上大体是能与时共进的。如从总体上来考察归纳，可以 20 年为期，分成三个阶段。首先是从 1945 年至 1965 年的对诸多相关理论的反思与学说的梳理。其在生产侧面是对诸多技术措施的归纳汇总使之进一步体系化。而对经营侧面则是力求从生产力结构来揭示其积弊，使经营者的功能与近代化相适应；其次是从 1965 年至 1985 年的时期，这一阶段的学者中已有人参据西方已通行多年的相应概念，基于各自研究的侧重点，对农法这一概念加以界定诠释，并开展有助于增进共识的讨论。结合实际，就日本乃至东亚、西欧的农法加以探析的，具有较高水平的论著相继编撰刊行问世；在从 1985 年至今的第三个阶段，是在对农法已较普遍应用并取得大体共识的前提下，对农法加以拓宽深化，就农业之何以得为农业，循自然与人功之互补互动关联，赋予农法以新的内容并加标志。对农法的运用则突出其基于地域特征，加以细分而更趋向于具体化。

在当今有关农法这一概念的众多论著先后所提出的各种说法中，限于本文的篇幅与主旨，不拟对其详加列举论析，现仅就已写入教科书，理当基本上已为众所公认的摘录一则附下。由东京大学秋野正胜等合著，于1978年由东京大学出版会刊行的《现代农业经济学》，在其由和田照男教授执笔的第一章“农法与经营”中，所提观点及其诠释转录于下：

“农法这个词，最近已广为使用。但这是比较新的概念，可能还不太为人们所熟识。而且，其科学概念本身也不一定有了定论。但大体说来，所谓农法就是为了从生产力（技术）的观点，按类型、发展阶段整理和掌握农业生产的结构（生产方式）而使用的一种概念。此外，农法还可说是关于农业经营组织的动态的掌握，因而农法论的开展也和农业经营组织论有密切的联系。”

“农法论是对各国（各地）农法发展上出现的问题进行理论的、实证的探讨，并把农法发展的理论加以系统化。其方法论的基本特征，是从生产力的观点掌握农法，即从栽培方式，地力维持方式，劳动方式的有机联系方面，分析农业技术的结构及其发展阶段的类型，而这是以结构的、历史的观点为中心的。它与从来的农业技术论、生产力论不同之点，在于重视自然的、风土的条件，并注意到这些条件和以经营组织为中心的个别经营结构问题相联系。总之，它的观点是对包括经营实践在内的现实问题，进行更为密切结合的理论研究（A. 扬的大农经营论、A. D. 泰厄的轮栽式农法论，基本上也是对经营实践的建议。)”

对农法做出如上界定并加以解说的和田照男，时任东大农学部农经系主持以讲授农业经营学为主兼及农业评价学的第一讲座。先于和田曾在战后负责这一讲座的矶道俊秀教授，在其讲授的农业经营学体系上，仍依旧例作为构成经营组织的要术，就与生产技术相关的问题分别论说，未作综合的总述。随后接任的金泽夏树教授，在其讲授该课的基础上所编著的《农业经营经济学讲义》（1982年）中，已从农业生产力的视角来讨论与农业经营有关的技术问题，对农业生产结构的类型和发展阶段的特点等也已涉及，并指出试图以此来开展的研究所用方法，当即是通常所说“农法论”。殆及和田教授对农法的界定与诠释，则较体系化而更严谨，受到持有相同立场者的基本赞同。

（二）

可包容与农法相关一些内容及术语的农业经营学，其在日本最初是参据德国A.D泰厄（1752—1828）以来经营学派的体系，特别是对比屠能（1783—1850）在其《孤立国》一书中所构思推断的圈境，乃至经营中应循依比较利益原则及区位配置等理论，进而以日本的实例来验证其于日本的可行性。在这一基础上，由伊藤清藏于1909年撰著的《农业经营学》，由于其内容较前已出的同类专著较为翔实，从而被更多的学校相关院系采用作为教材，同时也推动并加快了其研究进程。而这时的德国农业经营学已经摆脱经历了数十年之久、屈从依附于自然科学的窘境。T. 布林克曼（1877—1951）曾就此指出其根源在于未能从农业本身去理解农业。"泰厄所犯的很大的错误和J. 李比希（1803—1872）所犯的更大的错误，就在于其所赋予农业的论据，与真正的实际情况不符，而是从假设的理想的图像中抽出的；这种假设，在泰厄那里是启蒙时代的合理主义，在李比希那里是自然科学上的独断主义。……只有回到不偏不倚说明事实真相那里，经营学说才能获得新生"。布林克曼与其同时代的F. 艾瑞葆（1865—1942）曾为之努力，针对技术提高与工具改进，农业实现了增产，但为此支付的费用与市场销售所得投入，却不能同时保证增收。布林克曼提出为促成有利的综合经营，必须区分其运作中的结合（Krafte der Integrierung）与分化（Krafte der Differenzierung）两种不同力量。前者能将各种部门联合起来，可使生产过程中所形成的土地利用、农产品加工及经营手段等不同类型的协同体（Gemeinschaft）合并成一个整体；后者是与之对立的农产品和经营手段的价格，以及劳动支出的人工费用，生产运作中的技术状况和由此产生的生产技术与生产经验等。经营者只有在设法使这两种互相矛盾的力量达到均衡，通过必要的妥协，才能取得所期望的理想经营成果。艾瑞葆则更为强调农业经营有机性质的观点，力求全部措施能按最有利的比例，彼此互动互补发生作用。他还指出价格和价格差距的历史，是理解农业上出现的和可能出现的经营形式的关键。二战前的日本农业经营学总体水平，是紧随德国经营学派之后，在教学上从引进的理论整体着眼，较为完整系统；在生产运作中则多将其化解为相关因素，而各有侧重，是以呈现零散而有待整合的局面。但实现物质生产过程（技术过程）和价值增殖过程（经济过程）统一体的现代农业企业，在二战结束之前的日本几乎是不存在的。是以当时东京帝国大学（战后改称东京大学），近藤康男在《日本农业经济论》（1942年）曾指出："日本农业能够说是农业生产，却不能说成是农业经营"。原因则有如另一在东大任教的东畑精一于稍前出版的《日本农业之展开过程》（1936 年）所强调的独立的生产经营体基本上没有存在过。而这是与布林克曼指出的农业经营是“综合农业技术、组织资本和劳动力，进行管理（即经济化）的人及其综合行为”这一要求难以相符的。可见，具有鲜明日本特色的农业经营学的形成尚需时日。

农业经营学在日本最初是依附于农业经济学而从国外（特别是德国）引进的。这是源于 19 世纪初德国高等教育中，按 F. G. 舒尔策（1795—1860）的主张将之分为一般农学（农业经济学、农业经营学）与特殊农学（作物学、肥料学及畜产学等）两个体系。在柏林大学最早设置的农学部门其课程即依是。其后由 T. F. 戈尔茨（1836—1905）接替，但他将之扩展分化为包括农业经营学与农业政策学及农业史等学科，使讲授教学的体系渐趋完备。当时日本派赴德国进修农学的人士，如高冈熊雄、伊藤清藏等大多是毕业于戈尔茨门下，归国之后在北海道帝国大学任教多年。横井时敬等出身于东大前身驹场农学校，而后在东大农学部任教的学者，又多以讲授与农学相关的多门各类课程（即对一般与特殊农学的区分虽不特留意），而较多关心与生产直接有关的技术性学科，却也依之以为重点。东京大学设置农业经济学科是在 1925 年，而这与将东京农林学校（1886 年成立，当时仅设农学部、林学部、及兽医学部及预备科）于 1890 年将之升格为东京帝国大学下属的分科大学之农科大学，已延后 35 年之久。

日本从引进西方农学伊始，就受德美两国较多影响，即是以立足于规范论及目的论方法为主的德国学术流派，和关注应用科学方法或实践科学，如与农事相关的调查分析等，即以 G. F. 沃伦（1874—1938）为代表即是学派。但两者对比时，随即可察知其以德国流派的影响为主的局面，直至二战结束方始有所改变。于此仅以农学经营学为例来分析其新的研究方向与重点。从美国引进的是以 J. D. 布莱克（1883—1960）为依据的生产经济学；而从德国导入则仍是偏重于理论及方法等原则的经营学而有新的进展所形成的“农法论”，其中可以 B. 安德列埃为代表。前者是以价格体系为杠杆，循依边际理论，关注定量的理论之深化，以数量分析为基础的模型之建立与应用等；后者则强调技术与经营其在农业都是于历史进程中逐步形成而又有所发展的，近代企业化了的农业经营是随着商业化农业发展和成熟而产生的。合理高效经营应辨析其在时间上的序列与阶段，空间上必须关注其依自然条件不同所形成的布局与类型。可见，其所受德国经济学中历史学派的深远影响，从而是以农业生产技术体系化为契机所开展的对生产力结构详加探析，并联系相关的社会经济条件所构建的定性理论的提高。

日本对农法的提出与随之开展的研究，大体上是与日本战后农业生产的恢复及之后逐步完成近代化同步进行的。其初始是和对战前农业生产中以水稻生产为主的技术体系成就及问题的反思与总结，并就在零佃租制小农经营下，所存在弊端与缺失的揭示，农法概念的提出及其在日本农业生产中的意义有待展现。其中论著较为突出而影响颇大且富创新之意的，则可以九州大学的岩片矶雄教授所撰著的《农业生产力的形成与发展》（1949 年）、《今后之农业经营》（1950 年）、《有畜经营论》（1951 年）、《农业经营中的技术与经济》（1952 年），樱井丰（时任日本农业研究所研究员）的《劳动生产力与土地生产力》（1948 年）、《关于水田轮作农业之研究》（1951 年），《自由式农业论》（1952—1953 年），东京大学金泽夏树教授的《稻作之经济结构》（1954 年）、《稻作经营结构之展开》（1958 年）、稍后又复撰著《稻作农业之论理》（1971 年）等，就稻作经营与水田利用合理化的实现途径，稻作合理经营与其他部门的关联及配合（如酪农经营、蔬菜经营乃至养蚕经营等），进而在利用农机集体栽植与小农家族经营之日益加深的矛盾解决和经营规模乃至经营方式深层次的内在关联等，在实地调研并掌握了充分数据的基础上，都作了较为详尽的论析。时任农业综合研究所次长的加用信文在《日本农业发达史》第 9 卷刊载的《日本农法的性格——及其在经营史上的位置》（1956 年）一文，是被视为严格意义上农法研究的开端。他将农法认定为可用来表述农业近代化之阶段转变的历史范畴．并从比较农业史的观点，判定日本与西欧之间在农法上存有异质性，即水田与旱作以及无畜与有畜的差别。倘就此加以归纳则参据 E. 汉恩（1856—1928）的农耕方式阶段论，分别将之以西欧的犁耕（Pflugbau）与东亚的园耕（Gartenbau）来表述。这一以西欧为参照系强行比较的论断，虽能借助于农法的含义，将以水稻的水田生产为主的技术体系与经营方式，赋予发展阶段的性格，且可进而探索其发展的前景，但其缺陷在于所列举的特征只是农法的具体操作运用，而未能深入涉及各自有别的生产方式的本质特征，之后由此引发的有关农法概念及其实际运作的争论，即源自这一论断。加用在其他研究领域的成果有与日本农法有关的多篇论著，其中颇具新意的是《家畜的经济性格》（1958 年）、《日本农业机械化的课题》（1962 年）及《日本农法中的施肥体系》（1964 年）；其在理论上参据屠能提出的圈境理论，分别撰著有《屠能之地租论的意义》（1959 年）、《农业区位理论的考察——循依屠能的理论》（1963 年）等。饭沼二郎在 1941 年的战时从京都大学农林经济学科毕业之后曾在帝国图书馆（1942—1945 年）及国家图书馆工作（1948—1954 年），之后于 1954 年进入京都大学人文科学研究所任职至 1981 年以获名誉教授之荣誉定年退职。在其漫长学术生涯中，以研究与译介西方农学及农业史与农业革命为主。这位多产作者，在其起步的日本农法研究早期阶段，已有多部与之相关论著发表，如《农业革命论》（1956年初版，1967年修订二版、1987年增补三版）、《农学成立史之研究》（1957年）、《德国农学成立史之研究》（1963年）及《资本主义成立之研究》（1960年与他人共著）；并参与有其他学者共同承担的相关译作，如A. 索布尔《资本主义与农村共同体》（1956年）、M. 布洛赫《法国农村史的基本性格》（1959年）及E. 沃思《农业文化之起源》（1968年，该书原著以德文于1954年出版，原作者与书名为E. Werth：Grabstock，Hacke und pflug）。饭沼在此时期对以动态风土论为依据的农法理论尚处在酝酿中，但其译作对农法的深入研究已有较大的促进作用。对经营主体的地位与作用也受到这时一些研究者的关注，如守田志雄的《地主经济与地方资本》（1963年），东北大学教授须永重光编著的《近代日本的地主与农民》（1966年）、《有关农业工资的研究》（1949年）、《水稻旱作地带的农民阶级结构》（1959年）。须永有关日本农业中技术、肥料、品种及机械等意义的多篇侧重于生产技术及其构成要素的论文，在其1977年逝世后，被汇集编为《日本农业技术论》（1977年）。作为这一阶段与农法相关研究并为之后的深入开展打下基础的是由以东畑精一与盛永俊太郎出任监修，而实际上是由当时立命馆大学经济学部教授井上晴丸参与主持其相关各事的《农业发达史调查会》所主编的，从1953年至1959年陆续刊行的十卷本《日本农业发达史》（另附有别论两卷，实为12卷）。这一部以农业发达史标称为名的系列多卷本著作，实际上则是日本明治维新以来的，在以农业技术生产力为主的实证分析基础上的农法形成史；但由于对技术展开的社会经济背景能给予充分考虑，对技术自体则从一定生产力的视角来掌握，从而触及日本近代方始形成的“明治农法”的特质与作用。井上附于别卷（下）的论文《关于农业生产力的特殊性》及其另行发表的《日本资本主义之发展与农业及农政》（1957年），已强调就诸多技术措施不仅应综合的，且需历史的加以对处，方可正确的从整体上来揭示其深层本质，是以井上论文虽仍有局限与不足之处，但其论点的鲜明犀利则是此前罕见的。

1965年以后的日本农业，经过农地改革与技术进步已经取得较大变化，在国民经济进入高速增长阶段，农业人口的外流加剧，劳动力的量与质均呈现下降的趋势。但在有关农学的研究上，不仅生产技术这一有关生产力结构的侧面，即使在农业经济与经营，乃至农业政策等涉及生产关系等领域的创新与变革，也都受到相应的影响而有所深化与扩展。其在农法这一领域不仅在理论上渐趋成熟，在具体运用与操作上，也能据以对农业生产的进步成果，作出清晰简要而又较严谨切实的科学论断，形成农法研究历程上的一个高峰，其所涉及的问题可大体归纳为以下几个方面：

1. *有关农法这一范畴认识上的趋同并较普遍。*在加用于1956年于《日本农法之性格》一文后，如东京农大的保志恂是较早的用来研究北海道农业，于1963年发表了《近代农法论与北海道农法》一文。茨城大学的相川哲夫在日本农经学会主编的《农业经济研究》期刊上，从1971年开始，先后分三次（40～43卷）发表了《农法论研究序说》，就农法概念的由来及农业经营与农业技术的互动关联等作了简单而必要的回顾与说明，进而阐述了农法在农业经营学的体系建树中，其应有的作用与地位，随即出版了《农业经营经济体系》一书。加用在1965年出版的东畑监修的《体系农业百科事典》卷五农业经营的卷头，“农法与农学”部分撰写了“农法的意义”、“近代农法的形成过程”等相关词条。除强调“农法是用来表示农业经营方式之发展阶段之历史的范畴概念”；并就农法的机制与结构加以诠解；对“农法之地域的类型”，则以英国为典型，指认是依三圃式→谷草式→轮栽式的递进顺序，从而完成其在耕作制上的变革。这与大陆上法、德等国未经大规模的圈地运动，在和较多封建土地遗制妥协的基础上，形成仍与封建农法相混杂的多种类型。东大的田中学则以“传统农法与欧美农学之抗衡（1981年）”为题，论述了两者除农法发展阶段还有类型上的差异，因而其经验无法全面照搬而只能有选择地引进。由于观点差异与理解上分歧，加用与守田志郎等曾于1974—1975年先后陆续撰文，发表在《农业协同组合》期刊上，以《现代农法论的争端》为题，连续刊载了16期之久（其内容详见本节之后有关农法争论部分）。但总的说来，稍后和田的界定与解释（见前）逐渐成公认主导的认识。

2. *农法概念在生产实践中应用的普遍化趋势之强化与增多。*一向以缺乏肥料及因畜力不足而陷于浅耕窘境的日本传统农法，在化肥生产递增已呈现取代农家肥料的趋势，而农机的应用逐年普及使生产中的劳力、资金与土地利用上的比例关联出现了新的形势。在日本农业获得新的活力得以加快发展的同时，对其出现的利弊及未来前景，在有效的应处与预测过程中，金泽发表了《战后稻作培肥管理的经济评价》（1975年），宇都宫大学的五味仙卫武的《多肥化与稻作农法》（1965年）；东京教育大学农学部的江岛一浩发表了《从农法观点看水稻直播》（1967年）一文，北海道大学的七户长生则以《农民的机械化的创出》（1967年）及《农业机械化的动态过程》（1974年），认真的对机械化利弊及其对相关条件的互动问题进行了研究。七户认为机械化的作用决不只是改用机械，可以提高工作效率，减轻劳动强度；更须进一步考察其对经营方式、经营组织乃至劳动组织的变动所带来的影响；所应关注的是对经营规模（以投入资金购置农机具的装备作用已大于所经营的土地面积）等传统观念的更新。金泽则进而撰写了《亚细亚农业中肥料与机械的理论》（1975年），以亚洲各发展中国家先后兴起的绿色革命同19世纪英国农业革命相对比，说明以增加施肥与改进机具的分析侧重上存在着生物技术与工程技术上的差别，再进而从农法着眼阐述其各自合理性，进而强调在日本只有实现两者的有机结合，方能提高生产并改进经营主体经营农户的作用与地位。

3. *有关农法的争议与总结*。以岩片为中心的九州大学农法研究小组，以旺盛的精力与热情，严谨求实的态度，在经实地调查后于此前的阶段，已相继完成了《关于家族劳动力的调查》（1958 年）、《在佐贺平原对经济的土地区分之研究》（1959—1961 年），《影响柑橘经营收益诸要素的分析》（1963—1964 年）等论著，遂即撰写了可视同总结这一系列研究成果的《农业经营通论》（1965 年）。该书是以农业生产力构造论为主导，再参据在美国以康奈尔大学拥有长期传统的农业经营调查方法，结合日本实际作为总结的教科书。在此阶段是可与金泽所著《农业经营经济学讲义》（1982 年）同为经营学领域的综合标志性成果。岩片此后转而专注于农经理论的研究，先后刊行《农林水产原论》（1976 年）及《西欧古典农学之研究》（1983 年）。提出对西欧盛行多年的传统观念，即借助于家畜所产厩肥来恢复并增进地力，是以须保证牧草的供应，从而经历了轮作体系上的用于休闲放牧的耕地，之后废除休闲改种人工牧草或块根作物，即从三圃制直接过渡到轮栽制，其间并未普遍发生采行谷草制（谷物与牧草大体上各占耕进之半的种植方式），从而反驳了加用所循依的三段式轮作种植体系，并对以水稻连作为主的主谷式农法再加以分析其与自然环境相适应的原因，指出作为传统农法其虽长年处于封建社会阶段，日本农业也决非因而陷于停滞未有发展，从而不能以之视同封建农法。

饭沼的研究在其深化过程中，以其动态风土论为依据，从而认为农法类型是由自然环境差异所诱生的。在《日本农业技术论》（1971 年）中对东亚与西欧农法分别称之为休闲农法与中耕农法，这是他依据 E. de Martonne 干燥指数，将世界农业进行区分的基础上，并再参照其生产技术上各自突出特点加以概括提出的。饭沼还对比了中国水田通用的长床犁，与明治中期在九州福冈等地经先后改进而更适于深耕速效的短床犁与无床犁，对这一改革与普及的意义，饭沼竟以福冈农法称之，并认为这是在日本发生的农业革命。就此撰写了《农业革命之一般理论》（1986 年）一文，如将此与为纪念加用还暦（即 60 寿诞），由农法研究会主编的《农法展开之论理》中所收另文《日本近代农业革命》（1975 年）相对比，则前者是更为体系化了可充分表述其观点的专论。在农法的表述上，加用对饭沼的类型论是以风土为依据先是给予赞许，尽管其不同于加田所一直强调的阶段论，对将福冈农法之形成竟视为是农业革命之于日本中耕农法所必然会发生的，当即则断然拒斥。饭沼为维护自己的观念，将其所著《农业革命》一书竟两次修订再印，殆至其汇总毕生研究成果的《农业革命之研究——近代农学的成立及破绽》（1985 年）的一书，其基本观点也仍坚持如前。

4. 农法研究学术组织的建立与业绩。由加用与熊代幸雄两人倡导与发起，农法研究会于 1960 年正式成立，加用与熊代曾先后任会长之职。之后由于日本农业生产转型的加快，从而也推动了农法研究工作发展的进度，使以农法为题来标志其内容的论著也随之加多，农法论已不再是生疏冷僻的字眼，竟呈现出前所未有的流行趋势。而由从事农法研究的核心骨干学人，除将自己的成果结集出版，也推动其扩大视野，将日本乃至东亚的农法研究置于更开阔的地基。加用先是将自己多年积累的研究成果汇编为《日本农法论》（1972 年），熊代则在稍前结集以《比较农法论》为书名（1969 年）刊行问世。由农法研究会主编的《农法展开之论理》（1975 年）收有论文 12 篇，依其内容分为三类，即一是以水稻生产为中心的日本农法之展开过程；二是从比较史的视角来探析农法之世界史的展开过程，包括法国（以 19 世纪巴黎盆地为对象）、中国（华北的旱作）和东南亚（菲律宾的水田）；三是讨论农法与相关学科的互补互动关联（即农法与农学、经营学及经济学等），作者概属各该研究领域知名学人。《体系农业百科事典》卷五，在农法与农书项下，分别刊载了有关西欧、美国、苏联、日本及中国等五个地区或国别的农法条目；作者依次为椎名重明、保志恂、的场德造，加用信文及西山武一等五位专家。在此值得一提的还有由九州大学山田龙雄撰写的《亚细亚农法之日本形象》（1973 年），该文重点讨论了以九州为代表的西南日本之旱作，即该地一年三茬的种植方式是日本多熟种植制中较具典型意义的。其种植作物依次是“裸麦（间作）—夏大小豆—粟”；而技术操作要点，源自中国华北旱作农法，即点播（穴种）—按株施肥（随苗用粪）—手耨耕（手工农具、人力中耕），这一系列田间操作曾被人视同亚洲农法的原型，而有别于西欧农法。

战后日本农业生产的提高，除通过栽培技术的改进，作物品种的改良，主要是依靠化肥与农药的大量施用。但由此伴生而来的弊端，即对土地、水质的污染也迅速加剧，从而使自然环境恶化，食品质量下降；加以农村人口减少，特别是山林地区住民的稀疏化，使农地弃耕与林地无人管理的现象也急增。对 40 余年来依靠化学物质虽使农业生产取得巨大成就；但对生态环境的冲击，以及农业投入的加大，从技术上与经营上应加反省的呼声高涨的形势下，促使于平成三年（1991）公布的《农业白皮书》中，在“农业生产之动向与农产物需要”一章中，首次添加了“农业与环境问题”的专项。而这也推动对农法的认识与研究，在认真反思的基础上势必有所更新，对农业之与机械工业，以其所具生命产业的特征原有本质的不同；而应充分利用光、热等自然力，以之与过分依赖石油、电力及化学产品的大量耗用既有能源的现代农业对比，它和有着凭依自然循环而可形成新的以及再生资源的传统农业，可能也仍各有利弊。为使农业能保证得以持续发展，食品不仅供应有所保证，且应成为无公害的健康绿色食品，是以在日本当今竟有人提出，如今迫切面临的任务已不是农业革命而应是“农法革命”。

稍前，东京大学的八木宏典在所著《水田农业的发展理论》(1983年）一书中，就已提出开展与社会发展阶段相对应的农法（农业经营方式）已是当务之急，他认为应循依近世农法→近代农法→现代农法的时序，在立足于现在的基础上，回顾过去再展望未来，但对于现代农法的内容所论较为一般。有日本农业思想家之称的守田志男却在1972年所著《农法》一书中，就农法概念的诠释界定提出了与通行表述不同的说法，即“农法是围绕着土地谋生的人们应有状态的理念”(1972年)，其后又进而编写了《农业就该是农业——近代化论的策略》(1975年)、《对农业而言技术究应为何》(1994年）等一系论著中阐释其观点。大阪大学德永光俊为其中一些著作撰有附于书后的解说，并进而提出“日本的农法革命”应从自然→人工→天然来逐步过渡转变。是即其所谓天然农法（Cosmic Agrarian System）它是在前两者基础上，拓展深化而形成的涵盖农、食、医三者的与天道（自然规律）相符合的农法，见其所著《日本农法之天道》(2000年)，并力荐作物学家栗原浩所著《风土与环境》(1988年）一书应为必读之作，认为其所提出的“作为生态的均衡系之风土、作为技术之秩序的风土技术，当与由风土组构的一般技术及与作物生育有关的个别技术严加区分”。总之，如将现代农法仅视同“有机农法”而与之以“化学农法”相区别对待，显然已落后于日新月异的发展形势。

在日本当今农法研究中另一值得重视的发展趋势就是结合风土差异，并联系生产实践，依从具体地域特点的农法研究已全面快速的开展。早在1983年就已有由和田组织集体编写的《地域农业振兴与农地利用计划》(1986年)，就地域农业振兴过程中的规划组织以至对成果评价的程序与方法加以论述及展望。以及基于明治农法之在本州岛南起广岛北至秋田的诸多县分，对各地域农法的从传统到近世的转变历程与成果，加以总结研究。当今由德永就日本近畿地区（包括大阪、兵库以及京都、奈良等六个县）的奈良盆地所从事的地域农法研究，大体从1978—1988年先后历时十年，在实地调查访问，并查寻多个农户旧的陈年生产经营记录的基础上，先后发表十多篇论文，再经修补成书以《日本农法史研究——畑、田再结合》为名提出“大和农法”。在此之前东大农史学家古岛敏雄已撰有就古代、中世大和平原农业加以研究的论著《刻于土地上的历史》(1967年）一书，是就这一地域农业生产研究的开端，其后复经诸多学人的探研，结合对奈良盆地的研究，对已经获得公认的一些事实提出质疑。如对传统农法与明治农法成就水平的评价，稻作成就与旱作影响关联的认识等，已有较多研究成果面世。德永曾在京都大学本科与研究院学习，得到过饭沼与三好正喜、渡部忠世等前辈的指导，其博士论文即《农业技术之社会文化史一大和农法之结构与展开》（1990 年），着重从多层次多视野就奈良盆地从江户时期的近世至现代，对中稻与棉，晚稻及麦等两茬轮作，就其相关的劳动生产性及土地基盘之整备以及治水与水利等诸多因素加以探研，就大和农法之奠基形成与发展普及历程中，对之有所贡献的笃农群众与农会等组织的作用给予客观公正的评析。倘以其作为学位论文与出版成书的题目相比，如从农法的角度来看，后者确稍逊于前。农业技术的形成发展会受到社会文化的影响，本书就此所作的评叙虽似觉简略，而以大和农法之作为副题附后则与以《日本农法史研究》相称来对比，则感后者不如前者之切题近真，惯于循名责实的读者似较难辨识全书重点之所在。本书出版后受到好评，被誉为近年在地域农法从历史上加以综合研究较为成功之作。

（三）

明治维新（1868 年）后的日本，在“富国强兵、殖产兴业及文明开化”的口号下，随即走上资本主义的发展道路，但由于没能较为彻底地肃清封建性与军事性，而是向军国主义侵略战争的道路发展下去。经历了对外侵略扩张的中日甲午战争（1894—1895 年）及日俄战争（1904—1905 年），先后占领了我国台湾并从俄国手中夺取了其在我国东北南部的权益，1910 年又将朝鲜吞并，从而成为具有垄断资本与寄生地主性质的国家。继 1931 年侵占了我国东北三省，于 1937 年“七七事变”后发动了全面侵华战争，当其又复经历了太平洋战争（1941—1945 年）的失败，在美军占领下进行了初步改革。1951 年在旧金山召开了虽有由 52 个国家参加的，但实为美国一手包办的单独和会，通过软硬兼施的手法，使《对日和平条约》得以签字通过；并随即与日本又签订了《安全保障条约》，以保障日本安全为借口，美军得以继续留驻日本直至今日。日本取得了法律上独立地位后，却仍依附于美国，经济上经历了复苏、起飞，虽于 1965 年前后确立了经济大国的地位，但从 1946 年通过《农地改革法》到 1949 年改革宣告结束，遂有 84％的农户变成了自耕农和半自耕农，在 1956 年《农业基本法》通过实施后，方始逐步实现了农业的近代化。

二战之前的日本农业处于寄生地主制下，生产发展迟缓而几近停滞，粮食不敷城市日益增多的人口所需，粮价起伏波动。1918 年因米价高昂竟致引起全国性的抢米暴行，是即有"米骚动"之称的以城市贫民为主的较大规模反抗活动。为缓和急切短缺的粮食，日本遂向其占领下的朝鲜与中国沦陷地区，以廉价强行收购运往日本，为此又陆续派出调查与研究人员，并成立相应的研究开发机构，以期在产量增加的基础能上能多有所获。

日本占领下的朝鲜最高统治机构是总督府，为此遂在其主持统辖下，先后在各地成立劝业模范农场及农事试验场，并从日本内地招募技术人员参与工作。受聘赴朝者不乏有一定学识及专长的有志人士，其中也确有些能本着学者的良知，既听从服务于日本占领当局的意旨来完成受命指派的任务，但也有怀着改善朝鲜的农业、农户与农村的现状的心愿，在认真负责从事于改进农业生产并获有成效者。其中以 1918 年毕业于东大随即赴朝任职的高桥昇业绩最为突出，他先是在水原劝业模范农场本部工作，主要致力于"朝鲜主要农作物种植方式与土地利用"这一课题的调查；之后曾一度转任黄海道的西鲜分场长，开展以麦粟为主的旱作研究与推广工作，最后调回本场任总务部长，负责整合协调各地分场，为期仅两年即因战败返日，随即于当年逝于故里。高桥平生著作不多，但以其杰出的组织领导能力，却能在工作中培育出一批成就斐然的学者，其中既有来自日本的，战败后归国仍从事与农学有关工作，如岚嘉一著有《近世稻作技术史》（1975 年）及《犁耕发展史》（1977 年）等专著，并提出"立地生态均衡系"的观点（立地在汉语意为区位，并可用来指称植物生育所在的一定场所），泽村东平的《水旱轮换经营的结构》（1960 年），并以其多年从事杂谷的调研而参与主持编写《农学大系作物部门的杂谷编》（1951 年）。此外对同为技师而身为当地朝鲜人的朴胜万（从事作物学）及李昇雨（园艺），尽管也都是从日本京都大学毕业的，在待遇上虽受歧视，但工作中仍能得到应有的关怀，特别是其为战后大韩民国的农学及生产的发展有所贡献而受到应有的敬重。饭沼等为彰显这些业绩，经多方努力终于完成《朝鲜半岛之农法与农民》（1998 年，全书 1 300 多页）这一在韩日农法史上得以如实的记叙并留传后世的专著。

满铁全称是南满洲铁道株式会社，是日本侵略掠夺中国东北的重要机构，作为国策公司是从俄国手中攫取中东铁路南段（长春至大连）的权益，于 1906 年成立，设总公司于大连，分公司在东京。除从事经营铁路，并获得了沿线及附近地区的驻军、采矿及所谓附属地的行政管辖权。日本政府及军部为扩大其全面掠夺侵占中国的目的，遂又以满铁为主体，于东京设立经济调查局，在大连成立其直接下属的调查部，在已划归其势力范围之外的吉林、哈尔滨，甚至北京、天津、上海等地先后成立所谓事务所的代行派出机构，广泛搜集政治、军事、经济情报，以及有关民生、资源的基础资料。是以名为铁路公司组织，实为操控侵略中国的大本营，经其调查所积累的资料，无论在数量及质量都远在日本先后成立的相关机构之上，其中一些至今仍有资参考的实用价值。由于其在中国的收藏较为分散，且无公开出版的记录，近年为能有效地利用这批文献资料，遂有汇编《满铁资料联合目录》之举，于 2007 年已正式出版的是由约 300 位专家，从近 50 个收藏单位提供的。全书共分 30 卷，约 3 000万字，内容包括 30 余万种各类资料与文献。

这些资料中有加秘的单项主题报告，以及如《满铁调查月报》等定期刊物，此外还有经加工汇集的综合性系列专集。除日清甲午战争之后不久，在满铁尚未开展其全面调查业务时所刊行的《台湾旧惯调查报告书》，却由满铁负责组织。之后从国内约聘专家所编辑的《满铁旧惯调查报告书》（1927—1929 年），全书 3 卷 9 册，总计 2 700 页，是以东北的各类地产（包括皇产、内务府官庄、蒙地及民地等）的权属关系与惯习（典、当、租赁等关系）为主的土地关系与惯例的汇录。以及 1940 年前后（1935—1942 年），以满铁所属冀东地区农村实态调查班为主，并有部分日军人员及来华留学的日本学生等参与。负责指导这一工作的是京都大学仁井田升及旗田巍等对华北地区河北、山东两省为主分先后三次，以 33 个自然村落为对象所进行的社会经济及习俗惯例的调查，其中也有涉及生产、经营实际操作的实地调查。从中加以摘选而后编就的《中国农村惯行调查》，（1952—1958 年再刊）共 6 卷，每页约 2 400 字，共 3 200页。这一被据以充为原始基础文献资料，其后并又实地调查访问其中若干农户，由美籍华人黄宗智撰著为《华北的小农经济与社会变迁》（1985 年中文版）一书，黄于该书序文中称“满铁资料不失为用现代经济人类学方法来研究中国农村的一组数量最大而内容又极为丰富的资料。它们的质量甚至可能高于本世纪前半期世界任何其他小农社会的有关资料，”可见其学术水平与调查实态之可信程度。此外如美国 P. 杜赞奇的哈佛大学博士学位论文《华北农村中的社会权力（1900—1940 年）》（1983 年），其后以《文化，权利与国家：1900—1942 年的华北农村》（1988 年）与美国的 H. M. 马若孟所著《中国农民经济》（1970 年），据各自于其序中自称其主要资料也都是参据上记惯行调查。但马若孟于书前曾指称说，黄与杜的论著以其称依资料是由日本人作的，一度遭受一些美国学者的指责竟认为其结论可能有误，但经论证与查核于今“绝大多数史学家都同意，第二次大战以前日本人所作的农村调查，为理解 20 世纪初期的中国社会留下了十分宝贵的历史资料。”以上三部著作虽名称有别，但内容都涉及微观上以中国农户为经营主体的田间生产活动，是以其与农法研究有关。尽管美国迄今仍不认同农法这一范畴，但内容却与之攸切相关当无疑问。至于由日本参与满铁调研活动有关的人员，则径以农法相标的已成通例，如曾长期参加由满铁主持的调研活动，最后因政见而被迫离此岗位转而从事中国农业历史研究，以其卓越成就而享誉中外的天野元之助在其归国后多部论著，依其内容所侧重如与农法所指相类，就多以之作为标题。如《中国传统农法考》（1962 年）及《中国农业之地域展开》（1979 年），在其论述解放前的我国东北、华北、华中及华南的生产关系各章中，都列有相关的传统农法一节。在满铁的调研资料与其调查目标中也不乏这类事例，由仍隶属于满铁调查部的满铁北满经济调查所主编，由长尾行介执笔的《满洲在来农法批判——与洋式农法对比》（1942 年），在这本 75 页的小册子中，除以中国长床犁与西方传统犁，更进而以有轮的全铁制通称为洋犁（plow，日语以之作为外来语、读音同），从其结构，功能乃至操作相比，说明以洋犁为主的西方大农经营之适于日本移民其来东北定居，从事农垦时在技术与经营上应予采用，是以中国传统农法已陈旧不宜推广。

1937 年日本发动全面侵华后，北平随即沦陷，1938 年初由伪临时政府教育部，下令北平大学并入北京大学。隶属于沦陷区北京大学农学院的农业经济系附设中国农村经济研究所，据其暂行规程“第二条”实地研究中国农村之经济、行政、制度、生活等事项，根据其结果以探讨对于农村指导的原理与方法。而实际上是由占领当局授意并为之服务的调研机构。除首任所长由院长钱稻荪兼，之后直到日本战败解散，则一直是出任农经系主任的日人鞍田纯充任，其本人作风尚可称正派，除组织部分工作人员从事农村调查，对于中外农业经济及经营理论的探究还能给以必要的支持。全所工作人员按编制应在 50 人以上，但主持研究的多为来华的日本人，其中虽有少数如肖鸿麟之曾留学日本，并任副教授兼研究员的华人。而多数是承担调查任务而以嘱托或助理名义招聘的。其先后发表（以油印为主）的资料，累计不下百份，而质量较高的如由西山武一主持的《山东益都县五里堡的调查记》（1942 年研究资料第 8 号）之后曾以《山东之一集镇的社会构造》为题，则是收入其文集仅有的一篇以调查为主旨的论文。西山在此际还能独自译出《齐民要术》的部分译稿，为日后与熊代幸雄合作共同翻译打下基础。其在华时所著不多，但如《中国农书考》（1942 年）及《华北旱地农法考》（1944 年）等，虽难与归国后仍以中国农法与《齐民要术》相关诸多论文相比，但仍不乏新意。在其归国后先是在鹿儿岛大学任教，之后曾转任至东京农大，先后发表有《齐民要术之农学》（1959 年）、《近世华北旱地农法考——齐民要术以后之华北旱作农业之展开》（1959 年）、《齐民要术中淮域稻作之实体》（1954 年）。而受到诸多赞誉的是《齐民要术之农学》（1948 年），这是作为参据金泽文库本对《齐民要术》一书日文译本的解题，堪称此前未见的力作。西山的主要论著则以《亚洲农法与农业社会》（1969 年），加以结集。其中农业社会部分则大多是以社会经济为主题，并收有《鹿儿岛近代现代农业史》（1958 年）及《鹿儿岛农业之今昔》（1959 年）等。熊代是在 1942 年方始来华参加农业经济研究所工作。战后归国任宇都宫大学教授多年，其主要著作是《比较农法论》（1969 年）一书，全书近 700 页，由三个部分组成。绪论是有关农法的概述及其与农业文化的关联，前篇是对西欧农法有关论述的评析，包括布林克曼 1943 年在波恩大学所作的“德意志旱作种植顺序的形态”报告的日译全文，其标题则改为“布林克曼农法论之发展”，后篇是包括中、日在内的东亚农法的阐释，其中包括曾作为原著解说，收录于《齐民要术》日译本的《东亚犁耕文化之形成——要术之加工部门展开之基础》及《旱地农法中东洋的与近代的命题》一文。前者曾作为《宇都宫大学农学部学术报告的特辑》（1954 年），之后收录于《比较农法论》的全文共 54 个印刷页，而摘要是以《齐民要术》与 J. A 威德索教授所著《旱农》（1910 年）两书中有关旱地农业的田间耕翻，播种及中耕等措施为主的，从原书摘抄各自所论的要点（即所谓命题），再加以评比解说。其间曾由哈佛大学的 D. H. 珀金斯将其译成英文，而德国汉堡亚洲研究所的 E. 维尔赫勒则又复将其摘要从德文译成英文。在中国农村经济研究所任研究员的日本人中在其归国后大多有论著刊行，如鞍田纯的《农业近代化之技术条件》（1940 年）、渡边兵力的《农业技术论》（1976 年）、大桥育英与熊代合著的《农业构造与农民层分解》（1965 年）等，内容大多有与农法论相关部分。

1895 年中日甲午战争后，日本在上海于 1901 年创办同文书院。最初由日本文部省与外务省双重管辖，1939 年将其提升为大学，并直接由首相府管理。办学的宗旨对从宣称是以研究中国现状为主，并致力于培养通晓中国国情的人才，而实际是为向外扩张，意在加快全面侵华的大陆政策服务而从事调研并搜集与之相关的情报。自创办之日起就要求每届招收的学员，必须参加为时 3～6 个月的旅行调查，就派赴的目的地及沿途见闻写成旅行报告以代替论文。报告的内容最初是以所经各处的军政动态与商贸行情为主，之后则对各地资源及民情习俗一并要求给予必要的关注。每个年度的调查资料由学校汇编成为《东亚调查报告》，参加调查学员累计在 5 000 人以上，据此选编成书有 32 卷之多。在此基础上再经东亚同文会东京编纂调查部并参考其他有关文献整理成为系列的丛书。其中资料较翔实，体系则经疏理而较严谨的，至少可列举出《中国经济全书》12 卷（1907—1908 年出版），《中国省别全志》18 卷（1917—1920 年出版），《新修中国省别全志》9 卷（1941—1946 年）等，这一系列类似中国传统省别方志的丛刊，以其受到西方近代科学的影响，取材及处理等方面有其特点与独到之处，至今作为历史地理文献仍有其传世的价值。其中不乏有关我国各地农牧业生产动态的资料，虽难全部将之提升为农法高度的资料，因为限于编写者学识经历及时间，难免有马上观花及雾里看花的缺点，但其能以生于域外他乡而涉世未深的年轻人的眼光，来观察广袤大陆的山川平野，访问生活于僻处边陲的少数民族，自当会感有其在社会乃至文化上的较大差异，是以其记录当有如可以攻玉的他山之石，如掷处于旁而全然不顾似非上策。在旅行地域的选择，最初多是远至我国边疆而外人罕至之地，在交通信息尚欠发达的上个世纪之初，能涉险入境而任其探访，虽反映出清末民初我国地方官员的无力与无知，但如客观地对外审视，似也对其旅行调查成果的价值难以全予抹杀。之后随同其扩大对华战争，而能被允许旅行访问地区则囿于其侵略势力所能达到处而渐趋缩小，加以侵略者又另凭强势开展更为系统的调查，同文书院的地位与作用，乃至其调查成果的价值势必大不如前。这一多年来被国内有关方面所忽视的资料，随同日本于1992年为纪念其成立90周年，由名为沪友会主编的《上海同文书院大陆旅行记录》就是从中选编而再从中选印的一部分，已由国内识者学人加以选译出版，据此虽难窥其全貌，但会推动从历史地理与传统方志相比，探寻其所尚少为人知的，而从多个视角探索其不乏可以参考之处。

今仅据2000年由商务印书馆出版，经杨华等译出的几则片断，意在揭示其与我国悠久农牧文化生产与文化及与农法相关尚待发掘的资料：

1908年7～10月，第6期“晋蒙队旅行记”中（6）“移居的中国人”，译文如下：

“我们感到意外的是，中原移民大量涌入口外，渐渐将蒙古人压迫到阴山山麓，长城附近再难见蒙古包的踪影，在大的河谷地看到的一定是农耕地。原来在蒙古人中存在着禁止翻掘土地的浓厚迷信观念，其生活资料的获取完全依赖于祖先传下来畜牧方式。但是文明永远在进化，仅仅靠此单纯的方法在生存竞争中难以立足，……于是他们卖掉土地远走他乡，忍耐力极强的中原移民便追袭其后从事耕作。移民大多来自山西，他们用牛马进行大农场式的垦殖。……从土地开垦的状态来推测，决非久远，大概就是三四十年前开始的事，所以此地尚未形成市镇，五六家一处散居在各地。……我们投宿的人家大都是这种移民……”

1921年6～11月，第19期《青海行》“乌托邦三导河”。三导河位于阿拉善旗与鄂尔多斯沙漠之间，是濒临黄河折角处，1890年比利时籍天主教士来此与旗王商洽后，以三万元贷款租借10年，1911年辛亥革命后，曾发生土著蒙古人袭杀移居垦殖的信徒（72名）及传教士（比利时人1名）的严重冲击与争斗事件。天主教会虽曾向当时袁世凯执政下的北京政府提出抗议，但袁以该地非政府直辖而权在当地阿拉善王为由，拒不处理。旗王则因以经济困窘无力偿债，而听任权利实已他移于教会的现实。据调查报告所述，之后由教会招徕晋陕贫民逐步开垦。在同文书院学员到达该处时已有 2 500 余户，1 万多移民，统辖他们的教堂有 18 个，外籍传教士 6 名（比籍 4 人，法国 2 人）。其有关生产组织的记叙原文如下：

“说起这三导河的组织，居民全都是信徒，一家不允许拥有二顷以上的土地。土地都是从教会借来的。耕作采取大农法，大抵给予每户农家马二三匹，牛二三头……（骡、猪、羊数目从略）。每个人都要以这些资本自己从事劳动，认真工作。劳作所得，教会收去一部分，换来的是一家生活费，教会收取的相当于耕作费每亩 1 角，荒年则不征收。……（以下为三导河一带部落分布情况名称从略）。在以上 18 个旧村外，其他总称为部落，叫三导河的部落主体，大概有 200 户至 250 户，小村是 15 户至 20 户，居民中陕西人占 35%，山西人占 50%，直隶人占 15%的比例。此处的行政是自治团体，不受中国官宪的干涉。传教士负监督之责……产业总的说来是以农业为主，设有农事实验所，致力于种子改良、对耕作方法与施肥等农事进行指导奖励……此地虽有滔滔黄河，但此外别无河流，故不便于耕作。为消除这种不便，正在致力于开凿沟渠，以将黄河引来灌溉。此渠着实壮观，合计八条，宽十二三间至十四五间，长七八十里至百二三十里。沟渠的水被送至纵深处，浸润干燥的土地，民船也自由自在的来往。”对于这一生活与生产状况，从事调查后由学员撰写的印象评语竟是：“三导河是现实中的乌托邦……与近来的时常听到的所谓新村也不一样”。但其性质与存在的意义及作用当非停留短暂的日籍学员所能了解。按，三导河属下的三盛公今已改称磴口，其地理位置可从地图上觅得，但其后之演化历程却罕见记载。一些地处晋陕与内蒙古接壤区的垦区的开发史，除在清末以王同春为首的大力开发河套的述评，仅从农法演化的观点来看，尚有待开展加强，是以这类文献资料仍当有一定参考价值。

后　记

本文原是为纪念王毓瑚先生百年诞辰学术讨论会提交的论文，但限于时间及篇幅而匆匆草就的本稿，未能如原所期望而多疏漏之处，实有愧于先师之托付。王先生与日本农史学界之见于本文的天野、西山、熊代以及饭沼等知名学者，大多已有较长时间的书信来往。即使在“文革”时期，在 1972—1975 年动乱中，仍能辗转收到其所赠新著，如《日本农业技术论》、《亚洲农法与农业社会》以及《比较农法论》等。王先生责命我认真研读，并就其中疑难费解与可商榷处，多次共议并热诚给予指教，是以我对农法的了解实是从此起步的。

本文原拟从农史视角来撰写，但为学力所限，而仅能从农业经济的角度，参据已有文献的记叙，再酌加取舍而草就。其不足处最为突出的是与农法相关的农史方面的日本学术界的研究历程与成果，如日本20世纪末由农文协经整理后刊行的《日本农书全集》共72卷，分两期印行，前后历时近二十年，此外如《明治大正农政农经名著集》及《昭和前期农政农经集》（另行组编的还有后期）。前期为22卷，后期有24卷等，其参与编辑者多为从事与农法研究有关，而出身与毕生事业又都与农业经济学有关，其中确有可启发后学有乃至引导研究的提示。已刊行有10卷本的《古岛敏雄集》的作者，就在日本这些农书先后刊行过程中，写出“向农书学习”（1923年）一书，提出“农书之中有历史”的卓见。古岛还和以研究作物学著称的川田信一郎等合编了多达13卷的《明治农书全集》等等。可见对作为与经营主体有关的产权，以及影响从事农业活动各阶层不同利益的农政（实为体制问题及其影响下的对策）等，是不能忽略乃至作为既是前提可存而不论的。就此我当自强不息俟诸他日努力趋近。

限于篇幅对新中国成立后日本学者就农法有关的评述如熊代等编著的《中国农法论》等未予述析；国内学者以此前日本对中国农法加以探讨及调研成果据以参改写出的论著，如曹幸穗及王建革等同志的近期论著也有违初志未能落笔论及，这是在本题下本不应有的随机处理。再者为节省篇幅本文体例多有与现行论文写作要求相违之处，如作者的尊称及于文中初见之后只提其姓而略其名，文中所述评的文献只注其初版时间，对版次出版单位则删节未录。凡已见于上文的文献（专著与论文）不再于文后列出，但只有题目而未区分其为专著与登载于期刊上，则在检索上当会有不便之外。本文受惠于本校图书馆对旧书的珍藏与日本农文协多年来将其出版图书慨然无偿赠送，在此仅一并致谢。文中疏漏，特别是可能出现不当有的差误，极盼阅后能予指正。

参考文献

[1] 日本农学会．日本之农学研究——近代百年之步履与文献．农文协
[2] 日本农学会．日本农学50年史．养贤堂
[3] 加用信文．改订日本农业基础统计．农林统计协会
[4] 逸见谦三等．农学经济学之轨迹——农业经济学的50年历程．农林统计协会
[5] 西尾敏彦等．生物技术的农业哲学．农山渔村文化协会
[6] 原男胜正．满铁．岩波书店
[7] 中国农业大学档案馆．中国农业大学史料汇编（下卷）．中国农业大学出版社
[8] 刘巽浩．农作学．中国农业大学出版社

印度农村合作社的发展及其与中国的比较

冯开文

（中国农业大学经济管理学院）

一、问题的提出

中国和印度都属于发展中国家，现在的两国正在受到世界的格外关注。因为在整个世界经济不景气的情况下，独独中国和印度保持了连续 20 多年经济连续增长的良好势头，甚至已经有不少的研究正在探讨印度和中国谁将超过对方等问题。在这样的背景下，热衷于合作社研究的人，同样不能不把比较研究的视角锁定在这两个发展中大国上，放在这两个合作社都有较长历史和重大作用的国家上。

但遗憾的是，对于这两个发展中大国合作社的关注和研究的热情，并没有能够维持下来，只是在 20 世纪的八九十年代引起了部分学者的关注，近期的比较研究成果少之又少。大多数研究者都把研究的重点，放在了欧美等市场经济成熟的国家，对于亚洲的研究，也只是关心日本等先进国家。但众所周知的一个问题是，欧美以及亚洲的发达国家，其合作社的发展历史悠久，其合作社存续的市场经济环境也绵延日久，将这些国家的合作社经验，介绍到中国来，就明显有一个中国化的适应性过程。相比较而言，同属发展中大国，人口大国，农业人口比重很高的中国和印度，发展农村合作社的经验将会更有借鉴的可能和价值。

正是出于上述考虑，我们把中国和印度的农村合作社放在一起进行一点比较研究，以期促进中国农村合作社事业的良好发展。

二、20 世纪 50 年代以前的印度农村合作社及与中国的比较

1950 年，印度开始了独立（1947 年）后第一个五年计划，第一次在国家计划中对农村合作社的发展进行了全局性的部署。而中国，在 1950 年的土地

改革中，开始了较大规模的合作社组建试验和推广工作。1953年更把中国农村的合作社发展纳入实现国家工业化战略和“一五计划”。鉴于这种历史的惊人相似，我们把20世纪50年代作为划分中国和印度合作社发展历程的重要里程碑。

（一）20世纪50年代以前印度农村合作社的成长

印度的合作社成立于高利贷盛行的背景之下。在20世纪初，由于没有以农村普通农民为服务对象的金融机构，地主、商人和其他高利贷者纷纷肆无忌惮地向普通农民高息借贷。农村资金持续短缺，农民始终无法摆脱贫困状态，民怨沸腾，农村地区多次发生骚乱，大量农民卷入了反政府的行列之中。为了解决这些问题，当时的殖民地政府在1904年颁布了《信贷合作社法》(Cooperative Credit Societies Act)，开始用组建合作社的办法平息民怨，缓解局势紧张和资金短缺。《信贷合作社法》规定，城乡可以建立多种信贷社，并且信贷社可以得到政府的多种扶持。印度农村合作社从此开始建立起来，2004年，为了纪念合作社一百年，印度还举行了各种形式的纪念活动。

第一部法律颁布之后，为了克服信贷合作社的局限，1912年又颁布了《合作社法》(Cooperative Societies Act)，规定城乡不仅可以建立信贷合作社，还可以建立包括生产、消费、销售、保险和住宅建设等其他类型的合作社，在法律框架下把合作社扩展到非信贷领域。差不多同时，殖民地政府还成立了合作社的中央机构，联邦合作社总社。

1914年，殖民地政府指派麦克莱根（Maclagan）组织了一个专门委员会，负责对合作社运动的检查和规划。根据该委员会的建议，政府又规定，非官方人士和机构也可以参加合作社的发展事宜；合作社的范围也进一步扩展，销售合作社、耕牛保险合作社等类型也进一步出现。1919年又制定新的法令，将合作社的发展等事宜移交给各邦政府办理。

1929—1933年的世界经济危机，也严重地影响了合作社的发展，不少合作社生产停滞，许多合作社不能归还政府的贷款，很多合作社停止了活动甚至倒闭。但是第二次世界大战期间，由于农产品价格的抬升，农民收入增加，合作社也不仅能够归还政府的贷款，还得到了较大的恢复和发展。在生活必需品匮乏、黑市猖獗的状况下，消费合作社和销售合作社获得了长足的发展，合作社也得以进入初级农产品加工和小型工业领域，并占据了一定的市场份额。就在印度独立的前两年，另一个合作社规划委员会通过建议，使得村级合作社的行为具体化和多样化，大量的果树栽培、荒地开发、畜牧、养鱼、销售、加工和小型工业事业在合作社内部纷纷建立起来，既丰富了合作社的业务，也充实了合作社的内部组织机构。

(二) 20世纪50年代以前中印合作社发展比较

与此差不多同时，中国在20世纪20年代开始由华洋义赈会组建农村合作社；1934年国民党政府制定《合作社法》，同时设官建制；1941年将合作社纳入新县制，结局却是合作社的发展加速了农村的崩坏。[1]可见，中印合作社表现出了明显的联系和差异。

1. 共同或相似点　第一个共同点就是中印的合作社都起源于信用合作。印度的第一个合作社法是信用合作社法，并且成了合作社运动的先导。中国农村的合作社也是发端于华洋义赈会倡导兴办的信用合作。后来才逐渐扩展到信用、生产、消费、利用、购买、运销、保险、储藏等形式。

第二个共同点是，两国的合作社种类较多，信用合作发展突出。从印度来看，由于信用合作社是一个首创的合作社类型，在所有合作社的发展中就具有了一定的先发优势，加上农村普遍存在资金的短缺状况，信用合作社一直是合作社发展的温度计。中国的情况出现了惊人的相似，合作社中信用合作社一直保持良好的领先发展势头，就是与排名第二的生产合作社相比较，也领先很多(表1)。说明中国这个发展中国家农村资金的短缺和高利贷的猖獗，和印度相比一点也不逊色。

表1　1950年以前中国信用合作社和生产合作社所占的比例

年代	1931	1932	1933	1935	1945
信用合作社占合作社总数的%	87.5	80.1	82.3	67.0	38.0
生产合作社占合作社总数的%	5.5	7.4	4.4	8.9 (4)	18
资料出处	(1)	(1)	(1)	(2)	(3)

资料来源：(1) 春生：《中国农业合作事业鸟瞰》。(2) 王毓铨：《中国农村合作运动》；(3) 季崇威：《中国合作事业概观》；(4) 尹树生：《世界合作运动史》，上海中华书局1937年版，第291页。

第三个共同点是合作社的整体发展不理想，尤其是信用合作，被赋予了太高的期许，却没有达到应有的效果。在印度，有统计表明，1946年，就是印度独立的前一年，合作社的放贷只占到所有农村贷款的23%，地主和商人等高利贷者依然是最主要的放贷者。在中国，由于信用社的资金规模和组织规模都很小，加之信用合作社中留的公积金和储备金都不多，社员交纳的股金又很有限，信用社虽然被看成了“借钱的机关”，但却不能名副其实地发挥作用。1940年对17省市的调查表明，全国合作社社员人均股金为4元，陕西渭南、武功等300余社，社员人均股金仅2元，河南1941年的统计表明社员人均股金也只2.3元[2]。加上信用社借款的成本很高，社员从合作社中获取的收益很有限，也不愿为合作社投入太多。最终造成的结局就是一方面信用合作社“大发展”，另一方面高利贷却盛行乡间，物价飞涨和高利贷盛行最终导致了农村的全部崩盘。

第四个共同点是两国政府的强势作用。印度的政府不仅制定合作社法规和政策，建立合作社的组织机构，如联邦合作社总社，还向各级合作社贷款，从某种程度上讲，印度政府是在卵翼着合作社。中国的政府，则做得更过分，不仅制定法律、设立管理机构，还要把合作社纳入政府体系之中，尤其是新县制实施之后。中国政府还把组建合作社作为对抗工农革命、控制农村的手段。这些都表现出了发展中国家大政府的强势作为。

2. 不同之处　不同之处一是，印度的合作社是法律先导，然后合作社逐渐成长起来；每一个新法律的颁布，合作社相应地也就前进一大步。中国正好相反，是合作社的实验不断进行，经验不断累积之后，国家才用法律进行规范，规范到了极致，就是把合作社和保甲制完全融为一体。这种差别的形成，可能背后有深刻的国情原因。这自然是一个很值得研究的问题。

不同之处二是，两国的合作社在发展阶段上呈现出了一定的落差。中国进行合作社尝试的20世纪初叶，印度已经颁布了好几部法律，走在中国的前面。当印度合作社为1929—1933年世界性的经济危机所困时，中国的合作社尤其是信用合作社，却从1929年起开始了较快发展的阶段。第二次世界大战是印度合作社发展较好的时期，中国却止步不前，最终还与新中国建立以前农村的崩坏，产生了不应有的联系。这其实说明，国家所处的境况，对合作社的成长有着多么明显的影响。

第三个不同之处是，印度合作社的这段发展，给人们最突出的启示就是合作社离不开法律的先导作用；而中国这段历史带来的昭示则是：发展合作社最需要遵从农民的意愿，政府不能越俎代庖。

三、20世纪50年代以来印度农村合作社的发展及与中国的比较

（一）20世纪50年代以来印度农村合作社的发展

1. 20世纪80年代以前　1950年是印度制定和实施第一个五年计划的头一年。印度政府采取了一系列措施，使印度农村合作社的发展继续保持了第二次世界大战时期的较快发展势头。根据合作计划委员会1946年、全印度农村债务委员会1954年、麦赫达委员会1960年的建议，印度政府通过了一系列重大决策，鼓励并支持在农业、小工业、手工业、金融和商业等部门尽多地建立合作社，把合作社作为实施社会经济发展计划的基础。同时合作社的计划也进

一步具体化。1954 年全印度农村债务委员会就针对信贷合作社的发展，提出了一系列详细的建议和要求：要求国家给予各级合作社足够的重视；贷款的重点是对作物提供短期信贷，对生产提供长期信贷；通过建立较大的合作社信贷机构，加强合作社在农业信贷中的基础地位；将信贷与销售、加工结合起来；扩大农业合作社的储藏和仓库设备；建立分支机构可以扩大到广大农村的印度国家银行，并同合作社内部的存贷机构建立有机的联系；建立为各级合作社培养人才的机构；建立全国农业信贷基金、全国合作社发展基金、全国仓储设备发展基金、农业救济和保障基金等国家基金和各种优惠贷款，为合作社提供资金支持。

在这些建议的推动下，政府不断加大对合作社的拨款，在第一至第六个五年计划中，分别拨款 3.4 亿、7.7 亿、6.4 亿、25.8 亿、37.6 亿和 58.4 亿卢比用于发展合作社。合作社也有了明显的发展（见表 2）。

表 2　20 世纪 50～80 年代印度合作社的发展

年度	合作社数（10 万）	初级社社员数（10 万）	股金（千万卢比）	流动资金（千万卢比）
1950—1951	1.8	137	45	276
1960—1961	3.3	352	222	1 312
1970—1971	3.2	644	851	6 810
1975—1976	3.1	848	1 529	12 432
1980—1981	3.0	1 062	2 088	20 021
1981—1982	2.9	1 149	2 100	21 000

资料来源：《印度年鉴》1979 年第 262 页，1985 年 354 页；印度《计划》半月刊 1987 年 2 月 16～28 日，第 23 页。

合作社也逐渐形成功能较为齐全、结构比较完整的网络体系。这个网络包括信贷合作社系统、生产合作社系统、销售合作社系统、供应合作社系统、加工合作社系统和支持农业的工业合作社系统，形成了明显的专业化分工。但是综合型合作社也不少。在所有的合作社中，80％与农业有关。

信贷社。分为初级农贷社、县合作银行（合作中心银行）和邦合作银行三级，农贷社主要分布于农村服务农民，占了印度合作社总数的 60％。初级农贷社的数量在 20 世纪 60～70 年代曾经达到 20 余万个，20 世纪 80 年代初调整为 9.5 万个，但同时期，社员数量却由 3 496 万增至 6 071 万，提供的贷款也由 20 世纪 50 年代的 2.3 亿卢比增加到 80 年代的 267.3 亿卢比。县合作银行是全县初级农贷社的联合机构，主要业务是向初级农贷社发放贷款，同时也作为一般银行开展各种业务，所发放的贷款由 50 年代的 8.3 亿卢比增加到 80 年代初的 240 亿卢比。邦合作银行是各级农贷社的邦级联合，也是当时的最高组织机构，它从印度储备银行获得贷款，并向县中心银行提供资金。发放的贷款也从 50 年代的 4.2 亿卢比，增加到 80 年代初的 223.7 亿卢比。[3]

信贷系统的合作社还有负责发放土地开发长期贷款的两级土地开发银行，分别设立在县和邦。土地开发银行主要以债券为资金来源，股金、储备金、储蓄也是重要的资金来源。20 世纪 50 年代初，初级土地开发银行有 286 家，80 年代初就增加到了 1 165 家，发放贷款已经达到 40.8 亿卢比。

生产合作社。这是印度农业合作化中组建的主要组织类型。合作化是印度学习中国和日本经验的结果，从 1956 年开始，陆续形成了四种生产合作社类型。租佃合作社（Cooperative Tenant Farming）把自己拥有的土地，按照合同分别出租给无地农民和退伍军人，向他们提供贷款、种子、肥料和工具等，并为他们出售农业品。社员在按规定缴纳了税金之外，剩余归己。联合合作社（Cooperative Joint Farming）的农民将自己的土地集中起来，社员仍然拥有各自的土地所有权，在形成的统一农业区域中集体耕种，按照自己的土地和劳动分配产品。集体合作社（Cooperative Collective Farming）的社员则将土地永久地交给合作社，牲畜和其他生产资料也都作为股份转让给合作社。社员既可从合作社得到工资，也可以分得产品。集体合作社一般机械化程度较高。改良合作社（Cooperative Better Farming）则以学习和运用先进的耕作方法为目的。社员对自己的土地具有所有权和支配权，加入合作社时土地也并入合作社，但退出时土地也可带出，进退相当自由。总体来看，印度的生产合作社发展并不是很快，到 20 世纪 80 年代初只有 9 000 多个，社员 25 万人，耕地 37.5 万公顷，仅仅占全部农业土地的 0.34%。

销售合作社（Cooperative Marketing Societies）。这是农民为了销售农产品而自愿组成的合作社。20 世纪 80 年代初期，印度拥有 4 000 多个初级销售合作社，380 个县级合作销售中心，31 个邦合作销售协会和 1 个全国的农业合作销售联合会，全国农业合作销售联合会在全国有 32 个分支机构。牛奶合作社就是一个较为出色的销售合作社。这种合作社就是为了解决因为销售渠道不通畅，农民有奶销不出去，还得受中间环节的盘剥，城市则奶量供应不足，奶价奇高等问题，在政府鼓励下成立的。到 1983 年，印度全国已经有 36 566 个牛奶合作社，社员 322.1 万户，销售牛奶和乳制品 38.3 亿卢比。在此过程中，县和地区的牛奶供应合作协会和全国的牛奶合作联合会也都建立了起来，形成了全国的销售网络。在牛奶合作社的带动下，印度的牛奶生产也有了较快的发展，从 1951 年的 1 700 万吨增加到 1970 年的 2 000 万吨，1985 年高达 4 230 万吨。此外，印度还建起了由消费合作社、批发合作社，邦消费协会、邦销售与消费协会，全国消费协会等不同层级合作组织构成的消费合作社体系，1984

年消费合作社在农村的零售额就达到了200亿卢比[4]。

加工合作社。合作社越来越多地从事农产品加工，在20世纪七八十年代已经成为一种引人注目的趋势。1984年印度就已经拥有2 458个农产品加工单位。其中最值得注意的就是合作糖厂。1950年合作糖厂只有一家，1970年发展到73家，1981年就达到149家，1984年更增加到165家，占全国糖厂的一半，这些合作糖厂由1.6万个甘蔗合作社建成，产量318.8万吨，占全国糖厂的53.9%[5]。由甘蔗合作社组成的合作糖厂还建起了邦的联合会和全国合作糖厂联合会，负责协调、提供技术和生产设备、取得许可证、组建新厂并与政府对话。

供应合作社。这类合作社主要向农民提供种子、化肥、农药等生产资料，也向农民提供贷款。其中，印度合作农民肥料公司和印度合作农民有限公司是两个巨型合作企业，在印度化肥生产和供应、销售中举足轻重。前者由26 000个合作社1975年联合兴办，1984年产量达到了183万吨，占印度氮肥总产的13.3%，磷肥总产的26.4%。后者也是1980年由683个合作社联合创办，每年生产和供应尿素150万吨。

2. *20世纪80年代以来* 20世纪80年代以来，印度依然有60%～70%的人口从事农业生产，依然是一个农业大国，但是印度也在从市场＋计划体制逐渐向市场体制转变，对合作社的保护伞也在一点点地揭开。印度的合作社也在原有的系统基础上，出现了一些变化和调整，呈现出如下几个特点：

一是，从合作社的种类来看，生产合作社已经渐渐地从人们的视野中淡出，而加工合作社的发展越来越引人注目。就拿合作糖厂来说，持续的发展已经使它成了印度农村经济增长的重要引擎。因为印度是世界产糖大国，在印度的农产品加工业中，糖业仅次于纺织业，有2 000万农民在从事甘蔗的生产，糖业对农村地区的就业、收入和税收都有明显的影响。而在糖业生产加工中，合作社生产的糖制品产量，1992年占到了全国糖业总产量的62.5%，1998年依然占60%。至今，合作糖厂的产量依然占全国糖业总产量的60%[6]。

合作糖厂的数量也在不断增加（见表3）。从表中可以看出，在20世纪80～90年代，印度的合作糖厂有了明显的增长，不仅比前期增长明显，就是比起私人和集体糖厂来，增长速度也要快得多。

表3 不同时期不同组织形式的糖厂数量

年份	合作糖厂	私人和集体糖厂	总计
1951	2	137	139
1956	5	137	142
1961	30	144	174

（续）

年份	合作糖厂	私人和集体糖厂	总计
1966	52	148	200
1974	84	145	229
1979	136	163	299
1990	214	171	377
1992	211	195	392
1995	240		435

资料来源：《印度糖业年鉴》1996年。

另一个发展超群的合作社是销售合作社中的牛奶合作社。在20世纪80年代以前，牛奶合作社就已经呈现出了较强劲的发展势头。进入90年代和21世纪初，牛奶合作社更获得了长足的发展。现在，牛奶合作社渗透到了几乎每一个村。1995年参加牛奶生产的生产者数量已经从1970年的18万个，增加到54万个，分布于950个合作社中；2000年，全国已经有900万个奶业生产者。合作社和农民之间建立了协议形式的产业化链接，合作社用比较低廉的价格，向农民提供奶用兼役用的水牛，农民则除了将50%左右的牛奶用以自己消费外，15%的牛奶卖给合作社的收购站，6%左右卖给私营企业，其余部分则卖给包括合作社在内的牛奶加工厂。合作社和县级的牛奶合作中心只获取1%的利润，其余的利润则已经在收购和加工环节返还给了农民。这就不仅稳定了市场的价格，也稳定了自己的生产资料供应者和消费者。因此，合作社的发展也就通过制度的内在机理和制度的绩效凸现了出来。

到1996年，印度邦一级的牛奶合作中心已经发展到169个。这些中心不仅通过牛奶合作社网络从农户手中收集牛奶、进行牛奶和乳制品加工，还积极向城市出售鲜奶，并向合作社的社员提供技术培训和兽医等技术服务。合作中心的下面是为数众多的县合作社联合会，其上面则是全印度奶业发展局（NDDB）。它既是全国牛奶合作社的联合机构，也是政府实施合作社发展规划和项目的三个执行机构之一。其他两个机构分别是全国合作社发展公司（NCDC）和全国农业和农村发展银行（NABARD），都是半官方的机构。由此可见牛奶合作社在印度农村合作社中的突出地位。此外，牛奶合作社的发展还表现在牛奶产量的发展上。20世纪90年代末，印度已经成为世界第二大牛奶生产国家，仅次于美国，到21世纪初，印度已经成了世界第一大牛奶生产国家，每年的牛奶产量达到了8 500万吨，不仅居民的牛奶供应不再短缺，在国际市场也占有了重要的地位。

二是，合作社主动做市场化的调整，并且自然而然地成了我们所说的产业化链条的核心。在印度经济的转型过程中，即在计划经济逐渐退出的背景下，合作社越来越积极地投身于市场竞争中，并对来自企业和其他方面的竞争进行积极面对和自我调整。措施之一就是利用自己的发展基础和组织系统，积极从事农产品的生产、加工、销售的一体化经营，甚至有的合作社还将链条延伸到了产前的供应环节，向农户提供信贷、生产资料等，向产后则延伸到储藏、加工、运输、销售等领域，实现合作社自身的一体化经营。合作糖厂、牛奶加工合作社、纺织合作社、水果和蔬菜合作社就是由来已久的榜样。由于合作社努力实施一体化经营，虽然合作社各自所属的系统依然井然有序，原来关于合作社的那些分类已经很大程度上变得不再合适，已经很难再用原先的业务和职能去衡量现在的合作社了，原来属于专业性的合作社，综合性特色也越来越浓了。因为专业性合作社要进行一体化经营，自然就很难再坚持仅仅经营同类农产品，合作社的业务范围势必扩大。

三是，合作社整体上又有了很大的发展。印度合作社百年纪念文章这样写道："合作社已经遍布整个国家，估计目前全国有2.3亿成员。合作社信贷系统已是全世界最大的网络，合作社为印度农业领域提供的贷款比商业银行还多。在化肥生产和供销中，印度农民化肥合作社（IFFCO）控制了35%的市场；在糖的生产方面，合作社的市场份额超过了58%；在棉花的买卖和供销中，合作社已经大约拥有了60%的份额；在手工纺织方面，合作社占有了55%的织布机；合作社加工、买卖和供销了50%的食用油；在全国奶业发展局的领导下，通过15个邦的合作社牛奶买卖联合，奶业合作社现已成为世界上最大的牛奶生产者，这依赖于一系列的奶业加工厂、收集站和一个全国牛奶运输网。"[7]

四是，合作社开始积极地开展新业务，拓展新的服务领域。随着《保险法》的通过，合作社已被允许进入保险业务。保险业是一个合作社仍未涉入的具有巨大潜力的领域。印度农民化肥合作社最近和一日本公司合作，建立了一个合资企业，并已开始在印度开展综合保险业务。从各种迹象来看，由于政府对合作社重视有加，公共领域、甚至是国有和私有部门传送商品和服务不成功的地方，合作社都有可能进入，人们认为合作社在这些领域也是具有巨大潜力的。说明印度的合作社市场竞争的能力，并不比企业等其他经济组织弱，这当然也是合作社很久以来持续发展积淀的结果。

（二）20世纪50年代以来中印农村合作社的比较分析

这一时期，中国的农村合作社在1984年以前，走上了集体化的极致，导致了一次次的农业和农村危机，最终被废除；1984年以后，则从家庭责任制的背景下，开始生发专业合作社，同时信用社、供销社、集体经济组织等开始市场化改革，形成了今天错综复杂、异彩纷呈但生机勃勃的农村合作社发展格局。

对于这一时期两国农村合作社的发展，很容易形成以下认识：

从发展历程上看，印度的农村合作社发展呈现出了在平稳增长中不断强大的态势，发展中没有受到严重的挫折和毁灭性的打击，是非常突出的特点。相反，中国农村的合作社则经历了太多的曲折，好不容易建立起了人民公社为主、供销社和信用社为辅的综合性合作社体系，却由于效率低下而在1984年被取消。于是，1984年以后，合作社体系只有从头再建，平地再起。就是遗留下来的社区型合作经济组织、信用社和供销社，也必须要进行市场化的重新转型。于是，和印度相比较，中国最明显的差距，就是全国性的合作社网络体系远未建立起来。合作社的地位、作用、能力、规模、服务等等，都不可同日而语，处于不同的档次。

从类型上看，印度农村合作社的类型也在进行调整和替代，比如生产合作社的逐渐消失，加工和销售合作社渐渐领先，合作社的服务内容已经不再单一，专业性的合作社不少已经有了综合性的内涵，但是这种调整只是一种系统内部的微调，是一种适应性的变化。而中国的合作社类型，则过于单一和集中，1984年以前生产型合作社最为突出，1984年以后，则是专业性合作社发展最快。不知道是什么原因，我们总是青睐某一种合作组织，但是这样做肯定会带来的弊端是，一种合作社不可能包打天下，虽然有利于政府去规范它，但却不能适应农村经济发展和广大农民的多种需求，也不利于合作社发挥整体优势。在这一点上，印度同样走在我们前面，由于合作社已经伸展到了供应、加工、储藏、运输、销售等环节，在每一个环节都通过自己的合作社发挥作用，其内部经济效果已经呈现出来，合作社才能在与企业的竞争中不处于劣势。而中国单一的专业合作，明显不具有这样的能力，由合作社主导的产加销一体化也才刚刚起步。

从政府的作用上看，印度政府对合作社主要采取了目标规划、资金扶持和法律政策引导的做法。而中国合作社在1984年以前受到了国家太多的干预，基本上是国家包办的产物；1984年以后则一直自己摸索成长的道路，最近才受到国家的重视。

总之，1950年以来中印农村合作社的差异是主要的，共同点很少。

四、印度合作社对于中国的主要启示

历史和现实告诉我们，我们对于印度农村合作社应有的态度就是：埋下头来，认真学习印度的经验，尤其要学习。

（1）为合作社的发展营造一个稳定的环境。印度的农村合作社比中国先进，非常重要的原因之一就是它一直拥有一个非常稳定的发展环境，尽管这中间有许多非人力可控的因素，但我们却让人为因素对合作社的发展带去了太多的扰乱。因此，形成稳定的发展环境要从减少人为影响开始，要从制度建设和用制度约束人们的行为着手。

（2）用法律指导合作社的发展。这既是减少人为干扰的必要，也是合作社正常发展的重要条件。不仅印度，美国、日本、韩国等，都向我们演示了法律对合作社发展的极端重要性。

（3）帮助形成合作社的一体化经营。印度的奶业合作社、糖业合作社的发展，实际上就是印度一个个合作社主导的一体化经营发展的历程。中国虽然开始了合作社的一体化经营，但是成绩、影响等都不尽如人意，也许，印度的合作社中还有许多需要进一步仔细研究的东西。

（4）鼓励合作社参与竞争和全球化竞争。为长远发展计，为了中国的合作社能够成长为印度那样的大模样，应该鼓励我们的合作社提升竞争力，在国内外的竞争中锻炼自己。这，现在就要从较发达地区的农村合作社开始。

参 考 文 献

[1] 冯开文．合作制度变迁与创新研究．中国农业出版社，2003

[2] 春生．中国农村合作事业鸟瞰．经济汇刊，1（2）1936－04－15

[3] 以上见印度鲁德尔·达特，K·P·M松特拉姆．印度经济．1984．458～460

[4] 印度《经济时报》1985－12－19

[5]《新印度时报》1985－12－19

[6] Dr. Rais Ahmad and Prof. Sami Uddin，2005：New Dimensions of Indian Sugar Co－operative Industry in The Era of Globalization，http：//www. ciriec. uqam. ca/actes/Ahmad. htm

[7] Sanjay Kumar Verma，Cooperative Centenary in India，National Cooperative Union of India，New Sector Magazine，Issue No 61，April/May 2004. http：//www. caledonia. org. uk/verma. htm

中国古代乡村社会群体居住特征形成原因及相关问题

徐旺生

（中国农业博物馆研究部）

一、前　言

关于中国古代乡村社会的研究，一直是学术界的热点，有关乡村社会的基层组织、宗族、文化、风俗、经济等都成为研究对象，但是，对于乡村的聚落居住形态结构也有不少的研究成果，家庭规模、宗族问题较受关注，但是很少有人关注为什么传统中国古代社会乡村，不像欧洲古代的乡村单一家庭独立居住，而是普遍同姓或者是异姓群体居住，其产生的原因和背景是什么。随着学术界将“三农问题”的研究视野向历史延伸，研究古代社会的“三农问题”，不能只是单纯地探讨“农民问题”和“农业问题”，或者将“农民问题”化解为农民战争或者农民起义问题，将“农业问题”化解为技术问题，还需要研究古代的“农村问题”。而本文所关注的乡村群体居住的特征问题，有别于宗族问题，即是“农村问题”的突出代表和核心。因此，本文试图对此做简单和初步的分析，或许成为引玉之砖，期待有更加深入的研究问世。

二、传统乡村聚落社会的结构特点

村落是中国古代乡村社会的基本单元，有人指出，华北的村落的历史只能追溯到明朝初年。[①] 而徽州古村落的历史则可以上溯到公元10世纪到12世纪，这与游牧民族的入侵，北宋的消亡及中国经济重心的南移是一致的。由于多种原因，中国各地的村庄规模存在极大的不同，在华北农村，数千人甚至超过万人的村庄，比比皆是。河南安阳县南吕自然村，竟有8 000多人，这些村

① 王庆成：《北方村落历史小识》，《山西大学学报》，2002年2期。

庄历史悠久，规划有序。华北农村多姓村占相当比例。华南农村的村庄规模，一般不会达到数千人，却可能有上千人的规模，并且多为单姓聚居的宗族村落。中部地区的江西泰和县和崇仁县的自然村规模也较大，可以达到数百户的规模。至于构成中国腹地的两湖湖区，因为长江和汉水开发较晚，江河湖泊众多，水面辽阔，以渔为生或半耕半渔的生产方式较为普遍，由此形成一些流动型的聚落形式。[①] 两湖丘陵地区，也多是散见一些同姓而居的村庄，尽管由于地形的原因，单一村庄的人口没有华北大，但其村庄的密度要比华北大得多。费正清在其《美国与中国》一书中指出，在美国中西部玉米带的彼此相距半英里的一个农庄，在华北平原则是整整一个村落。

无论是华北和华南，中国乡村的村庄，很少见到独立居住的模式，无论是千人的大村，还是几十人的小村，基本上都是群体居住，而不像在欧洲，多是由相对独立的居住方式，像马克思所记述的法国的情况一样，“一小块土地，一个农民和一个家庭；旁边是另一小块土地，另一个农民和另一个家庭。”[②]

今天人们所看到的基本上是明代以来的村庄，但是中国传统乡村的聚居的特点也并非只是明代以来才有的，村庄的形式可能在变化，但其中群体居住的特点没有变化，只是明以后，南北方村庄的更加明显的宗族特征更强，与明朝开始允许宗族建立宗祠有关。而秦汉时期，非宗族的特征可能更明显，但聚居是普遍存在的。秦晖认为，汉唐时期的乡村，非宗族现象相当明显，他姓氏杂居的现象十分普遍。他对长沙走马楼吴简的《嘉禾吏民田家莂》简牍分析发现，在 1 532 户吏民，分属 16 个乡、24 个里，143 个丘，大约有 113 个姓氏，呈现出极端的多姓杂居现象，其杂居的程度显得有点不自然的程度。在多姓杂居一丘的同时，是一姓散居于许多丘，村无主姓，姓也无主村。[③]

总之，聚众共居是中国社会的普遍现象，如果说在汉唐以前中国人的聚居方式并非以一姓为单位，[④] 那么到了明清以后，则多以同姓为单位，也许是因为经过长时间的共居，其中某一家庭的繁衍更加旺盛，于是逐渐分离，各自组合成为一姓共居现象，明清时期的村庄，以姓氏开头的名字特别普遍，说明村庄是以某姓为命名依据的。鄂东丘陵地区的村庄名字多以姓命名，但可以明显地发现，某些村庄尽管以姓氏命名，但该村庄已经无该姓氏居民，倒是全部是

① 贺雪峰：《中国传统社会的内生村庄秩序》，《文史哲》，2006 年第 4 期。

② 马克思：《路易·波拿巴的雾月十八日》。

③ 秦晖：《传统十论——本土社会的制度、文化及其变革》，复旦大学出版社，2～43 页，2004 年。

④ 秦晖：《传统十论——本土社会的制度、文化及其变革》，复旦大学出版社，2～44 页，2004 年。

另外一姓的居民，说明曾经的主人后代由于多种原因，要么灭绝，要么迁徙他处，但新的主人也多是一姓独居。

明清以后，这种家族聚居的态势更加明显。“聚族而居，族皆有祠”的现象相当普遍。民国时期的福建莆田，“县城中诸世族有大宗祠、小宗祠，岁时宴飨，无贵贱皆行齿列，凡城中之地，祠居五之一。”① 毛泽东于20世纪20年代在江西井冈山地区调查时发现，当地的社会组织普遍地以一姓为单位的家族组织，“无论那一县，封建的家族组织十分普遍，多是一姓一个村子，或一姓几个村子。”②

村落发展是一个长期复杂的过程，但是村落发展还是有规律可循的。一个村落，不管它形成于哪个时代哪个区域，也不论它是多姓村落还是宗族村落，都要经历从零星聚落到村落的发展过程。研究注意到，聚落形成的早期，无论是移民形成的聚落还是村民向外移居形成的“卫星聚落”，总是和周边的聚落发生联系，或被代管，或与其他聚落共同构成一个村落，零星聚落也被纳入到国家基层管理体系中。③

人口自然增殖对村落发展的影响在单一宗族型村落表现得最为明显。毫无疑问，大多单一宗族的村落最初都是由一家一户的定居，逐渐发展成大家族，再分成若干户，最终发展成为一个具有一定地理空间与人口规模的村落。对村落的姓氏构成与人口的研究可以发现，这种以单一宗族为主的村落无论是华南、江南还是华北地区都是存在的，尤其以华南地区最为显著。④

三、群居式乡村的原因分析

目前学术界很少有人关注传统乡村群体居住的特点，王建革分析了近代华北地区的乡村内聚形态，认为其一，北方农业基本上是旱作农业，劳动投入量少，工作距离可以相对拉长，有利于形成集庄。华北平原的人一般不愿散居。南方稻作区的散居与稻作农业本身有关，稻作区河道纵横，河岸或塘岸往往只利于少数几户居住，散居利于农民接近田块，增加劳动投入。同时，由于灌溉的需要，像龙骨水车这样的灌溉工具需要肩挑人抬，耕地不宜离住宅太远。稻作农业的投入，远高于北方。其二，集居有利于缩短北方人的生活距离，北方

① 《莆田县志》，民国15年重印，转引自李卓：《中日家族制度比较研究》，人民出版社，2004年，119页。

② 毛泽东：《井冈山的斗争》，《毛泽东选集》第1卷，人民出版社，31～32页，1964。

③④ 黄忠怀：《人口的增殖流动与明清华北平原的村落发展》，《中国历史地理论丛》，2005年2期。

河流少、地下水位深，水井不像南方那样随处可打，散居不利于到定点的水井打水，聚居则可以缩短取水距离，减少取水的劳动量。华北农村很重视水源的选择，凡聚落之中心，往往也是一个村庄的井泉所在。但是南方水源较充足的地区，这一特点就不是原因了。其三，动乱时期的平原防御，不但利于村庄形态上内聚，也会引起社会心态上的内聚作用。有学者称此为乡村的封闭，实际上，华北乡村平时往往处于一种小农经济的一盘散沙状态，到了动乱时机，往往显示出很强的内聚力，并能够与外界的力量联合。水灾时的民埝集结与动乱时的塞堡集结，是华北社会常有的内在动乱应对机制。①

其四，有人认为北方游牧民族的入侵，导致当地居民必须集中居住，才能应付这种经常性的危机。

王建革的分析是对的，但是他主要针对的是中国南北的内聚区别的原因，而没有从内生的角度来分析整个中国古代乡村的内聚特点。

中国传统的聚居式村庄的产生，为什么不像欧洲式的独立居住模式？除了上述王建革分析的几个原因以外，笔者认为至少还有以 4 个原因。其一因为政治属性决定古代社会的基层组织必须是群居，即专制社会的基层管理；其二是生物学属性，即由于古代中国人草食与杂食特征，这种特征的人群自然会选择一种群居生活；其三，因为社会属性，在多子继承，平均分配财产的体制下，限制了兄弟分居的可能性，居住在一起一般是大多数人的选择，所以当人口增加时，村落也就变得越来越大。而到了明朝，由于允许宗族建祠，加快了宗族聚居的局面形成。其四是因为经济属性，弱小的小农难以备齐功能齐全的农具，使得他们之间必须聚居，从而限制个体家庭独立居住。

（一）新石器时代的原生农业所决定的农业类型，所产生的食物结构是一种草食与杂食特征，其性格类型决定了乡村结构和家庭结构与欧洲不同

如果说中国古代的农业文明产生于本地的原生农业文明的话，那么欧洲的农业文明则可能是移民式的次生文明，其种植业的产生是为了满足畜牧养殖业的需要，所以恩格斯依据雅利安人的历史而认为种植业是为了适应给家畜补充草料而发明的。由于欧洲中南部居民在向北扩张时，主要是通过游牧方式扩张，所以其居住方式受其占领地盘的影响，选择单独居住。而中国文明则是一种原生于本地的农耕文明。由于中国和西欧各自原生文明与次生文明的背景不同，其各自的耕作类型也出现区别，其各自的食物结构也不同，欧洲古代的居民的动物性食品占主要，亦即肉食的比例较高；而中国古代的生产结构则自秦汉以来，即是一种种植业为主的生产结构，大田作物为主，畜牧业的比重较小。

① 王建革：《内聚型村落形成的地理与社会因素》（待刊）。

除了专制制度对居民居住的影响，植根于这个民族的生产方式，以及与生产方式相联系的食物结构也许同样对于群体居住的模式有着重要的影响。一般来说在动物界杂食动物和草食动物一般群体结构较大，往往多个个体混合行动；而肉食动物则群体较小，一般是一对动物与其后代。当然这种也不是绝对。

中国古代的生产方式是比较单一的种植业结构，食物主要是谷物，这种素食特征也许决定了他们的居住习惯倾向于草食动物如马和牛的聚群方式。食物结构决定生活方式，其中的关键影响因素可以远追至很早以前。自秦汉以来，中国人的生活方式在食物结构上来看，基本上可以看作是素食方式，类似于草食动物的生活方式，这主要是因为定居和主要从事种植业的缘故，与游牧欧洲民族的早期生产方式主要是游牧为主不同，进而导致中国和西欧的居住方式的不同。一般来说，草食动物的数量相对于同一地区的肉食动物来说要多很多，草食动物群数量很大，往往数十个或者数百个个体一起生活，其中多半有自己的领袖，比如，头马、头羊等，逐水草为生，往往采食完一地的草后，才转移至其他地区。从事种植的古代中国人，更加倾向于聚居的方式，这种聚居并不一定是因为血缘而进行，很多是因为他们的生活必须定居，当人口规模变大以后，由定居发展到聚居。主要食物以素食的民族，其居住方式更像草食动物的群体居住方式。

而主要从事养殖业的则因为需要较大的放牧地区，不易与多人共处，其居住模式倾向于单独居住，我们所知的欧洲的村庄则更像是肉食动物如老虎的居住模式。肉食动物以老虎为典型代表，如果没有自己的势力范围，就不具备生存能力，就有可能会被淘汰。一旦老虎来到某一地区，必定建立势力范围。当确定了势力范围后，别的老虎是不能进入的，“一山难容二虎”，否则就会出现战争，战争的结果是弱者被赶出这一势力范围，而强者则成为这一地区的主人。新的主人会在此地生活，而原有的老虎则另寻生路。欧洲人的生活方式，主要取决于其文明是从西亚传播而来，是一种次生的文明，其生产方式主要是从游牧民族的放牧生活逐渐向农牧混合型发展，其居住方式延续其早期游牧民族狩猎生活的特性，多是村庄以一个家庭为主，少见群居的村落现象。他们就像马克思所记述的法国的情况一样，“一小块土地，一个农民和一个家庭；旁边是另一小块土地，另一个农民和另一个家庭”。法国的小农家庭比较普遍，却也不是聚居，而其他欧洲如英国小农数量较少，则更加不是聚居形态。而乡村的酒吧则是他们成为社区联系的一种媒介，成为许多个体进行社会交流的场所。

（二）原始的农村公社残余构成了群体居住的基础

如果说原始的农业类型决定了他们的居住类型的话，那么，在商周之际的井田制度导致了群体居住的社会形态的强化。

我们知道，欧洲文明是从两河流域传播而产生的次生文明；而华夏文明则是产生并发展于黄河流域的，最近人们对长江流域的文明也给予了高度的重视，也是一种原生的文明类型。原生于此地的文明，当原始的农村公社开始解体时，进入了所谓的“井田制”阶段，在这个阶段中，唐杜佑《通典》：“昔黄帝始经土设井，以塞争端，立步制亩，以防不足。使八家为井，井开四道分八家，凿井于中。”因为在北方，文明最先依河而生成，随着社区的扩大，人口的增加，离开天然水源，而向无表面水的地区迁移，这时就必须要挖井以解决吃水问题，所以井与田产生了密切的联系，这种联系就会促成了聚居的社会形态。

（三）秦汉以来的专制制度下的乡村结构和家庭结构

目前没有证据证明秦汉以来专制国家强制百姓聚居，但是专制国家的基层组织的确有促成老百姓聚居的可能，秦汉以来的编户齐民政策，一方面，国家通过基层组织控制农民的生活。据研究，汉代乡村社会存在着复杂的管理机构，它们分别是：①行政系统，县下设乡，乡有秩（啬夫）、三老、游徼、乡佐、“乡亭部吏”；里有里唯（魁、正）、里父老（三老）、里佐、里治中；②情治、信息系统，县尉下设乡游徼，亭，亭有亭长、亭候、亭佐、求盗、“亭部吏卒”、邮；③意识形态系统，“公社”（乡社）下有置社（里社、社弹、书社）、社宰；④民政、社会系统，乡下有里单（倬、弹），里单下有祭酒（尊）、三老（左、右父老）、长史、卿、尉（百众）、平政、谷史（左史、右史）、司平、监（平）（左平、右平）、厨护（左厨护、右厨护）、集（左集、右集）、从（治中从事）。如此复杂的社会管理组织系统，这在今天也难以想像。[①] 这些组织负责乡村的治安、赋税等收取。专制社会的基层组织在上述因素影响下，为了便于管理普通的民众，促成村落自然会聚居。

另一方面，在专制的体制下，家的结构小型化特征明显。早在战国时期，商鞅变法中即规定：“民有二男以上不分异者，倍其赋。”对那些“禄厚而税多，食口重”的大家庭，商鞅“以其食口之数赋而重使之”，通过强制分家，奖励耕战等政策，迫使单个家庭人口数量减少，使一夫一妻的个体家庭成为最基本的社会细胞。南北朝时期，由于局势多变，庄园经济发达，荫户较多，影响国家税收的征收，于是隋文帝专门颁布法令：“大功以下，兼令析籍，各为

① 秦晖：《传统十论——本土社会的制度、文化及其变革》，复旦大学出版社，94～95页，2004年。

户头，以防容隐”[①] 这些举措是为了防止地方豪强和官僚勾结，营私舞弊。将从豪强手里依附的人口解放出来，增加了国家的劳动力，调动贫苦农民的生产积极性。使国家掌管的纳税人丁数量大增。固然这是为了防止少收赋税，但客观上减少了大家庭存在的可能。超小型家庭的存在，决定了他们无法独立居住，可能他们单一家庭连从事农业生产的工具都无法配齐，于是选择聚居生活。

（四）多子继承下的乡村结构和家庭结构

导致聚居生活的另外一个原因即是财富的多子继承制度。诸子平均析产为主的传统家产继承方式体系，在中国运行了将近两千多年。[②] 其对于家产的聚集而言是负面的，而对于居住方式而言，则起到了促使共居的效果。

在多子继承制度下，中国古代的大家庭存在仅占少数，纵有大家庭的理想，但是现实却是比比皆是的小家庭。孟子所说的五口之家，应该是历史上普遍存在的家庭人口规模。当然，历史上也并非没有累世同居的大家庭，如汉代末期开始出现了大家庭，专制社会有时出于社会稳定目的，有时也提倡累世同居的大家庭，如在南北朝时期，使之能够起到“出入相扶将”的目的，成为弱小小农遭遇各种危机时的自我扶助力量。但如商鞅变法中强令分家的事情后来也出现过，如隋文帝颁布：“大功以下，皆令析籍，以防容隐”的规定，即说明当时大家庭比较多，政府强令其分散。唐宋时期，也出现了一些累世不分家的大家庭，如张公艺九世同居，令唐高宗慕名亲幸其家。[③] 但是维持这个大家庭需要特别的力量，因为分家行为是常态，不分家而共居是特殊形态。唐高宗在去泰山途中专门去张氏家门，询问何以长期共居不离析，张公艺一连写下了一百个“忍”字，使唐高宗感动不已。[④] 江西德安陈氏自唐朝中叶开始，至南唐时，已“十三世同居，长幼七百余口，不蓄仆妾，上下姻睦，人无间言，每食，必群坐广堂”。至宋代，“宗族千余口，世守家法，孝谨不衰，闺门之内，肃于公府”。[⑤] 但殊不知凡是舆论和国家刻意提倡的事情，正是人们努力的目标，而不是普遍现象。[⑥]传统社会就是专制的王朝不强令分家，民间的自我离析也是非常强大，一般新婚的男子，多独立成为一个小家庭，代代如此，不管

① 《隋书 · 食货志》。

② 邢铁：《家产继承史论》，云南大学出版社，177 页，2000 年。

③ 《旧唐书 · 孝友传》。

④ 李卓：《中日家族制度比较研究》，人民出版社，2004 年，51 页。

⑤ 《新唐书 · 陈兢传》、《宋史 · 孝义传》，转引自李卓：《中日家族制度比较研究》，人民出版社，2004 年，51 页。

⑥ 李卓：《中日家族制度比较研究》，人民出版社，2004 年，51 页。

他经济实力是否足够成家立业。

史书记载表明，各个朝代家庭平均规模并不大。战国时期，魏国李悝指出当时的“一夫挟五口，治田百亩。”说明多数家庭五口人。商鞅变法规定“民有二男以上不分异者，倍其赋”，强令分家。南宋李心传说：“西汉户口至盛时，率以十户为四十八口有奇，东汉户口率以十户为五十二口，唐人户口至盛时，率以十户为五十八口有奇。”①

家庭多子继承，无法割断与母体的联系，超小型结构又难以独立形成独立的生产单元，使得家产继承者生活在父母周围，期待着来自长辈的一份财产，于是选择聚居的方式。这种生活方式限制了欧洲式向外扩张式移民，家的挂念影响了家庭土地规模的扩大，聚族而居势必导致了局部地区的人地关系紧张。

（五）小农经济的弱小决定了单一家庭无法独立

由于多子继承，一个家庭分家时，所有的家产需要平分，而农具也不例外，结果是多数家庭原来能够齐备的农具可能就难以完全具备。小农家庭的土地尽管数量有限，其种植却不是面对市场进行规模化、专业化生产，而是主要取决于家庭的需要，每一种作物都种植一点，所以需要不同的农具才能进行，由此他们之间需要合作。近代华北的“搭套”行为普遍出现，② 就是因为许多家庭因为畜力和劳动力不足而产生的，试想如果这些连基本的生产工具都无法凑齐的家庭，他们自然无法迁移别处而单独居住，必须通过近距离群居，在农具和畜力上相互借用才能维持基本的生计，合作就意味着他们的居住距离不能太远，而聚居也许是很好的选择。

三、传统村落结构的影响

传统乡村社会的聚居结构，与欧洲古代社会存在明显的区别，这是一个相当明显的事实，那么这个事实是否有意义，是否是一个比较有学术探讨意义的事实呢？本文认为回答是肯定的。因此，有必要从聚居的角度来分析其对传统社会的影响。

就像任何事务都有其两面性一样，传统乡村社会的聚居存在，是因为多种原因共同作用的结果，但是其一旦形成，是否就像人们所期望的那样，能够达到“出入相扶将”的作用呢？显然，我们从东西方社会发展的角度来倒推，就

① 李心传：《建炎以来朝野杂记》卷17，甲集。

② 张思：《近代华北村落共同体的变迁——农耕结合的历史人类学考察》，商务印书馆，2005年，37～38页。

知道，传统社会后期中国落后的局面中，聚居也许在其中扮演了部分的角色，当然这种角色的出现，与其他因素共同作用，但单独的聚居生活却也成为诸多因素中的一种，对于中国传统社会向现代社会的迈进起了负面的作用。

（一）村庄的群体居住，模糊了村民之间的利益边界

村庄的内聚，也就是聚居，是否构成乡村社会的共同体的形成，这是一个非常有意义的话题，从表面来看，多种因素促成了中国传统乡村的内聚，然而，中国的乡村，还远远没有达到所谓和共同体的理想状态，却是不争的事实，我想原因应该是很容易找到的。古人有"仓廪实而知礼节"的判断，今人有党国英所言："稍微具备社会结构知识的人都知道，在已经遭受现代因素冲击的背景下，由穷人堆积成的村庄基本不会具备和谐社会的元素。"①

每个家庭是一个利益单元，但是由于村庄的密集，空间的相互重叠，界限无法分开，存在天然的不和谐因素，相互之间很容易产生矛盾，特别是在弱小的小农占多数的情况下，许多利益纠葛都将会导致矛盾的产生，如养殖家畜如果是散养，则容易损害其他家庭的庄稼，宅基与地界等鸡毛蒜皮的微小的利益都会成为他们之间冲突的导线，导致本来期待的村庄共同体的虚置。在土地零碎化的背景下，小块土地难以开展较大规模的公共设施投入，而农业生产过程相邻的土地上耕作，经常需要协作，但往往却因为他们经济实力太小而放弃，如在用水的过程中，特别易于产生矛盾。中国传统的乡村社会群体居住的特征，由于群体居住，相互之间矛盾无法得到消解，因为居住一旦确定，基本上世代相沿，所谓低头不见抬头见，矛盾的产生只能由时间来消解，世仇会因此产生，社区不和谐因素一般难以迅速消除。

同质家庭的存在，在没有外力的作用下，必定会要在内部产生强势个体，导致小亲族的膨胀，结果是群体内部的繁衍更多的是人口的增加。而人口的增长的结果所产生的移民现象，都只是近距离的移民，长距离的移民现象较少。

中国传统的乡村，实际上是一种需要团体力量来化解个体的某些力量的局限，然而，由于多种原因，当集体内部人人都需要从他人那里得到帮助时，往往缺乏足够的内聚力，反而是外力推动容易形成内聚。如王建革所指出的，当外力推动时，反而容易产生内聚力。② 例如，宗族之间的械斗一旦发生，族长聚集所有族人参与，如果有谁不参加，先给予严厉的处罚，这时才会出现人人奋勇，众人一心的局面。而在没有外力推动的常态下，即是内部之间反而容易产生相互摩擦，亦即内耗。

---

① 党国英：《一省一市岂能独自建成和谐社会》，《南方周末》，2007 年 12 月 12 日。

② 王建革：《内聚型村落形成的地理与社会因素》（待刊）。

（二）限制了社会发展的效率

村庄密集的过程，即是中国历史发展的过程，而这一过程却没有像欧洲产生资本主义，而是产生越多的人口，特别是当美洲的高产作物传入后，限制人口增长的因素弱化，清代人口迅速增长，人口增加的结构是村庄过于密集，同质的村庄增加，存在强烈的财富稀释现象，没有形成较大规模的商业城市。伊孟可谓之高水平均衡陷阱，实际上应该称之为高投入、低效率、高产量的均衡陷阱。这里面的均衡主要是劳动者的投入与劳动者本身的消耗基本持平。

显然，这里面存在着人口与效率的一个密切关联。在欧洲，人口增加的时代，即是工业革命大发展的时代，工业革命以后，人口增长的趋势是向城市集中，带动社会的分工和海外殖民运动。

根据现代学者重建起来的、具有连续性的英国人口增长过程来看，从这个过程的初期（约16世纪中叶）到工业化开始，英国人口的年均增长率在大多数年头都不足5.0‰，除个别较短时段（1576—1586年）英国年均的人口增长超过10‰以外，从1541年到1771年，英国年均的人口增幅大大低于中国。近代英国人口的强劲增长是由工业化引起的，工业化使英国的社会经济发展突飞猛进，对劳动力的需求很大，从而造成人口快速增长。①

而中国社会的人口增长，由于群居的村庄的存在，一般情况下不会主动产生控制人口增长的思维，反而在多子多福的文化背景下，因为主要从事种植业，需要劳动力，刺激人口增长。在人口增长之际，不是因为城市需要大量的劳动力，同时并没有因此而成为向外发展的机会，反而聚居的村庄成为容纳多余人口的泥潭，小农经济的汪洋大海因此产生。

在欧洲，古代社会的财富更多地依赖于制度所得，基本上由土地和资源来决定人口数量。而在东方的中国则很早就开始了依赖制度外的因素所得，如果要致富，需要的是实实在在的努力，取决于不误农时，期望“春种一粒粟”，但是谁能够保证“秋成万颗籽”，所以春节的吉语是风调雨顺、五谷丰登。由于此时所依赖的制度内和外的保障因素并不都是一致的，因此，促使社会经济方面向不同的方向发展，这也是欧洲的节约劳动力型和中国的节约土地型农业技术路线的产生的背景，在中国，由于节约土地的惟一方法是技术的进步，促使了古代农学等实用科学的发展，而农业技术等因素的运用，需要与影响农业的其他因素一起产生作用，单一种植业的生产模式又受其他因素的影响。

（三）培养国民的依赖性格

和谐社会的一个基本因素应该是绝大多数人能够维持起码的温饱水平，经

① 俞金尧：《历史上中国“已婚低生育率”说质疑 》，《中国经济史研究》2007年第1期。

济上的独立才能有人格上独立，然而在一个需要相互扶持的社会里，无法割断与母体的联系时，个人的人格独立就会成为一种理想。聚居的生活方式，且以血缘为依靠，固然能够达到相互帮助的目的，但同时容易培养出依赖的性格，特别是多子继承制度下，每一个人都有权力继承家庭财富，于是助长了依赖的倾向。

（四）限制向外迁徙，扩大生存空间

有人把中国人的生存方式比喻为鸡，而把西方人的生活方式比喻为雁。这真是再恰当不过的比喻了。我们知道，小鸡一旦出生，就会跟在妈妈的后面，寻找食物，一大群小鸡相互竞争觅食，没有一个小鸡敢离开妈妈的，他们只能分享周围有限的食物。传统的中国人大多数人的眼睛盯着家里的一点点有限的财产，过着聚族而居的生活。所以中国的一个村庄往往只有一个姓，共有一个祖先。

多数的西方人的生活则像雁。雁一旦出生以后，多半离开父母，在外面去创业谋生。在欧洲国家，家庭中的非长子，如果想呆在家中是没有人反对的，但是也是没有出路的，父母是没有权利帮他娶妻生子的。

一个相对独立的空间是人生存的基本条件，如果这个空间相互重叠，就会限制其向外寻找新的生存空间的机会，工业革命以后，中华文明的空间在缩小，而欧洲的文明生存空间在扩大，这种趋势到了20世纪才结束，而近代中国的落后结果是就是割地求和。

但是却依然存在相当长的时间，直到今天也没有改变，其中的原因值得认真思考。显然，这种群体居住的结构存在某种合理性，这可能与相对于群体生活中，个体独立的离心力来说，需要相互协作的向心力还是太大，经济上的无法独立，自然会在居住方式上得到体现，随着明清以后人口压力的持续无法得到释放，个体独立便更加的困难，所以这种生活方式便会继续存在下去。

三农问题的出路在三农外

——从历史的经验教训谈起

王培华

（北京师范大学历史学院）

王毓瑚教授（1907—1980）是我国著名的农史学家。王毓瑚教授有史以致用的学术宗旨，注重总结我国古代农业的特点和问题，以及对今天农业的经验教训。他在整理农学文献和研究农史方面做了很多工作，有突出的贡献。他校勘了《王桢农书》、《农桑衣食撮要》等古农书，编著了《中国畜牧史资料》、《中国经济史资料（秦汉三国编）》等资料，撰著了《中国农学书录》、《中国古代农业科学的成就》、《我国历史上土地利用的若干经验教训》、《中国农业发展中的水和历史上的农田水利问题》等有影响的论著。他的这些工作，既富于理论意义，也富于现实意义。作者在1996年为研究国家教委哲学社会科学规划课题青年项目“元明北方农田水利与生态环境变迁”和北京哲学社会科学规划课题青年项目，曾辗转到位于圆明园西路的中国农业大学图书馆查阅王毓瑚教授的论文《中国农业发展中的水和历史上的农田水利问题》，后来在撰述博士论文《元明北京建都与粮食供应——略论元明人们的认识与实践》时，除了解清人和元明以前人们在相关问题上的认识外，还特别重新研读白寿彝、史念海、王毓瑚、冀朝鼎、杨直民、董恺忱、谭其骧、邹逸麟、姚汉源、瞿林东、郑师渠、周魁一、施和金、葛剑雄、张芳、王育民等现当代著名学者的相关论述，从中受到很多启发。纪念王毓瑚先生，就是要继承他史以致用的学术精神，述往事，思来者，研究历史，关注现实，提出对未来农学和三农问题的建议或思考。从这个角度上，历史上的经验教训，对今天解决三农问题，或许能提供一点思路上的启示。宋人陆游说：“汝果欲学诗，工夫在诗外”。[①] 三农问题的出路在三农外。有些问题，如作物品种的问题，是品种改良的技术进步问题，可以在三农问题内部解决。但三农问题绝非在三农内部就可以解决的，而

① 陆游：《剑南诗稿》卷七十六《示子遹》。

是要跳出三农的范围，在国家的政治经济发展总体发展中，来解决三农问题。现在，我想到的就是几点，要处理好三对矛盾和关系，即国家利益和农民利益的矛盾、官员政绩和农民利益的矛盾、首都利益和地方利益的矛盾等等，就有助于三农问题的解决。我不是研究当代农业政策的，我只是从历史的经验教训中，给诸位致力于研究三农政策和问题的同志，提供一点历史资料，请同志们指正！

一、国家利益和农民利益的矛盾

列宁说：“国家是一个阶级压迫另一个阶级的机器。”① 在阶级社会，国家的本质是维护统治阶级利益而压迫其他阶级利益。国家的职能是国家发挥作用的具体表现。国家职能可分为两大类，一是社会职能，二是统治职能，二者又往往有密切联系，不可分割。从中国历史上看，国家的社会职能主要是防水治水，修整道路，发展生产和做好保卫工作。国家的统治职能是编制劳动户口，剥削人民，赋税、盐铁专卖和货币，这些是重要的合法的剥削手段，而法外的剥削名目繁多。②

中国封建社会，特别是元、明、清三朝，在赋税征收和漕运问题上，国家利益和农民利益始终处于极大的矛盾中，而最高统治者并不想解决这个巨大的矛盾。在解决农业税费沉重的问题上，今人多提及黄宗羲定律。实际上，元、明、清七百年间，有许许多多的江南官员学者在论证江南赋重漕重问题时，都研究了江南地区自唐宋以来赋税层累地增加的历史。明清之际，顾、黄、王三大思想家对于中国自唐以来一千年的赋税问题，都提出了深刻的认识。王夫之认为，两税法为法外之征，宋朝役法为庸外加役，明一条鞭法是两税外的加派，三饷为一条鞭外之加征③，这样，王夫之揭示了自唐至明赋税层层加额的实质。南唐根据土地肥瘠于税外加赋，使人民以有田为累。使“有田不如无田，而良田不如瘠土也。是劝民以弃恒产而利其莱芜也。……故自宋以后，当其全盛，不能当汉唐十一，本计失而天下瘠也。……相承六百年而不革。”④这是说南唐根据土地肥瘠决定征税等级之制度，使民以有田为累，导致“南方之赋役所以独重”“相承六百年而不革”的局面。王夫之从唐、宋、元、明赋

① 《列宁选集》第四卷，第44～45页、49页。

② 白寿彝主编：《中国通史》导论卷，221～229页。

③ 《读通鉴论》卷24《唐德宗四》。

④ 《读通鉴论》卷30《五代下五》。

税层累地增加方面，分析明朝江南赋重的赋税制度原因。顾炎武提出“苏松二府田赋之重”的命题，他认为，“此固其积重难返之势，始于（宋）景定，迄于洪武，而征科之额，十倍于绍熙以前者也”①。

黄宗羲论赋税制度，认为赋税有积累之害，即田税之外复有户税，户税之外有丁税，两税法并庸调入于租实为重出之赋。一条鞭法，并银力二差入两税，实为重出之差。合三饷为一，是新饷、练饷又并入两税。所以，明末两税，比汉唐不止增加十倍。历代统治者以“其时之用而制天下之赋”，赋额日增：“吾见天下之赋日增，而后之为民者日困于前。……今天下之财赋出于江南，江南之赋至钱氏而重，至张士诚而又重，有明亦未尝改。故一亩之赋自三斗起科至于七斗，七斗之外，尚有官耗私增。……乃其所以至此者，因循乱世苟且之术也。”② 黄宗羲、王夫之对层累地造成的赋税制度的探讨，是中国古代关于赋税制度演变实质的高度总结和概括，其理论高度，至今无人可及。③

清朝乾隆朝修四库全书时，有条件地收录顾、黄、王的著作。凡是文字、音韵、训诂、经解、金石等“不切人事”（不关系清朝统治的）的著述，一般都全数收录，而对统治不利的著作，或根本隐而不提，或斥其为迂阔不切实际。四库馆臣认为，儒生主张恢复封建、井田等，是“不揆时势之不可行”。要“辟其异说，黜彼空言。”④ 四库全书中收录了顾炎武十几种经学、金石学、音韵学方面的著述，但批评顾炎武的音韵学主张：“顾炎武之流，欲使天下言语，皆作古音，迂谬抑更甚焉。”⑤ 称赞顾炎武“学有本原，博赡而能通贯，每一事，必详其始末，参以证佐，而后笔之于书。故引据浩繁而抵牾者少。”但是批评顾炎武的主张迂阔难行：“惟炎武生于明末，喜谈经世之务，激于时事，慨然以复古为志，其说或迂而难行，或愎而过锐。”⑥ 四库收录了《日知录》，而对于《天下郡国利病书》，则只是于《四库全书总目提要》卷七十二《史部地理类存目》中著录其书。四库全书著录了黄宗羲五种著作，即《易学象数论》、《深衣考》、《孟子师说》、《明儒学案》、《金石要例》等，对于《明夷待访录》则只字不提。好在四库全书收录了顾炎武《日知录》，《日知录》卷十七“进士得人”条下，有“余姚黄宗羲作《明夷待访录》其取士篇曰”云云，才使人知道黄宗羲有此著作。王夫之的著作，康熙四十四年湖广学政潘宗洛为

① 顾炎武：《日知录》卷十“苏松二府田赋之重”条，岳麓书社，1994年。

② 黄宗羲：《明夷待访录·田制三》。

③ 王培华：《元明北京建都与粮食供应》，166～167页，北京出版社，2005年。

④ 《四库全书总目提要》卷首三“凡例”。

⑤ 《四库全书总目提要》卷首三“凡例”。

⑥ 《四库全书总目提要》卷一百一十九《子部杂家类·日知录提要》。

王夫之做传，五十七年湖广提学缪沅为《船山全书》作序，他们都见过《读通鉴论》。潘宗洛、储六雅推荐了王夫之的二十八种著作入四库馆，但《四库全书》只收录了王夫之关于经学注疏七种，即《周易稗疏》、《书经稗疏》、《尚书引义》、《诗经稗疏》、《春秋稗疏》、《春秋家说》、《叶韵辩》七种，存目中著录《尚书引义》六卷和《春秋家说》三卷，共计7种。[①] 而对于王夫之具有批判封建专制主义精神的《读通鉴论》和《宋论》则隐而不提。顾、黄、王关于赋税问题的见解，当时得不到较大范围的传播。这是清朝统治者有意为之的结果。

再举一例，来说明封建国家利益与农民的利益始终处于极大矛盾中。国家的社会职能主要是防水治水、发展生产；而国家的统治职能是征收赋税，满足京师皇室、百官、军队的粮食需求。国家的漕运和农民的灌溉就发生不可调和的矛盾，元明清三朝都无法解决，或者根本不想解决这个问题。漕运的产生很早，其主要目的是漕运东南粮食到京师。这样，农田灌溉就和漕运发生极大的矛盾。

元、明、清，任何时候，漕运用水都优先于灌溉用水。国家施行严格的“河工禁例”、“漕河禁例”，在运河河道中，粮船先过，官船次之，商民船最后；在山东、河南、河北、天津等运河及运河水源地区，为了保证运河用水，严厉禁止使用水源灌溉农业。元世祖至元三年七月六日都水监言，运河“沧州地分，水面高于平地，全借堤堰防护。其园圃之家掘堤作井，深至丈余，或二丈，引水以溉蔬花。复有濒河人民就堤取土，渐阙破，走泄水势，不惟涩行舟，妨运粮，或至漂民居，没禾稼”。部议“仍禁止园圃”之家毋穿堤作井，栽树取土。都、省议准。[②] 都水监和中书省议准为保证会通河漕运畅通，禁止园圃之家掘堤作井，引水灌溉，栽树取土，走泄水势。这是以法规法令的形式保证运河水量，体现了国家保证运河水源的法典化意识。元文宗天历三年(1330)三月中书省臣言：“世祖时开挑通惠河……以通漕。今各枝及诸寺观权势，私决堤堰，浇灌稻田、水碾、园圃，致河浅妨漕事”[③]。权势之家引用运河水来灌溉，都被明令禁止，其他民众更不可能从运河中引水灌溉，这是不言而喻的。

元、明、清三朝，会通河包括济州河和会通河两段，全长400里。由于这段运河使用闸坝引山东中部众多泉水来蓄积水势，所以又叫闸河、泉河，又叫

① 黄耀武：《王敔对船山思想的传播》，《船山学刊》1992年2期。

② 《元史》卷64《河渠志一》。

③ 《元史》卷4《河渠志一·白河》。

山东运河。《元典章》、《明会典》和《清会典》中都有闸坝禁令与漕河禁例，以法典的规定来维护漕运用水，禁止灌溉用水。它们与《通典》不一样，《通典》是历史上典章制度等文献的汇编。《元典章》、《明会典》和《清会典》，是国家法典。明清对于闸坝及漕运都有许多禁令、禁例。令，是皇帝的制诏；例，是官员办事的成例，具有法规性质。闸坝禁令和漕河禁例，就是明清两朝关于运河及闸坝使用的规章制度。成化七年，王恕总理河漕，王恕不仅修闸坝、浚河道，而且著《漕河通志》叙述古今史实。弘治九年王琼删改压缩《漕河通志》为《漕河图志》，其卷三《漕河禁例》备载武宗、英宗、宪宗皇帝关于闸坝的禁令。这些禁令对于山东运河闸坝的使用有严格规定，其实质是漕粮运输优先于其他一切运输。《漕河禁例》还载有许多禁例，其中有些禁例是不允许山东、河南灌溉用水："凡河南省内有犯故决河防及盗决，因而淹没田庐，计漂失物价，律该徒流者为首之人并发充军；军人犯者徙于边卫。凡故决山东南旺湖、沛县昭阳湖堤岸，及阻绝山东泰山等处泉流者，为首之人并遣从军；军人犯者徙于边卫"。[①] 这是禁止山东、河南境内务必保证漕运用水，不许灌溉。[②] 这两条禁例，潘季驯之前只实行于河南、山东。

明朝《漕河禁例》，清朝承之，并屡次重申。《钦定大清会典事例》卷一百三十三《工部·都水清吏司三·河工三》都延续明朝的《漕河禁例》，并且以列帝谕旨的形式重申。《钦定大清会典事例》卷六百九十八《工部·河工禁例》备载清朝自顺治至嘉庆时关于运河的禁例，其中有些禁例是专门禁止山东、河南、直隶、江南等地一切违背运河用水的事例。顺治、康熙、雍正、乾隆时都重申，卫河水源要济漕，每年四五月不许农民灌溉；丹河"自三月初一至五月十五日，令三日放水济运，一日塞口灌田"。康熙四十四年规定，嗣后有故决、盗决南旺、昭阳、蜀山、安山积水等湖，并阻绝山东泰安等处泉源，有干漕河禁例者，不论军民，概发边远卫充军。江南运河亦如此，乾隆五十年奏准，江南运河分段设立志桩，以水深四尺为度，如水深四尺以外，任凭两岸农民戽水灌田，如止深四尺，毋致车戽，致碍漕运[③]。这些运河管理的规定，体现了明清国家管理运河的意识的加强。但也说明在农作物极其需水时节、运河水源不足时，漕运用水优先于灌溉用水及其他用水的国家政策。元、明、清三朝的"漕河禁例"，分别载在《元典章》、《明会典》和《钦定大清会典事例》，不仅是漕运部门的行政法规，而且具有国家法典的性质。《大清律例》卷三十九

① 《漕河图志》卷3，《漕河禁例》。

② 《续文献通考》卷37《国用考·漕运》。

③ 《钦定大清会典事例》卷六百九十八《工部·河工禁例》。

《工律·河防·盗决河防》规定了盗决运河河防的具体量刑定罪标准，凡盗决、故决河防者，轻则丈刑一百，重则发近边充军三年。

明潘季驯提出，要把施行于山东、河南的漕河禁例，施行于江苏高家堰。他说：“臣敢以为此例，不但可施之湖水、泉源、管闸官役而已矣”，请求皇帝下部议，把这两条禁例施行于高家堰，“如有盗决高家堰尺寸之口，及大使官知而不举，受贿纵容，比照前例，一体问发，著为定例，榜示淮安，庶人心警惕，自不敢犯矣。”① 他建议要把《漕河禁例》中禁止河南山东农民灌溉用水的规定，推广到江苏淮安高家堰。后来果真实行。江苏省虽然水源丰富，但干旱之年，庄稼急需用水。但为了保证运河用水，不许农民用水。大水年份，又开减水坝来保护大坝，这就必然冲毁民田庐舍。对此，光绪五年，两江总督沈葆桢说：“民田之与运道，势不两立者也。兼旬不雨，民欲启涵洞以灌溉，官则必闭涵洞以养船，于是而挖堤之案起，至于河流断绝，且必夺他处泉源，引之入河，以解燃眉之急。而民田自有之水利，且输之于河，农事益不可问矣。运河势将漫溢，官不得不开减水坝以保堤，妇孺横卧坝头哀呼求缓，官不得已，于深夜开之，而堤下民田立成巨浸矣。”② 沈葆桢此论，描述了江南地区运河用水对农业灌溉的阻碍，可谓切中要害。元明清三朝的“漕河禁例”兼有行政法规和国家法典性质，其严格执行，使运河两岸和山东、河南、河北运河水源地的农业生产受到限制，这是连两江总督沈宝桢都不得不承认的事实。总之，元明清三朝，国家为了保证京师的粮食供应，不惜牺牲运河沿线农民的灌溉利益。这是根本无法解决的矛盾。

徐光启说，《虞书》六府始于水，终于谷③，递相克治而成，则水者生谷之籍也。如今法运东南之粟，自长淮以北诸山诸泉，涓滴皆为漕用，是东南生之，西北漕之，费水二而得谷一也。漕能使河坏、漕能使水费、漕能使国贫。水能转漕，亦能生谷，于是他提出“西北之水亦谷也。”的观点④。即为什么西北不发展农田水利，就近解决京师粮食供应？清初太仓人陆世仪说：“会通河全是人力做成，使水节节就制而为我用，功亦伟矣。然当时臣工，何不移此心力，共成西北水利，而顾为此以困东南，大巧反为大拙。”他还说：“西北水利不修，只坏在运河一事。运河地形本难通流潴水，设为无数坝闸，勉强关

① 《河防一览》卷十三《条陈河工补益疏》。

② 《皇朝经世文续编》卷四十八《户政二十漕运中》，沈葆桢《议覆河运万难修复疏》，光绪五年。

③ 《虞书》中说，水、火、金、木、土、谷，为六府。水制火，火炼金，金治木，木垦土，土生谷。

④ 《徐光启集》卷一《漕河议》。

住，常虑水浅不敷，运道艰阻。故凡北方诸水泉，悉引为运河之用，民间不得治塘泊为田者为此故也。习久不讲，北人但知水害，不知水利，其为弃地也多矣。西北弃地多，不得不取足东南，东南竭则西北亦因之以坏，建都不讲，西北水利不修，运河不废，民生之病未有已也”。[①] 所以元明清七百年间，有五六十位江南官员学者（籍贯在江南地区），如虞集、徐贞明、徐光启、陆世仪、唐鉴、潘锡恩、林则徐、包世臣、冯桂芬等，都提倡发展西北水利（包括畿辅水利、京东水利），由于种种原因而没有实现。[②]

怎样评价运河的历史作用？怎样评价元明清畿辅水利的效果？元明清江南官员学者都论证了元明清依赖运河的负面作用，批评了元明清国家忽视畿辅水利的政策。但新中国成立以后，我们基本无视古人的认识成果，一味地肯定运河的积极作用。20 世纪 80 年代，邹逸麟教授专门研究了元明清山东运河的历史地理问题，论述了山东运河即会通河在地理方面存在的主要问题。[③] 这两篇文章，从自然条件的角度分析了运河的历史地位和影响，指出了运河有违或破坏自然条件的特点，是认真反思运河作用的开创之作。王育民教授、姚汉源教授都论述了运河的副作用。[④] 史念海教授指出，从遥远的地方运输粮食到首都，有自然水道的艰险、人工水道开凿和维护的不易。[⑤] 这说明 20 世纪八九十年代，人们在肯定大运河的历史作用时，也在反思运河违背自然条件的特性。怎样评价元明清的畿辅水利？20 世纪 30 年代冀朝鼎就指出了元明清三朝对西北（含畿辅水利）的忽视[⑥]，八十年代董恺忱教授指出由于漕运始终凌驾于农业灌溉、防涝和排洪之上，及不同阶级和利益集团的经济冲突，元明清的畿辅水利始终成效不大[⑦]。我受到这些著名学者思想的启发，也学习到粮食安全、环境变化问题的相关理论与方法，在撰述博士论文《元明北京建都与粮食供应—略论元明时期人们的认识与实践》时，设立第二章，论述京师及畿辅地区生态环境变化与农业经济发展关系，特别提出元明清江南官员学者提倡西北

① 陆世仪：《思辩录辑要》卷十五，四库全书电子版。

② 王培华：《元明北京建都与粮食供应》170～207 页，北京出版社，2005 年；《元明清华北西北水利三论》，商务印书馆，2008 年。

③ 邹逸麟：《山东运河历史地理问题初探》，《历史地理》1981 年 1 期，上海人民出版社 1981 年；邹逸麟：《从地理环境的角度考察我国运河的历史作用》，《中国史研究》1982 年 3 期。

④ 王育民：《中国历史地理概论》，80 页，人民教育出版社，1987 年北京；姚汉源：《中国水利史纲要》，547 页，水利电力出版社，1987 年出版。

⑤ 史念海：《中国古都形成的因素》，见《中国古都与文化》，190～195 页，中华书局 1998 年出版。

⑥ 冀朝鼎：《中国历史上的基本经济区与水利事业的发展》，中国社会科学出版社，1978 年。

⑦ 董恺忱：《明清两代的“畿辅水利”》，《北京农业大学学报》1980 年 3 期。

水利（含畿辅水利）的主张和客观效果、北方官员反对发展西北水利的认识根源与经济根源；设立第三章，论述了漕运与地理条件的关系，以及人们对运河在生态环境、违反自然条件方面的认识成果。① 这些论述和其中的一些观点，受到论文评阅人、答辩委员会及北京市哲学社会科学理论著作出版基金委员会的赞同。近年来，运河沿线城市呼吁申报世界遗产，学术界出版了几种漕运文化的论著，其中不乏科学客观的态度。中国社会科学院历史所杜瑜研究员指出，元明清统治者宁可牺牲运河两岸农业生产，也要保证漕运需要，这就是以往漕运与运河两岸农业发展长期造成的尖锐矛盾。② 总的来说，现在史学工作者，特别是历史地理学工作者，由于能够从自然条件和环境变化角度看问题，对漕运和运河问题，已经有比较客观、科学的认识了。

二、官吏政绩和农民利益的矛盾

中国封建社会，国家依靠官员实行管理。宋神宗时，文彦博反问皇帝，陛下是与士大夫治理天下，还是与百姓治理天下?！当然，皇帝是与官员治理天下。农业生产，如各种农作物的种植和收获，各种陆地动植物和海洋生物的养殖和收获，各种林木的栽种和砍伐，既有一定的生产周期，又承受着各种自然风险和市场风险的考验。而政府各级官员，都受任期和政绩考核限制，不可能时时事事讲求实效。这样，官员的政绩考核，就和农民的实际利益发生矛盾。往往出现一些官员只求政绩而不顾实效的事情，损害农民利益。

以元朝的重视农桑和劝农来说，官员政绩和农民利益发生很大矛盾。蒙古民族本来以游牧和军事掠夺等方式来获得财富，“其俗不待蚕而衣，不待耕而食”③。统治者认为农桑无足轻重。1229 年，有一位蒙古贵族还说：“汉人无补于国，可悉空其人以为牧地”。④ 这是蒙古族上层人物对于汉地农业的看法。但元太宗接受了耶律楚材的建议，允许华北和中原地区进行农业生产并征收赋税，并最终获得了实际效果。元世祖时，张德辉、杜瑛、姚枢、许衡等，都曾经向他讲述农桑的重要性。元世祖终于确立了“以农桑为本”的立国方略：“世祖即位之初，首诏天下，国以民为本，民以衣食为本，衣食以农桑为本”⑤，概括了元世祖的重视农桑的思想意识，并且制订了重农桑制度：“至元

---

① 王培华：《元明北京建都与粮食供应》，113～206 页，217～287 页，北京出版社，2005 年。

② 杜瑜：《运河与现代化》，载《漕运文化研究》163～174 页，学苑出版社，2007 年。

③ 《元史》卷 93《食货志一·农桑》。

④ 《元史》卷 146《耶律楚材传》。

⑤ 《元史》卷 93《食货志一》。

七年，立司农司，……专掌农桑水利。仍分布劝农官及知水利者，巡行郡邑，察举勤惰。所在牧民长官提点农事……。是年，又颁农桑之制一十四条"① 农桑之制包括立社、河渠、区田、种植等。重视农桑，后来成为地方官员的思想指导。元代出现了司农司《农桑辑要》、王祯《农书》、鲁明善《农桑衣食撮要》等农书，从理论和方法上指导农桑种植。《农桑辑要》前后印刷一万部，"颁赐朝廷及诸路牧守令，知稼穑之艰难，以劝谕民"②，体现了朝廷要在各级官员和农民中普及农桑技术的意识。

当时王磐、蔡文渊等盛赞司农司、劝农使和《农桑辑要》指导农业的积极作用。但是，也有官员指出劝农的弊端有二，一是劝农反而扰民。至元时，胡祇遹说："劝农之弊，反致劳民，废夺农时。"③ 王祯说：地方官不解农事，"己犹未知，安能劝人，借曰劝农，比及命驾出郊，先为移文，使各社各乡预相告报，期会斋敛，只为烦扰耳！"④ 二是，农民和地方官员弄虚作假，上下相蒙。胡祇遹说："劝之以树桑，畏避一时捶打，则植以枯枝，封以虚土，劝之以开田，东亩熟而西亩荒，南亩治而北亩芜。"农官上报垦田栽桑数字，但农民箧笥仓廪一无实效，致使将来"富贵之虚声达于上，奸臣乘隙而言可增租税"，"使民因虚名而受实祸，未必不自农功始。"⑤。许有壬回忆自己延祐六年(1319) 除山北道廉访司经历时⑥，亲眼所见，各县上报农桑成果中的弄虚作假："以一县观之，一地凡若干，连年栽植，有增无减，较恰成数，虽屋垣池井，尽为其地犹不能容，故世有'纸上栽桑'之语。大司农总虚文，照磨一毕，入架而已，于农事果何有哉！"⑦ 这是北方的情况。江南如何？至正九年(1349) 左右，赵汸说："尝见江南郡邑，每岁使者行部，县小吏先走田野，督里胥相官道旁有墙堑篱垣类园圃者，辄树两木，大书'畦桑'二字揭之。使者下车，首问农桑以为常。吏前导诣畦处按视，民长幼扶携窃观，不解何谓，而种树之数，已上之大司农矣"⑧。当时官员对劝农中弄虚作假上下相蒙的现象，言之凿凿。官员弄虚作假是为政绩，农民作假，或者因为不乐于听从不懂农事官员的指导，或因上级官员的逼迫，或因为从中得不到实惠，原因相当多。这

---

① 《元史》卷 93《食货志一·农桑》。

② 元司农司编、缪启愉校释：《元刻农桑辑要校释·附录》，农业出版社，1988 年。

③ 《紫山大全集》卷十九《论司农司》。文渊阁四库全书电子版。

④ 《农书》卷 4《劝助篇》。

⑤ 《紫山大全集》卷十九《论司农司》。文渊阁四库全书电子版。

⑥ 《元史》卷 182《许有壬传》。文渊阁四库全书电子版。

⑦ 《至正集》卷 74《风宪十事·农桑文册》。文渊阁四库全书电子版。

⑧ 《东山存稿》卷二《送江浙参政契公赴司农少卿序》。文渊阁四库全书电子版。

些都说明检查、统计农桑成果中，普遍存在着弄虚作假现象。

以上讲的是元朝劝农的弊端，其他朝代未必没有。如宋人陈鉴之《野农谣》所说：“或言州家一年三百六十日，念及我农惟此日。”① 劝农效果小，农民不认可。这就说明官员政绩和农民利益，实际上是发生冲突的。其原因可能是多方面的，有官员考核制的因素，有科举考试选拔人才的问题，还有更深层的东西。中国历史传统中，有注重礼仪的因素。仪，就是仪式，讲究的是程式化的东西。皇帝要亲耕，设立先农坛，举行亲耕仪式。皇后要亲蚕，北海还有皇后亲蚕仪式的地方。皇帝可以搞形式主义，那么其他人仿效一下，未尝不可。

三、京师利益和地方利益的矛盾

中国封建社会中，漕运东南粮食供给京师，使京师利益与江南地方利益处于巨大的矛盾中。元明清时，有五六十位江南官员学者都提出减少南漕、发展畿辅水利，以使京师就近解决粮食供应，但最高统治者根本不想解决这个巨大矛盾。

漕运东南粮食至京师，始于汉初“漕转山东粟，以给中都官，岁不过数十万石”。② 汉武帝元光六年（公元前 129 年）开始“岁漕关东谷四百万斛，以给京师”③，这成为汉家制度，以至京师“太仓之粟陈陈相因，充溢露积于外，至腐败不可食”。④ 隋文帝、炀帝时大力开凿运河，唐、宋、元、明、清承之。唐朝，德宗贞元初漕运达到三四百万石。宋朝太平兴国六年（981）规定各河岁运定额 550 万石，英宗治平二年（1065）漕粟至京师近 700 万石。⑤ 金自都燕后，由河北山东漕运粮食至中都。元初漕运江南粮食，至元十九年开始海运，海运来最高时达到每年 300 多万石。《经世大典》载：“春夏分二运，至舟行风信有时，自浙西不旬日而达京师，内外官府、大小吏士，至于细民，无不仰给于此。”⑥ 明永乐迁都后，漕运南粮北粮。北粮指河南、山东漕粮。南粮指南直隶、浙江、江西、湖广漕粮。成化八年确定每年“定额本色米四百万石”。⑦ 其中北粮 75 万多石，南粮 324 万多石。除例折外，每年实通运正耗粮

---

① （宋）陈起编：《江湖小集》卷八十二，陈鉴之：《利登骳稿·野农谣》。

② 《史记》卷 30《平准书》。

③ 《汉书》卷 24 上《食货志上》。

④ 《史记》卷 30《平准书》。

⑤ 《宋史》卷 175《食货志上三·漕运》。

⑥ 《永乐大典》卷 15949，《经世大典·漕运》。

⑦ 《通漕类编》卷之二《漕粮近额》，台湾学生书局影印明代史料丛刊。

约519万石，“务不失四百万石数额”，[①] 这是明朝的国家政策，并载在《明会典》，具有行政法典性质，有关官员要严格执行，不许轻言改折或截留南粮，“国家漕东南之粮四百万石以实京师，此二百年定额也。……不许轻言截留，每年粮运必至三百万石以上”。[②] 清顺治三年征收南粮160万石，康熙时恢复到每年400万石原额，这种漕运制度一直持续到道光朝。[③] 明代南粮运至京师、北边，叫京粮、边粮。京粮，由通仓和京仓分别收储。明神宗嘉靖时，“南北诸省起运之数，至京通二仓者，大约每年不过四百万石。……每年京仓二百五十九万石，通仓一百四十一万石。其各卫所官军人等，该实支米该二十三万石，除两个月折色外，京通二仓各支实米四个月，粟米一个月。此每岁出入之数也。”[④] 清朝，通州有中西二仓，京师内有内仓、恩丰仓、禄米仓、南新仓、旧太仓、富新仓、兴平仓、海运仓、北新仓、太平仓、本裕仓、万安仓、储积仓、裕丰仓、益丰仓等15仓。[⑤] 这些漕粮，专门供给京师百官、军队和贵族。

自唐至清一千年间，江南漕粮占主要部分。元朝官员说，“江浙税粮甲天下，平江、嘉兴、湖州三郡当江浙什六七”[⑥]。明朝漕粮中，南粮324万余石，除浙江、江西、湖广共125万石，南直隶约近200万石。这项制度约始于永乐十三年，江浙税粮占五成左右，形成永久制度。载在（万历）《明会典》中。除漕粮外，苏、松、常、嘉、湖五府，每年都要供应内府并京师各官吏俸米，谓之白粮；供应两京各衙门并公侯驸马禄米，谓之禄米。白粮和两京禄米都由民运。白粮和附加税费约计90余万石。总计，漕粮和附加税费，合计约1 400～1 500万石左右。从经济角度说，这并不合算。可以说海运漕运江南粮食至京师，体现了元明清三朝统治集体的群体意识，并以法典的规定加以以保证，是元明清三朝的基本国策。

汉、唐、宋时，东南地区人们还没有反对漕运的意识。元明清时，有五六十位江南官员学者论证了江南赋税之重。自唐代韩愈提出“赋出天下而江南居十九”[⑦] 的论点后，元朝许多江南官员学者都提出了江南赋重的问题[⑧]。他们

① 《明会典》卷27《户部十二·会计三·漕运·漕运总数》。

② 《明神宗实录》卷376，万历三十年九月癸未。

③ 李文治、江太新：《清代漕运》45页，中华书局1996年。

④ 《明经世文编》卷106，《梁端肃公奏议·议处通惠河仓疏》。

⑤ 李文治、江太新：《清代漕运》45页，中华书局1996年。

⑥ 《元史》卷130《彻里传》，文渊阁四库全书电子版。

⑦ 《韩昌黎集》卷十《送陆歙州诗序》，文渊阁四库全书电子版。

⑧ 育菁：《元代江南赋税之重》，《北京师范大学学报》1999年2期。

认为江南赋税为天下最、吴赋又为东南最，吴赋中又以松江和长洲为重。陈旅、杨维桢、贡师泰、郑元佑都提出江南赋税重的问题。① 但是，元朝这种江南赋重意识，基本限于江南地区中下层官员或读书人中。明朝许多江南官员学者都有江南赋税之重的意识，言谈中往往说江南赋重民贫。有些江南官员学者则论证了江南赋重的存在，并探究其成因，寻找解决方案。嘉靖隆庆间，郑若曾著《论财赋之重》和《苏松浮赋议》，用《明会典》、《弘治会计录》的数据证明苏松重赋。他从四方面论证“今日赋额之重，惟苏松为最”的观点。其一，明代苏松赋额比宋元重。宋朝苏州府赋米 30 余万石，松江府赋米 20 余万石。元朝苏州府多至 80 万石。洪武时，定天下田赋，苏州府共计 280 余万石，松江府共计 103 余万石。明代苏松赋税比宋元时增加 3 倍。其二，苏松赋比湖广、福建二省重。弘治十五年，苏州税粮 209 万石，松江府税粮 103 万石；而湖广税粮 216 万石，福建税粮 85 万石，两省“每亩仅科升合”。即苏州府一府赋额，多于湖广全省的赋额；松江二县赋税，多于福建全省的赋额。其三，同年南直隶的应天、凤阳、扬州、淮安、庐州、徽州、宁国、池州、太平、安庆、常州、镇江 12 府 12 州 78 县的夏秋税粮 165 万石，而同年实征苏松税粮数额 300 多万石，即使凤阳府的赋税仍比不上苏州一小县的赋税。“今日赋额之重，惟苏松为重”②。“天下惟东南民力最竭，而东南之民又惟有田者最苦。”③ 其四，他又从土地亩数与税粮额数进行比较，万历六年全国垦田 700 多万顷，苏州府垦田 9 万多顷；弘治十五年全国夏秋两税共计 2 679 万石，浙江布政司 251 万石，苏州府 209 万石，松江府 103 万石，常州府 76 万石。即苏州土地约占全国的七十七分之一，而赋额占全国的近十分之一。这组数字，清楚地说明了苏松常赋税之重。

清朝，有更多的江南官员学者论证江南赋重漕重问题，并且反对漕运意识更加强烈。顺治时，太仓人陆世仪说：“闻之官军运粮，每米百石，例六十余石到京，则官又有三十余石之耗。是民间出米百石，朝廷止收六十石之用也。朝廷岁漕江南四百万石，而江南则岁出一千四百万石，四百万石未必尽归朝廷，而一千万石常供官旗及诸色蠹恶之口腹，其为痛苦可胜道邪”。④ 由于制度弊端和自然条件的因素，明清每年漕运四百万石，江南漕运费用在一千石以上，这是江南赋重的根本原因之一。康熙时，王夫之说，自唐朝以来，“朝廷

① 王培华：《元明北京建都与粮食供应》155～159 页，北京出版社 2005 年。

② 《郑开阳杂著》卷 11《苏松浮赋议》，文渊阁四库全书电子版。

③ 《郑开阳杂著》卷 11《苏松浮赋议》，文渊阁四库全书电子版。

④ 《清经世文编》卷四十六《户政二十一漕运上》，陆世仪《漕兑揭》。

既以为外府”，即京师依赖江南赋税的制度，大体实行了一千年，这造成了两个客观结果，一方面是江南赋重民贫，一方面是西北因坐食江南而日益荒废："自唐以上，财赋所自出，皆取之豫、兖、冀、雍而已足，未尝求于江淮也"，自第五琦后，“人视江淮唯腴土，刘晏因之莘东南以供西北，东南之民力殚焉，垂及千年而未得稍纾”[①]。王夫之追溯了在江南重赋与西北仰食东南的财政决策渊源，失误及其后果，即由于南北区域经济的不平衡发展，以及具体的政策失误，使京师仰给东南，由此又造成了新的不平衡，即江南重赋与西北坐食，比较完整地体现了江南官员学者关于江南赋税之重与西北坐食荒废的看法，代表了自元中后期至清初江南官员学者对江南与西北两大区域经济社会发展不平衡认识的总成就。其所说西北包括今天的西北和华北，东南指今天长江流域广大地区。雍正时，蓝鼎元说：“京师民食专资漕运，每岁转输东南漕米数百万石，……但山东、北直运河水小，输挽维艰，……为力甚劳而为费甚巨，大抵一石至京，靡十石之费不止”。[②] 道光初，由于畿辅大水，再由于运道梗阻，京师粮食供应恐慌，朝野人士无不言漕运、谈水利。林则徐说：“国家建都在北，转漕自南，京仓一石之储，常糜数石之费。”[③] 道光十五年，包世臣注重分析漕运弊端，“民困、官困、丁困，皆至于不可复加”。[④] 道光二十六年，包世臣又说：“漕运者米，而费用皆银。”银荒又加剧了漕运费用。[⑤] 咸丰时，冯桂芬分析漕运弊端：乾隆以前，清漕无弊。嘉庆以后，帮费无艺。至每石二两外，白粮三两外，于是帮官穷泰极侈，提闸之费，一处或至五十金。[⑥] 咸丰十一年，冯桂芬《校邠庐抗议》成书，他说，八旗兵丁不习惯食米，他们领取漕米后，以米易钱，一石米只换取银钱一两多，再购买北方杂粮。但南漕的运输费用则是“南漕每石费十八金”。这十八两银的费用，包括那些项目呢？“浮收也（帮费或海运经费皆在内），漕项也（给丁苫盖各费在内），漕项之浮收也，给丁耗米、行月米、五米贴运米、给还米等也，缮军田租子也，漕河工费也，漕督粮道以下员弁兵丁公私费用也。”所以他感叹：“南漕自耕收、征呼、驳运，经时累月数千里，竭多少膏脂，招多少蟊蠹，冒多少艰难险阻，仅而得达京仓者，其归宿为每石易银一两之用，此可为长太息者也。”[⑦] 冯桂芬对漕运

① 《读通鉴论》卷23《唐肃宗三》。

② 《清经世文编》卷48《户政二十三漕运下》，蓝鼎元：《漕粮兼资海运疏》。

③ 《畿辅水利议·序》，光绪丙子三山林氏刊本。

④ 包世臣：《畿辅开屯以救漕弊议》，《安吴四种》之《中衢一勺》卷7上。

⑤ 《皇朝经世文续编》卷四十八《户政二十漕运中》，包世臣：《答桂苏州第一书》。

⑥ 《皇朝经世文续编》卷四十八《户政二十漕运中》，冯桂芬：《致曾相侯书》。

⑦ 《校邠庐抗议》之《折南漕议》，127页，中州古籍出版社。

费用的分析，可谓切中漕运弊端之要害。他继续提出发展畿辅水利，南漕改折，以银钱市米、海运南粮等主张。

自道咸同以来，江南督抚如陶澍、林则徐、曾国藩、李鸿章都曾请求减轻江南浮赋。苏松太“漕粮之额，十倍他省，重以水利不修，十收九歉，野无盖藏。嘉庆季年，帮费无艺，白粮至石二金，州县借口厚敛，辄征三四石当一石。民不堪命，听之则激变，禁之则误兑。进退无善策。”道光十三年，江苏巡抚林则徐陈述江苏钱漕之重，水灾之苦，坚请缓征一二分者，甚者三四分，得到允许。岁以为常。[①] 同治元年冯桂芬入李鸿章幕府，同治二年五月十二日，冯桂芬代李鸿章拟稿《请减苏、松、太浮粮疏》上奏朝廷：“今天下之不平不均者，莫如苏松太浮赋。上溯之，则比元多三倍，北宋多七倍。旁证之，则比毗连之常州多三倍，比同省之镇江等府多四五倍，比他省多一二十倍不等。以肥硗而论，则江苏一熟不如湖广江西之再熟。以宽窄而论，则二百四十步为亩，有缩无赢，不如他省或以三百六十步、五百四十步为亩。而赋额独重者，则由于沿袭前代官田租额也。夫官田亦未尝无例矣。伏查《大清户律》载，官田起科每亩五升三合五勺，民田每亩三升三合五勺，重租田每亩八升五合五勺，没官田每亩一斗二升，是官田亦有通额，独江苏则不然。……今苏州府长洲等县，每亩科平斛三斗七升以次不等，折实粳米多者，几及二斗，少者一斗五六升，远过乎《律》载官田之数。此苏松太种赋之源流。自明以来，行之五百年不改。……前明及国初赋额虽重，大都逋歉准折，有名无实而已。嗣是，承平百余年，海内殷富，为旷古所罕有，江苏尤东南大都会，……故自乾隆中年以后，办全漕者数十年。无他，民富故也。惟是末富非本富，易盛亦易衰。至道光癸未（三年）大水，元气顿耗，商利减而农利从之，于是民渐自富而之贫，然犹勉强支吾者十年，迨癸巳（十三年）大水而后，始无岁不荒，无县不缓。”他根据道光十一年至咸丰十年这三十年中的实际起运漕粮数，请求“每年起运交仓漕白、正、耗米一百万石以下，九十万石以上，著为定额，南米丁漕，照例减成。即以此开征之年为始，永远遵行，不准更有垫完民歉名目。”[②] 李鸿章的奏请，五月二十四日得到允许[③]。“减漕之举，文忠导之于前，公与曾、李二公成之于后”。[④] 冯桂芬参与了同治二年苏松太减赋事件。这一事件，对苏松影响甚巨。光绪二年，俞越说：“一减三吴之浮赋，四百年

① 冯桂芬：《显志堂集》卷三，《林文忠公祠记》。
② 冯桂芬：《显志堂集》卷九，《请减苏、松、太浮粮疏》。代李鸿章作。
③ 冯桂芬：《显志堂集》卷四，《江苏减赋记》。
④ 冯桂芬：《显志堂集》卷首，吴大澂光绪三年春正月《序》。

来积重难返之弊，一朝而除，为东南无疆之福”。[①]

回顾汉、隋、唐、宋、金、元、明、清漕运的历史，元明清南方人反对漕运的思想历程，以及清朝道光、咸丰、同治以来，江南督抚如陶澍、林则徐、曾国藩、李鸿章等致力于江南减赋的过程，可以看出，漕运所体现的矛盾，除了有黄河、卫河、泉水与运河等自然要素之间的矛盾、漕运制度与自然要素之间的矛盾外，还有一个重要矛盾就是京师与江南的矛盾。

有论者说，解决农民问题的根本之道，是减少农民，使农村城镇化，使农民市民化，从事工业和服务业，使我国农业水平达到美国、日本、韩国或澳大利亚的水平。但是，如果粮食完全依靠进口，就不能保障我国粮食安全和政治安全。如果我国粮食、工业原材料等受制于外国，我国变成一个工业制造业基地，工业造成的环境问题等就会更加严重。城市化，会使汽车造成的空气污染、交通拥挤更加严重，就会使更多的人跑到大城市，使更多的城市像北京这样人满为患，不适宜人类居住。因此，城市化是解决三农问题的方法之一，但不是全部方法。因为现有城市中的许多问题还没有解决，再增加无数的城市，就能解决这些新增城市的问题吗?!

① 冯桂芬:《显志堂集》卷首，俞越光绪二年《序》。

我国农村集市的起源、分化与发展趋势

武拉平

（中国农业大学经济管理学院）

一、导　言

经过30年的改革开放，我国的宏观经济取得了巨大的成就。同时，经济和社会结构也进入一个较快的变革时期。城乡集市在经历了2000多年的发展后，受现代因素的影响，也开始转型和演化。集市承担的商品贸易的功能逐渐弱化，城市集贸市场逐渐被“超市”所代替，一些传统的“庙会”也逐渐演变为提供“娱乐休闲”的一种方式。

而农村集市，在目前农村劳动力大规模外流，农村社会阶层不断分化，农村“空洞化”和农村留守人口“老年、幼年两极化”的背景下，农村的集市又将面临着一个什么样的发展趋势？本文将试图从我国农村集市的起源和发展的历史轨迹，探讨未来我国农村集市的发展趋势。

目前对于我国农村集市的研究主要包括以下几个方面：①对集市起源的探讨（杨毅，2005；龙登高，1997，等等）。研究表明，我国集市起源于春秋战国时期，至今已有2000多年的历史；②对某个年代集市的发展进行深入的研究。此类的研究比较多，比如：曲伟强（2007）、章义和和张捷（2007）、王庆成（2005）、白莎和万振凡（2003）、盛宪之（2000）、陆建伟（2000）等。这些研究多数集中在集市起源的春秋战国、宋代、明清、民国以及新中国成立后；③对某一区域的农村集市的研究（谢庐明，2001；陈丽娟和王光成，2002；贾贵浩，2007；王庆成，2005，等等）。主要集中在对山东、河北、华北、江西、云南等地区；④对推动集市发展的因素的分析（龙云，2005；曲伟强，2007；郭蕴静，1987，等等）。这些研究表明：人口的增加、农业和农村副业的发展、政府的政策、交通、农村非正式制度等是促使集市产生和发展的重要因素；⑤集市的功能及其对农村经济发展的作用等的研究（李玉红，2002；谢庐明，2001；许檀，1996）。这些研究表明，集市的发展大大促进了农村经济的发展，同时在农村集市的发展的过程中也带动了城市集市的发展；⑥将农村集市作为传统市场的一部分对农村和城市集市的发展进行的研究（龙登高，1997；施坚雅，1998，等等）。但由于这些研究仅仅将农村集市作为整个市场的一个部分进行考察，因而很难深入进行探讨。

总之上述研究，未能以农村集市为主线，从其产生到演变和发展进行系统深入地分析，包括集市起源的原因、发展的波动及其原因、集市的功能及其演变，以及未来集市的发展等。本文将试图对上述几个方面的问题进行具体的探讨。

二、农村集市的起源和发展

所谓集市，就是指一定范围的人们按特定的周期性时间间隔汇聚于特定地点，在约定俗成的定期集日里进行交易活动的现象。

剩余产品和私有制是交换和商品经济产生的必要条件。集市交易，这一建立在交换基础上的经济活动形式，也是在个体所有制和出现了剩余产品之后而产生的。

（一）农村集市的起源：聚

农村集市的产生要追溯到春秋战国时期。春秋以前不存在农村集市，但到战国秦汉时期，“农民与市场联系的出现促使农村集市诞生”①。汉代与最基层的行政组织“里”并称的“聚”，就是有固定集市的村落②。

农村的商品交易具有分散和零散的特点，其交易的时间和地点多变，对农民的交换很为不便，因而有些地方出现了“因井为市”，战国时期形成了固定日期和地点的聚市，据记载“聚”中可能还出现了“丞”管理交易③。从聚市的产生来看，主要有5种形式（表1）。

表1　我国农村集市的起源

起源的特点	举　例
河岸湖畔来往便利之处	圣聚（涿郡良乡，今北京房山县），有圣水流经；阳亭聚（南阳郡山阳县，今河南山阳），位于平阳水东岸；彭泽聚（丹阳郡宛陵县，今安徽宣城）；澶渊聚（沛国杼秋县，今安徽砀山），“大概也是聚因水名”

① 龙登高：《中国传统市场发展史》，人民出版社，1997年版，第26页。

② 朱桂昌、李根蟠对战国秦汉时期的农村集市进行了深入的考察。详见：朱桂昌，《古“聚”考说》，载《纪念李埏教授从事学术活动五十周年史学论文集》，云南大学出版社，1992年版；李根蟠，《从〈管子〉看小农经济与市场》，载《中国经济史研究》，1995年第1期。

③ 龙登高：《中国传统市场发展史》，人民出版社，1997年版，第26页。

（续）

起源的特点	举例
交通要道，战略要地	长安曲邮聚（今陕西临潼境内），地处长安至关东行程的起点，邮驿之头站；黄邮聚（南阳郡棘阳县，今河南南阳）。邮驿无疑处于交通便利之处，常率先成为交易之所；长安千人聚（位于今西安），则是宣帝葬卫后之地，又追谥赐园，以倡优杂伎千人乐其园，这么多的宫中倡优杂伎，向附近地区提出了消费需求，对周围自然形成吸引力；平阳聚（右扶风美阳县，今陕西岐山），是秦宁公一度建都的旧址
历史悠久的古老村落	泰山郡的菟裘聚（在今山东泰安），其历史可上溯到春秋初年；京兆尹的苍野聚，则可上溯到春秋末期
因物产闻名而形成	任城的桃聚、南阳的杏聚、陈留的葵丘聚、弘农的桃丘等。长安西的细柳聚，曾是周亚夫屯军之地，聚内有市，且称之为柳市，大约以贩运柳枝为大宗，柳枝是北方农民编织筐箩等手工业品的主要原材料
边远地区，农村市场也逐渐形成	河西四郡（武威、张掖、酒泉、敦煌）地处边塞地区的一些屯戍卒民聚居的坞壁、交通要道上的某些邮驿，及地方上的一些乡里，有最基层的乡村集市，称“乡市”、“市里”

资料来源：作者整理。参考资料《中国传统市场发展史》（龙登高著），人民出版社，1997年版，第26页。

战国时期，虽然诸侯各据一方，但各国内部的交通运输随着商品经济的进步而发展，同时，在长期的大规模战争中，修建了诸多的军事交通线，而在战后这些都成为重要的经济命脉。春秋战国时期还开凿了众多的运河。它们对沟通各地商业往来、加强全国市场联系发挥了重要的作用。战国时期的交通运输条件，虽然仍然有限，但其进步很快。道路网络的改善、车船制作技术的提高，降低了运输成本，扩大了商品流通，从而推动了市场的发展。因而，从春秋晚期以来，传统市场一经产生就进入繁荣期，成为我国市场史上的第一次高峰。

但是，市场的繁荣，商人的大肆兼并，造成大量自耕农丧失土地，流亡失业，危及到统治集团的财税、兵役等。因此，在西汉时期，汉武帝开始了大规模打击商人运动，自由经商转向了政府管制，政府将最重要的商品实行专卖。中国市场史上第一次高峰也到此划上了一个句号。从此，政府的专卖和干预市场一直伴随着中国的传统社会。

到东汉时期，由于农机具的改进，个体综合型的生产力向大型化转变，豪强地主势力不断增强，个体小农家庭经济逐渐衰微，传统市场出现了“豪人货殖”①。

自汉末军阀混战到隋唐统一的四百年间，是中国历史上最激烈的割据纷争

① 豪人即贵族、官僚和大地主，他们凭借种种特权和强势进行市场营利活动。

时代，也是中华民族大融合的时期。这一时期，出现了较大规模的大土地所有制下的地权转移，此阶段庄园经济占据了主流地位，庄园经济对市场商品供给、士族门阀地主对商品流通产生了重要影响。庄园的自然经济特征，使之在生产环节与成员消费上，都对市场很少形成需求，只局限于奢侈品之类，向市场出售的商品也很有限，这样市场长期萎靡就成为不可避免。而庄园内的为数众多的依附农，他们的生产与消费基本上在庄园内得到实现，从而使他们基本上与市场隔离开，这样使市场失去了战国秦汉时消费需求与商品供给的重要来源，传统市场处于长期的低落阶段。

三国两晋时期的战祸，使自给自足的自然经济更加强化，同时也进一步强化了庄园、屯田、占田等土地制度，直至南朝商品经济才渐渐恢复，在隋唐“均田制”下，市场进一步复苏，直到唐代中叶，传统市场开始进入新的历史阶段。

“均田制”在北魏隋唐实施，带来了唐前期一个半世纪的国家统一和社会安定，给小农个体生产创造了一个很有利的环境，形成了“贞观之治”、“开元盛世”。此时，铁农具进一步发展，农业生产力水平不断提高，水利事业在全国范围内普遍超过了前代，农作物品种不断增加，已出现了早、中、晚稻之分，农作物产量大幅度提高。“以唐代单位计，六朝时江南采用休闲制，每亩产量约为 1.4 石，而唐代一作制水稻达 3 石，稻麦复种制达 4 石。北方则已广泛实行粟、麦、豆、黍等多种作物的复种制”①。粮食产量的增加，使农民有了更多的剩余粮食可以出售，同时，也意味着更多的土地与劳动力可用于经济作物的生产。

因此，劳动效率的提高意味着商品性作物种植的深化，生产力的进步为商品经济的发展奠定了坚实的基础。农业生产者开始更多地去市场进行交换。唐代进入流通过程的农产品比战国秦汉时期为多，米、麦、丝、麻、布、帛、竹、木，以至家禽、家畜之类，颇为可观。至于茶漆等经济作物产品，商品性更强，无疑大都进入流通过程。所谓“东邻转谷五之利，西邻贩缯日已贵”②，表明了农户剩余品进入市场。

（二）农村集市的发展：“草市”的萌生

唐代农村市场发展的突出表现，就是农村草市的成长。如前文所述，“聚”在战国时期已形成，农民在本村落或附近交通便利之处群聚交换，是其消费需求与商品供给的细小性与偶然性特征所决定的。众多的细小商品同时汇聚于集

① 李伯重：《唐代江南农业的发展》，中国农业出版社，1990 年版，第 83 页。

② 龙登高：《中国传统市场发展史》，人民出版社，1997 年版，第 108 页。

市之中，众多偶然不定的市场供给与需求同时出现于集市之中，聚少成多，形成一定交易规模，为农民提供了有无交易的方便。在南朝时出现的“村墟”集市就是这种“聚”的发展①。柳宗元在《柳州峒氓》中曾写到：“郡城南下接通津，异服殊音不可亲；青箬裹盐归峒客，绿荷包饭趁墟人”。而在北方地区，则称为“会”②。

在集市的发展过程中，人们将民间自发形成的市场称为“草市”，与城内官府管制下的市场相对，史载最早出现于南朝。最初的草市，以城郭外的草市较为多见，因为城市与乡村接合部，在城市需求与乡村生产的双重带动下，市场率先活跃起来。“草市多樵客，渔家足水禽③”，这样的草市，主要是为城市服务。但同时，乡村草市，在农民商品供给与消费需求的刺激下也开始依稀出现。北方谓之店、草店，南方谓之墟、草市等。

在宋代，由于人口的增加，提供了更多的农业劳动力④，此时曲辕犁在很多地区也取代了直辕犁，对于改造低洼地，垦辟荒田，发挥了重要作用。因此，劳动力的增加和技术的进步，大大促进了生产力的提高，使农产品生产得到较快增长；同时，人口的增加和迁移，也刺激了对农产品的需求。两宋之交和宋元之交，都曾发生大规模的人口迁移。在上述供需的双方作用下，粮食等农产品市场得到了较快的发展。宋代商品粮的流通，冲破了战国秦汉以来“千里不贩籴”的古谚⑤，出现了一定规模的商品粮远距离贸易。

就农村市场的交易形态来看，当时形成了货郎交易和集市交易互补的并存形式，出现了农村集市交易体系的雏形⑥（表2）。

---

① （刘宋）沈怀远《南越志》载：“越之市为虚，多在村场，先期招集各商，或歌舞以来之。荆南、岭表皆然。”钱易《南部新书》也说：“端州以南，三日一市，谓趁虚。”宋人吴处厚《青箱杂记》释此“虚”云：“盖市之所在，有人则满，无人则虚。而岭南村市，满时少，虚时多，谓之为虚。”

② 北方地区，集市多在店举行，《广异记》即载有临汝郡官渠店，周围村民赴集之事实。有的县城，也以定期集市的形式满足居民的交易需要，如《水经注·江水》载，巴郡平都县，“县有市肆，四日一会”，鱼复县，“治下有市，十日一会”。

③ 李嘉佑：《登楚城驿路十里村竹林次交映》，载《全唐诗》卷206。

④ 在宋代，人口得到较快的增长，普遍认为，当时的人口已突破一亿，而人口中，大多是小农家庭，他们约占宋代总户数的90%（龙登高，1997）。

⑤ 龙登高：《中国传统市场发展史》，人民出版社，1997年版，第173页。

⑥ 与明清相比，宋代农民对市场商品供给与消费需求还相对较小，集市吸纳范围有限，从事集市贸易的专门商人也不活跃，还不具备形成集市贸易体系的市场基础，各地集市仍是个体的、分散的存在。

表 2　我国宋代农村集市的发展

序	交易类型	特　点	备　注
1	货郎交易	沿村叫卖，逐户交易；周期性集市交易的补充	
2	定期集市	农民群聚交易，实现“有无相易”；一般以传统的干支纪时法来安排	集日，时称“合墟”、“趁墟”
3	集会贸易	特殊形态的集市；往往一年开市一次；交易规模大，波及地域广	庙会、道会、“社会”等
4	市镇常市*	有的集市所在地演进发展为墟市、集镇	城市附郭草市与卫星市镇、商道市镇、军镇

＊ 市镇之名，流行于明清。宋元文献中名类繁多的店（草店、道店、村店等）、步（埠）、市、墟等大体都属草市（即非官方的市场，由民间自发形成）。据考证：“店广泛存在于华北、华中，尤以华北、四川陆路交通发达的要冲之地居多；市在全国都存在，尤以江南地区发展更大；步因兴起于水路要冲而得名，意谓水边小镇，华中、华南居多①”。

货郎交易，是由于个体小农交易的细碎性和间隙性应运而生的，他们沿村叫卖，逐户交易，特别是在周期性集市间歇期间，货郎交易起到了重要的补充作用。即使现在，在一些地区还存在货郎式交易的小商贩。

定期集市，作为农民群聚交易实现各自消费需求和商品供给的场所，在宋代得到更快的发展。集日，时称“合墟”、“趁墟”，一般以传统的干支纪时法来安排。两宋时期，集市得到明显的发展。集市数量增加，集日频率更为密集，交易规模也扩大。但乡村集市的主要功能仍然是农户之间的“有无相易”，交易商品主要是农民的生产剩余品和日用必需品。

集会贸易，是特殊形态的集市，它类似于西欧中古盛期的 fair（市集），与一般集市不同，集会，往往一年开市一次，间隔周期长，但阵容大，涉及的职业商人多，交易规模大，并波及较大的地域。源于宗教集会的庙会、道会，源于土地崇拜的“社会”，源于祖先崇拜的家族集会等，都属这一类型②。有的地区这种集会贸易，甚至一直延续至今。

市镇常市，也是农民活动的天地，在两宋的发展具有划时代的意义。有的集市所在地演进发展为墟市、集镇，成为乡村经济中心地。中心地的形成类型还有：城市附郭草市与卫星市镇，地处交通要道因商业发展而为商道市镇，因地方特产商品生产的扩大演进成为专业市镇，因军事、战略需要而设置的军

① 龙登高：《中国传统市场发展史》，人民出版社，1997 年版，第 188 页。

② 四川青城山道会时，“会者万计，县民往往旋结屋山下，以鬻茶果”。两浙路奉化每年二月八日的道场，“观者万计”，“百工之巧，百物之产，会于寺以售于远”。四川阆州之岐平镇，“每五月初间，四方商贾辐辏，贸易以万计，号为岐平会”。

镇。亦有因宗教因素而成长起来的市镇。

草市发展到一定规模，便出现官方建制，时人高承《事物纪原》说：“民聚不成县而有税课者，则为镇。”官府委派监官管理镇内收税等一应事务。《宋史·职官志》：“诸镇置于管下人烟繁盛处，设监官管火禁，或兼酒务之事。”宋代官方税收机构“务”（商税务、酒税务）、场（坊场、买扑坊场），大多置于州府县镇及其附近，亦有单独的场、务，它们与市镇相类。因为场、务所在地，必有足够的税收来源，亦即一定规模的人口与市场，纵或只是为了征收过税，势必也有为商人提供服务的种种设施和服务人员。在四川、贵州等地，宋代的“商务场、茶合同场、酒买扑坊场”等名称，明清时演变为市镇的专有名词，凡有“场”为后缀的地名，大多就是市镇。与此相类，岭南亦有将市镇谓之“务”者，这些显然是自宋以来发展的结果①。

三、明清时期我国集市贸易体系的形成

明清时期，是我国农村集市的再次繁盛阶段，表现在集市数量的增多和集日的增加，交易日更为频繁②。开集时间仍多沿袭自古以来的“日中为市”传统，但也有清晨开集者，亦可见夜间集市。湘西黔阳县集市，形成别具特色的夜市贸易③。这样，由于周围地区商品供给密度与需求密度小，因而只能以市场范围的扩大来弥补，以形成较大的交易量，集市的交易者有相当一部分来自路途较远的龙潭，清晨动身，傍晚方至，次日返回，刚好夜中为市④。各地方志所记载集市名称也日益多样（表3）。

表3　我国明清时期集市名称

地区	北方	中原	南方（尤其江浙）	闽、桂及湘南、赣南	川、贵及湖南西部	云南	傣族地区
名称	“集”	“店”	“市”、“步”	多谓“墟”、“圩”	“场”	“街”	“摆”

作者整理，资料来源：龙登高：《中国传统市场发展史》，人民出版社，1997年版

① 龙登高：《中国传统市场发展史》，人民出版社，1997年版，第188页。

② 万历《华阴县志》卷1和隆庆《华州志》卷4记载，陕西西安府华阴县岳镇，原来集日为四、八日，即每月六个集日，万历时又增加四个，总计达每月十个集日。西安府华州的赤水镇，间日一集，每逢三日则一会。弘治《易州志》卷5记载，畿南保定府易州官街东西二市，“三日一小市，五日一大市”。

③ 乾隆《黔阳县志》：“开夜市，灯火贸易，三更始罢，至日中之买卖反少，与别市不同。”

④ 张泓《滇南新语》描述剑川集市云：“日落黄昏，百货乃集。树人蚁赴，手燃松节，曰明子，高低远近，如萤如磷。负女携男，赴市买卖。”

（一）集市设立途径的多样化

明清时期集市创建途径的多样和形成时间缩短，大大促进了集市数量的增加。宋代以前的集市、市镇是在农民需求与供给的过程中逐渐自发形成，每个集市的形成需要较长时期。当集市的功能被人们逐渐体会之后，在市场供求的推动下，人们开始自觉开设集市，此时集市形成的时间大大缩短。具体来看，主要的形式包括：

第一、官府应民之请，开设集市，这种现象在明清比比皆是。农村集市的重要性日益为官府所认识，因此官府组织开设集市在各省较为普遍。比如，四川梓潼县石牛堡集场。石牛堡地当南北通衢，上距邑城，下至魏城驿，均三十里。乾隆三十七年，朱知县准居民所请，兴建集场。“附近居民日用布帛、菽粟、农器、耕牛诸物，咸愿就近赶集交易，免致远历[①]”。

第二、乡绅在民间基层社会富有影响，在组建集市方面也发挥了重要作用。有的积极向政府反映民情，力促集市的开设，有的乡绅通过自身的号召力，发动乡村居民群起组织集市[②]，甚至有的乡绅出资设立集市，同治《德化县志》卷39载，该县郑报谷弃儒业贾后，独力出资三百缗，开通县城西市集。

第三、由宗族设立创建。宗族是民间社会的重要势力，由宗族设立与管理的集市也不少。山东单县的兴元镇，又称曹马集，据康熙《单县志·方舆志》，就是由曹、马二大姓主其集市而得名。福建、广东等地的宗族力量对基层经济的渗透很深，不仅占有相当数量的土地，拥有一定的经济力量，有的宗族也直接开设集市，便利族人，吸引商人。

宋代的集市、市镇多兴起于自发，而明清集市则很多是由官府、官僚、当地豪富、宗族顺应需要所创。这说明人们对市场的重要性的主观认识有了提高，他们已经不只是自发地进入市场，而且能够自觉地推动市场的创设与发展。更重要的是，它表明市场的发展已具备一定的基础，或者说，市场的发育具有了一定的土壤，因而呈现加速度发展的趋势，并且也只有当市场发展进入一定阶段后，人们才能自觉地把握它，推动它。如果缺乏市场环境，即使集市建立起来，也只会是一个空架子，没有商品，没有人交易。如顺治《淇县志》载，河南淇县的河口集市，设置后长期内市场凋零，有名无实[③]。

① 咸丰《梓潼县志·艺文志》，石牛堡兴场碑记。

② 民国《南溪县志》卷1载，四川南溪县的毗庐场、刘家场，乾隆年间由乡人倡建，开市日分别定为“二五八场期”、“一四七场期。”

③ 资料来源：龙登高：《中国传统市场发展史》，人民出版社，1997年版。

（二）集市形式的多样化：一般集市与集会型集市等并存

集会型集市，集期间隔长、集日延续期长，规模大，参加人数多，尤其是职业商人包括长途贸易商人卷入其中①。

一般集市，主要是农民的直接交换。江苏江阴县广福寺的观音会，嘉靖《江阴县志·风俗记第三》记载：“吴会、金陵、淮楚之商，迎期而集，居民器用多便之，既月而退。”

集会型集市以华北最为突出，明清时期数量大为增加。嘉靖《广平府志》卷16记载，畿南广平府，明初尚无庙会，正德初年开始出现，以永年之娘娘庙、曲周之龙王庙为盛，各方货物在会日之前即进入庙会场所，酒肆开张。

集会型集市主要起源于各种宗教、原始崇拜、民间信仰等等。道光《武陟县志·集镇》记载，县有香火会，主要用于“敬事神明，有祈有报，且因之以立集场、通商贩……县属城市乡村，会各有期。”药王庙会、关帝庙会、城隍庙会、观音庙会等，是各地通常的集会集市。

各地的山神集、道场、庙会，及各地特殊民俗所形成的集会，形形色色，名目繁多，数不胜数。如山神集会，名山雄峰，在人们的心目中，是钟灵毓秀的神的造化，人们对她顶礼膜拜，于是形成山会或山集，各地名称因山或因神而异。

集会的名称多数只代表其祭礼的对象，而与交易商品种类没有关联，如药王庙会并非药材专业集市。保定府的药王庙会，在雄县之南、任丘之北的鄚州城外，专祀扁鹊，历史悠久，香火颇盛。“每年四月初，河淮以北，秦晋以东，宣、大、蓟、辽诸边各方商贾，辇运珍异并布帛菽粟之属入城为市。京师自勋戚、金吾、大侠以及名倡丽竖，车载马驰，云贺药王生日，幕帘遍野，声乐震天，每日盖搭篷厂，尺寸地非数千不能得。贸易游览，阅两旬方渐散”。万历扩建后，药王庙会规模更加扩大②。

庙会多数是生产资料的专业集市。农民的农具，如犁、耙、锹、锄等，木制、竹制、石畚箕、竹箩、水车、石磨等，通常在附近的集市或庙会上购买。江苏江阴县，凡农具、耕牛等牲畜，多在春夏间各乡镇集期上交易。例如，

---

① 如嘉庆《涉县志》卷2载，“凡集镇皆分日市，本处人贸易日用之物，杨子所谓‘一哄之市’；惟逢会市，则他处商贾多有至者”。道光《蓬溪县志》卷2记载，四川潼川府蓬溪县六月二十四日的城隍诞辰，先一日由各乡集资，入城与会演剧，为集会序幕。会日长达十天，“逢场不可数计，但见万首一黔，如蜂房而已。凡十日罢。”《暖姝由笔》记载，江西袁州府宜昌县的慈化寺“道场”，交易范围涉及周围65里之地，仅僧人就达四五千人。在高大的秀江桥两侧，各有店屋三十间，街市纵横，商贾辐辏。

② 《万历野获编》卷24。

"四月八日，僧尼作浴佛会；十三日，申港季子墓集场，商贾辐辏，买农具者悉赴"[①]。河南宜阳县四月间"祭城隍，商贩如云，街市农具山集"[②]。有的直接以交易商品命名，比如如河南鄢陵县，县城西关四月间有"农器会"。有的专业集会并非四季举行，而仅限于专业商品的交易旺季。广东肇庆府高明县的揽冈墟，"每年八月三六九日集，专鬻牛，至十月终散"[③]，三个月内集中了27个集日，可见集市频繁。

专业集市北方尤为普遍，既包括集会型集市，也包括一般性集市（参见表4）。

表4　明清时期山东省专业集市情况

地点	时间	集市情况	交易特点	历史记载
清平县	嘉庆初	新集、王家集、康家庄、仓上、魏家湾及县城等棉花市	棉花市（该县为清代发展起来的棉产区）	嘉庆《清平县志》卷8记载："四方贾客云集，每日交易以数千金计"
高唐州	道光	棉花市"数十集场"	棉花交易	光绪《高唐州志》卷3记载："每集贸易者多至数十万斤"
郓城	雍正	萧皮口集，每旬逢三、五、八、十开集四次	棉花交易	每次开集，必有棉花应市
禹城	嘉庆	县庙会	生产资料为主	嘉庆《禹城县志》记载："亦惟日用农器、马牛驴豕之属为多"
兖州	明至清末	每年四月十八日祀天仙	农具等生产资料为主	"结会市农具"，"远迩毕至"
济南	明清	四月有黄山会	农具等生产资料和日用品	"农具、诸家居用物溢路，铺设里余，俗称大集。"
东昌	明清	每年三四月	农具、耕畜等	"三四月间，居民转鬻牛马、耕具，旁郡商贾往往凑集，三日而罢"
莱州	明清	胶州有九龙山会	马牛等	"每岁四月市马牛者集此"

作者整理，资料来源：(1)《山东庙会调查》；(2) 龙登高：《中国传统市场发展史》，人民出版社，1997年版，第406～407页。

（三）农村集市的分化与集市贸易体系的形成

1. *集市的规模与层级差异*　明清时期日益增多的集市，其交易规模、商品种类、辐射范围等等方面，都呈现出不同的特点，集市形态形成明显的分化

① 道光《江阴县志》卷9。

② 光绪《宜阳县志》卷6。

③ 康熙《高明县志》卷2。

和层次结构。主要有以下几种情况：

第一，原始形态的集市。在一些落后地区，仍然存在比较原始形态的集市，交易商品局限于农户剩余产品，有的集日尚不确定，发育很不充分①。只有到收获季节，农民才有商品出售，也才具有购买能力，集市在此时才举行。陕西榆林县，治所周围村落散处，虽附城附堡之地，居民也很寥落。道光《榆林县志·市集志》载："其市集数所，每岁仅二三集，每集只二三日。集中货物，自内地出售者，不过布帛粮食；自蒙古来者，不过羊绒、驼毛、狐皮、羔皮，间有以牛驴易粮食者。"需求稀少，集市稀落，开市期亦少，全县全年不过开市一二十日而已。

第二，中小型集市。大多数的集市是周围一定村落范围内农户交易的场所，职业商人涉入不多，但集期规范，为农户实现消费需求与商品供给所不可缺少。此类集市，交易商品以农产品居绝大多数，多数为互通有无满足广大农民日常所需，或者农民出售后由商贾贩卖到城市，满足城市各类居民之所需。

此类交易的特点：交易细碎，交易量不大。多数集市上有一些临时性的简易设施以供交易方便大家使用。有记载集市上"无廛舍，逢市架木覆茅，以为贸易"②。这种临时性的设施在广东多称为"墟廊"或"墟亭"，与常设的市肆、店铺相区别。

第三，大规模的集市。明清时期，各地也出现了一批较大规模的集市，贸易的发展吸引了较多的职业商人。广东广宁县的墟市，"懋迁货物，如绸缎、布匹以及山珍海错与各色服食之需，皆从省会、佛山、西南、陈村各埠运至，非本土所有"③。而珠江三角洲各县的商人，则至此收购竹木，推销日用百货，由此墟市与高层中心地的商品往来密切。韶州府浮源县营埠市，这里出产棉花、芝麻、葛苧，交通繁忙，水陆通湖南之郴州、广西之桂林，吸引着邻省商人五百余家，尤以广西商人最多④。这些集市中的商品，不仅有农户剩余产品，也出现较高消费层次的奢侈品、非日用品，它们直接与高层中心地和外地市场连接。

2. 集市贸易体系的形成　宋代集市尚未形成等级体系，而明清集市的增多，不同层次集市的出现，形成了相互互补、共生共续的集市贸易体系。邻近

---

① 河南内乡县的丹心店、菊花店等，"坐落偏僻，物货不凑，乃以居民随处随时相互贸易，不以集拘。"

② 康熙《新郑县志》卷1；乾隆《潮州府志》卷。

③ 道光《广宁县志》卷12。

④ 康熙《浮源县志》卷4。

墟集群，集期相错，许多地方还形成了专门的名称，反映了集市间的相互联系和集市的繁荣（表5和表6、表7）。

表5　明清时期广东省主要集市及其覆盖范围

集市名称	交易产品及特点	覆盖、服务区域
广宁县的墟市	绸缎、布匹以及山珍海错与各色服食	省会、佛山、西南、陈村各埠；珠江三角洲各县的商人
韶州府浮源县营埠市	棉花、芝麻、葛芋等	湖南之郴州、广西之桂林，邻省，尤以广西商人最多
肇庆府高明县	每月三六九日集；“百物咸备”	高要、南海、新会、顺德、东莞数县；同时，通过集市贸易与下游珠江三角洲商品交流
三洲墟	三、六、九日趁；货以鱼花、土丝为最	东人西江顺流而下不远至南海县九江大墟

资料来源：作者整理。

表6　我国主要地区对于邻近墟集群的不同称呼

	地区	集名
1	河北	“插花集”
2	广东	“插花墟”
3	广西	“交叉墟”
4	四川	“转转场”
5	云南*	以十二地支属相命名，比如：鼠街、牛街。

*《滇南志略》记载，昆明各地“日中为市，率名曰街。以十二支所属分为各处街期。如子日名鼠街，丑日名牛街之类。”

表7　明清时期我国主要地区集市的繁荣

地　区	集市的繁荣	史　志
广东墟市	“一旬之内，咸定以期，所近各不相复”	咸丰《顺德县志》卷5
河南汝城鲁山县	凡集市11处，以月为单位，开市周期各不相同，每月一集、二集、三集、四集、五集不等	明嘉靖县志
山东济南府	县城“东西北三关，近城门皆立市，南关厢市稍远，月则六期轮集贸易，盖所以便民均钱谷，通有无。”	康熙《邹平县志·街市》
河北保定府雄县	共9个集市，每日有集，互不冲突。一旬之内，从一日到十日分别是：瓦桥市；东赵市；南瓦济市；涞河市、下村市；北关市、留镇市；易市；东赵市；北瓦济市；涞河市、下村市；永通市	嘉靖《雄乘》
浙江台州府宁海县	集市以一旬为单位，每天都有集市，平均每天有两处开集，少则一处，多则三四处	崇祯县志

在集市贸易体系形成的过程中，大型集市的分解也是不可忽视的。随着农

村市场进一步发展，商品供给与需求增多，集市贸易体系继续加强。但新增集市的出现，原有集市集日的增加，使原先以县为单位的较大规模的集市贸易体系开始逐步分解，形成了更小范围的多个小的体系。这样，单个集市的规模缩小，覆盖的地理范围缩小，但集市的个数增加，集市总体的服务范围大大扩大。山东济南府莱芜县的嘉靖县志记载，共有17处集市，都是一旬开集两日。全县每天至少有两处开集，多者达每日五集。

有的集市，还分成大市、小市。山东有“大集”、“小集”之分。道光《长清县志》载，该县张夏等10处大集，其余通村等26处则为小集。四川广安州，宣统《广安州新志》记载，大市率万人，小市亦五六千；庙会也有大小之分。山西，《太谷县志》卷3记载，“四乡商贾以百货至，交易杂沓，终日而罢者为小会。赁房列肆，裘绮珍玩，经旬匝月而市者为大会。城乡岁会凡五十五。”

清代形成的集市贸易体系，也存在着区域的差异。①在开发起步不久的云贵，县城以下基本上不存在常市，即使县城的常市也很稀落。交易大体由各种集市组织。其中各地的定期市，多停留于原始形态，不少会市则相对热闹，规模较大，组织较大范围的贸易。②在四川，集市贸易体系发育较为完整，在农村市场上占有重要地位。③在岭南，集市多设于墟市之中，并和墟市之常市互为补充而发挥作用。以常市满足周围地区交易的需求，而以墟集来吸引职业商人和远方商品。④在华北农村，集市与庙会在市场中起着很大的作用，而市镇之常市则不显著。集市主要是小范围内农民的低层次交易，庙会则是较大地域的贸易，职业商人和远方商品汇聚。在华北的一些地区，集市较少，所见多为集会贸易，也就是说，由集会贸易来完成市场功能。⑤在传统市场发育最高的江南，集市贸易已为城镇常市交易所替代，在城镇常市贸易发达的氛围中，集市贸易的作用与地位很不显著。江南与华北的庙会也各具特色，江南庙会经济功能逊于华北，而娱神娱人的消闲娱乐色彩浓厚，大型庙会或游神活动多由当地商人或团体筹办①。从上述地区差异的比较，可以发现集市贸易体系与商品经济的发展程度大体呈正比。

四、农村集市的未来发展趋势

新中国成立后，农村集市贸易经历了多次“起落”。新中国成立初，农村集市贸易的传统基本上被保留下来，并在一定程度上得到了恢复和发展。但粮

① 越世瑜：《明清江南庙会与华北庙会的几点比较》，载《史学集刊》1995年第1期。

食统购统销政策的实行，使农村集市的发展受到一定影响。1956年经过社会主义改造后，农村集市逐渐开放。但1958年人民公社化兴起，农村集市贸易又趋冷落。为应对此局面，政府进行了政策调整，农村集市贸易又重新活跃起来。但1963年在“社会主义教育运动”中整顿市场，农村集市贸易也受到波及。“文化大革命”开始后，集市贸易被当作“资本主义尾巴”而遭禁止。1978年以后，党和政府制定了一系列发展集市贸易的政策和措施。1983年2月，国务院发布《城乡集市贸易管理办法》标志着我国集市贸易开始进入法制化轨道。

目前，在经济全球化的背景下，在农村经济结构和社会结构发生较大转变的背景下农村集市将会呈现什么样的发展趋势？这需要从集市产生和发展的动力以及集市的功能等方面进行分析。

从集市的产生及其2000多年的发展可以看出，其发展主要受以下因素的影响：①农业生产的发展，生产力的提高，出现剩余产品。②分工的发展，出现了交换的需求（包括对生产资料的需求和消费品的需求）。各个朝代的农村集市的发展都体现了上述两个方面的原因。③人口的增加和迁移。人口的增加，可以使劳动力增加，从而促进生产，增加产品供给。同时，人口的增加也增加了对农产品消费需求的增加。而人口的迁移，则会在迁入地导致迁入人口对经商服务的需求增加，这样也大大刺激了集市的发展。宋金时代的人口大迁移，在很大程度上促进了集市的繁荣，就是这个道理。④政府的扶持和调控。清代集市的设立和发展，在很大程度上受到政府的重视和扶持。当然，除了上述因素外，还有其他的因素，比如交通。特别是在不同的年代，还会有不同的因素，比如，目前由于诸多的现代因素的冲击，农村集市也呈现出新的发展趋势，其功能也发生了不同的转变。

从集市的产生和发展可以看出，集市是集生产、生活、休闲娱乐于一体的产物。集市的功能主要包括：

（1）商品交易功能。交换商品是集市最初和最基本的功能。包括生产工具、生产资料和产品的买卖。另外，在集市上，人们还可以进行服务的交易，比如裁缝、剃头、看病、拔牙掏耳朵、磨刀、配钥匙、雕章、卜卦算命、看相测字、钉蹄掌、骟猪阉鸡等等。

（2）传统商业文化的传承功能。在集市交易中，伴随着商品的交易，还传承着许多民间的传统交易习俗，包括买卖过程中的讨价还价、叫卖吃喝声、特定类别商品和服务标志性的敲打声、民间特有的计量工具和方法、招牌幌子。所有这些都反应了特定的交易习俗。

（3）独特的饮食习俗文化功能。传统集市中的饮食文化也是独具特色的。

众多来赶集的人为饮食服务的产生提供了场所。在集市中，既可享受美味可口的地方小吃和乡土风味，还可以领略到独特的酒文化、茶文化等等。

（4）集市中的传统社交功能。过去，在广大农村由于交通不便，传播信息手段落后，定期的集市、庙会就起到了亲戚朋友之间沟通和信息传递的作用，满足村民的社会交往的需要。每逢集市和庙会日，附近村庄的居民，甚至相当远的村庄居民，都要前来赶集赴会、走亲戚。这种人与人之间的“非正式制度”，是集市能够长久不衰的重要原因。

（5）集市中的娱乐文化功能。在娱乐生活简单的农村，赶集逛会就成为民间的“狂欢节”，家家户户都盼着集日的到来。在集市上，人们除了可以购买到自己所需的商品外，还可以欣赏到很多民间文艺表演。过去，在集市或庙会上拥有雄厚实力的店铺或具有初级行会性质的商会，都在大型庙会之前，出资或集资邀请一些剧团进行助兴演出，以招徕顾客。集市庙会时，说唱、乐舞、曲艺、百艺杂耍、斗鸡赛雀、魔术、武术表演、西洋镜以及各种民间游艺表演异彩纷呈。

从目前来看，上述这些功能正在发生着较大的转变。

首先，由于受到乡村超市、供销社和商店日益繁荣的影响，集市贸易的功能逐渐褪去，再加上交通的便捷，广大农民也可以随时去县城甚至大城市进行商品和服务的交易，使集市的交易功能的需求没有过去强烈；

其次，由于广播电视和网络在农村的逐渐普及，人们的休闲娱乐方式也日益丰富，再加上农历春节期间，多数农村地区都会有各种集体娱乐活动，使广大农民对平时的集市活动的需求也不再像过去那样强烈；

第三，从目前来看，对农村集市冲击最大的是农村劳动力向城市的转移。目前，在我国约5亿农村劳动力中，有近2亿劳动力转移出去，还有1亿劳动力在观望。这些转移出去的劳动力，恰恰是传统集市中最活跃的分子，留在农村的多数是年龄较大的或妇女劳动力。特别是由于农村劳动力的流动，在广大农村地区出现了“空洞化”，形成了“有村无人（或少人）”局面。从而也使农村集市不再像从前那样活跃、不再具有很强的生命力。一些规模小的集市将面临越来越萧条的局面，原先较大的集市也将面临挑战。

总体来看，农村集市的发展趋势呈现出如下特点：从商品交易功能向文化功能转变，小型的集市向大型集市演变，平时的集市向传统春节期间的集市转变。因此，集市的发展越来越表现出正的外部性，要维持典型集市的发展，政府必须采取一定的措施进行扶持，可以采取结合当地特色，突出传统集市的文化特色，实行“集市”搭台、“文化或旅游”唱戏的模式，这样才能促进集市健康地发展。

参考文献

[1] [美] 施坚雅．中国农村的市场和社会结构，中国社会科学出版社，1998

[2] 白莎，万振凡．民国江西农村集市的发展 [J]．南昌大学学报（人文社会科学版），2003.04

[3] 陈丽娟，王光成．明清时期山东农村集市中的牙行 [J]．安徽史学，2002 (4)

[4] 郭蕴静．略论清代商业政策和商业发展 [J]．史学月刊，1987 (1)

[5] 贾贵浩．河南近代农村集市的特点与作用 [J]．南都学坛，2007.03

[6] 李玉红．农村集市与农村经济增长相关性研究．华中科技大学硕士学位论文，2002.11.10

[7] 龙登高．中国传统市场发展史．人民出版社，1997

[8] 龙云．非正式制度对农村集市发展的影响研究．湖南大学硕士学位论文，2005.10.10

[9] 陆建伟．秦汉时期的市．首都师范大学博士学位论文，2000.04.01

[10] 曲伟强．清朝山东集市贸易发展之原因分析 [J]．华东经济管理，2007.08

[11] 盛宪之．魏晋南北朝集市贸易论略 [J]．邵阳师范高等专科学校学报，2000 (1)

[12] 王庆成．晚清华北定期集市数的增长及对其意义之一解 [J]．近代史研究，2005.06

[13] 谢庐明．赣南的农村墟市与近代社会变迁 [J]．中国社会经济史研究，2001 (1)

[14] 许檀．明清时期农村集市的发展及其意义 [J]．中国经济史研究，1996 (2)

[15] 章义和，张捷．试论南北朝农村市场的发展及其特点 [J]．许昌学院学报，2007.01

世界糖业发展史中的中国糖业：经济视角的评述[①]

司　伟

（中国农业大学经济管理学院）

摘要：本文对世界糖业发展概况、中国糖业发展的历程和1949年后中国糖业政策进行了回顾和评价，并对未来中国糖业发展进行展望。研究发现，糖是一种特殊的政治经济产品，几百年前确立的蔗糖贸易体系至今没有太大改变。中国糖业发展史是一部受世界食糖市场影响并对世界糖业市场产生重大影响的历史。1949年后，糖料收购价格政策一直是影响糖业发展的重要因素之一。通过有效的制度安排，把糖料价格和食糖价格之间二者连接成一个整体，以激励糖料种植者和制糖企业提高生产效率，是影响未来中国糖业发展的重要的问题。同时，中国糖业发展面临的外部政策环境也趋于复杂。

关键词：世界糖业；发展史；中国糖业

引　言

糖是一种特殊的产品，有很强的社会、政治、地缘和情感属性。从某种程度上说，蔗糖、咖啡、可可豆等农产品贸易，促进了现代全球贸易体系的建立。各地农产品和原材料的输入，对欧洲的工业化进程更是举足轻重。19世纪前，甘蔗几乎是制糖工业的惟一原料，随后欧洲经济的迅速发展，促进了甜菜的大规模生产和利用。到1900年，约一半以上的精制糖来源于甜菜。经过两次世界大战，欧洲和苏联的制糖工业受到损伤，甘蔗糖的增长扭转了甜菜糖的垄断地位。尽管殖民地时代已经过去，但几百年前确立的蔗糖贸易体系依旧没有改变。

中国是世界上用甘蔗制糖最早的国家之一，已有2000多年的历史。直到

① 本研究得到中国农业大学科研启动基金的资助，项目编号2005071。

15～16 世纪，中国和印度仍然是世界上仅有的两个制糖大国。中国糖业的发展史，实际上是一部受到世界蔗糖市场发展影响而跌宕起伏的历史。自 1884 年以来，欧洲的甜菜糖业生产稳定后，中国糖业输出呈现逐年下滑的趋势。从 19 世纪 90 年代中期起，中国成了西方各国倾销食糖的巨大市场。1949 年后，中国糖业经过食糖短缺、快速扩张和结构调整的半个世纪发展，食糖产糖量和消费量快速增长，中国食糖市场对世界食糖市场依然有重要的影响。

国外有大量关于世界糖业史的研究文献，东英格兰大学和爱丁堡大学的经济历史系每年都编写世界各国对食糖生产历史研究的文献综述，并在网上发布（www. chass. utoronto. ca）。关于中国糖业史的研究，Christian Daniels（1996）和 Sucheta Mazumdar（1998）的两部著作具有很大的影响力，对中国制糖技术发展、糖的生产和消费历史做了详细的研究。国内也有大量关于中国糖业史的研究文献，周正庆（2003）在其博士学位论文中做了综述。最具影响力的有季羡林的《糖史》和李治寰的《中国食糖史稿》，季羡林的《糖史》是从文化的角度研究中国糖业的历史，李治寰的《中国食糖史稿》阐述了从周代到现代的甘蔗种植和榨糖技术。戴国辉（1967）的专著《中国甘蔗糖业之展开》是第一本关于中国甘蔗糖业史的专著，从糖业的视角，叙述了 7 世纪到 17 世纪中国社会经济的发展。正如周正庆所指出的那样，国内的研究对糖业发展作了大量技术性的考证，对中国糖史的研究更多地集中在对中国糖业发展的技术性考证，文化和民俗研究方面。本文侧重于经济和贸易的角度，从宏观层面，根据糖业的发展演进特点，分时期对世界糖业发展概况、中国糖业发展的历程和新中国成立后糖业政策进行回顾和评价，并对未来中国糖业发展进行展望。

本文结构如下，首先以 20 世纪为分水岭，概要地阐述了 20 世纪之前和 20 世纪之后世界糖业的演进史；第二，简要概述了 1949 年前中国糖业发展的历史，然后重点分析了其后中国糖业发展的政策演变与绩效。最后是总结和展望。

一、世界糖业发展概要

（一）20 世纪之前的世界糖业

糖业生产包括糖料作物种植和糖的工业提炼两部分。在世界所有的糖料作物中，目前甘蔗为主要的糖料作物，主要生长在热带与亚热带地区。甜菜是第二大糖料作物，广泛种植于温带和寒冷地区。甘蔗是禾本科甘蔗属作物，学名 Saccharum，是多年生草本植物。关于甘蔗的起源，人们持有不同的观点。有的学者认为甘蔗起源于新几内亚（Halley，2003）；有的认为甘蔗原产印度（盛乘桂，1979）；还有的认为起源于中国（李治寰，1990）。甘蔗制糖约始于2000年前的中国和印度[①]。直到15～16世纪，中国和印度仍然是世界上仅有的两个制糖大国。16世纪以后，制糖作为一个行业得到迅速发展。公元1544年三个炼糖厂分别在伦敦和纽约建立，标志着工业化制糖的萌芽。

据记载，公元6世纪，糖由印度引入波斯（现在的伊朗），阿拉伯人通过贸易与征服的方式从波斯获得了甘蔗种植和制糖技术。随着阿拉伯势力的扩张，制糖技术扩展到地中海，这为后来殖民时代的大规模制糖提供了基础。公元11世纪十字军东征，西欧人发现了糖这种令人愉快的"新的调味品"。随后西欧和东方国家间的贸易不断拓展，其中就包括糖的进口。15世纪欧洲的威尼斯第一次开始制造糖。15世纪殖民时代初期，葡萄牙、西班牙、英国与荷兰等崛起的国家从阿拉伯人那里继承了制糖工业和技术，并向其殖民地扩张；1493年哥伦布发现新大陆，把甘蔗带到加勒比地区种植，由于气候条件的适宜，非洲诸岛、北美大陆、南美地区等地的制糖工业在这一时期迅速建立起来。但是，糖仍然是欧洲上层社会的奢侈品，食糖生产有巨大的利润，被称作白金。

15世纪到19世纪的殖民时代是甘蔗生产扩张的特殊时期，这一时期不仅把对甘蔗甜味的嗜好从南欧传到北欧，而且欧洲最初把甘蔗糖当作一种药品进而变成了一种调味品，最终把甘蔗当成了一种不可缺少的食物。糖具有殖民时代权力的象征，加勒比、美国、中美洲及南美洲大量地进口非洲奴隶，用于种植甘蔗。宗主国通过殖民地对被殖民国家进行剥削。拥有糖的加勒比就如同今天拥有石油的中东一样，在国际事务占有举足轻重的地位。甘蔗种植、工业革命导致甘蔗消费超越了社会等级，从上层社会的奢侈品变成了劳动阶层的食品。

虽然甘蔗制糖的发明早在史前时期，然而发明甜菜制糖的历史并不久远。现代制糖用甜菜原产于西西里岛（Sicilian）和地中海两岸，是由阿加德（Achard）和冯科特培育成功的，18世纪中期才在欧洲大陆开始用于制糖。德国化学家马格拉夫（Marggraf）（1709—1782）的试验结果表明西西里甜菜都是能够制糖的，它的学生阿加德把甜菜确定为制糖的原料，并在西西里建立了世界第一家甜菜糖厂，于1802年投产，一年后破产。

由于有甘蔗糖消费，欧洲人起初并没有对甜菜制糖产生太大的兴趣。直到

① 有的学者认为，印度的甘蔗制糖是从波利尼西亚（Polynesia）传入的，然后由印度引入现在的伊朗。

19世纪初的拿破仑战争期间，英国人封锁了大陆，阻止甘蔗糖输入欧洲。为了对付英国的封锁，欧洲甜菜经拿破仑提倡才发展起来。尽管甜菜糖生产成本比甘蔗糖高，为了减少对甘蔗糖的依赖，对于没有殖民地生产甘蔗糖的内陆国家有很大的吸引力。因此，19世纪前半叶，俄罗斯和比利时等国家相继建立了甜菜糖工业。到1880年，欧洲甜菜制糖工业迅速增长并超过甘蔗成为制糖的主要原料。1899年，世界甜菜糖产量达540万吨，而蔗糖为290万吨。欧洲主要甜菜生产国家通过建立出口补贴制度，其生产的过剩甜菜糖用于出口，以低于生产成本的价格销售，并逐渐主导了贸易与生产。由于甜菜的补贴制度，殖民地生产的蔗糖在竞争中处于不利地位。

糖是一种特殊的产品，有很强的社会、政治、地缘和情感属性。现代生活的种种爱与恨，部分皆由糖而起。现实世界各个国家之间的贫富差距，糖的贸易亦扮演了重要的角色。蔗糖，再加上其后的咖啡、可可豆等贸易，令大西洋两岸的洲际贸易兴盛起来，促进了现代全球贸易体系的建立。各地农产品和原材料的输入，对欧洲的工业化进程更是举足轻重。

事实上，糖进入西方主流饮食，只有短短三四百年；比如，中国民间的“开门七件事”是“柴米油盐酱醋茶”，并不包括糖在内。糖只是上层社会的奢侈品，被视作名贵香料、药材。正如著名人类学家S.Mintz所指出的那样，直至四五百年前，食糖代表着“享乐”、“糜烂”，在欧洲引起不小的道德争议(邹崇铭，2003)。

食糖消费之所以突然流行，由供求双方共同决定的。从供给方面看，哥伦布在15世纪末发现新大陆，把甘蔗带到西印度群岛一带，当地短短一百年间就成了全球甘蔗种植中心。欧洲人在中美洲建立殖民地，并建立了大规模的甘蔗种植园，甘蔗成为当地的主要贸易产品。至于需求方面，在殖民地时代，随着食糖产量和进口量的增加，欧洲人消费模式不断改变，在茶，咖啡中加入糖，食糖的习惯逐渐普及。

(二) 20世纪之后的世界糖业

20世纪糖的生产与消费增加了11倍，其间发生了巨大的结构调整。发达国家食糖消费下降或停滞不前，发展中国家，特别是亚洲国家的消费不断增长。在供给方面，爪哇（现在的印度尼西亚）在两次世界大战期间，在世界食糖市场中的地位仅次于古巴，另外，印度和菲律宾的食糖生产对世界食糖产量也有重要影响。爪哇的主要市场一直是印度，1932年爪哇丢掉印度市场，从此元气大伤。

美国经济发展带动了古巴蔗糖业的快速增长。美国75%的蔗糖依靠古巴供应。1959年古巴革命，1960年美国禁止从古巴进口食糖，选择拉美国家与菲律宾生产的食糖替代古巴的食糖。这一行动破坏了殖民时代以来世界最大的贸易流通，并使其流向前苏联、前苏联的卫星国和中国，从而造成60年代世界食糖生产过剩，糖价低迷。1991年前苏联解体，虽然解体后前苏联仍然大量从古巴进口食糖，但却按世界市场价格进口，收入的损失打击了古巴的糖业生产，在1990年后古巴糖业倒退，巴西、澳大利亚、泰国崛起。在欧盟糖业管理体制下，欧盟从20世纪70年代的纯进口地区发展成仅次于巴西的纯出口地区。尽管殖民地时代已经过去，但几百年前确立的蔗糖贸易体系依旧没有改变，欧洲人仍然扮演着举足轻重的角色。

二、中国糖业发展历程

（一）新中国成立以前的中国糖业

中国是古老的蔗糖生产国，制糖业的历史可追溯到公元前400年。中日甲午战争以前，中国与古巴、印度、爪哇、菲律宾并列为世界上五大产糖国家。在蔗糖没有得到普遍使用之前，我国古代人民主要以饴糖①和蜜糖来作为甜味的来源，特别是非产糖地区更是如此。甜菜在我国的种植时间比较早，约在汉魏时期从西域传入中国。甜菜在我国北方不同的地区，不同时代有不同的称谓。甜菜刚传入中国时叫恭菜，至五代时才通称为甜菜。但近代以前在我国北方种植的甜菜，其目的主要用作制药。经过改良甜菜种植与制糖技术传入我国的时间比较晚，一般认为是1906年，一些俄籍波兰人最早在黑龙江流域试种。并在1905年，中俄合作在哈尔滨南阿什河畔的阿城县建起了“阿什河甜菜糖厂”，1908年投产。引进的地域在我国黄河以北的地方，尤其是以我国的东北为主。

19世纪80年代开始，欧洲甜菜糖大量生产，1883年产量达到了220万吨，欧洲大陆市场饱和，甜菜糖大量出口。20世纪初期，资本主义已经进入帝国主义阶段，并且在中国建立了殖民地和划分了势力范围，帝国主义在资本与技术均要扩张的要求下，欧洲饱和的甜菜糖市场需要寻求出路，甜菜糖正是在这种历史背景下进入中国市场的。

我国甘蔗的种植和制糖历史悠久，但以16世纪中叶为时间界限，前后制约糖业发展的因素是不同的②。在16世纪中叶后，甘蔗种植和发展受市场机

---

① 所谓的饴糖，就是在自然状态下，发芽的植物种子达到一定的温度（通常比较高的温度），其中的淀粉发酵分解稀释后转化为糖分，这种转化后的稀释胶状体即为饴糖。

② 这部分论述参考了周正庆的论文《糖业发展与社会生活研究》。

制因素制约的成分居多。而在16世纪中叶以前，我国甘蔗的种植和发展与制糖业技术的发展密不可分，糖业技术的发展制约着甘蔗种植的发展。

16世纪中至17世纪初，即明朝中期的嘉靖年间至清初顺治末年约近一百五十年的时间，是甘蔗种植和制糖技术取得较大突破的时期。明中期嘉靖年间发明了白糖后，制糖技术取得了突破性的发展，明末的制糖技术和甘蔗种植技术又经宋应星、屈大均等所著的一批涉及甘蔗技术的书籍进行介绍和民间的逐渐推广，为日后的糖业发展提供了技术上的保证，所以这个时期是明清糖业发展的奠基时期。

17世纪初，全国的糖业生产，在大陆以广东和福建为主，广东与福建的甘蔗种植占了全国的十分之九。此时的广东和福建已经初步形成了比较发达的糖业商品生产基地，台湾省也在17世纪初，荷据时代形成了糖业商品生产基地。

17世纪初，欧洲人开始在饮用咖啡和茶时加入糖，欧洲人的这一消费习惯的变化，使欧洲人在17世纪以后用糖量大增，而荷兰成为这个时期欧洲最大的糖业输出国，我国台湾沦为荷兰殖民地后，便成为了荷兰输往欧洲糖的产地和重要基地。17世纪上半期，华糖出口主要通过荷兰大量贩卖至欧洲市场。从17世纪上半期开始，至19世纪80年代中期以前，中国的蔗糖一直是国际糖业市场重要的来源。

二次鸦片战争后，资本主义纷纷入侵中国，从中国掠夺欧洲急需的食糖，致使中国食糖出口剧增，极大地刺激了中国的糖业生产。虽然在1800年欧洲的俄国和德国开始建立甜菜糖厂，致力于甜菜糖的生产，此后欧洲大陆其他各国相继开始了甜菜糖的生产，但在19世纪80年代中期以前，欧洲大陆所需的糖主要来自其殖民地如古巴、爪哇等地，产量不是很稳定，对中国糖的需求一直在增加。

1884年以前，中国糖的出口一直呈上升的态势。自1884年以来，欧洲的甜菜糖业生产稳定后，中国食糖出口大减，洋糖阻碍了中国蔗糖的出口贸易，到1884年，广东蔗糖已经完全退出了英美市场。1884年后，中国糖业输出呈现逐年下滑的趋势，从19世纪90年代中期起，中国的食糖进口量大于出口量。从此之后，中国成了西方列强倾销食糖的巨大市场，所以在19世纪80年代中期后，中国的糖业生产开始下滑，尤其对经济发达的广东、福建等产糖地区冲击更大。

19世纪80年代中期以后至1934年，是中国糖业生产变动较大的时期。一方面，经济发达地区，如广东、福建受洋糖的冲击，糖业生产极度萎缩；另一方面，在四川等帝国主义经济势力难以到达的地区，糖业的商品生产却顽强地获得发展，甚至取得比以前更大的发展。

明清时期是封建社会糖业发展史上的最快时期。从明末开始，中国的糖已经广泛地销往亚洲、欧洲、美洲等许多地区，成为世界糖业经济市场上一支重要的力量，对世界食糖市场的发展起着重要的作用。在洋糖的冲击下，清末民国初土糖的生产虽呈衰退态势，但洋糖的大量进口，从民众消费角度来说，糖的消费因价格低廉而呈上升的趋势，使糖成为民间很普通的日常消费品。

在世界政治经济背景下，中国的甘蔗种植和蔗糖生产一开始便以商品作为目的。甘蔗糖与其他商品相比，较早地参与到了国际市场的竞争中去。综观16世纪中期至民国初年中国糖业的发展史，实际上是一部受到世界蔗糖市场发展影响而跌宕起伏的行业历史。在没有受到外国糖业冲击时，中国甘蔗糖业是个“甜蜜的事业”。欧洲大陆的甜菜糖异军突起以后，对中国市场形成了强大的冲击，构筑了几个世纪的糖业营销体系，在一夜之间被冲击得支离破碎。

17世纪中叶（明末）以来，国际市场对中国糖业的需求，将中国的糖业发展推到国际市场中去，直接带动了台湾、广东、福建等沿海地区糖业生产的发展。特别对甘蔗种植业带来了突破性的影响，使封闭的中国农户不断感受到资本主义经济市场的冲击，农户在糖业生产中由被动地调节自己的糖业生产，到主动地适应国际糖业市场变化的需要。

（二）新中国成立后的中国糖业发展

1. 中国食糖短缺时期（1949—1978年） 中国食糖市场处于供不应求的状态，国家通过控制价格、限制消费和控制生产的措施来达到供求平衡和市场稳定。食糖实行定量配给和独家经营。这一时期糖业发展可以分为三个阶段：

第一阶段：1949—1958年。1949年中国糖料播种面积12.41万公顷；食糖产量也只有20万吨（其中红糖17万吨）。1953—1958年中国对制糖工业采取积极恢复和发展的方针，投资4.1亿元用于发展糖业，糖料种植面积和食糖产量迅速增长。1958年糖料播种面积是1949年的4倍。1958/1959榨季产糖量达110万吨，较1952/1953榨季增长87%，这是中国糖业发展的第一次高峰。

第二阶段：1959—1966年。由于“大跃进”和三年自然灾害，1959—1962年糖业发展遭到破坏，大部分糖厂处于停产和半停产状态，糖料种植面积大幅度下降。1960—1963年，平均年产糖40.3万吨，相当于1959年的36.6%。1963—1965年，国家对糖料生产采取了一些扶持政策，同时扩建和新建了一批糖厂，糖料和食糖产量开始逐年增长。1966/1967榨季全国产糖量达150.5万吨，比1958年增长了36.4%。

第三阶段：1967—1977年。尽管从总体上看，糖料种植面积和食糖产量呈增长的趋势，但受“文化大革命”的影响，国家制定的促进糖业发展的政策得不到有效实施，糖业发展处于动荡和徘徊状态（图1和图2）。1972年国家在甘蔗重点种植省区采取保证蔗农口粮，供应糖料化肥等政策扶持糖料生产，产糖量有所回升。但是由于许多政策被当作资本主义的东西批判，1973—1975年糖料生产和产糖量又开始下降。1978年食糖产量和糖料产量分别比1967年增长53.2%和64.8%。

1963年以前糖料价格都是由地方管理和调整。1963年以后由国家管理，全国糖料统一定价。甘蔗价格进行了2次调整。1964年甘蔗收购价30.29元/吨，1972年调整为34.94元/吨，但由于白砂糖出厂价定为1 000元/吨，糖价没有调整，造成许多糖厂亏损。

为了调动农民种植糖料作物的积极性，国家采取糖料收购奖售政策。1961年4月，国家发出关于收购重要经济作物实行粮食奖励的政策，收购1吨糖料奖励粮食6斤。1978年国家在主要产糖区提高糖料奖售化肥标准，交售1吨甘蔗奖售50斤化肥（甘蔗由国家补20斤，地方补30斤；甜菜国家和地方各补25斤）。这一时期糖业发展的主要制约因素是种植粮食和糖料作物之间的矛盾。也就是所谓的糖粮争地问题。从1958年国家执行“以粮为纲”政策。在“以粮为纲”的政策背景下，粮食征购、派购任务与农民口粮之间产生矛盾，农民口粮不能保证，影响种植糖料积极性和制糖行业的发展。另一方面糖料收购价格主要根据粮食和糖料作物的合理比价来确定的，按计划价格出售糖料的种植收益低于其他经济作物或议价粮食，也影响种植糖料的积极性。为了缓和食糖供给和需求之间的矛盾，1970年国家提出了提高食糖地区自给水平方针，这一政策的直接后果是，糖料种植区域分散，糖料单产下降，各地建了许多小糖厂。

2. 中国糖业快速发展时期（1979—1990年）　这一时期，食糖的经营有所放开，实行计划内和计划外的经营双轨制。糖业政策的首要目标是实现自给。这一时期中国糖业的发展可以划分为两个阶段：

第一阶段，1979—1986年。家庭联产承包责任制的推行激发了农民种植糖料作物的积极性。1979年在全国粮食价格调整的基础上，甘蔗收购价格调整为41.39元/吨。加上国家采取了糖粮挂钩、吨糖吨粮、价外补贴、化肥奖售和调高糖料收购价格等一系列政策，糖料和食糖产量迅速增长。食糖产量由1979年的250万吨增长到1986年的525万吨；糖料播种面积由83.68万公顷增加到121.68万公顷。这个阶段糖料播种面积增加45.7%，但食糖产量却增加了110%。

第二阶段，1987—1990年。家庭联产承包制的推行，价格和流通体制的改革，促进了中国粮食的快速增长。造成中国1984年粮食过剩，卖粮难。于是从1985年开始，国家放开一些农产品价格，有些产品取消了统派购和计划收购，农民从议价部分获得较大的增收，与其他作物相比，糖料价格偏低。1963年以来白砂糖出厂价定1 000元/吨，一直没有变化；加上1988年进口371万吨食糖的冲击。1987年开始，食糖产量开始下降，1988年食糖产量下降到461万吨。1988年国家决定调整食糖出厂价格和调拨价格，糖料种植面积和食糖产量又开始增加。到1990年，糖料和食糖产量分别是1979年产量的2倍和2.3倍。

这一时期糖业发展摆脱了“以粮为纲”、食糖“地区自给”的困扰。首先解决了种植糖料农民的口粮之忧和粮食征购派购的负担。其次，提高糖料收购价格和实行甘蔗综合变通价，促进了糖料的生产。1979年国家提高了糖料的价格。甘蔗收购价由1978年的每吨34.6元提高到43.7元，提高了26.36%；甜菜由每吨60元提高到75元，提高了25%。虽然糖料价格提高了，但由于糖料生产成本上升，与种植其他作物相比，种植糖料作物相对比较收益低，糖料生产受到影响。为了解决食糖短缺问题，国家采取以粮换糖、粮糖直接挂钩政策，给予糖料生产财政补贴，同时建议多进口粮少进口糖，以扶持糖业发展。1985年后，由于许多农产品的价格已经放开或实行浮动的指导价格，但国家对糖料仍然按计划收购，价格由国家统一管理，且糖料定价过低，为了支持糖业发展，许多地方采取糖料变通价①。

20世纪80年代中国糖业政策在促进食糖自给自足的目标下，解决了制约糖业发展的四个方面的的问题。①糖粮挂钩政策解决了糖农口粮不足对糖业发展的束缚；②通过实施糖奖肥政策，在种子用肥和农用地膜方面也给予扶持，解决了主要农用生产资料供应不足对糖业生产的束缚；③提高原料价格，给予糖料价外补贴，解决了价格统得过死对糖业发展得束缚；④通过对新增产糖能力的建设，解决了加工能力不足对糖业发展的影响（连学智，1999）。

3. 中国糖业发展的调整期（1991年至今）　20世纪90年代以前，中国食糖供不应求，国家对食糖实行统购包销政策，食糖全部由商业部收购。为了解除糖料和食糖统一定价对糖业发展的束缚，面对不断增加的食糖供给和财政

---

① 国家为鼓励种植甘蔗，对甘蔗种植进行补贴，除甘蔗售价之外，还有粮食差价补贴，化肥补贴，返销糖的差价补贴，价外补贴、预付款生产等多种补贴，计算复杂；种植甘蔗农民拿不到钱，又拿不到粮，影响了农民种植甘蔗的积极性。所谓“甘蔗综合变通价”就是把甘蔗奖售粮食及其他物资的差价，加上甘蔗的基本收购价、价外贴补合并为一个收购价，并现金支付给蔗农。

补贴压力，国家对糖业发展的各项政策和宏观管理体制进行了调整。糖料种植面积和食糖产量在糖业政策和市场价格的调节下起伏不定。糖业发展分为三个阶段：

第一阶段，1991—1995 年。国家于 1991 年对食糖产销体制进行改革。产销体制改革后，商业系统不在承担销售任务，当年压缩库存糖 200 多万吨；加上 1991/1992 榨季食糖产量 791.64 万吨，使得 1991/1992 榨季投放市场食糖总量 1 000 多万吨，造成市场供求失衡。另一方面，改革后，食糖季产年销任务交给了制糖企业。制糖企业突然被推向市场，糖料收购资金不足，没有固定的销售渠道，企业自身也没有建立仓储设施，制糖企业竞相向市场抛售食糖。这一时期食糖进口计划并没有消减。这一系列因素造成食糖价格大幅度下跌，糖厂卖糖难，制糖企业亏损；挫伤了制糖企业和农户的积极性，糖业发展下滑。1995 年国家计划进口食糖 150 万吨，加上非法进口和走私，实际食糖净进口达 246.96 万吨。走私糖倾销到国内市场，刚刚复苏的国内糖业市场受到很大冲击。1994/1995 榨季食糖产量比 1991/1992 榨季下降了 31.7%。

第二阶段，1996—2000 年。针对放开糖业市场出现的问题，国家采取了放宽出口、适当调高糖价和糖料收购价格、对糖厂所需糖料收购资金和工业短期储存食糖所需资金给予支持等措施，加上食糖供应偏紧，糖价回升；糖料播种面积和食糖产量也增加，1998/1999 榨季食糖产量比 1994/1995 榨季增加 63%。于是国内食糖市场供大于求。糖精等化学合成甜味剂的使用加剧了市场竞争。由于制糖企业资金短缺，为了减少库存，竞相压价销售。糖价由 1994/1995 榨季的 4 500 元/吨降到 2 100 元/吨，制糖行业 90%以上的企业亏损。由于糖价下跌和南方甘蔗主产区遇到霜冻，1999/2000 榨季食糖产量只有 681.21 万吨。甜菜糖生产成本高于蔗糖，亏损更为严重；造成 1999/2000 榨季，甜菜糖产量占全国食糖产量不足 10%。

第三阶段，2001 年至今。2000/2001 榨季食糖产量 620 万吨，市场供不应求。2001 年平均每吨食糖达 4 500 元左右。由于市场刺激，加上国家各种宏观调控措施的有效实施，蔗农种植糖料作物的积极性增加，尽管 2002 年中国糖料作物播种面积比 2001 年有所下降，2002/2003 榨季食糖产量突破千万吨，达 1 063.7 万吨。2005 年食糖消费量 1 050 万吨，2006 年消费量小幅增长到 1 060万吨。我国食糖消费总量中，工业消费的比重逐年增加，食品工业的高速发展成为拉升食糖消费的主要动力。由于原油价格的攀升和国内需求的拉动，随着下游用糖工业的快速发展，我国食糖需求仍将保持较快增速，未来几年中国食糖供求会出现一定的缺口。

1991年国家对食糖产销体制进行改革，其目的是为了搞活流通，促进购销，开拓市场，调动发展糖业的积极性，以促进糖业正常发展。销售方面，将国家计委下达的食糖收购调拨计划由指令性计划改为指导性计划，改商业包销为工业自主经营；取消工商企业食糖收购比例，实行多渠道、少环节地经营食糖批发业务。食糖生产企业、糖酒公司和其他国营、集体商业企业均可经营食糖批发业务。价格方面，糖料价格、食糖出厂价格实行中央指导下的省级政府定价。适当调整糖料收购价格；食糖出厂价格由国家定价改为国家指导价；同时取消凭证定量供应办法，放开食糖的零售市场。管理方面，不再实行综合性计划管理，食糖的管理由指令性改为指导性，建立中央和地方两级食糖储备制度，食糖储备的原则是国家进口糖由中央储备，国内生产糖由产区和销区分别储备。并形成了各制糖企业归口轻工部门、各糖业公司归口商业部门的糖业管理体制。

制糖企业由过去的只管生产，不问经营，突然被推向市场的前沿，由于没有固定的销售渠道，没有相应的配套流动资金和必要的仓储条件；宏观调控没有起到应有的作用，冲击了国内糖业生产。1991—1994年糖业发展下滑，国内食糖供应偏紧，糖价较高。过高的糖价诱发了食糖走私。1994年和1995年，以来料、进料加工的名义流入到国内市场的走私糖多达210万吨。走私糖很快就以其低价占领了国内市场，造成卖糖难，制糖企业亏损。针对走私糖对国产糖的冲击，国家加强了对食糖进口的管理。

为进一步深化食糖产销体制改革，规范食糖市场经营秩序，加强食糖进出口管理，促进国内食糖生产，保持市场稳定，国务院1997年转发了国家计委“关于进一步调整食糖生产和流通有关政策的意见”，强调要调整食糖生产布局，降低加工成本；理顺食糖产销体制，加强协调管理；完善中央和地方两级储备制度，加强市场宏观调控。由于1995年以来，食糖产量增产速度很快，短缺已经不是糖业发展的主要矛盾。1998年开始，国家通过对制糖行业结构调整、控制糖精等化学合成甜味剂的生产和使用等宏观调控措施对食糖总量进行调控，促使糖业扭亏。20世纪90年代以前，由于食糖供应不足，糖精作为糖的替代品，发展很快。80年代初，全国糖精产量5 000多吨。至90年代，产量达1.2万吨以上。1998年和1999年国家两次发出通知，对糖精的生产能力和国内销售量进行控制。2001年国家经贸委、国家计委等单位联合下发了“关于制糖行业结构调整部分企业关闭破产有关问题的通知”，提出制糖工业结构调整的原则是：压减落后的生产能力，优化结构和合理布局；原料缺乏、不宜种植糖料的一些地区，分期分批退出制糖行业；对主产糖区资产负债率高、亏损严重且扭亏无望的糖厂实行关闭破产。2000/2001榨季，实行糖料款二次结算，糖料价格和食糖价格联动①，建立制糖企业与糖农利益共享、风险共担机制。

由于糖业产销体制改革，突然把制糖企业推向市场，但糖业的产销体制并没有理顺，国家宏观调控措施也没有跟上，造成20世纪90年代糖业亏损。为了防止价格波动对糖业的冲击，总的来说，国家主要采取了四方面的政策措施：①控制食糖和糖料作物种植总量，以平衡供求关系；②关闭破产企业，调整制糖行业结构；③建立国家储备制度，用于保障供给，保证价格和市场稳定；④打击走私糖，严格管理食糖的进口，减少糖精等化学合成甜味剂的使用。

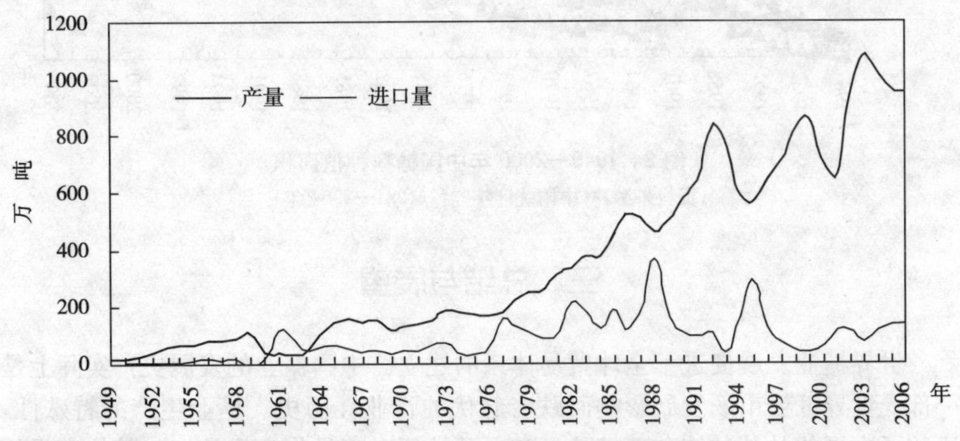

图1　1949—2006年中国食糖产量与净进口量

资料来源：《中国农村经济统计大全（1949—1986）》，《中国统计年鉴》（1981—2007年）。

值得关注的是，从2000/2001榨季至2005/2006榨季，中国食糖消费量的增长占世界食糖消费量增长的21.27%（USDA，原糖值）。同期，中国食糖消费量以年均5%的速度增长，而世界食糖消费量年均增长率为2%。中国食糖消费增长主要是由工业用糖拉动的，近年来，我国食品工业用糖平均每年增长幅度约在17%左右。未来几年中国食糖供求关系将更加紧张，中国食糖的进口量将有很大的增长，中国将成为亚洲乃至世界增长潜力最大的食糖市场。随着世界各国对能源和环境问题的日益关注，糖业发展与粮食市场、能源和环境的关系越来越紧密；糖业发展面临的外部政策环境也越来越复杂。

---

①　在榨季开始前，由价格主管部门发布糖料收购价格及对应的食糖挂钩价。榨季结束后，由价格主管部门根据榨季食糖平均销售价与榨季初发布的食糖挂钩价的差价，规定一定的比例返还给交售糖料的农民。

图2 1949—2006年中国糖料种植面积

资料来源：《中国统计年鉴》(1981—2007年)。

三、总结与展望

世界糖业发展促进了全球贸易体系的建立。中国糖业的发展史，实际上是一部受世界蔗糖市场发展影响而跌宕起伏的行业性历史。糖业生产的特殊性，决定了中国的甘蔗种植和蔗糖的生产一开始便以商品作为目的。与其他商品相比，蔗糖较早地参与到了国际市场的竞争中去。当国际市场对中国食糖需求旺盛时，我国的蔗糖业能够迅猛地发展。但是，欧洲甜菜糖业成功研制并获得广泛发展后，对中国市场形成了强大的冲击。1949—1978年间，中国糖业的发展非常不稳定，糖料种植面积和食糖产量波动幅度很大。1979—1990年这段时间，食糖产量和糖料作物播种面积总的来说增长速度很快，榨季之间波动幅度不大。1991年至今，食糖产量和糖料作物播种面积又处于动荡和徘徊之中。1990年之前，食糖产出和消费之间的缺口很大，要靠进口来满足国内需求，食糖进口量随着糖业生产的波动而波动。1991年以后，中国食糖自给问题基本解决，食糖进口量也基本上比较稳定。

纵观中国糖业半个世纪的发展，糖料收购价格一直是影响糖业发展的重要因素之一。20世纪90年代以前，糖料价格与粮食等其他作物、农业生产资料的比价是影响糖业发展的关键因素。长期以来糖料和食糖价格很低，制糖企业又依赖糖料的低价供给，食糖价格未能反映制糖企业的真实生产成本。在国家不断提高糖料收购价格的情况下，财政就在中间充当制糖企业和农户利益的直接“调停人”，制糖企业和农户都依靠国家财政补贴，随着食糖产量的增加，财政由此背上了沉重的包袱。国家财政在1991年终止了直接“调停人”角色，甩了包袱。制糖企业和农户直接交易。原料蔗价格占蔗糖生产成本的70%；原料甜菜价格占甜菜糖生产成本的80%。糖料价格和食糖价格之间长期被忽略的问题变得突出了。如何通过市场价格来把二者连接成一个整体，以激励双方提高生产效率，是一个重要的问题。

无论是食糖生产自身的特性，还是国际糖业市场发展的实践都表明，糖料是制糖企业的第一车间，国家要通过有效的税收、信贷和宏观调控等政策来对糖业进行管理，以稳定价格，平衡制糖企业和农户的利益关系，保护本国糖业的发展。长期以来中国一直把制糖企业和糖料种植农户人为地割裂开来。现行的糖业管理体制在生产经营和管理上条块分割；工业、农业生产与商业、贸易分割。糖业生产在农业部门、轻工业部门，食糖国家储备在商业部门，进出口在外贸部门，不同的部门往往从本部门的利益出发制定政策，认识不一致，影响糖业发展的稳定性。中国将成为亚洲乃至世界增长潜力最大的食糖市场。随着世界各国对能源和环境问题的日益关注，糖业发展与粮食市场、能源和环境的关系越来越紧密；糖业发展面临的外部政策环境也越来越复杂。

参考文献

[1] 季羡林．季羡林文集．第九卷，第十卷．江西教育出版社，1998

[2] Jonathan Kingsman. 糖．中国海关出版社，2003

[3] 李治寰．中国食糖史稿．农业出版社，1990

[4] 司伟．中国糖业政策回顾与展望．世界农业，2004（3）

[5] 王秀清，司伟．扭曲的国际食糖市场：贸易政策与价格形成．中国农业经济评论，2004，1（1）

[6] 周正庆．糖业发展与社会生活研究．博士后学位论文．中山大学，2003

[7] 邹崇铭．一粒糖的故事．《明报》世纪版，2003-9-19

[8] Christian Daniels, Agro-industries: Sugarcane Technology, in Joseph Needham (ed.), Science and Civilisation in China, Vol. 6: Biology and Biological Technology, Part III: Agro-industries and Forestry Cambridge: Cambridge University Press, 1996.

[9] Sucheta Mazumdar, Sugar and Society in China. Peasants, Technology, and the World Market Cambridge, Massachusetts, and London: Harvard University Asia Center, distributed by Harvard University Press, 1998.

国家与产权：中国农地制度的变迁

吕之望

（中国农业大学经济管理学院）

我们力图解释国家和产权之间的关系。先简单说明这个问题的意义所在是非常必要的。我们知道，产权在阿尔奇安那里被定义为某人能够有效使用资产的能力，譬如说树上的果子的产权只能为会爬树的人所有。而在强力界定产权的框架下，因为拥有强力的人虽然不会爬树，但是他可以把树砍倒，也就是说存在使用武力来获得产权的可能。我们则考虑的是当国家介入对资产归属和产权分配的影响。

继续沿用果树的例子，一种可能是国家获得了果子乃至果树的产权，因为国家拥有强大的暴力潜能，如果按照强力界定产权的观念，似乎国家又会成为资产的所有者，当然这种情况与现实世界相差甚远；另一种可能是国家不会成为产权的主体，但是会成为决定产权分配的主要力量。面对同一株果树，国家可能禁止砍树，这会形成对会爬树的人有利的产权结构；而国家也可以同意任何人砍树，这样就会形成对拥有武力的人有利的产权。需要进一步说明的是，国家的选择行为都是建立国家是独立利益主体的假设基础之上的。从而我们知道，国家之所以不会在产权分配中置身事外，就是因为即使国家不能成为产权的所有者，也会通过和某一方合作（禁止砍树就是与会爬树的人合作，而允许砍树就是同拥有武力的人合作）而有所获得。

相关的研究

在诺斯制度变迁的框架内有关于国家行为的研究，人们从中归纳出了一个悖论——诺斯悖论。即对国家来说，由于面临所谓的竞争约束和交易费用约束，一方面要追求财政收入最大化，另一方面又要负责促进经济增长的有效率体制，这两者之间存在持久的冲突。虽然本文后面的论述并不完全同意诺斯悖论的理论意义，但是无疑它启发我们就国家和产权之间的关系做进一步的探讨。相比较诺斯和巴泽尔的国家理论，我们更同意后者关于国家的财政收入最大化和安全最大化的基本假定，因为分析制度的有效性不是本文的意图，而且我们更希望从最直接的自利动机来描述国家的行为。在巴泽尔的理论中，国家对于产权的重要性体现在对个人实施权利的保护上，个人权利得以实现是自己努力、他人觊觎和第三方（一般为国家）保护这三种力量的综合①。

在早期的研究中，一项资产的产权特征被认为是取决于技术因素和自然属性，按照资产可排他性程度的不同，可以分为私人资产、俱乐部资产和公共资产。其实这已经暗含了一个有序市场的前提假设，如此则根本不需要国家的存在。但是个人实现排他性是有成本的，譬如一个苹果，从消费的角度上来看，固然只有某个人有此口福，但是这无法保证他也能排他地占有这个苹果。另外一个人可能也想吃，他会抢走这个苹果。那么是否应该求助于国家的干预呢？这就回到了我们关于果树的例子，国家可能帮助这个人或者那个人，也可能自己拿走这个苹果。在这种意义上，国家的行为将决定产权的分配。但是我们注意到了这里的排他性不再是一个技术性因素，而是社会（包括国家）各方努力的结果。如果不引入国家的概念，资产的产权特征将由技术等自然因素惟一地决定，显然这种框架不足以解释现实世界中的制度变迁，也无法理解各种各样的产权结构。结合产权作为博弈的结果的观念，我们将论证以下的关系是成立的：个人要实施产权，取决于国家对产权的保护，而国家的行为源于自利的动机。

周其仁的《中国农村改革：国家和所有权关系的变化》是一篇研究农地制度的经典文献。周文从诺斯难题出发，论证了国家在工业化的目标下，剥夺农民所有权以及由此展开的国家与农民之间的反复博弈过程。周所描述的国家制造的集体所有权的低效率使得国家控制农村经济的收益与费用倒挂，导致国家的政策退却最终形成新的所有权主体这一点对于我们很有启发。而且，就结论而言，周文无疑是正确的。但是周对国家收回农民土地的解释是土地所有权中被铸入了国家意志，所以当国家目标改变时，就可以收回所有权。我们认为这

① 巴泽尔（1999）提出了产权和国家演进的模型，论述了从专制到法治过程中产权的变化以及作用。统治者和臣民都被假定是利益最大化的，统治者面临着一个两难选择：自身安全和财富追求。控制臣民可以提高统治者的内部安定，代价是产出的降低和专制者财富的减少，而增加财富是抵御外部威胁的保障。巴泽尔认为在现实中不存在绝对的独裁者，因为统治者无法掌握个人能力的完全信息。于是，收取定额租金（这里假定臣民起初没有财产）比给臣民支付固定报酬对双方都是有利的。统治者开始允许臣民拥有财产，私有产权就产生了。下一步臣民可以接受一个更高的定额租金，以换取更多的自由，显然，财产和自由在这里是正相关的。巴泽尔证明，由于信息成本、侵权的交易成本以及信誉等问题的存在，使得统治者侵犯产权的行为会得不偿失。所以，统治者愿意诱导臣民形成一个集体行动的机制，以使自己建立可置信的承诺。在巴泽尔的模型里，集体行动机制乃至法治并非统治者和臣民权力斗争的结果，而是统治者寻求合作、利益最大化的产物。

种解释不够规范。个体农民保护产权的努力在无法抵挡国家掠夺的时候，所有权是没有意义的。所以，土改后分到土地的农民只是国家的佃农，并不享有实际的所有权。我们假定国家无时无刻不想侵犯产权，而农民可以选择偷懒这种负向保护。国家可能会做出让步，这取决于国家遭受的或者预期遭受的损失。那么我们可以把国家的让步过程看作是所有权产权不断完善的过程。而诺斯所说的国家干预所形成的无效率产权的长期存在，从均衡观来看，是因为个体和社会没有能力使国家或政府遭受更为重大的损失。

基 本 模 型

首先证明的是个人产权形成的条件。我们应用不完全契约理论建立了一个国家和个人的博弈模型。[①] 在这个模型里，由国家首先选择契约结构，我们假定它只有国家所有制和个人所有制可供选择；个人的投入水平影响产出，但是又在事先无法完全核实，在国家选定契约结构之后，个人选择投入水平。不同的契约结构对于个人具有不同的激励效果，从而影响国家的收益。

我们只是力图描述这样一种情况，即国家在什么条件下会承认和保护个人产权，而不论这个产权是如何建立的。事先需要澄清的是，尽管个人产权在理论上可能先于国家，但是我们并不准备把所有的情况都包括进来。我们接受以下的假定：国家权力强制做出产权安排，这其实是对自由交易形成的产权的剥夺。国家根据自己的意志，可以将私人产权变为公有产权，也可以将公有产权变为私人产权，或将私人产权变为另一主体的产权等。同样，周其仁（1994）在论述中国农地制度变迁的时候，也是认为国家将自己的意志铸入了农民土地的所有权，所以，国家可能将公有产权变为私人产权，也可能私人产权变为公有产权。我们知道，在理论上确实存在着国家意志改变产权结构的可能性，但是如何理解一些所谓的连国家也无法阻止的趋势，譬如，我国联产承包责任制的实行及其推广。我们需要知道为什么同样是一个国家，有的时候能制度性地改变产权结构，有时候却不能。

进一步的说明

在理解国家行为的过程中容易想到的思路是引入一种成本概念，国家作为行为的主体，它出于成本—收益的考虑来改变产权。而我们说某种产权变革的

① 具体模型参见我的论文"国家行为与个人产权"，刊于《人文杂志》2004年第三期。

趋势不可阻止时，则是由于成本过于高昂，以至于国家不会去考虑承担这种成本。另外，还需要关于这种成本的信息成为共同知识。另外，为了体现产权作为生产的制度结构的性质，我们将把对生产要素的产权作为分析对象。虽然这也许将会和以后的分析有所不同，譬如从事后分配的结构来界定产权，但是我们不应该过分强调这种差异，尤其是在一个连续的生产过程中。

产权作为生产的制度结构，要求不论一项资产落入什么人或者团体手中，他（们）就要组织生产。这就有了不同的生产模式和生产规模。传统的计划经济被看作是科层制的经济，这启发我们沿用企业理论的思路来分析国家的行为。因为在计划经济中，国家是生产的组织者，那么国家的范围就由生产模式和生产规模来决定（我们仅仅把分析放在生产的领域）。根据企业的契约理论，企业的边界是取决于企业内的组织成本与市场交易成本的比较，或者说产品市场契约与要素市场契约各自的交易成本的比较。不过实际上对我们更为重要的是一体化的概念，在威廉姆森开创的资产专用性的分析路径上，格罗斯曼和哈特等人研究了纵向一体化和横向一体化的成本和收益。由此，我们把国家改变产权结构的问题转化为一体化或者非一体化的问题。当国家把公有产权变为私人产权时，也就是进行非一体化，而相反地把私人产权变为公有产权时，就是一体化。

不完全契约理论为分析一体化问题提供了有效的工具。不完全契约是契约的常态，那么，契约为什么会不完全呢？因为不确定性的存在，在事先契约各方无法完全观测到可能出现的情况。这当然就写不到契约中去，或者由于执行成本过高而无法实现。由此需要一体化，由此也证明产权的安排是重要的。哈特、施莱佛和维什尼（1997）把不完全契约理论引入关于公有制和私有制提供公共物品的效率的讨论，而车嘉华和钱颖一（1998）则由不完全契约理论得出了在产权不明晰情况下，地方政府所有制和集体所有制会比公有制和完全私有制更有效率的结论。在本文以下的分析中，我们着重借鉴哈特、维什尼和施莱佛的理论模型，但是将不再局限于在公共物品的领域比较两种所有制的效率，而是在一个更一般的领域来讨论国家对两种所有制或者说生产组织方式的取舍。

对于用一体化和非一体化来解释产权变更的思路，我们还需要做进一步的说明。对于产权的变迁，不论从理论上，还是从现实的产权改革来看，不言自明的一条主线就是私人产权对公有产权的替代。而我们将要进行的分析则不一定遵循这一线索，一体化和非一体化是国家这个行为主体的选择。但是这样说来，似乎个体和其他非国家的组织似乎在这一过程中就无足轻重了。其实不然，个体的重要性表现在当他们处于一体化或者非一体化状态下，他们的行为激励是不同的。他们不同的行为会影响国家的效益（包括收益和安全），这也就是国家和个体之间的博弈过程。当然，更为重要的是我们用一体化的分析可以比较明确地发现国家保护个人产权的条件，这也是我们所重点考虑的。

一个关于产权的不完全契约框架

就组织生产来说，大致分为两种方式：一是由市场来组织，也就是由个人组织，这里不需要国家参与；第二就是由国家组织，需要个体参与。我们重点要进行的是对两者的比较。尽管国家是通过多层的委托代理机制来进行实际的生产的，但是我们仍然可以把它简化为国家作为经营者、个体作为工人的情况。这种简化对于工业、农业以及其他行业都是适用的。其实这两种方式也就是非一体化和一体化。在非一体化情况下，国家不参与组织生产，那么它的收益来自税收；在一体化的情况下，国家组织生产，它的收益来自产出所得，同时，因为国家必须雇佣工人进行生产，所以还会产生组织经营成本。以上就构成了国家拥有所有权的成本和收益。这又让我们想起了道格拉斯·阿伦（Douglass Allen，1991）的理论，国家掌握所有权是有成本的，而并不是无条件的占有。当这个条件不能得到满足时，国家将放弃所有权，个人或者其他团体成为产权的主体。当然不能排除这样一种情况，这项条件未能得到满足，而国家却没有在法律上放弃所有权，那么结果就是国家实际上把部分产权放置在公共领域之内，这是低效率的。

可以认为国家比个人具有更多的目标，与个人相比，国家不仅要关心产量，还要关心社会福利目标。以一个工厂为例，除了生产产品之外，还会有废烟废水排出。如果降低污染是一个社会福利目标的话，在国家所有制情况下，国家作为生产的组织者，就要考虑要么降低产量，要么采取另一种努力减少污染。我们需要指出的是，尽管国家比个人有更多的目标，但是这并不意味着国家所有制比个人所有制更贴近社会最优（First Best），因为在不同的所有制代表着不同的激励结构。

周其仁（1994）在论述中国农地改革的文献中，曾经引用这样一个基本的判断（崔晓黎，1988）：在20世纪50年代，国家试图扩大征税，但是几次高征税都引起了农民的集体抵抗，这表明农民税收负担（包括各种附加税）达到农产品价值的15%为一个界限。周的结论是由于国家要实现工业积累，所需的农业剩余远比这个界限高，所以国家剥夺农民私有权，制造了国家所有权。而我们所得到的结果也是对这个结论的一种表述。

我们知道，在私人所有制下，国家当然可以改变税率，但是不能提高到生产者能够负担的界限以上。如果国家的税收收入是连续的，那么在没有达到最优税率以前，税率越低，国家的收益越小；而税率超过了最优税率这一点，税率和税收又反向变动。周文中提到国家意图获得 20%的农业剩余，而当遇到 15%的税收上界时，国家才改变了所有权结构。但是基于对拉弗曲线效应的考虑，这两个比例反倒会给我们对正确认识该问题带来困扰。如果 15%的税率遭到了农民的反抗，我们把 0.15 当作税率的上界，它当然也早超过了最优税率。那么，即使国家能够把税率提高到 20%，且不说会遭到农民更为强烈的反抗，由于农民生产积极性的下降导致产出减少，而国家仍然获得不到它所期望的收入。

现在我们对这一问题重新进行阐述。假定在某个农业总产出下（根据我们的假定，这个总产出对应着一个税率水平，而且这当然是以私人所有制条件），国家需要某一比例，譬如 20%的农业剩余。这样一来，国家想获得的实际上就是一个绝对的数额。那么，能够满足国家这一需要的所有制结构将会被国家强制推行。首先，国家可以改变税率至最优税率水平，这也就改变了总产出水平。如果这一改变不能够使国家的收益达到那个绝对数额，国家就有了改变产权的念头。如此看来，这个虚幻的 20%实际上只是国家改变所有制结构的诱因。另外，因为假定任何结果在事后都是可以观察的，所以我们也应该考察另一种所有制结构，也就是国家所有制（假设只有两种所有制结构）能否满足国家的需要。在我们前面的分析中，国家的这个需要确实是重要的。但是从历史上看，即使国家改变了所有制结构，这个需要也并不一定得到满足。既然如此，以下的这种态度似乎是明智的：即就是放弃国家不偏好国家所有制的假定，则国家在私人所有制达不到目的的时候，就会倾向于国家所有制，而这种行为的结果在事先不能完全认识到。另外，正如前面已经提到的，要遵守不完全契约的基本假设，则我们只能以旁观者的视角来比较国家或者政府的选择行为。

一个动态博弈模型的非技术性说明

应该承认，我们在用不完全契约理论解释国家行为的时候确实遇到了一些困难。因为这个框架难以为国家或者政府的选择行为提供一个强有力的说明。下面我们试用博弈论来考虑一种可行的路径。

在我们以上的分析中增加一些假设，国家和个人的行为可以表示成一个完全信息动态博弈的过程。需要指出的是，完全信息在这里似乎令人疑惑。实际上在不完全契约理论中，一般都假定在契约各方之间的信息分布是对称的，并不涉及用概率对某一方的类型进行刻画的问题。那么，要把国家和个人的行为选择表示为完全信息的动态博弈，它要求博弈双方对博弈树上的每一个信息集是了解的，而且双方在每一个决策点的选择都是最优的。这实际上已经与不完全契约理论的假设不相符合，而这里所谓的完全信息就是国家对个人在不同契约结构下的最优的努力水平是知道的，当然对个人这也不是秘密。

如果把契约结构细化，则国家不再在非公即私的情形下选择。我们假设国家征收走个人一定比例的产出，而这个比例显示国家控制的程度，或者直接定义为国家所有制的程度。国家所有制即为征收比例接近于1，而征收比例远远小于1而接近于零则可表示个人私有制。第一步由国家和个人订立契约，选择征收比例，而不同的比例代表不同的激励效应；第二步由个人根据不同的比例，选择最优的努力水平。

对此问题的求解是简单的，即通过逆向归纳先得到个人的反应方程，再根据这个反应方程求国家的最优征收比例。这种博弈模型的益处在于我们可以改变博弈双方的选择次序，从而得到更为有用的结果。譬如先由个人生产者选择努力水平，而后国家选择征收比例。选择次序的改变对博弈结果的影响是显著的。由国家先采取行动改变为国家后动即就是说国家并不尊重原来的产权结构，而是根据自己收益的最大化来选择征收比例，可以想见的结果是个人生产者的生产积极性将会下降。回顾我们国家上个世纪五六十年代土地的集体化，由此所引发的农业危机就是因为国家改变了土地所有权，原来的农户拥有（这包括新中国成立初期的分田到户以及初级社时期的农有公用）在国家的强力下变成了国家所有。

这个动态博弈的框架也只是想对以上不完全契约理论在解释国家行为方面的不足进行补充，但是我们目前还不能把这二者有机的结合起来。另外，现实的复杂性也会考验完全信息的假定是否合理。这也许只代表解释问题的一种可能的路径吧。

农地制度的变革及效率问题

本文进入实例验证的部分。在下面的内容里，我们将通过探讨中国农地制度或者与农地产权相关的制度安排来深化对以上问题的认识。之所以选择农地制度作为案例来印证我们关于产权的论述，原因在于，就中国的改革历程而言，农地产权的变迁具有最为丰富的内容，它涉及农业生产方式、农村组织以及农民经济政治地位等多方位的变化；形式更加多样，有农民的自发探索，也有地方政府和中央政府的干预；而且产生的效益也有目共睹。

在前面的理论分析中，我们把所有制的变化看作是国家行为选择的结果，这种选择又是国家根据在不同所有制结构下的收益比较而进行的。但是一般认为实践中的制度变迁并非只是国家一方的行动，而是多方行动的结果。另外，在理论上，诺斯也把制度变迁的主体分为第一级行动集团（相当于发起者）和第二级行动集团（相当于响应者），这两级行动集团显然不能由国家一方担任。至于制度演进理论就更加怀疑国家在制度建设上的能力和效率。

在这里我们并不打算否定以上的理论路径，相反我们也承认和赞同该理论的解释力。但是本文强调的只是国家的行为和动机，而由于国家的行为所产生的效率，不见得有一个统一的标准。从长期来看的效率，从短期来看可能是非效率；而国家认为的高效率也可能是其他人或者组织的低效率。我们认为国家只是一个自利的且拥有暴力潜能的组织，它将按照自己的意志来行事，其中就包括它对农地产权结构影响。在诺斯的理论里面，这就构成一个悖论。关于“诺斯悖论”，在这里无须赘述，然而我们应当从这个悖论的反面来看，即虽然国家追求租金最大化的目标并不是时刻都与维持有效率的制度的目标相协调，但是也留下了这两者相协调的空间。当然，我们在文中对这两个目标并不一视同仁，而是强调前者，后者服从于前者。这样一来，即使国家时刻都从自己的利益出发，仍然能保证有效率的产权结构的存在。当两个目标协调时，产权是有效率的；当两个目标冲突时，产权是低效率的。

以下内容分为三个部分：首先论述我国农地制度的沿革；其次，就农业集体化的推行来讨论关于效率的问题；最后的部分是对内容的扩展，比较与第三方实施产权的区别。

农地制度的沿革

新中国成立以来，我国农地制度发生了五次大的变迁：第一次是农有农用制度的建立，也就是通过土地革命没收地主土地分配给无地少地的农民；第二次是农有公用制度，通过农业合作化运动组织初级社实施农业集体化；第三次公有公用制度，通过组织高级社，剥夺农民的私有权；第四次变革表现为三级所有，队为基础，这是对人民公社的纠偏；第五次为公有农用，也就是从20世纪70年代末一直延续至今的农村联产承包责任制。下面我们对农地制度的变迁做一梳理。

一、农有农用阶段

从新中国成立后直至土改结束，对于土地的产权安排，国家一直本着“打土豪，分田地”的思路，也就是剥夺剥夺者。为了获得无地少地农民的支持，新政权从土地垄断者（地主）手里夺取土地然后分给农民。新中国成立前的边区政权和新中国成立后的中央政府，基本是如法炮制，农有农用的制度一直延续到合作化以前。从历史数据上看，这一阶段的农业产出是增加了的。对于这种增加，我们从制度上可以给出一个类似“奥尔森震荡”的解释，即国家的行为摧毁了趋于僵化的利益集团。如果可以认为农业产出的增加来自分得土地的农民生产积极性的提高，那是因为分得土地的农民的劳动投入水平是个人所有制下的投入水平，而在无地少地的情况下，其投入水平显然要低很多。

然而我们还是应当注意到，在国家重新配置产权时，并没有赋予土地接受者完整的权利，也就是说后者接受的是残缺的产权。比如规定农户粮棉的生产指标，对产出统购统销，禁止租佃和借贷等（周其仁，1994）。国家这种制造农民个人所有权但是又对资产交易施加诸多限制的做法，正好说明个人权利的内容决定于国家的行为，这与我们的理论分析是一致的。残缺的产权的激励效果将大大降低，即国家做出这种制度安排时，实际上在产权激励机能上是弱化了。而更为重要的是，国家制造的个人产权是没有保障的，这从以后的国家行为中可以看出来。

二、农有公用阶段

这一阶段是合作化运动。在我们看来，一说起合作化，不论它的实际运行结果如何，其总是带有国家安全收益的因素。另外，也不能排除效率，尤其是技术上的考虑，譬如在新中国成立初期农户缺乏足够和有效的生产工具，那么农户之间的合作是可行的。不过这个时期的合作化运动与目前的农业生产合作组织相比，区别在于前者完全是由政府倡导和推行的，而后者有农户自发形成的，也有依靠政府力量建立的。

一般来说，互助组是把个体农户的生产活动联合起来，包括联合劳动力、生产工具以及畜力，这种联合可以是长期的，也可能是短期的。而初级社把农户的主要财产汇集起来，其中包括土地，社成员可以按照土地等要素分红，也按照劳动分红。当然，互助组和初级社在产权结构上还是有区别的，尤其是在土地权利上，但是这种区别相对于这两者与高级社的区别来说，又是小巫见大巫了。另外，互助组和初级社基本上没有遭到农户的抵抗，推进得相对平稳（林毅夫，1990），因为尽管它们并非农户的自发行动，但是自愿入社退社的权利还是得到了保证。我们从林引用的一组数据中可以看出端倪：在 1955 年，互助组容纳的农户总数为 0.60 亿户，初级社总户数为 0.17 亿户；而高级社在同期总数为3.79万户，但是到了1956年，一跃变为1.07亿户，比互助组和初级社户数总和还多。高级社户数高速增长的背后是国家强制力的贯彻，退社权被取消了，不过我们看到的还是财产制度的改变。

三、公有公用阶段

高级社虽然新中国成立后就存在，但数目非常少。直到1956年突然从上一年的500个激增至54万个，而互助组和初级社的终结也是由于高级社对它们的替代所致。高级社与初级社在产权结构上的差别是显著的，它取消了土地和畜力的分红。我们认为，这个分红虽然不见得会占农户收入很大的比重，但是它的意义在于其表示农户的土地产权还是得到国家的承认和他人的尊重的。而分红取消以后，农户个人产权也就一笔勾销了。与初级社和互助组相比，高级社在1956年后容纳的户数更多，但是这种区别不是只是表面的。打一个比方，企业也是一种生产组织形式，设想有两个企业：一个是乡镇企业，规模较小；另一个是国防工业企业，规模大。但是只要不是研究它们的市场状况，我们就不需要关心其规模大小或者技术程度，而是要考察它们的产权结构。

下面用退出权来说明高级社和初级社的产权差异。我们假设除了经济上的力量之外，没有其他强力能够强迫一个生产者必须加入某一个生产组织。那么对这个生产者来说，他如果从这个组织中退出，最糟糕的境遇是选择饥饿乃至饿死，但不会是被杀头。如果一个人是某项资产的所有者，他放弃这项资产的排他性使用而加入到组织中，自身也成为组织的劳动力，同时享受资产分红。当他离开组织的时候，他可以带走他的资产。而如果一个人没有资产，他加入组织就只是劳动者，没有资产分红（如果没有按照劳动分红的话）。他固然也可以离开组织，但是他又没有别的选择。还是以企业为例，资产的所有者进入企业，也就是资本家，而没有资产的人进入企业，就成为劳动的出卖者。我们知道了这里核心的区别是一个组织的加入者是否拥有所有权，那么可以认为退出权实际上是由所有权所派生的。一个参与人无法退出，或者说没有退出权，就是因为此人没有所有权。不是因为有超经济的强力在逼迫他就范，而是他别无选择。另外，再补充一点，如果说确实存在一个组织的生产者因为政治等强力而不能退出的情况时，一个可能的原因是强权者出于保证劳动力的需要，譬如奴隶劳动的例子。

互助组、初级社和高级社，它们的共同制度特征在于国家对土地所有权的控制。而高级社更是国家剥夺了农民的私有权，制造了新的所有权（周其仁，1994）。根据周的分析，国家剥夺农民的私有权是为了把农业剩余尽量集中于自己手中以支撑国家的工业化。但还须指出一点，此前的土地改革只是产权关系的转移，并未改变私有产权的性质，而当国家剥夺农民的私有权，造出新的所有权时，已经是以一种公有产权代替私有产权。而这一时期公有公用的产权安排的后果是1959—1961年的饥荒，高级社的发展也正好达到顶点。

四、三级所有，队为基础的阶段

这一阶段大约持续了十五六年左右，是以人民公社的解体开始而以联产承包制的初现端倪而告结束。其间实行生产队的生产模式，可以看作是对人民公社的纠偏。生产队与以前相比，在制度安排上有一些变化，主要有两点：一是劳动工具转变为家庭占有；二是允许家庭副业的存在。在农业生产中，土地和劳动工具是主要的生产资料。人民公社要求土地、劳动工具的公有（集体所有），则生产队可看作国家对私人权利的一种让步。而正是劳动工具的家庭所有，才可能维持家庭副业，否则，在连家里的铁锅都要拿去炼钢的时期，家庭副业是无法想像的。这一时期的让步虽然不大，但意义非同凡响，这是新中国成立以来国家在制度上第一次显著的退却。这次退却的直接原因是国家控制收益指数增长相对于费用增长的倒挂（周其仁，1994），而且是在经历了1959—1961年的农业崩溃之后。

一般认为高级社阶段是公有制最广泛的时期，也就是国家的行为最深入的时期。而三级所有的建立就是在经历了大饥荒之后，国家不得不收缩自己的行为，于是这次退却又成为国家动员农民增加生产并实行自救的行动。当国家意识到自己行为不当并开始收缩时，在产权安排上表现为两种结果：一是降低了公有产权安排的制度供给；二是产权保护程度有所提高，因为只要国家收缩，这便是必然的结果。

尽管在理论上可以假设国家根据不同所有制结构下的所得的比较来安排产权，但是实践中国家的选择会更多一些。所以在公有公用无法继续维持的时候，国家并没有直接退回到农有农用的所有制，而是形成了三级所有的结构。因为按照我们前面的分析，国家还可以通过调整维持公有制的成本来避免在国家所有制和个人所有制两个极端上选择。

五、联产承包制以来

联产承包责任制是以局部农民的制度创新开始的，然后迅速推广到全国各地，农民开始提出“交够国家的，留够集体的，剩下都是自己的”。虽然这项制度最初是由农户发起的，但是我们仍然强调国家行为的重要，因为其迅速得到政府的认可说明它与国家的利益是比较一致的，如果得不到国家的支持则始终是只能在地下运行。也就在这一阶段，地方政府活跃起来。改革开放以前它们只是中央政府的执行机构，而此时两者的利益开始分化，联产承包责任制也是先得到地方政府的支持后才获得国家认可的。我们认为国家（中央政府）和地方政府在不同所有制下的收益结构基本是相同的，联产承包的推广反映出地方政府对产权安排的选择。当然，相对而言，地方政府的选择行为往往是在中央政府决策的边界之上进行的。

联产承包制把土地实现包产到户，这被看作是中国农地改革的重大成功之一，从历史数据上看并不过分，而且联产承包制启动了改革开放的进程，从概念上我们可以赋予其划时代的意义。但要将之绝对化为开天辟地的变革，则是不客观的，因为历史一旦割裂，首先就违背了制度变迁的“路径依赖”性。确实，联产承包责任制是国家的第二次退却。国家的这一次退却又是以控制费用与收益的倒挂为直接原因。而国家的退却在客观上增加了产权的稳定性，包产到户是一种准私有权，也就是同作用于产权保护的增加。联产承包责任制使农业要素生产开始高于1952年的水平，而在此前一直低于该水平。而从产权组织形式和生产模式上来说，联产承包责任制与初级社以前是最为接近的。

以上是中国农地制度变迁的流水账，本文是从产权保护程度入手描述了国家在农地制度安排上的行为过程，大致可以得到这一印象：凡是国家收敛自己行为的时候，经济便有起色；而当国家膨胀自己的行为的时候，经济运行情况就差。当然反过来看就是在经济运行糟糕的时候，国家会在制度上做出让步；经济摆脱困境时国家就扩张自己的行为。

关于效率问题的讨论

这里所说的效率也就是产权结构对生产者的激励程度。虽然本文一直把国家的收益当作国家行为选择的标尺，而且我们也知道国家利益和社会福利时时冲突，但是效率问题还是会间接地，也是长期地检验现行的制度安排。因为不仅国家与个体生产者之间的分成比例会影响到国家的收益，经济运行的效率对此也有影响。这其实就是要求国家在一种整体效率低而国家占有的份额大，和一种整体效率高而国家占有的份额低的所有制结构之间进行选择。我们把效率最终的影响夸大，那就是斯密所举的例子：一个欧洲君主与一个勤俭农民之间的生活水平的差别，并不见得大于后者与非洲那些绝对掌握大量土著人生命和自由的首领们之间生活水平上的差别。

还是回到正题上来，由于高级社和联产承包制对效率的巨大影响，我们将给予它们以更多的关注。在林毅夫（1990）关于集体化运动和 1959—1961 年间农业危机的分析中，退出权的有无是关键。因为是团队生产，在有退出权的情况下如果有人偷懒，那么不偷懒的人会退出组织以惩罚偷懒者。所以这相当于组织内部的成员达成一项自我实施的隐性契约，成员会约束自己的偷懒行为。当然契约能够自我实施是由成员之间的重复博弈来保证的。而如果退出权丧失，重复博弈变成了一次性博弈，则不偷懒的成员不能通过退出来惩罚偷懒者，这就形成了一个“囚徒困境”，所有人都不再努力工作了，接踵而至的是农业的大歉收。有意思的是，对以上分析的批评否定了林关于退出权作为一种有效激励手段的观点（董晓媛和 Gregory K. Dow，1993）。他们的意见认为，在团队生产中，退出并不足以惩罚偷懒者，而在没有退出权的情况下，偷懒者会因为合作伙伴报复性的偷懒而受到惩罚，而且就威慑力来说，报复比开除更为严厉。

我们不要把注意力集中在这场争论中，本文讨论退出权与所有权结构的关系，就是想说明与退出权相比，所有权才是问题的根本所在。可以这样认为，不论是初级社还是高级社，只要其中涉及产权安排，都应该看作是国家与个人签订的契约，而这个契约又是不完全的。在国家选择了产权结构之后，个人选择投入努力水平。不同的产权具有不同的激励效果，一般的理论研究倾向于认为公有制的激励效果较差，而个人所有制的激励效果较好。我们知道高级社取消了土地和畜力的分红，也就是实行完全的公有制，那么个人生产积极性下降在所难免。而在初级社或者互助组里，分红是存在的，这表示所有权作为激励是可行的。简单地说，所有权激励才是提高投入水平的根本，于是可以理解初级社的激励效果要比高级社好。另外补充一点说明，我们不认为在初级社中，成员的生产积极性会高于家庭独立生产的情况，虽然这并不排除前者的效率要高于后者的效率，但是那更可能是技术上的原因。

就团队生产的特征来说，完全可以拿企业活动来类比合作社的生产。高级社就等同于一个国有制企业，高级社的成员和国有企业的职工都获取固定工资（假设没有劳动分红和奖金），他们最终的产出和他们付出的努力没有关系，那么，偷懒还是不偷懒就成了极其个人化的选择。关于退出权的争论只有针对初级社才是合适的。在初级社，团队生产的产出要在成员内部分配，则不偷懒的成员以退出来威胁偷懒的成员似乎是可行的；而在没有退出权的条件下以集体报复性偷懒来惩罚偷懒者也有道理，这就需要我们设想一种没有退出权的初级社的情况，但这显然指的不是高级社。所以我们对董和 Dow 的批评意见也不能满意，因为一个方面，我们无法拿他们的理论与现实情况对应；另一方面人们的注意力往往会被吸引到强制的状态中去。另外就双方争论的立论根本来说，都假设了不偷懒的生产者对偷懒者的监督和惩罚，而我们则认为在生产者没有所有权的时候，所有成员都是懒人。

最后还可以做进一步设想，如果农业生产以国家所有制的形式运行，是否有摆脱团队生产的可能？这确实难以想像，即使是地主的长工，他们的劳动也不是毫无组织的。但是若剔除国有制因素，则可以顺理成章地考虑联产承包责任制的情况。联产承包制所产生的效率是有目共睹的，我们认为这一项制度可以证明所有权对生产激励的正面作用。

还是回到生产效率对所有权选择的影响上来。如果能够精确计算出不同所有制下国家的收益，国家就可以通过选择所有制结构达到收益最大化。但是历史显然没有提供充分的证据，所以我们只有假设国家在事后是能够做这样的计算，其中的差错难以避免。由此来看，当国家面临工业化任务的时候，如果能够计算出全面地实行公有制反而会使自己的收益更少，则国家就不会选择组织高级社的行为。而相对于高级社来说，三级所有的所有权结构虽然减少了国家获取的比例，但是由于产出总量的提高，弥补了前者对国家收益所造成的损失。这个道理也适用于联产承包责任制。

离题的讨论：与第三方实施①的比较

在我们分析一种所有权结构向另一种所有权结构变动时，我们认为国家行为所产生的成本是问题的关键。国家要么将所有权收归国有，从而承担生产的组织成本，并且可能有效率的损失；要么只是获取税收，承担丧失所有权的成本。产权的变迁取决于国家行为的成本，而新中国成立以来的产权变迁似乎也在说明这个道理。但是对比格雷夫等人（1994）关于中世纪欧洲同业工会的研究以及温格斯特（1997）关于英国光荣革命前后君主债务的研究，我们发现我们所分析的产权的“强度”较弱。我们所描述的产权的变迁和国家对个人产权

① 第三方实施的关键在于存在一个组织，它对政府建立可置信的威胁，而个人对此是无能为力的。诺斯和温格斯特（1989）研究了17世纪英格兰光荣革命前后宪政体制变更和制度沿革，从和契约实施的角度探讨了立宪对君主建立可置信承诺的决定性作用。格瑞夫、米尔格罗姆和温格斯特（1994）用中世纪欧洲商人同业公会的案例来研究合作与承诺和实施之间的关系。温格斯特（1997）对17世纪英格兰光荣革命前后君主债务问题的考察是对以上研究的发展和应用，他把这个问题置于宪政框架之中。我们对第三方实施理论不能同意的地方在于，第三方组织的可置信威胁只是为产权提供了充分的保障，而并非是个人产权安全的本质。因为在个人和国家长期的博弈中，总有可能存在着一些均衡，即国家遵守个人的权利。另外，他们也没有考虑个人侵犯国家的情况，譬如偷税漏税，尽管这是小概率事件。

的承认，这一过程是我们用时间过滤掉了国家许多非理性的行为所得到的结果。个人产权遭到国家侵犯时，所能采取的行动只是消极地降低劳动投入，从而影响国家或者中央政府的收入结构。后者在得到教训之后才会做出反应。而欧洲同业工会或者英国的出借人面对君主不遵守彼此之间签订的契约时，会有一个第三方来为他们主持公道，使君主得到足以令其就范的惩罚。就得到的保护而言，后者的个人产权更为可靠。这促使我们区分产权的“强弱”程度。

那么，我们能够用什么概念来理解这种区别呢？我们可以尝试性地提出这样一个问题：在我们的分析中，国家可以在所有制结构之间进行选择，而中国农地制度的变迁也可以反映这一点，但是国家为什么不以赎买个人土地的方式进行国有化，而是一纸命令就可以达到目的呢？在周其仁（1994）关于这个问题的分析中，他认为国家当初把自己的意志铸入了农民私有产权，当国家意志改变的时候，农民的私有产权就必须改变。但若要问国家因为土地改革就可以把自己的意志铸入农民私有产权，这样的解释是否充分。用更为规范的语言来说，我们并不认为是农民的私有产权中有了另外的因素，而是在产权的保护和实施上出现了问题。从我国的农地产权变迁来看，国家制造公有产权的行动是失败的，后来由于经济上的危机而退却，联产承包责任制可以当作是对新中国成立初期农有农用的土地制度的一种复归。这个变迁过程就是个人产权遭到国家侵犯之后又恢复的过程。

而对于第三方实施的产权来说，就不需要这么麻烦。譬如中世纪欧洲的同业工会，一旦有一个商人的个人财产遭到某一君主的侵犯，同业工会将断绝与该君主的一切经济往来，作为对君主的惩罚。而这一项惩罚足够地大，使君主侵犯同业工会某一成员的行为得不偿失，这就保证了君主尊重商人的个人财产，不会以身试法。在光荣革命之后的英国，同样地，如果背负债务的君主不履行与某个出借人的协议，将会遭到议会的惩罚。有了一个强有力的第三方保护产权的实施，我们就可以认为产权的强度比较大。而且，强度大的产权的好处也是多方面的，如英国王室在自己的行动受到议会制约之后，其借款额反而大幅度上升，远比它能为所欲为时的借款额多。对于出借人来说，他的财产受到这样的保护当然是一件好事。由此我们设想，如果我国的农地产权不会受到国家、基层政府以及某些非政府组织的侵犯，则在农业投资以及土地流转方面都会产生正面影响，而且这种好处并非只有农户才能享受得到。

进一步说，我国的农地产权一直没有第三方的保护，所以农地产权的变迁过程也就只是国家和农户之间的博弈。面对拥有巨大暴力潜能的国家，产权主体不可能以一己之力与国家抗衡。不论是法律意义上的私有产权，还是准私有权，它们在实施中难以完全摆脱国家意志的干预。这体现在传统上，就是“溥天之下，莫非王土”的说法。所以，在农业集体化时期，国家为了工业化的目的而将农户对土地的私有产权变为公有产权，就是因为缺乏第三方的保护，使得国家不能立刻为它的侵权行为付出成本。而对国家行为的纠正只能靠农户消极地降低生产积极性，从而影响国家的收益来实现。

本文并不想从以上的分析中得出什么政策导向的建议，但是第三方实施的产权与自我实施的产权之间的区别是值得重视的。目前就产权的特征而言，我们不能肯定产权的强度是否是一项根本属性，而第三方的保护确实影响到产权的实施以及产权的价值，这需要进一步的研究。

参考文献

[1] Allen，Douglass，1991. Homesteading and property rights；or，How the west was really won，*Journal of law & economics*，vol. 34（April），1～23.

[2] Barzel，Yoram，2002. *A Theory of the State：Economic Rights，Legal Rights and the Scope of the State*. Cambridge University Press.

[3] Barzel，Yoram，1999. Property Rights and the Evolution of the State，Working paper，Department of Economics，Washington University.

[4] Che，Jiahua，and Qian，Yingyi，1998. Insecure Property Rights and Government Ownership of Firms，*Quarterly Journal of Economics*，113（2）：467～496.

[5] Hart，Oliver，Andrei Shleifer，and Robert Vishny，1997，The Proper Role for Government：Theory and an Application to Prisons，Quarterly Journal of Economics 112，1127～1162.

[6] North，Douglass，C.，and Barry R. Weingast，1989. Constitutions and Commitment：The Evolution of Institutions Governing Public Choice in Seventeenth-Century England，*Journal of Economic History*，49（4），803～832.

[7] Umbeck，John，1981. Might Makes Rights：a Theory of Formation and Initial Distribution of Property Rights，*Economic Inquiry*，vol. 19，January.

[8] Weingast，Barry. R.，1997. The Political Foundations of Limited Government：Parliament and Sovereign Debt in 17th and 18th Century England，In Drobak，Jogn，N.，and Nye，Jogn. V. C.，ed.：*the Frontiers of the New Institutional Economics*，Academic Press.

[9] 董晓媛. Gregory K. Dow：自由退出是否减少了生产队中的偷懒？林毅夫. 再论制度、技术与中国农业发展. 北京大学出版社，2000

[10] 蒋熙辉. 土地承包经营权的改造和重塑——以农地制度变迁为背景与视角. 中国制度经济学研讨会（杭州）论文，2002

[11] 李军林. 权利、均衡和制度变迁——一种关于产权起源的非合作博弈解释. 南开经济研究. 1998（2）

［12］林毅夫．制度、技术与中国农业发展．上海三联书店，上海人民出版社，1994
［13］唐贤兴．西方社会私人财产权的起源、发展及其政治后果．政治学研究．2000（2）
［14］姚洋．中国农地制度：一个分析框架．北京大学中国经济研究中心讨论稿，1999
［15］张曙光，赵农．决策权的配置与决策方式的变迁——关于中国农村问题的思考．中国社会科学评论．1（1）
［16］张五常（1969）．佃农理论——应用于亚洲的农业和台湾的土地改革．中译本．商务印书馆，2000
［17］周其仁．中国农村改革：国家和所有权关系的变化．中国社会科学季刊，1994 秋季卷

中国新石器时期家猪的分布

——基于考古资料的研究

黄英伟

（中国农业大学经济管理学院）

家猪是中国新石器时期出现最早的家畜之一，从古至今都是中国大部分地区居民的一种主要肉食资源，在宗教活动中也发挥了较大的作用。关于家猪的起源和驯养问题，一直是学术界所关注的研究领域。对家猪的起源时期以及家猪如何由野猪驯化而来等问题，已有较多的研究和著述。但至今尚未见到探讨新石器时期我国家猪的分布状况的有关文献。本文通过对考古资料①的统计分析，来探讨中国新石器时期家猪的分布情况。对新石器时期家猪在全国分布情况的研究分析，有利于进一步认识家猪的起源和驯化。

一、总体分布状况

猪是我国最早驯养的动物之一，是继狗之后被驯养的，是最早形成的“六畜”之一。至迟到新石器中期，“六畜”已经全部形成。由于家猪的驯养与原始农业之间有密切关系，今天我们看到的家猪出现的地方都是农业发达的地区。各省出土家猪骨遗址数如表1所示。

表1　各省发现新石器时期家猪骨遗址数②

省份	遗址数量	省份	遗址数量	省份	遗址数量
北京	1	天津	0	河北	4（28）

① 有关家猪的考古资料繁多，本文所选取的资料以陈文华先生主编的《中国农业考古图录》和《农业考古》中的《中国农业考古资料索引（十八）》及《中国农业考古资料索引（二十八）》为主。因为这些材料对家猪的考古资料是统计最全的，资料索引主要收集的是《文物》、《考古》、《考古学报》、《考古通讯》等杂志上公开发表的数据，虽然这样也不免会有遗漏与不全，但此材料基本可以说明问题。

② 表中的数据是根据陈文华先生主编的《中国农业考古图录》（1994. 南昌：江西科学技术出版社）和《农业考古》中1997（1）、2003（3）中的《中国农业考古资料索引》的有关资料的统计结果，括号中数据为猪骨个数或件数，均以大数记或总数。表中的数据不仅包括猪骨还有陶猪和猪壁画等。

（续）

省份	遗址数量	省份	遗址数量	省份	遗址数量
山西	5	江苏	15（51）	湖南	4
内蒙古	9（52）	浙江	3	广东	3
辽宁	14（206）	安徽	4	广西	3
吉林	0	福建	2	海南	0
黑龙江	0	江西	1	重庆	0
云南	11	河南	25（83）	四川	3
甘肃	4	西藏	1	贵州	0
新疆	0	青海	2	陕西	6
山东	29（378）	台湾	1	宁夏	0
上海	8	湖北	12（25）		

从表1不难看出，这一时期的家猪主要分布在黄河中下游地区、长江中下游地区、辽宁西南、内蒙古东南部地区和云南中部地区等。甘肃东部也有大量发现。此外青海、西藏等少数民族地区也有发现。在新石器时期猪的驯养基本遍及全国，至2003年考古资料止，发现有猪骨或陶猪模型的新石器时期遗址达160多处，大约有26个省、市、自治区，占全国3/4强。从表1看仅有少数几个地区没有与家猪相关的遗迹发现。

二、家猪遗骨集中区

根据考古发掘资料，薄吾成先生将新石器时期家猪骨骸遗址分为三大中心。即：①甘肃秦安大地湾遗址区；②内蒙古赤峰兴隆洼遗址、河南新郑裴李岗、河北武安磁山与山东藤县北辛遗址区；③广西桂林甑皮岩、浙江余姚河姆渡遗址区[1]。

对考古资料的进一步研究，可以将全国分为八大集中区。如图1所示：

1. 辽西及辽南集中区　此区域包括内蒙古东部赤峰地区、辽宁大部、河北北部。也是考古学意义上的辽西地区。此区以内蒙古赤峰兴隆洼遗址、沈阳新乐遗址和辽宁大连郭家村遗址最为典型。如，龙山文化期的内蒙古金霍洛朱开沟，一次就发现猪个体数52个；辽宁大连郭家村数量更是大，下层发现88个猪骨个体，上层发现116个猪骨个体和2件陶猪；辽宁建平水泉发现87个个体猪骨；此外新石器中后期的红山文化区也有大量家猪骨发现，还有此区域特有的玉猪出土。辽宁凌源城子山发现了猪头形状的饰品。

2. 甘青集中区　甘肃中东部地区和青海中部地区。以甘肃永靖秦魏家为代表，因为此遗址出土猪骨数量可观，46座墓葬就出土猪骨340块。其他地点如青海柳湾小岛、属庙底沟文化期的青海民合胡李家、甘肃秦安大地湾、甘

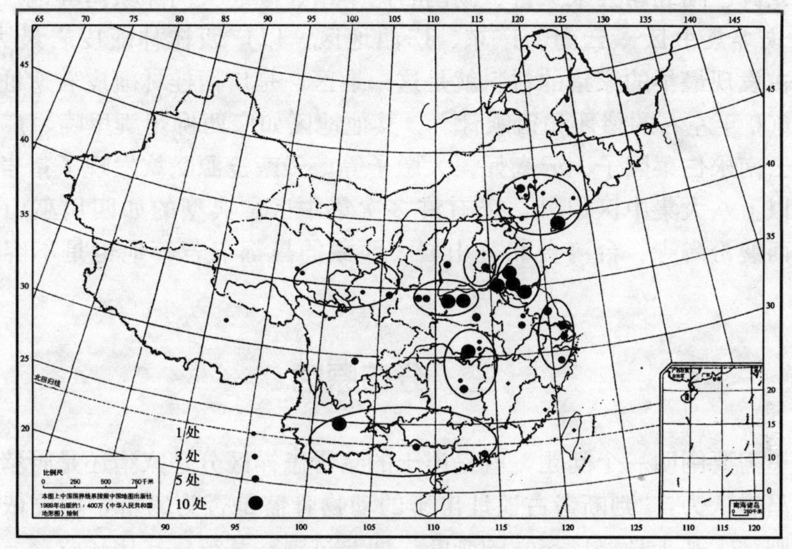

图 1　家猪遗骨在全国的分布

注：本图系根据表 1 的数据所绘

肃兰州西瓜坡、甘肃临夏大何庄、甘肃东乡林家等地。

3. 河北中南部集中区　主要分布在河北中南部地区，以河北武安磁山为代表。河北武安磁山发现的家猪骨是相对较早的猪骨发现地之一。在同一遗址中就发掘出 28 个个体猪骨。河北徐水南庄头、河北邯郸涧沟村、河北武安赵窑等地均有猪骨或陶猪发现。

4. 黄河中游集中区　陕东南、晋西南和豫西地区。即以渭水、汾水和黄河交汇处的仰韶文化区、陕西西安的半坡遗址区为中心。其他地区如陕西宝鸡石嘴头、河南郑州大河村、河南安阳后冈等地。

5. 鲁西南及苏北集中区　黄河下游的山东西部和江苏北部地区。如山东省泰安市大汶口遗址 43 座墓中出土猪骨 96 块，山东莒县陵阳河猪骨达 160 多件，山东莒县大朱庄猪骨 80 多件。江苏邳县刘林出土猪牙床 191 个。其他如山东胶县三里河、山东长岛大口等地。山东泗水尹家城和山东兖州王因有石雕猪。

6. 长江三角洲集中区　包括江苏南部、上海和浙江大部分地区。以浙江余姚的河姆渡文化区为中心。其他如江苏南京北阴阳营、江苏吴江龙南、上海马桥、上海松江姚家圈等。

7. 长江中游集中区　主要是湖南、湖北两省。数量较多者如湖北黄冈螺蛳山猪下颌、牙床个体 19 个，湖北黄梅陆墩猪下颌骨 6 副，其他地区如湖北枣阳雕龙碑、湖北均县朱家台、湖南石门皂市、湖北天门邓家湾等地。

8. 南部集中区　云南、广东、广西地区。以广西桂林甑皮岩最为著名。目前考古发现最早的家猪的材料就是这一地区，是广西桂林甑皮岩遗址出土的距今 9 000 年左右的猪牙和猪颌骨[2]。其他地区如广西柳州鲤里嘴、广西南宁贝丘、云南永仁菜园子、云南元谋大墩子等。云南沧源曭坎发现了猪岩画。

除以上八大集中区以外，还有许多次集中区。典型的如四川巫山魏家梁子、山西襄汾陶寺、台湾台北芝山岩、西藏的昌都卡若等地也是不容忽视的地区①。

三、分布原因

这里需要阐明一个问题，就是出土的猪骨怎样区分是家猪还是野猪。胡耀武，王昌燧认为：“判断考古遗址出土的动物骨骼是否为家畜，主要依据以下三个原则：①基于骨骼形态学的判断，即通过观察和测量，比较骨骼、牙齿的尺寸、形状等特征信息，以区分家养动物和野生动物。②考古遗址中某些动物经过了古代人类有意识的处理，可认为属于家养动物。③把动物的年龄结构及骨骼形态上的反常现象与考古学分析有机地结合在一起进行判断。”[3]

驯化了的野猪具有以下条件：①符合人类经济要求，②家养时能繁殖，③经历着长期人工的选择[4]。猪最初仍在住屋附近的草原或草地上放牧。在放牧的草不足时，再用人类残余的粮食加以补充。在人类食无余粮，甚至陷于饥饿困境时，除继续以采集及狩猎来补充外，只能将饲养的家畜提早宰杀以果腹，所以在遗址中常发现幼小的牲畜的骨骼。

1. 社会因素　很明显家猪是由人类驯化的。由于猪生长快，产仔多、世代间隔短，性情较温顺，在原始的技术条件下，先民们很快就在狩猎生活中了解野猪的这些优点。也容易对性情较温顺的野猪进行控制，进而进行驯化。人类驯养野猪有两个主要的原因，一是食肉，二是原始崇拜或原始美学的需要进而成为私有财产。在许多新石器时代的遗址中都发现了猪的骨骼。可见猪肉是当时人们的主要肉食资源，由于把猪作为随葬品，也说明人们早已把家猪当作占有财富的重要标志。有些地区猪对主人来说生前就是财富的象征，如纳西族人也把平时吃剩下的猪下颚骨挂在屋内墙上，来炫耀自己的财富，也是家族安

① 文中家猪遗骨遗址资料来源：A. 陈文华．1994. 中国农业考古图录．南昌：江西科学技术出版社．445～449　B. 陈文华．1997. 中国农业考古资料索引（十八）．农业考古．1：310～311　C. 陈文华．2003. 中国农业考古资料索引（二十八）．农业考古．3：310～311

危的象征[5]。这或许也是对美的表现。主人死后也随之把家畜带进墓里，特别是家猪[6]，从考古资料看猪骨的数量是最大的。把动物骨骼作为礼仪方面的用途在其他国家也有出现，如在弥生时代的日本，根据西本丰弘的论述，“弥生时代的猪或‘野猪’的下颌骨多穿孔，这种孔与食用无关，是穿在棍子上抬起来的，……这种做法可能与礼仪有关”[7]。要说食肉是人类的本能，那么原始崇拜和原始美学却是人类进步的标志。以上所论的八大猪遗骨集中区，已被考古学证明，都是相应的农业文化遗址发现区。

2. 环境因素　在以上八大猪遗骨集中区都有非常适合猪生活的气候条件和地理环境。

在现今发现家猪最早的广西地区，古称岭南，今地处亚热带湿润季风区域，气温高、夏湿冬干、热量丰富、雨量充沛、粮食资源容易获得，适宜各种动物的生存和繁殖。野猪也很早就在这里生存，所以使先民最早在这里驯化野猪成为可能。奥尔森（美）认为，在新石器时期中国的遗址中出土大量猪骨骼的原因之一是周围环境非常适合于野生猪类栖息[8]。温克刚认为，新石器时期的温度总体比现在高，正处在回暖期，在东北地区更是要高一些[9]。在1万年前大理冰期结束，随后地球开始变暖。据竺可桢《中国近五千年来气候变迁的初步研究》中到殷墟时代还是中国的温和气候时代，比之现在年平均温度高2度左右，正月份平均温度高3～5度[10]。诸多文献揭示的事实说明，中国北方全新世期间确实普遍存在着较今温暖潮湿的高温期阶段[11]。这是大气候，这种温暖的气候，适合动植物生长发育，随着人类的定居、种植业的开发，畜牧业也相伴着产生。

家猪的驯化最早是放牧式的，后来才转为放牧与圈养相结合，再到完全的圈养，这是随着生产力的进步而不断发展的。根据李根蟠所说，人们将一些野生动物驯化为家禽家畜，大体要经过拘禁驯化、野外放养、定居放牧（舍饲与放牧相结合）几个阶段[12]。由于猪自身的特点，猪不喜陡峭的大山，和食草动物羊不同，猪喜欢平坦的森林或山谷。从图1中看，80%左右都是平坦的平原或坡度很小的山岭。这些都为家猪的驯化提供了条件。笔者虽不是地理环境决定论者，但在人类改造自然的能力还很小的情况下地理环境确实起了很大的作用，有时甚至是决定的作用。

四、结　论

通过以上的分析，我们可以得出以下几个结论：

1. 分布广泛　总体来说我国大部分地区都有猪骨的发现。大约有26个省、自治区、直辖市，占全国3/4强。它的分布之广可以说明在不同地区先民们各自的驯养情况，它们之间既有联系又各自独立发展。

新石器时代家猪分布之广和数量之多，说明猪在我国原始畜牧业中占有最重要的地位。

2. 猪骨集中区与农业文化区重叠　以上所论述的猪骨遗存集中区域，正是人类文明发展较早的地区。猪骨的集中发现区与文化区的重叠也证明文化区的存在，和猪的重要性。猪早期是人们驯化的主要动物，是肉食的主要来源，也是私有财产的主要标志。“在成为历史的最初期，我们就已经到处可以看到畜群乃是一家之长的特殊财富”[13]。养猪业与种植业，这种农牧结合的方式很早就产生了。如高式武所说：凡已出现原始农业的地方，都有养猪的遗迹出现，反之亦然，说明了养猪业与农业，一开始便结下了不解之缘[14]。家猪发现最集中的地区也是新石器农业文化集中的地区，这是不言而喻的，基本都是在河流的附近。如渭水的仰韶文化、黄河下游的大汶口文化、长江下游的河姆渡文化、大凌河流域的红山文化等。说明家猪的驯养是伴随着农业而出现的。

3. 社会因素和自然环境共同作用　野猪的驯化是人类进步的一种标志，从新时期时代起一直到今天猪肉都是中国大部分地区的主要肉食。这是人类的一种选择才有我们今天所看到的家猪分布的结果。另一方面也说明有家猪遗骨的地区，有适合猪生存的自然气候条件。

直到今天养猪业也是我国的主要畜牧产业。在历史的发展中猪的作用是不可忽略的。也许从古代养猪业的兴衰，可以总结出一些有价值的规律，为我们今天的畜牧业发展，特别是养猪业的发展提供一个借鉴。对人与自然环境、合理开发土地都是很有研究价值的。另外，古代所谓的“西域地区”，即今天的新疆地区至今没有发现家猪骨是一个值得研究的现象。

参　考　文　献

[1] 薄吾成. 试论中国家猪的起源［J］. 农业考古，1994，3：278～280

[2] 李有恒. 广西桂林甑皮岩遗址动物群［J］. 古脊椎动物与古人类，1978，16（4）：244～254

[3] 胡耀武，王昌燧. 家猪起源的研究现状与思考. 中国文物信息网 2004-3-23

[4] 张仲葛. 中国古代人民怎样驯化野猪成为家猪［A］. 见：张仲葛，朱先煌. 中国畜牧史料集［C］. 北京：科学出版社，1986. 182

[5] 宋兆麟. 云南永宁纳西族人民的葬俗［J］. 考古，1964，4：200～204

[6] 王吉怀. 试析史前遗存中的家畜埋葬［J］. 华夏考古，1996，1：24～31

[7]［日］西本丰弘，袁靖译. 论弥生时代的家猪［J］. 农业考古，1993，3：288

[8] [美] 奥尔森．中国——早期动物驯化中心 [J]．农业考古，1993，3：277～281
[9] 温克刚．中国气象史 [M]．北京：气象出版社，2004.12
[10] 竺可桢．中国近五千年来气候变迁的初步研究 [J]．中国科学 A 辑，1973，2：168～189
[11] 张丕远．中国历史气候变化 [M]．济南：山东科学技术出版社，1996.46
[12] 李根蟠等．原始畜牧业起源和发展若干问题的探索 [J]．农史研究，1985，5：145～155
[13] 恩格斯．家庭、私有制和国家的起源 [M]．北京：人民出版社，1972.50
[14] 高式武．我国猪的起源和驯化 [A]．见：张仲葛，朱先煌．中国畜牧史料集 [C]．北京：科学出版社，1986，174～178

汉武帝集权经济政策体系的成功原因

史向辉[1]　宋擎擎[1]　林万龙[2]

([1] 北京邮电大学；[2] 中国农业大学经济管理学院)

汉武帝集权经济政策具体包括：货币政策；“算缗”、“告缗”政策；盐铁专卖政策；“均输”、“平准”政策；酒类专卖政策。它们作为一个整体完成了汉武帝赋予它们的历史使命。究其成功的原因，可以从政策系统的角度来谈一谈。

一、汉武帝集权经济政策构成了一个整体的系统

经济政策大系统的形成对其中各项具体经济政策的实现具有强大的保护作用。我们认为汉武帝集权经济政策恰恰就具有这种大系统的特征。因为他的各项具体经济政策都具有相同的本质含义，相连的主体、客体以及相似的大环境。这使它们在实施的内容、背景、目标、过程、结果上具有了强烈地相关性（林永光，2003　赖华明，2003　崔凡芝、丁波，2000）。以下是对于这个经济政策大系统的描述。需要说明的是这一部分所涉及的政策系统内容使用了《政策科学》（陈振明，2003）中的基本概念和框架。

（一）汉武帝集权经济政策的整体含义

汉武帝集权经济政策的整体含义是：西汉政府在汉武帝时期，为实现和服务于当时社会政治、经济、文化的大一统，围绕获得集权经济利益这个具体目标所采取的政治行为和为此而规定的行为准则，它是一系列带有集权性质的经济方面的谋略、法令、措施、办法、方法等的总称。具体包括：货币政策；“算缗”、“告缗”政策；盐铁专卖政策；“均输”、“平准”政策；酒类专卖政策。

就其本质而言集中体现在三个方面：

第一，汉武帝集权经济政策是汉武帝为首的西汉地主阶级尤其是其中皇权阶层的意志、利益的集中体现和表达。

汉武帝时中国社会发展的历史处在封建制度的建立与巩固时期，封建地主的力量已经成为主导社会的力量并且处在节节上升的地位上，但是这种力量还

没有达到完全的成熟，还需要通过各种政策手段来进行维护和加强。汉武帝集权经济政策制订和执行的根本出发点就是在考虑如何通过维护自己的经济利益以巩固自己的政治地位；如何削弱敌对阶级、阶层的经济力量，剥夺敌对阶级、阶层的经济权益及所附带的政治权益。

第二，汉武帝集权经济政策服务于当时社会经济的发展。

这是由国家职能的维护统治阶级政治统治、管理社会基本公共事务的二重性决定的。汉武帝集权经济政策是直接针对西汉经济发展来制订的政策。政策的深层目的是为了维护西汉国家的皇权政治统治。但其直接面对的不是政治问题而是决定这个国家的最根本的经济问题。

第三，汉武帝集权经济政策是各种经济利益关系的调节器。

任何政策的核心都是要解决社会利益分配的问题。首先，汉武帝集权经济政策所要调控的各种社会利益关系实际上是汉武帝时阶级关系和民族矛盾的表现形式。其次，汉武帝集权经济政策对社会利益关系的分配又是一种反映全体社会成员利益的全社会利益的综合分配。最后，汉武帝集权经济政策对利益的分配过程是一个动态的过程。

（二）汉武帝集权经济政策系统中的主体、客体分析

汉武帝集权经济政策的主体就是指直接或间接地参与集权经济政策制定、执行、评估和监控的个人、团体或组织。具体讲包括汉武帝和以汉武帝为首的西汉封建地主阶级尤其是这个阶级中的核心统治阶层，还包括那些参与政策制定、执行、评估和监控过程的大臣和民众。比如说像孔仅、东郭咸阳、桑弘羊等汉武帝的兴利之臣。

汉武帝集权经济政策的客体是指当时政策所要解决的社会经济问题和所要作用的社会成员，前者属事的范畴后者属人的范畴。前者具体包括财政危机和因财政危机而引发的政权危机。后者包括农民、手工业者、商人、郡县封建领主。农民、手工业者是社会财富的直接创造者。他们创造的财富不会因为商人的存在而增加。汉武帝集权经济政策所获取的社会财富最终还是取自于他们。商人从农民、手工业者手中通过买卖流通获得了他们的财富，而且拥有庞大的积累。他们是与政府直接面对面的社会财富争夺者，因此他们是最大的政策客体对象。如何从他们手中夺取财富成为政策主要的客体问题。郡县封建领主除了经济要求以外，往往还要有政治上的要求，这就需要通过集权经济政策从根本上对他们进行控制。

因此，在这组政策系统中，主体客体之间并非是完全的统治阶级和被统治阶级的对立，还有同一阶级中不同利益阶层不同利益集团之间的对立。政策就在这样的主客体之间实际运行。

（三）汉武帝集权经济政策的环境分析

汉武帝集权经济政策受到自然环境和社会环境的双重影响。

就西汉的自然环境而论，“汉兴，……至武帝攘却胡、越，开地斥境，南置交阯，北置朔方之州”（《汉书》1543页）。

“本秦京师为内史，分天下作三十六郡。汉兴，以其郡大，稍复开置，又立诸侯王国。武帝开广三边。故自高祖增二十六，文、景各六，武帝二十八，昭帝一，讫于孝平，凡郡国一百三，县邑千三百一十四，道三十二，侯国二百四十一。地东西九千三百二里，南北万三千三百六十八里。提封田一万万四千五百一十三万六千四百五顷，其一万万二百五十二万八千八百八十九顷，邑居道路，山川林泽，群不可垦，其三千二百二十九万九百四十七顷，可垦不可垦，定垦田八百二十七万五百三十六顷。民户千二百二十三万三千六十二，口五千九百五十九万四千九百七十八。汉极盛矣”（《汉书》1639页）。

这就为国家集权经济政策的制订、执行提供了自然条件和保障。

就武帝时的社会环境而论，主要包括当时的社会经济总体发展状况；国家统治体制；政治文化；国家周边环境等问题。

第一，汉武帝时社会经济总体发展状况。

经过大规模的农民战争之后，西汉初的土地占有情况有所调整。文景之治大大积累了社会财富，人民得到休整生养。尽管贫富分化，土地兼并，人民流亡等情况都严重存在，但社会经济整体发展直至武帝时也还是迅速的。

农业：①土地私有制。大部分土地属于地主和小土地者所有。他们要向封建国家缴纳耕地税。地主佃农之间地租以实物为主，双方经济关系中佃农有很大的自由（张传玺，1991）。②农业技术。西汉时，铁农具已经广泛使用，尤其是在长江、黄河流域。如《盐铁论·水旱》说：“农，天下之大业也；铁器，民之大用也。”牛耕也是如此，山西平陆枣园壁画墓出土的壁画可以为证。还有马耕。汉武帝后期时搜粟都尉赵过推广“代田法”、二牛三人耕作法，还推广“耧播”技术。当时的人们已发明使用耦犁。其事见《汉书》之《食货志第四上》。③兴修水利。汉武帝元光中修治黄河。开漕运。修龙首渠开创井渠技术。又修关中灵轵渠、成国渠、沣渠、六辅渠、白渠。都对农业生产产生了巨大的影响。其事见《汉书》之《沟洫志第九》。

手工业：西汉初时的手工业有国营和民营两种经营方式。比较大的手工业有冶铁、铸铜、煮盐、酿酒、纺织、漆器业。其中尤以冶煮获利最丰，出现了许多大生产商人。

商业：随着农业和手工业的发展，商业的发展也很迅速。汉武帝进行币制改革、大都会和经济区的出现、陆路和海上交通的发展、大商人的出现都是很好的标志（张传玺，1991）。

第二，国家统治体制。

所谓国家统治体制，是国家机关的机构设置、隶属关系、权责划分等方面的体系和制度的总称。体制为政策提供了外部组织环境。政策过程的状况受到国家统治体制状况的制约。体制的类型就汉武帝集权经济政策而言，我们认为相关最深的是政治体制和经济体制两个方面。

政治体制：西汉在相当程度上承继了秦设丞相行郡县的中央集权制的官僚政治体制，与之最大的不同是："立二等之爵"（《汉书》393页）。

经济体制：西汉初的赋税体制总体沿用了秦制，但较秦要轻。主要有田租、人口税、更赋。汉武帝时的财政体制表现为国、家两套。大司农供军国之用，少府以养天子。但在宗法式的社会结构和封建体制中两者经常是互相依托密不可分。如：上林苑是皇家私产，但却由其统一管理国家铸钱。经济问题的最高决定权始终在皇帝手中。

第三，政治文化。

汉初至武帝时的政治文化是当时的人们对政治统治的态度、信仰和情感。

汉初，以清静无为为宗旨的黄老之道对战后西汉立国初年的休养生息、安定社会起到了重要作用。西汉武帝时汉代儒学成为主流的政治意识。

在先秦儒家"天命论"和"阴阳学说"的基础上，董仲舒认为，"天"是自然界和人类社会的最高主宰，而皇帝是天的儿子，代表上天的意志和权力，所以叫"天子"。皇权至高无上不容侵犯。根据孔子"君君臣臣父父子子"的道德原则及"阳尊阴卑"的神学理论董仲舒提出了"三纲五常"学说。"道之大，原出于天；天不变，道亦不变。"以上董的言论明确树立了汉武帝时政治价值准则。即一切政策行为的价值标准都要看是不是合乎天子的意愿。

"春秋大一统者，天地之常经，古今之通谊也"（《汉书》2523页）。

汉武帝为代表的皇权阶层及其所属的封建统治阶级的政治理想是要实现封建国家的大一统和长治久安。

第四，国家周边环境。

国家周边环境是关涉国家政策的一个重要变数。其实，西汉武帝时的集权经济政策的出现就是由西汉国家周边环境因素为直接最大诱因的。对匈奴、西域、羌人、越人、西南夷、东北乌桓、鲜卑、朝鲜、高句骊和夫余的拓边活动支出是对国家财政能力的巨大考验（张传玺，1991）。因此汉武帝改变了以往经济政策，开始重用孔仅、东郭咸阳、桑弘羊等兴利之臣兴利。国家集权经济政策由此开始。

以上是汉武帝集权经济政策整体系统中的各个要素，其间的联系密切。正是在这样一个经济政策大系统里每一个具体的经济政策子系统才又增加了一分成功的可能性。

二、汉武帝集权经济政策实施的总体时间位置合适

（一）时间对汉武帝集权经济政策的适应性

社会总体经济发展的情况是汉武帝制订集权经济政策的基本出发点。只有社会总体经济发展的情况到达一个合适的时间点，政策的制订才有可靠的依据，才能获得推进、实现政策所需的保证。一个国家的社会经济条件怎么样，位于什么样的发展阶段上，综合实力怎么样，这是一个国家的政策必须最先考虑的问题。在汉武帝即位之初，社会经济已经开始变好。汉初时的经济凋敝经过文景无为之治开始呈现出繁荣的端倪。社会财富的公私积累都已经表现出来。如下：

“至今上（指汉武帝）即位数岁，汉兴七十余年之间，国家无事，非遇水旱之灾，民则人给家足，都鄙廪庾皆满，而府库余货财。京师之钱累巨万，贯朽而不可校。太仓之粟陈陈相因，充溢露积于外，至腐败不可食。众庶街巷有马，阡陌之间成群，而乘字牝者傧而不得聚会”（《史记》1420页）。

因此在这个时候开始的集权经济政策改革就没有超越社会经济发展的阶段而可以说是切合实际。换句明白的话讲就是集权有的可集而不是空集。反之，如果当时社会经济依旧凋敝，人民依旧贫困，那么集权经济政策的制订和实施就变得没有什么正面效果意义了而有的只可能是激化社会基本矛盾导致政治和经济动荡。

汉武帝即位初的经济实力是其集权经济政策制定和实施的基本物质条件。政策的实现过程需要政府的大量的经济投入，尤其是在政策实现过程的初期由于政策效果没有完全显示所以需要政府从原始积累中来支付起动、推进政策实现的费用，而此时汉武帝是可以做到的。这一点我们可以从其大量设置新型官职任用大量官吏中看出。

（二）汉武帝集权经济政策对时间的适应性

社会经济财富在各社会成员之间始终存在一个如何分配的问题。汉武帝集权经济政策在这个角度上可以被看作是财富再分配的工具。汉武帝需要大量物质财富满足个人的需求，地主阶级需要大量物质财富满足阶级统治和消费的需求。而在汉武之初，他们的这种需求是没有被满足的。因此他们就会想方设法去满足自己的需求。这就会与社会上物质财富获益最多的商人产生了矛盾，与创造社会物质财富的广大劳动人民产生矛盾。因为在西汉封建小农经济时代商

品经济发展缓慢社会物质财富的总量在分配过程中并没有增加，所以各经济利益集团之间的斗争结果是你多我就少，你少我就多。由此还可能会诱发政治危机。在这样的时间环境里围绕汉武帝统治阶级的需求其集权经济政策制订和实现的必要性就表现了出来。所以以货币改革为开端的汉武帝集权经济政策就应时开始了。这种政策对时间的适应我们也可以反之理解为时间对政策实现的保护。

三、汉武帝集权经济具体政策实施的时间步骤安排合理

（一）汉武帝集权经济具体政策本身实施顺序上的层次性

表1　汉武帝集权经济改革时间表

时　间	政策内容
建元元年春二月（前140年）	钱
建元五年（前136年）	钱
元狩四年（前119年）	算缗　告缗
元狩四年（前119年）	盐铁
元狩四年（前119年）	钱
元狩五年（前118年）	钱
元鼎二年（前115年）	钱
元鼎四年（前113年）	钱
元封元年（前110年）	均输　平准
天汉三年（前98年）	酒

资料来源：根据司马迁．史记．北京：中华书局，1959　班固．汉书．北京：中华书局，1962 制表。

在上面的表格里，我们可以看到政策时间顺序上的层次性。所有政策不是堆积在完全的同一个时间上，而是根据政策结果的轻重缓急次序进行。即位之初，武帝就开始整顿货币市场，一方面可以调控稳定经济，一方面可以直接夺取社会财富且为进一步的夺财行为铺垫道路。之后，是对商人开始收取算缗、告缗这样的变相商业税。这也是对中家以上商人的直接财产掠夺。同时还进行了大宗商品盐铁的专卖。其指向是大商人。因为文景“开关梁，弛山泽之禁”（《史记》3261页）的“便商”政策，使商人成为社会余财积累最丰厚的人群，在他们身上取利是十分可行和必要的。但这种对商人的抢夺，在商品的流通领域引起了很大问题。为了解决这个问题就不得不实行均输和平准，以打击流通中的不法商人和垄断更多的商品来从中获利。在以上行为的过程中，货币逐步走向成熟。此后的酒类专卖就成为集权经济政策的补充，或说政府取财的补充，因为与盐铁相比它毕竟还是小东西。所谓取财有法，汉武帝是这样的。

(二)战争外力对汉武帝集权经济具体政策实施层次的影响

我们再通过对匈奴的战争阶段时间表这个例子来看一看上面表格所显示出的智慧。

表 2 汉对匈奴战争阶段表

阶段	时 间	目 标	结 果
一	元光二年(前 133 年)—元狩四年(前 119 年)	夺地,决战	基本实现
二	元狩五年(前 118 年)—太初元年(前 104 年)	谈判	没有实现
三	太初二年(前 103 年)—征和三年(前 90 年)	继续征服	基本没实现

资料来源:根据马勇.汉武帝对匈奴政策新论.中国边疆史地研究,2004,14(3):18~23 制表。

元狩四年是一个分界点,此前汉对匈奴的战争规模最为巨大。可见文景时期的积累发挥了作用。而此后至太初元年是双方谈判的时期,可见双方实力已经消耗。等到太初三年后才又开战,可已势不如前。为什么会这样呢。除了战争自身因素,我看最重要的就是经济因素了。文景之财耗尽,需要及时补充。元狩四年的货币、算缗、盐铁改革就是在趁战争之隙收集财力补充消耗。如果此时不开始大规模的集权经济改革,那么国家之虚就无法贴补了。反过来说,这时的西汉国家需要通过集权经济改革来最快最大地保护自己。这种需求本身就支持了集权经济改革成功。

四、汉武帝集权经济政策实施的空间保障全面

此处所说政策实施的空间保障是指与汉武帝集权经济政策同步并举的社会其他方面的改革或措施。汉武帝时期是西汉乃至整个中国历史上的一个重要变革时期。在这个时期基本奠定了封建国家存在的样式。其具体变改措施绝不是只有集权经济政策一个方面,而是多种政策并进并且互相依托形成了一个政策实施的历史平面。在这个平面上各种不同的政策处在平面的不同空间位置上成为与整体互联的一分子。每种具体政策都不能也不可能离开其他具体政策独立存在。

(一)汉武帝官僚体系职位改革及其对集权经济政策的保障作用

汉武帝对官僚体系中的职位进行了大规模的改革以增强它的力量。《汉书》之《百官公卿表第七上》中所载武帝时新增加、改变的官员职位与西汉其他各个阶段相比是相当多的。其中不常置的职位 2 种;复增属国 1 种;复为职位 1 种;更属职位 1 种;更置职位 2 种;更、改名职位 14 种;初置职位 25 种;讳改 1 次。因为集权就意味着夺权,没有人会白白把自己的经济权力让给别人。所以没有以职位为基础的官僚体系力量作为保证,集权经济政策的实现是不可

思议的。

让我们以初置职位为例来看一下官僚职位改革的规律。因为它最能强烈地表现出汉武帝的创意。排列如下：期门掌执兵送从（建元三年），五经博士（建元五年），大司马（元狩四年），谏大夫（元狩五年），司直（元狩五年），水衡都尉（元鼎二年），八校尉（元鼎六年），部刺史（元封五年），太卜（太初元年），羽林掌送从、次期门（太初元年），路軨（太初元年），别火（太初元年），司隶校尉（征和四年），奉车都尉、驸马都尉（不详），农都尉、属国都尉（不详）。

以上排列可见，汉武帝对官僚职位的改革几乎贯穿了他全部的在位时间。而且它与集权经济政策的推行时间几手是平行并列的。它们在相同的时间不同的空间方面做了一次良好的配合。

如果再需细致证明的话，我们可以回顾一下“大农”这个职位上名称的演变和职能的扩展。其下盐铁官员、均输平准官员的设立使其真正成为皇帝的仓库。汉武帝用度大多数取之于大农。由此可知，官僚体系中职位改革与集权经济改革的关系是密不可分的。

（二）汉武帝官僚人才选拔措施改革及其对集权经济政策的保障作用

汉武帝在官僚体系中人才的选拔上可以说是唯才是举。班固在《汉书》（2633 页）中有一段高度概括汉武帝人才使用特点的赞语：

“公孙弘、卜式、儿宽皆以鸿渐之翼困于燕爵，远迹羊豕之间，非遇其时，焉能至此位乎？是时，汉兴六十余载，海内艾安，府库充实，而四夷未宾，制度多阙。上方欲用文武，求之如弗及，始以蒲轮迎枚生，见主父而叹息。群士慕向，异人并出。卜式拔于刍牧，弘羊擢于贾竖，卫青奋于奴仆，日磾出于降虏，斯亦曩时版筑饭牛之朋已。汉之得人，于兹为盛，儒雅则公孙弘、董仲舒、儿宽，笃行则石建、石庆，质直则汲黯、卜式，推贤则韩安国、郑当时，定令则赵禹、张汤，文章则司马迁、相如，滑稽则东方朔、枚皋，应对则严助、朱买臣，历数则唐都、洛下闳，协律则李延年，运筹则桑弘羊，奉使则张骞、苏武，将率则卫青、霍去病，受遗则霍光、金日磾，其余不可胜纪。是以兴造功业，制度遗文，后世莫及。”

在汉武帝推行集权经济政策中任用的孔仅、东郭咸阳、桑弘羊等人仅仅是众多各类人才中的一种而矣。他们的出现提升了集权经济改革的成功几率，同时还应意识到如果没有其他类别的人才支撑，兴利之臣的作用也不可能发挥。由此可见各种人才与各种事业的相关性。

（三）汉武帝政权体制改革及其对集权经济政策的保障作用

西汉前期，丞相都由列侯充任，位高权重。为了加强自己的权力，削弱丞相的权力，汉武帝就重用身边的尚书令，又选贤良文学与尚书令出入宫廷共议军国大事，组成“中朝”。原以丞相为首的三公九卿组成的机构则成为“外朝”。

元封五年（前106年）设置“刺史”，征和四年（前89年）又设“司隶校尉”，加强了对地方的控制（张传玺，1991）。

颁布“推恩令”、“附益法”。诸侯国和平分裂，自此武帝解决了王国问题。

政权体制改革保障了中央政府的权威，保障了国家政治的畅通无阻，树立了集权经济政策后盾。

（四）汉武帝法律改革及其对集权经济政策的保障作用

汉初，萧何在《秦律》基础上，增加《户》、《兴》、《厩》三篇，制成《汉律》九章。后又一再增补，至汉武帝时增至

“三百五十九章，大辟四百九条，千八百八十二事，死罪决事比万三千四百七十二事”（《汉书》1101页）。

典文浩繁反映出了法律在包括经济方面的各个方面应用的深入。另外，汉武帝为维护统治还重用“酷吏”打击豪强、宗室、外戚。汉武帝考虑到了要为集权经济改革找出法律上的依据和保障。

（五）汉武帝军事改革及其对集权经济政策的保障作用

汉初，实行征兵制，男子二十三岁至五十六岁之间，服役两年。一年做正卒保卫京师，一年做戍卒戍守边郡。正卒中南军守卫宫城，北军保卫京师，各两万人，武帝时各一万人。京师没有长期驻军，正卒一年一换，这对保卫皇帝、中央是不利的。汉武帝在京师组成了侍从皇帝和保卫京师的两支军队。侍从皇帝的军队包括：建于建元三年（前138年）的期门军。建于太初元年（前104年）的羽林骑、羽林孤儿。保卫京师的军队：建于元鼎六年（前111年）的八校尉。士卒招募，是职业兵，这是我国募兵制的开始（张传玺，1991）。

军事改革主要强化了对京师、皇帝的保卫。防止了社会各方面变革对中央皇权带来的暴力影响。树立了中央皇权的威严。为汉武帝解除了各项社会变革带来的后顾之忧。

（六）汉武帝思想文化改革及其对集权经济政策的保障作用

在《汉书》之《武帝纪》（212页）最后的赞词里，班固说：

“汉承百王之弊，高祖拨乱反正，文景务在养民，至于稽古礼文之事，犹多阙焉。孝武初立，卓然罢黜百家，表章六经。遂畴咨海内，举其俊茂，与之立功。兴太学，修郊祀，改正朔，定历数，协音律，作诗乐，建封禮，礼百神，绍周后，号令文章，焕焉可述。后嗣得遵洪业，而有三代之风。如武帝之雄才大略，不改文景之恭俭以济斯民，虽诗书所称何有加焉。”

班固在这里极力赞美的不是汉武帝的“武功”而是“文治”。这意味着班固认为“文治”是重于“武功”的，是基础。笔者同意这样的看法。笔者认为汉武帝在引导社会文化思想时最为可贵的是改变了汉初黄老统治思想达到了以汉儒家一家为主、兼收并蓄的状态。

另外汉武帝有强烈的神鬼思想和迷信思想。他曾请许多方士做法求仙祈求长生不老。

“孝武皇帝初即位，尤敬鬼神之祀”（《史记》451 页）。

宗法思想、儒家观念、天地阴阳加之实利主义，为了推进以上文化思想，汉武帝还于建元五年（前 136 年）设置五经博士，于元朔五年（前 124 年）设置太学并多次下诏令各地向中央推举贤良文学之士。太学中的优秀者可以被选拔做官。在此之下，皇权政府推行自己的经济集权政策就先已扫除了人民文化思想上的障碍，使人民成为政权的随从。

五、结论与讨论

（一）结论

综上所述，西汉武帝时集权经济政策成功的主要原因是：政策构成了一个整体的系统。系统中国家政治一统需求对经济基础的反作用力是其集权经济政策开始实施的直接动力，它与社会积累一起恰当地规定了汉武帝进行整体集权经济改革的时间。政策实施合乎了经济改革的层次规律。政策暗合了社会整体发展的需求获得了政治、文化、经济三者相对和谐发展的保障。

（二）讨论

关于汉武帝集权经济政策的现实意义我们有如下思考：

目前中国经济向市场经济过渡。这种市场经济是种特有的经济现象，他既不同于资本国家的资本市场也不同于社会主义发展历史上的任何经济形式。中国共产党在这个问题上把市场和计划界定为两种国家经济发展的具体手法。这就改变了过去它们代表了国家性质的界定。但我们认为即使如此也不能忽视市场和计划围绕经济政策经济手段与社会受益者的关系。政策手段的目的指向必然地会受到国家阶级工具性质的制约。无论何种经济政策在社会主义条件下都只能是为了人民而不能是为了其他。

市场和计划实际是一个问题的两个方面，清楚地说社会主义市场经济中的计划是社会主义国家实现市场经济目的过程中不可缺少的有力武器。国家的经济集权政策可简单地的认为是计划经济的具体表达形式。这种经济集权政策无论是汉武帝时代还是在今天的中国作为国家统治者掌控政治的方式其存在和应用都是必要的。当然它的缺点也是天然的。一方面易使经济失去自由发展的活力消磨经济发展的主创性；另一方面易造成上层政治的专权垄断，动摇其人民支持。而在今天，中国经济要想依靠人民群众的智慧解决人民国家的人民经济的发展向题，在使用经济集权政策的时候就特别要注意其系统上时间上空间上的意义才能保证其成功。即必须在合适的时间度上在互相配合的空间形式上以合适的量来表达其确定的目标本质。其中政治对经济的反作用力绝不应被忽视。汉武帝经济改革的成功恰是这个思考的史实解释。现在中国正处在历史时间的机遇上，我想有改革开放二十多年的纵向积累有与“和谐社会”的横向发展观的相互结合，若能再不忘记历史的提示就一定会取得成功。

参考文献

[1] 林永光．试论汉武帝的治国为政之道．烟台师范学院学报（哲学社会科学版），2003，20（4）：32～37

[2] 赖华明．汉武帝经济改革新论．四川师范大学学报（社会科学版），2003，30（6）：81～86

[3] 崔凡芝，丁波．试析汉武帝推行新经济政策的原因．山西大学学报（哲学社会科学版），2000，23（4）：38～42

[4] 陈振明．政策科学．北京：中国人民大学出版社，2003

[5] 班固．汉书．北京：中华书局，1962

[6] 张传玺．中国古代史纲．北京：北京大学出版社，1991

[7] 桓宽．盐铁论．长沙：商务印书馆，中华民国 27 年

[8] 司马迁．史记．北京：中华书局，1959

[9] 马勇．汉武帝对匈奴政策新论．中国边疆史地研究，2004，14（3）：18～2

元代诸色户计中农业人口政策及动态影响[①]

石　华

（中国农业大学出版社）

历代封建统治者认作为北方民族建立的大一统王朝，元朝的民族关系和阶级关系似乎比前代王朝更为复杂。统治者按照被征服的先后将全体百姓分为蒙古、色目、汉人、南人四等，地位依次由高降低。四等人地位、待遇是各不相同、互不平等的。特别是汉人和南人在各项政策方面都受到蒙古统治者的操纵和控制。江南地广人众，是元朝主要经济命脉所在和农耕文化最发达的地区，而这一地区的老百姓却居于最低层；广大的北方汉人，他们同样没有从特权政策中得到多少实际好处，但也必须承担国家沉重的赋役。可见，户等制度是元朝直接控制人民得一种手段，这种制度既体现出王朝的二元特性，也显示了元朝政府对人民的控制程度。

一、元朝实行的“四等人制”及四次人口登记

元朝作为由北方游牧民族建立的大一统王朝，人口是有元一代的统治者全部政策实施的主体和基础。蒙元统治者按照被征服的先后将全体百姓分为蒙古、色目、汉人、南人四等。四等人地位、待遇是各不相同、互不平等的，特别是汉人和南人在各项政策方面都受到蒙古统治者的操纵和控制。

人口的分布情况对元朝社会经济的恢复以及农业的发展也会产生举足轻重的影响，因此先后举行过四次人口登记，并在此基础上建立了户籍制度。蒙古国于1234年灭金后，很快便在“汉地”（原金朝统治的地区）进行户口登记。这次户口登记主要是在乙未年太宗七年（1235）进行的，元代文献中常称之为

① 本章的写作得益于陈高华、史卫民：《中国经济通史·元代经济卷》（经济日报出版社，2000年）；高树林：《元代服役制度研究》（河北大学出版社，1997年）；李治安：《元代政治制度研究》（人民出版社，2004年）等资料。

“乙未括户”①。“七年乙未，下诏籍民，自燕京、顺天等三十六路，户八十七万三千七百八十一，口四百七十五万四千九百七十五”②。“括户”实际上使原来隶属于贵族，将领的“各有所主”的人户，成了国家的编户齐民。在这次户口登记中，蒙古贵族企图推行草原的统治方式，但终于接受了“汉地”原有的制度。在一定意义上，可以认为“乙未括户”是蒙古统治者采用“汉法”实行统治的一个重要标志。

“乙未括户”的具体做法，文献中缺乏记载。《通制条格》卷2《户令·户例》中也记载了大概的做法，五投下军站户必须“一户户检照乙未，壬子籍册，对证分拣，定造到备细文册……”；“乙未年另籍驱户，钦依哈罕皇帝圣旨，便是系官民户，如壬子年却不曾抄上，仰作漏籍户计收系当差，主人不得认识”等，这都说明乙未籍上记载诸色人户的归属和良贱身份。以致后来，乙未户籍一直是确认身份的重要依据。

第二次户口登记，在壬子年宪宗二年（1252）举行，此次登记，“增户二十余万”。③ 这次户籍由蒙古国汗廷派遣使者到各地监督，声势浩大。

至元七年（1270）五月，“括天下户”。这是第三次大规模户口登记。所谓“天下”，仍是原来金朝统治下的农业区。“八年三月，尚书省再以阅实户口事奏《条画》，诏谕天下”。因此，这次括户实际上是在八年（1271年）进行的。这次括户比原来又增加了几十万。

世祖至元八年（1271）三月颁发的《户口条画》说：“据尚书省奏，乙未年元钦奉合罕皇帝圣旨抄数到民户，诸王、公主、驸马、各投下官员分拨已定。壬子年钦奉先帝圣旨从新在行抄数，当时前行尚书省不曾仔细分拣，至今二十年间争理户计，往复取勘，不能裁决，深不便当。今次取勘诸色人户，检会到累降圣旨，钦依分拣定夺各各户计，拟到逐款体例，所据取勘到合当差发户数，依已降圣旨，再不添额，并令协济额内当差人户事。准奏”。④ 可见，这次括户重点是“分拣定夺各各户计”。至元八年（1271）的这次“分拣”，一是确定编户齐民的驱、良身份，二是确定其属于诸色户计中的哪一种。此次括户编制的户口籍册，对各户的身份都有明确的记载。自此以后，北方再没有进行过户口登记。

① 方龄贵校注：《通制条格》卷2《户令·户例》当太宗七年，1235年，亦即歼灭金之次年。是年籍户口一节，元史卷二太宗纪不载，然事诚有之。所谓“括户”，又称籍户，或抄数户计，即调查登记户口。

② 《元史》卷58《地理志一》。

③ 《元史》卷58《地理志一》。

④ 方龄贵校注：《通制条格》卷2《户令·户例》。

第四次户口登记在至元二十六年（1289）举行。这一年二月，“诏籍江南户口，凡北方诸色人寓居者亦就籍之”，同年十月，“诏籍江南及四川户口”。可知，此次户口登记主要是针对南方人口进行的，而且要求很严格。元代大规模的户口登记，只有以上四次，在特定的历史环境下的这几次户口登记，虽然与当时全国实际的人口数量有出入，但这是我们了解元代人口尤其是农业人口状况必不可少的资料。

二、元代青册与鼠尾册中的人口状况

蒙古国和元朝政府为了日后官府征收赋税，摊派差役有凭证，就根据户口登记的资料，编制青册和鼠尾簿。中统三年（1262）三月，中书省奏：“达达民户壬子年虽是青册上附籍，元在达达牌子里当差发的，分付各投下当差发身役”。从这条记载可看出，壬子年的户籍称为“青册”，在此以后的一些文献中也把户籍称为“青册”。《通制条格》卷2《户令·以籍为定》中记录到：大德三年（1299）枢密院的一件文书中说，晋王派人要求将原属自己的汉军从军籍中除名，此类情况以前也发生过，“俺每世祖皇帝根前奏来：‘青册里籍定的军每，似这般除豁了呵，军的数目减少的一般’。么道，奏呵，‘但是青册里去了的，折莫是谁的呵，休除豁者，依前教做军者’么道，圣旨有来”。“青册里籍定的军”指的是户籍册上登记的军户，只要以军户身份在青册上登记，便不能豁免。因此，可以认为，蒙古国和元朝，都称户籍为“青册”①。关于“青册”一名，可以追溯得更早。成吉思汗建立蒙古国时，对义弟失吉忽秃忽说：“你曾做我的第六的弟，依我诸弟一般分分子，九次犯罪不要罚。如今初定了百姓，你与我做耳目，但凡你的言语，任谁不许违了。如有盗贼诈伪的事，你惩戒着，可杀的杀，可罚的罚。百姓每分家财的事，你科断着。凡断了的事，写在青册上，以后不许诸人更改”。从此以后，刊载各种政府公文的簿册，均称为青册。据此可知，户口籍册称为“青册”，源自蒙古建国之初，成吉思汗时代就已有了户口青册这种说法。

随着社会经济的恢复和发展，社会分工的日趋多样化，青册逐渐被鼠尾簿所替代。世祖中统五年（1264）八月，下诏：“今仰中书省将人户验事产多寡，

① 参阅陈高华、史卫民：《中国经济通史·元代经济卷》（经济日报出版社，2000年），第511页“青册”这个名称的由来，很可能由于户籍的封面用青色的纸（或布）就像明代的黄册以黄纸为封面一样。

以三等九甲为差，品答高下，类攒鼠尾文簿[①]。除军户、人匠各另攒造，其余站户、医卜、打捕鹰房、种田、金银、铁冶、乐人等一切诸色户计，与民户一体推定鼠尾，类攒将来，科征差发……。”[②]《元典章·新集户部·赋役差役》“差役验鼠尾粮数依次点差”：“往往信凭罢闲公吏、久占贴书、安停茶食之人，结构豪霸，把持官府，通同作弊，不将税粮户籍丁产，验数多寡，编排鼠尾，从上至下，照依资次，从公定差。……不败政害民，莫此为甚。牒请行移各路，督勒合属州县，将相应当差人户所有田粮丁产，验其高下，粮数多寡，尽实编排鼠尾文册，从公定差”。鼠尾簿应是根据户籍按户等重新编制而成。在鼠尾簿编定后，原来的户籍便失去了作用，官府征收赋税，摊派差役，都以鼠尾簿为准。《至元新格》中规定：“诸差科夫役，先富强后贫弱，贫富等者，先多丁，后少丁。开具花户姓名，自上而下，置簿挨次”，[③] 所谓的“簿”便是鼠尾簿。在各项文献中经常提到的只有鼠尾簿，可以说，鼠尾簿实际上已经起到了户籍的作用。

青册和鼠尾簿虽然都是户口登记时制定的文册，但还是有细微的差别。前者仅仅只是作为一本户口登记簿，而后者则可能是以青册为基础制定的，它是元政府征收各种赋役的依据，为各民族之间的经济交流提供了有利的条件，也是我们了解元代农业人口的政策及动态的珍贵史料。

三、诸色户计中民户的状况

（一）元代的诸色户计及形成的原因

诸色户计在有元一代具有的重要地位。元朝在进行户口登记时，特别重视“分拣定夺诸色户计”，元代官方文书中也常见“诸色户计”一词。“诸色户计”的形成，经历了一个漫长的过程，“乙未括户”时，已有驱口与僧、道、站户等名称；“乙未括户”后，为了战争和管理的需要，各种户名不断涌现。“壬子括户”时，军、匠、盐、站、打捕、儒、回回、畏吾儿、答失蛮、迭里威失等户名均已存在。“诸色户计”的格局，在此时（即1252年）已基本形成。

元居民按职业划分为若干种户，常见的有十种左右，如民、军、站、匠、盐、儒、僧、道等。其中军、站、盐、匠等户是元政府强制签充的，儒、僧、道等户是元政府通过考试或其他方式认可的。大德十年（1306）五月发布的诏

① 方龄贵校注：《通制条格》卷17《赋役·科差》，第494页，注释二：鼠尾簿的全名是丁口产业鼠尾簿，将各户依田粮丁产多寡，编排成册，以为科征差发之根据，如鼠尾之由粗及细也。

② 方龄贵校注：《通制条格》卷17《赋役·科差》。

③ 方龄贵校注：《通制条格》卷17《赋役·科差》。

书中说："诸色户计，已有定籍，仰各安生理，毋得妄投别管名色，影蔽差役，冒请钱粮。违者许领佑人首告，并行治罪"。① 各种户的划分是固定的，但并不是一成不变的。军户、站户破产贫困，可以放还，重新成为民户，而有些户（军、站、盐等），由于承担义务的繁重，官员的剥削和压迫，以及本身丁口、资产变化等原因，出现不断减少的现象。总之，各种户的划分主要取决于国家的需要，是政府行为的结果。

元代户的名称极多，这些户的形成有复杂的原因。①种族。蒙古国和元朝将全国居民分为四等，即蒙古、色目、汉人、南人，四等人制是以种族为基础划分的。②等级。元代和前代一样，有良、贱之分，贱民主要是驱口（奴仆），有家的即称驱户，此外有断案主户（犯罪没入官府或给予事主的罪人家属）等。③职业。原来从事某种职业并得到政府承认者。如从事宗教职业，有僧户、尼户、道户、龙华会善友户、答失蛮户、迭里威失户、也里可温户等。以及读书的儒户，治病的医户等。④政府指定从事某种工作的人户，主要是军户、站户、医户、盐户等。还有糯米户、脂粉户、沙鱼皮户等，专门生产某种物件进贡，亦可归入此类。⑤政府分拨与投下或机构的人户，有专门的名称，如投下户、财赋户（隶属于财赋总管府）等。此外，各种户因负担赋税数量不同，而有全科户、半科户之类名称，因为户籍登记的不同情况而有协济户、漏籍户等之类的名称，这些都不在"诸色户计"之内。

（二）元代的民户及编户齐民与户等制

元代的民户，是蒙古汗国时期开始籍户，至以后历次的籍户、括户时入籍的基本户计，都是元朝诸色户计中户数最多的户计，它包括一般的地主，自耕农民、半自耕农民和无地的佃户等小生产者——个体农民。那些诸王公、贵族、豪强地主的驱口及附籍的荫庇户被放良，或改正为良，由官府"收系当差"②

① 《元典章》卷2《圣政一·重民籍》。

② 高树林：《元代赋役制度研究》（河北大学出版社，1997年），第144～145页在《元典章》卷17《户部·籍册·户口条画》中就记有众多"收系当差"的民户，现列其几种如下，"一、五投下户：……如对证委系好投拜人户及在后投属，或本投下招收到底人户民当差……"；"一、军户：称乙未、壬子两年，另户附籍或有漏籍，如军籍内有姓名者，依旧与户头贴户当军，如无姓名收系科差。"；"一、站赤户：汉儿站户无问漏籍，于原拨贴户之籍，并附籍内查照相同依旧当站外，查照不见户数收系当差。"；"一、诸色人匠：诸漏籍户投充人匠，改正为民，收系当差。"；"一、诸色户驱良：乙未年附籍民户，壬子年于他人户下作驱抄上，或漏籍，仰以改正为民，收系当差；……"；"一、放良民户：诸良书该写任便住坐，或为良者，仰依良书收系当差；诸投下放良户，良书上该写不得投属别管官司户数，仰作本投下人户收系当差；……"；"一、新案主户：诸色人等因为犯事，除犯重刑者另行定夺外，余者杂犯人等改正为民，收系当差。"除上述之外，还有很多改为民户收系当差的内容，在本文中就不再一一进行罗列。

的，还有其他户计被官府改籍为民户的，如军户，站户无丁顶替的户绝的，或是无力再征本役等原因而改籍为民的，均为民户，其主体则是农民。元政府并未赋予他们特殊的义务，但他们却是封建赋役的主要承担者。其他各种户都有自己的独特的义务，在赋役方面可以得到这样或那样的优惠。民户没有独特的义务，因而必须承担全额的赋役，主要是科差（包银、丝料、俸钱）、税粮和杂泛差役、和雇和买①。特别是杂泛差役与和雇和买，其他诸种人户常能减免，民户却必须承担，他们还是诸色户计中从事农耕活动的主要劳动力。民户是诸色户计中负担最沉重的。

我国历代封建王朝在登记户籍时，常将编户齐民（国家的普通公民）按资产丁力的不同情况，划分为若干等级，作为征发赋役的依据，如唐代有九等户，宋代有五等户、十等户。元朝沿袭前代的制度，也实行户等制。元代户等制的正式推行，始于世祖忽必烈中统五年（后改至元元年，即 1264 年），《通制条格》卷 17《赋役·科差》意谓："中统五年（1264）八月，钦奉圣旨条画内一款：今仰中书省将人户验事产多寡，以三等九甲为差，品答高下，类攒鼠尾文簿。除军户人匠各另攒造，其余站户、医卜、打捕鹰房、种田、金银、铁冶、乐人等一切诸色户计，与民户一体推定，鼠尾类攒。将来科征差发，据站户马粮祗应，打捕鹰房合纳皮货鹰隼，金银铁冶合办本色，及诸色户所纳物货，并验定到鼠尾，合该钞数折算送纳"。根据这件文书，可以知道，户等的划分是三等九甲，三等指上、中、下，九甲是每一等中又分上、中、下，即上上、上中、上下，中上、中中、中下，下上、下中、下下。因而，习惯常称之为九等户或户分九等。户等划分的标准是"事产（即土地）多寡"，也就是根据贫富的不同来进行区分的。

户等的划分，主要作为征发赋役的依据。无论是科差、税粮的征收、杂泛差役、和雇和买的摊派，都与户等有关。但从户等制推行的过程来看，有元代户等制的弊端极多，以致往往流于形式，而且，地方政府的官吏，往往利用职权，上下其手，户等的不实，导致赋役征收摊派的混乱，民户遭受剥削的程度不断加深，也加剧了有元一代的社会矛盾。

① 《中国历史大辞典·辽夏金元史》（上海辞书出版社，1986 年），第 316～317 页。和买，和雇条目，陈高华作的注释：和雇，官府向民间强制雇佣服役的措施。唐、宋两代盛行。元代和雇包括雇佣车、船和人夫，从事运输或各种工役，在诸色人户中按户等轮充，或按资产情况摊派。和买，官府向民间强制购买货物的措施。起于唐代，宋代盛行。元代凡军用物资、宫廷消费、官府日常用品等，都在民间按户等或赋税、土田数额进行摊派，给价很少甚至不给价，实际上是一种变相的赋役。关于这一问题，还有很多争论，此脚注仅作参考。

四、元朝的赋役概况

封建赋役，是封建地主阶级依靠其政治的力量，强迫居民交纳贡赋和提供无偿劳役，用以支撑封建国家政权运转，养活大批封建贵族、皇室成员、各级官吏和用以进行镇压反抗的国家军队。封建地主阶级无偿占有农民阶级的劳动果实和剩余劳动，这是中国二千多年封建社会征敛赋、役的本质。而元朝的赋役制度，更鲜明地体现了有元一代特殊的社会阶级关系及农民阶层真实的生活状况。

自古以来，农业就是主要的生产部门，粮食则是封建国家向农民征收的主要物资。元代的税粮是元代赋税的主要项目之一，以征收粮食为主的一种赋税，其项目名称南、北不同，北方是丁税和地税，南方则是夏、秋二税。根据《元史》卷93《食货志一·税粮》的记载："元之取民，大率以唐为法。其取于内郡者，曰丁税，曰地税，此唐之租庸调也。……丁税、地税之法，自太宗始行之。初，太宗每户科粟二石，后又以兵食不足，增为四石。至丙申年，乃定科征之法，令诸路验民户成丁之数，每丁岁科粟一石，驱丁五升；新户丁、驱各半之，老、幼不与。其间有耕种者，或验其牛具之数，或验其土地之等征焉。丁税少而地税多者纳地税，地税少而丁税多者纳丁税。工匠僧道验地，官吏商贾验丁。虚配不实者杖七十，徒二年。仍命岁书其数于册，由课税所申省以闻，违者各杖一百。……"窝阔台汗即位（己丑年，1229年），到丙申年（1236）是税粮制度的初创时期。己丑年规定的税粮，有户税、地税之分，户税先为二石，后为四石，主要由民户承担；地税则旱地每亩三升，水田五升，自丙申年（1236）开始，税粮制进入定型时期。窝阔台六年（1234），蒙古灭金，北方形势逐渐稳定下来。七年（乙未，1235年），开始括户，八年（丙申1236年）括户完成，分封诸王、贵戚、功臣，与此同时，定天下赋税，将草创时期制定的各种制度加以完善和改进。税粮制即其中之一，改动很大。总的说来，这次改动主要是户税改成丁税，税粮制包括丁税、地税两种项目，有的户纳丁税，有的户纳地税。元政府还对民户的丁税①作了具体的规定，其中根据不同情况，而有全科户、减半科户、新收交参户、协济户等区别。

---

① 关于这一问题参考高树林：《元代赋役制度研究》（河北大学出版社，1997年），第229～230页。元世祖至元十七年时对诸户应纳税粮数都作了具体规定，又分为全科户、减半科户、交参户、协济户等。元管户，是指乙未年、壬子年括户时入籍的人户。它又可再分为全科户、减半科户等；交参户，是指新收入籍的人户；协济户就是贫困人户。

元代南方的税粮，与北方大不相同。南方的税粮，则专指土地税而言，是按亩征收的。它有秋粮、夏税之分。而对于秋税的税额在《元典章》卷24《户部十·租税·科添二分税粮》中有这样的记录："江南田地有高低，纳粮底则例有三、二十等，不均匀一般。"也就是说，每亩田地所纳的税粮，并没有统一的标准。而关于夏税《元史·食货志·税粮》中说："初，世祖平宋时，除江东、浙西，其余独征秋税而已……"元朝平江南后一段时间内，只有江东、浙西征夏税，其余地方不纳夏税。①

元朝诸色户计中民户要承担的另一种赋税就是"科差"，它是元朝北方赋税的又一重要项目。科差又分为"丝料"、"包银"等，世祖即位以后，又增添了"俸钞"，共有三个分目，以户为征税单位，主要由民户负担。其他"凡儒士及军、站、僧、道等户皆不与"，不纳科差。负担"科差"的民户，又据其入籍先后籍老幼妇孺乏力等项，分为元管户、交参户、漏籍户（括户时因某种原因遗漏的人户）和协济户四大类。科差主要是对中原及其以北的上都、隆兴、西京路（今冀北、晋北、内蒙古中部）等地区的赋敛，灭南宋（1279年）以后，它也随之部分地推进到淮河以南。但并不是国家户籍上所有人户都负担科差，"凡儒士及军、站、僧、道等户皆不与"。元初常在民户中签军，签发者即成为军户，一成军户，应当军役，便可免除丝银科差，作为优待。但国家征收的科差数额并不减少，地方政府便将新签军户的科差分摊到民户头上，这样一来，民户的科差负担就大大加重了。虽然元代民户人数是最多的，但他们的封建负担也是各户计中最沉重的，除了各种名目繁多的税粮和科差之外，还有更加突出、繁重的劳役剥削。

五、元代的"杂泛差役"

元朝的力役，一般称之为"杂泛差役"，通常指"杂泛"和"差役"两个项目。元朝的杂泛，又有"杂役"、"徭役"、"夫役"、"杂徭"等名称，其中的内容，项目众多，因需而征，重要的有修治河道、堤岸、桥梁、开挖新河等工程，② 民户治河的劳役负担极为沉重，他们还有修葺、新筑城阙、道路的

① 高树林：《元代赋役制度研究》，第43～44页。

② 方龄贵校注：《通制条格》卷30《营缮·堤渠桥道》至元七年（1270年）九月，"中书省近钦奉圣旨节该：都水监所管河渠、堤岸、道路、桥梁，每岁修理，钦此。照得九月间平治道路，合监督附近居民修理，十月一日修毕。其要路陷坏停水，阻碍行旅，不拘时月，量差本地分人夫修理。仍委按察司以时检察。至元二十一年（1284年）七月，钦奉圣旨条画内一款：津梁渠道路，仰当该官司常切修完"。

征发；还有运送官物、搬运军粮等。元朝的差役又称职役、户役。它也是名目众多，大体上包括乡村的里正、主首、城镇的坊正、隅正，此外还有弓手、隶卒、贴书、首领、面前、官勾、仓子、库子，还有为官府打造船只的差役等。

元朝的乡村，一般设置“乡”和“都”乡设里正，都置主首，专管催督赋税，供应杂事。社长一职，初设时并不是差役，但很快就成了差役。《通制条格》卷16《田令·理民》中就有这样的记载：“诸社长本为劝农而设，近年以来，多以差科干扰，大失元立社长之意。”虽然，差科是依鼠尾簿所记载的各户田亩、资产的多寡次序来派定的，但事实上，那些必须充差的殷富上户凭借他们手中的政治、经济实力，千方百计将其负担转嫁给中下等民户，这使本来处境就惨淡的民户，更加痛苦不堪。江南地广人众，是元朝主要经济命脉所在和农耕文化最发达的地区，而这一地区的老百姓却居于最低层；广大的北方汉人，他们同样没有从特权政策中得到多少实际好处，也必须承担国家沉重的赋役，是以在元朝建立之初从事农业活动的民户并未受到元朝统治者的重视。

杂法差役是元朝统治者强加在编户齐民头上的封建义务，其施行造成了元朝民众劳役之悲苦和负担之沉重，进一步激化了社会阶级矛盾，不断有局部地区的农民进行反抗斗争，从元朝前期到元朝末期一直持续不断。

六、元代人口的蒙汉杂糅特点及体现

（一）元代的投下户

忽必烈虽行汉法而建元朝，但他对“汉法”的推行并不彻底，新建立的国家政治制度也并不是单一的汉制。随着政权设置的大体完备和仪文礼制的基本告成，推行、贯彻汉法的政治革新工作渐趋停顿。大量阻碍社会进步的蒙古旧制，因牵涉到贵族特权利益，都在“祖述”的幌子下被保存下来，它们被配置、分布在国家机器的不同领域发挥作用。在漠北（今蒙古国）和漠南（今内蒙古自治区）的大部分地区，元朝还承认蒙古诸王的权利，中原各地的贵族食邑照样可以世袭，蒙古族原有的斡耳朵制度、怯薛制度、投下制度在一定程度上被保留下来，因为这些制度直接关系到蒙古贵族的特权利益。投下制就是其中蒙、汉制度杂糅的典型之一。投下亦作投项或头项，语出于辽代，意为采邑、封地，蒙古语称为“爱马”。蒙古贵族在建国之初，一般把中原和西域掠得的俘虏迁至漠北，聚落安置，从事农业或手工业，形成投下私属户口。贵族、功臣领有的民户便称为投下户或位下，投下户平时向使主纳赋服役，战时由使主率领出征。成吉思汗西征时，中原交付木黎华征取。木黎华部下有"五投下"即亦乞烈思、宏吉剌等五部军及其附属兵丁。太宗灭金时（即1234年），在中原有十七投下，蒙古灭金后，曾根据草原习俗将七十余户中原汉地民众封授宗亲功臣。① 这次投下封户分布的区域具体包括了：平阳府，太原府，大名府，邢州，河间府，广宁府，益都、济南二府，平、滦州，以及东平府等，由投下分布的这些区域可以知道，太宗窝阔台汗这次对中原诸州民户的分封主要是以金末府州为封授范围而进行的。

蒙古贵族在中原建立统治后，把汉地（原金朝统治区域）所掠人口就地安置，自派官员管理，不属州县。平江南后，世祖又将江南各县人户分赐给各支贵族和功臣。蒙古贵族热衷于对投下封民的领属和占有的同时，中原汉地大部分都委托给降蒙的汉族世侯统治，大多数蒙古诸王勋贵的投下封户也都散落在史天泽、刘黑马、张柔等汉世侯的地盘内。② 蒙古草原的投下户由使主自行管理，中原的投下由朝廷派官员治理，投下归使主世袭，属民不得迁出，使主派达鲁花赤监临，收取"五户丝料"。由于蒙古贵族实行通过汉世侯对中原间接统治的政策，因而这些投下封地彼此混杂交错，多缺乏以投下封君自成一体的行政建置。虽然它主要是以汉法治理，但还不是健全、成熟汉制的体现。严格地说，它只是由汉世侯直接掌管的投下五户丝封民集团，这种情况的出现也是蒙古分封与汉世侯割据二种体制结合造成的后果。

元代的投下既专指大汗分封形成的诸王贵族所属的民户集团，同时也泛指蒙古人的军政集团及贵族所属的各种民户组织，它大致可以分为四类：蒙古直属千户部民、诸王兀鲁思封户、五户丝食邑户、投下私属。蒙古直属千户部民、诸王兀鲁思封户主要是草原牧民所以，只对后两种投下户进行简单地探讨。五户丝食邑户在户籍、与封君关系、赋役等方面都表现出两面性。他们既是"投下户籍户"，又是"户部粮户"。按照蒙古旧俗，食邑民与封君存在某种领属名分，但平时又主要由朝廷直接派官员治理。他们既向封君缴纳五户丝，又承担国家的二户丝、税粮、包银、差役、劳役等。他们主要与朝廷设置的官

---

① 参阅李治安：《元代政治制度研究》（人民出版社，2004年），第370页。在这本著作中，作者提到：关于这次分封，《元史・太宗本纪》留有十分珍贵的记载。

② 在李治安：《元代政治制度研究》第371页中作者认为世侯的地盘在某种程度上类似于唐代藩镇。蒙古封君贵族在中原的封邑较难超越他们另建一套投下行政机构，而多以世侯旧官为"守土"臣，通过"官吏随地所属"，定期朝见，子弟入侍王府等方式加以控制。

府发生统治与被统治的关系。[①] 由于中原地区的投下形成于大蒙古国时期。忽必烈即位后为加强中央集权，采取了一些措施限制投下权力，但投下旧制并未受到根本触动，其独立性依然很强。大批半独立的投下，在地方上构成一批以蒙古游牧习俗为主的民众集团；而众多的投下封君，则成为元朝政治领域中游牧贵族保守势力的主要代表。

（二）元代的驱口

驱口[②]是蒙古人在12世纪早期家庭奴隶制的基础上，因袭和发展金朝驱奴制而形成的一种奴婢制度。《通制条格》卷2《户令·户例》中谓："不论达达、回回、契丹、女真、汉儿人等，如是军前虏到人口，在家住坐，做驱口"，灭金过程中，蒙古贵族军前所掠人口便为自己的驱口，驱口在南方仍沿用汉语旧称，称为奴婢。在投下组织中，驱口与私属民是有明显的区别。驱口是使长财产的一部分。元代法律规定驱奴属于贱人，其人身归主人占有和驱使，可以任意转卖，婚姻也受其支配。私属民的身份是良民。他们专为领主服役，不承担国家赋役，人身并未被完全占有和支配，婚姻也不受过多的干预。"乙未籍户"时太宗下旨，住在使长家中的驱口得到国家承认，只有另有住处的驱口，才统计为国家编民（国家的普通公民），这样就使战争掠夺的大量奴仆合法化了。除了以上这些被掠夺来的驱口外，还有在元朝地主土地上从事农业耕作的驱口。其中有很大一部分是因偿还不了债务而沦为"驱口"的。由于元朝统治者的残酷剥削和繁重的赋役，而出现迫使许多人卖身成为地主的"驱口"应该是很正常的现象。"驱口"是使主及地主的私有财产，因而，他们和使主或地主的政治地位是极不平等的。大都和上都都有人市买卖驱奴。如果驱奴谩骂使主被使主杀死，使主无罪；使主因故杀死驱奴受杖刑八十七，因醉杀驱奴还要减一等处罚；与之相对照的是，私宰牛马要受杖刑一百，驱奴的地位竟低于牲口。驱奴本人及其子女的婚配都要使长作主。良贱通婚受到禁止，但使长奸驱奴妻无罪，驱奴不但从属于本使长，在一般良人前也低人一等。[③] 驱奴只有通过赎身或使长发给放良文书才能成为良民，但高昂的费用使多数驱奴难以赎身。脱离奴籍的驱奴，一般仍需与使长保持一定的依附关系。这种掳掠人口为驱奴的制度，虽然已非奴隶社会的全部人身占有制，却是世代被其主人控制的依附户，主人占有驱口劳动成果的农奴制的劳役户。在征战中大量被掳为驱口

① 参见李治安：《元代政治制度研究》，第399页。两面性在蒙古国、元朝前后二阶段的侧重表现有不同。蒙古国时期，食邑名不符实，某些场合下几同兀鲁思封民。元世祖以来，随着中央集权的加强，食邑民的国家编民因素逐渐居多了。

② 可参阅方龄贵校注：《通制条格》卷2《户令·户例》注释102，躯口，或作驱口，即奴隶也。

③ 刘迎胜：《二十五史新编·元史》，上海古籍出版社，1997年。

和怯怜口的人户，这是蒙古民族迅速发展到封建社会之后，还依然保留着奴隶制残余的鲜明体现。

这些民族歧视政策的长期实行，虽然在短时期内维护了蒙古贵族的利益，但必然会加深下层人民对上层统治及地主阶级的仇恨情绪。元朝中、后期，社会上始终孕育着动荡不安的因素，到顺帝在位（1333—1368）前期，地方动乱频繁，社会上经常存在大批的生活无着、难以承受残酷剥削的驱口、民户等人户，给元政府的统治埋下了不安定的种子。

（三）元代的怯怜口与阑遗户

元代社会有明确的良民、贱民之分。投下私属，蒙语称为怯怜口，原指草原部落贵族的僮仆。怯怜口是不直接受国家控制的私属人户，元朝政府有专门机构管理怯怜口。一般情况下，怯怜口不承担国家赋役，专为使主服务，大多从事手工造作和农耕、放牧，也有人充当怯薛、校尉和鹰房捕猎户等。皇室、诸王经常收集放良、析居人户和还俗僧道为怯怜口。元代赋役繁重，在百姓不堪忍受的情况下，投下民户集团成为编民们逃避赋役的庇护所。不少军户、站户和民户亦投奔诸王投下，充当怯怜口。朝廷还不时给怯怜口颁发赏赐和进行赈济，使怯怜口的生活有一定的保障，所以，通常怯怜口比一般的民户生活条件优越。

《通制条格》卷28《杂令·阑遗》记载：“诸处应有不阑奚人口、头疋等，从各路府司收拾，仍将收到数目，于应收置去处，限拾日已里，许令本王认识。如拾日以外，作不阑奚收系，每月申部。如有隐匿者，究治施行”。由此可知，元朝社会上有大量的流散人口，朝廷特别设立阑遗监，管理无主流散人口和牲畜（即孛阑奚或阑遗），招主认领。无人认领的人口称为阑遗户，通常由官府拨给荒地屯田，阑遗户经常是诸王投下与政府争夺的人户，被投下招去的阑遗户大多数成为怯怜口。

（四）蒙汉杂糅的政治制度对农民阶层的影响

作为一个依靠武力入主中原的落后少数民族，要维持蒙元贵族的统治，就必须利用蒙古贵族的特权和蒙汉民族间的隔阂，来保存蒙古民族固有的优势。元代种族阶级的创立，及其差等待遇的产生，都是想借助其他种族来牵制中原地区的地主阶级及农民，以保持其已形成的统治地位，从而以此确保其既得的经济利益。种族阶级中最优越的是蒙古族人，蒙人因其政治权力而能取得若干经济利益的享受权；经济上的优越阶级是中原地区的汉族贵族地主，他们在政治上虽然得不到蒙元统治的重用，但也并非纯粹政治力所能破坏的。随着社会经济的恢复和发展，汉人、南人因财富的日益激增，政治地位也有渐趋提高的倾向，相反蒙古人因经济上处于弱势，社会地位亦有下降的危险。然而立法、行政大权，仍操纵在蒙古人手中，蒙元统治者深知没有蒙古民族特权作保障，蒙古民族对汉族的统治是无法持续的，蒙古贵族的实际利益需求也使统治阶级认识到民族特权的政治价值。① 这就造成了种族阶级与经济阶级两种社会阶层，相互对峙，争权夺势的局面。②

农民阶层就是两者相互争斗的牺牲品，无论哪一方获胜，他们都是受迫害、被压制的对象。这就使得在封建赋役的剥削之下早已不堪重负的贫民更加陷入了水深火热之中，以致“死亡相籍”、“流民转徙”的现象一再出现，在元灭南宋之前的这段时间里，各地都有很多的流动人口，其中大量的为流民。其形成的原因除了战争的影响之外，还有其他一些原因，元朝统治者不断加重赋税的征收，以及一些不合理的阶级制度也造成了人口的流散。邢州作为蒙古贵族的投下封地，在受封之初，有民万余户，到宪宗即位时（1251 年），已仅剩下五七百户了③，这种状况的产生也正好说明了元朝这两种社会阶级制度一直处于矛盾状态中，并严重影响了整个社会生活秩序的稳定，尤其是处于社会最底层的农民阶级的生活安定。针对这种情势，元朝廷虽也曾一度放弃掠夺、屠杀政策，大力推行以民为本，以农桑为本的农业民族的思想。只是在这一过程中，这两派的交锋可能会使广大的劳苦大众始终处于暗无天日的处境当中，日积月累，这些劳苦大众不在沉默中死亡，必然会在沉默中爆发，从而使元朝的上层建筑在覆亡的危险中摇摇欲坠。

小　结

我们知道，中国早期的人口管理方法实行的是在封建血缘前提下，以夫为独立单位的名籍制度，普通民众的身份都是血缘氏族内部的家庭成员。而以确定民众的地区身份为手段，将广大民众分成地位不同、权利不等的地缘性人口管理制度，则是随着国家的发展逐步形成的一种社会制度。以游牧经济为主，逐水而居的蒙元统治阶级能在统一中原后，推行此种以地域为基础的人口管理制度——户等制，这不能不说是元统治阶级的一大冒险举措。由前文可知，元代的户等制不仅将已征服地区的民众纳入管辖的范围，而且蒙古人也毫不例外。至大三年（1310）十月，元统治者下达了这样的法令诏书：“诸色户计各

① 具体可参看周良宵、顾菊英：《元史》（上海人民出版社，2003 年），第 272～273 页。

② 可参考蒙思明：《元代社会阶级制度》（中华书局，1938 年）第三章《两种阶级系统之冲突及其混合》。

③ 《元史》卷 4《世祖本纪一》。

已占籍，其有妄投各枝儿怯薛歹等名色，规避差役、冒请钱粮者，并行禁止。"① 这条法令在具体执行的过程中，却并未如法令发布者所愿。虽然元代各种政策法令的制定和实施自始至终都是以维护蒙元统治阶级的根本利益为先决前提，但元统治者能先把对中原地区与蒙古地区之间固有的偏见搁置一旁，冒着被汉化的风险来推行这种地域性的户等制，多少也显现出了元统治阶级的良好初衷。

随着经济的恢复和发展，由于蒙元统治者过于强调赋税征收和治安管理的重要性，民户需按时足额地完税纳粮，以应对中央和地方日渐困窘的财政收支；面对内外交困的国势，一味强化地方治安管理，维持乡村社会的秩序安定，而忽视了顺时应变，对已推出的制度缺乏有效地约束机制和因时制宜地相应改动。在其统治初期，看似很重视以种植业为主的农业生产的发展，却对其统治下的民众，尤其从事农耕活动的劳动人民设立了名目繁多的苛捐杂税，当时的农业劳动人民也因此负担累累，苦不堪言。农村的各种生产资源被统治阶层无偿掠夺，农民大部分处于饥寒交迫的窘境，势必会使这个统一的朝代随即迫近于分崩离析的限期。没有稳定，坚实的经济基础也是游牧民族建立的国家政权不能长治久安的主要原因之一，由蒙古贵族于中原汉地建立的统一王朝，其不足百年便覆亡的命运，就是有力的历史见证。

蒙元时期的户等制，虽然打上了浓厚的民族歧视的烙印，但这种户籍制度也曾发挥过重要的积极作用。它是蒙元统治者征调赋役、落实行政管理、执行法律的主要依据，也是统治阶级对民众实行道德教化、经济剥削、人身控制的重要途径。据《通制条格》卷三《户令·交换公使人隶》中记录：延祐三年(1316）三月，中书省。刑部呈："议得各处见役弓手、祗候、首领、面前等，为是害民，已经呈准，于相应户内从新补换去讫。若以三年一次交换，三年之后，乡村细民，皆为皂隶，起灭词讼，紊乱官府，公私不便。以此参详，合依已行，尽数交替，……不许再用。"在经济物资缺乏的元代初期，针对经济萧条、社会混乱的局势，蒙元统治阶级通过这种行政手段来控制人口的流动，尤其是当时农业人口进一步地四处逃窜，有效地将人口控制在自己的户籍所在地，维护了社会治安，让饱受战乱之苦的劳苦民众各有所属，获得暂时的安定休憩，而困顿潦倒的北方经济亦可得到一丝喘息的时机。

虽然有元一代的户等制，颁布之初就先天不足，并被后代学者批评得体无完肤。但即便在居住与迁徙自由不断地被众多学者提出的今天，户等制在元代社会管理中的作用也是不可完全抹杀的。

① 方龄贵校注：《通制条格》卷2《户令·冒户》。

参　考　文　献

[1] 蒙思明．元代社会阶级制度．北京：中华书局，1980
[2] 李治安．元代政治制度研究．北京：人民出版社，2004
[3] 高树林．元代赋役制度研究．保定：河北大学出版社，1997
[4] 方龄贵校注．通制条格．卷 2. 户令・户例．北京：中华书局出版社，2001
[5] 方龄贵校注．通制条格．卷 17. 赋役・科差
[6] 元典章．卷 2. 圣政一・重民籍．北京：中国广播电视出版社，1998 年元刻影印本
[7] 元典章．卷 19. 户部五・民田・田多诡名避差

元明佛教寺院农业问题初探*

——以明代佛教方志为中心

曹刚华①

（北京师范大学古籍所）

明代佛教方志是指由明代佛教僧人或文人居士撰写的关于佛教地理环境、人文环境、名胜古迹的文献，如佛教寺志、佛教山志、精舍志、塔院志等。较著名的有《武林梵志》、《泉州开元寺志》、《破山兴福寺志》、《径山志》、《邓尉圣恩寺志》等。②

明代佛教方志长期不受学术界研究者的重视，如《四库全书总目》编撰者批评宋奎光《径山志》曰："是编盖增补宗净旧志而成，分《开山诸祖》及《制敕》、《诗文》、《名胜》、《古迹》、《土产》诸门，殊多猥琐。盖一山一寺，地本偏隅，宗净志已具梗概。奎光必从而恢张之，其冗沓宜矣。"评价宗净《径山集》曰："是书上卷记寺之建置，中卷记禅宗，下卷载艺文。原刻校雠不精，僧方一序，谓其鲁鱼亥豕迭出，为白璧蝇玷云。"评价戴英《禹门寺志》曰："是编前志山寺僧侣，后纪碑铭序记诗文，多未雅驯。"批评葛寅亮《金陵梵刹志》曰："编次颇伤芜杂。"批评释广宾《上天竺山志》，认为该书多为附会，没有实录精神，实不足取。③ 清人翁方纲对明代佛教方志也是大加批评，他品评《灵山寺志》曰："《灵山寺志》旧有景泰志、嘉靖志。至是云始重辑，前有云自序。及寺僧寂曙志其修辑缘起，内称'庚辰''戊子'是重辑在万历

* 【基金项目】2007 中国博士后基金资助项目《明代佛教方志研究》的阶段性成果，项目编号：20070420319

① 曹刚华（1974—），男，江苏宿迁人，北京师范大学古籍所博士后，研究方向：古典文献学、明清佛教方志等。

② 关于明代佛教方志研究概况，请参见曹刚华《明代佛教方志研究概述》《中国地方志》，2007年第 10 期

③ 《四库总目全书提要》编撰者对明代佛教方志的批评，见于《四库总目全书提要》之史部《地理》类。

八年，雕版在万历十六年也。吴云自序乃无月日，明人修志之陋如此。”① 可以说，自清代、民国以来的学术界对明代佛教方志的编撰、刊刻、史料价值都是批评甚多。

但实际上，明代佛教方志的资料来源或是直接取自碑刻铭文，或是经过仔细考证，史料可信度较高。作者或“探考疏略”，或“考之旧碑，且旁采他集，而益以耳目所睹闻者”，② 或“取碑志、灯录综遮之，而参以老宿闻见所逮，汇篡成编”。③ 同时，明代佛教方志在中国佛教史籍中也占有重要的地位，众多明代佛教方志无疑组合了一部最详备、最直接、最原始的中国佛教发展史。在这些佛教史学著作中，不仅记录了有关佛教的一切问题，诸如历史人物，历史事件，古迹遗址，高僧传记、寺院田产、种植作物等都有详细的记载，人们可以挖掘出有关唐宋元明的政治、经济和佛教的关系，文化发展与佛教的关系，各地民俗与佛教千丝万缕的关系。因此可以说，明代佛教方志是研究中国佛教史、古代经济史、文化史、政治史的又一巨大资料宝库。试以明代佛教方志与元明寺院农业经济研究为例，求教于方家。

一、元明佛教寺院田产的来源

中国古代农业无疑是决定性的生产部门，佛教寺院也不例外，经过宋代高僧百丈怀海的一日不作，一日不食的制度化后，佛教寺院经济的自立更是离不开农业田产。也正因为如此，元明的佛教寺院总是千方百计的多占领、开垦土地，为其生存和发展奠定经济基础。④

元代从成吉思汗起，就盛行佛教，建国之初，即将佛教定为国教。《元史》卷 2002《释老传》曰：“元起朔方，固已崇尚释教。”“元兴，崇尚释氏，而帝师之盛，尤不可与古昔同语。”“虽帝后妃主，皆因受戒而为之膜拜。”详细记载了元代崇信佛教的盛况。明代的佛教政策则是崇信利用与限制整顿并重。明太祖建国之初，就认识到佛教对于社会教化的重要性，采取提倡佛教、利用佛

① （清）翁方纲：《四库提要分纂稿》第 150 页，上海书店出版社，2006 年。

② （明）释元贤：《泉州开元寺志》序，杜洁祥主编《中国佛寺史志汇刊》台北丹青图书公司印，1985 年，以下佛教方志如未特别标出者，皆为此本。

③ （明）陶汝鼐：《大沩山古密印寺志》凡例，清同治年间刊本。

④ 学术界对佛教寺院经济研究多在魏晋、唐宋时，如何兹全《中古大族寺院领户的研究》《食货》第 3、4 卷，1936 年；[日] 道端良秀《唐代的寺田和僧尼的私有财产》《支那佛教史学》1938 年第 2 卷；何兹全编《五十年来汉唐佛教寺院经济研究》（1934—1984），北京师范大学出版社，1896 年；游彪《宋代寺院经济史稿》河北大学出版社 2003 年；[法] 谢和耐《中国 5～10 世纪的寺院经济》，上海古籍出版社，2004 年等。对元代，尤其是明代佛教寺院经济研究甚少。

教的政策。“太祖高皇帝受天明命，君临四海，遵前王之大法，主一代之成规。苟可以善世导民者，莫不引而进之，深谓释迦之教，化民为善，有阴翊直功，不可废也。”[①] 于是经常将僧人“召入禁中，赐坐与讲论。”[②] 并认为“释迦之为道也，惟心善世，其三皇五帝，教治于民，不亦善乎？何又释迦而为之？盖世乖俗薄，人从者实少，尚华者众，故瞿昙氏之子异其修，异其教”。[③] 其后的成祖、仁宗、宣宗、英宗、代宗、孝宗、武宗等也多扶持佛教，或亲自赐予寺院匾额，或大规模的建修寺庙，或多作道场。致使僧徒繁盛，佛寺广播。[④] 以至时人发出“自古佛寺之多未有过于此时者”[⑤]、“近年以来。释教盛行，（度僧）百千万亿，日炽月盛”[⑥] 的感叹。可以说，元明上至朝廷的达官贵人，下至民间的大众百姓无不多有信奉佛教之人，寺宇庙堂到处林立。故后人称其时“凡天下人迹所至，精蓝胜观，栋宇相望”。[⑦] 无论是元明皇家贵族、官宦士绅，还是民间百姓都对佛教青睐有加，甚为崇信，这在一定程度上影响了佛教寺院田产的发展。大致来说，元明时期佛教寺院田产的来源有以下四方面。

1. 赏赐　元明以皇帝为首的皇室成员施舍田产给寺院的事例很常见，由于皇室身份高贵，非一般的士绅官宦、民间百姓可比，所以这种施舍的田产又称为“赐田”。这种皇家赏赐的田产享有特权，即是不用交纳粮税，所谓“钦赐田地，税粮全免”。[⑧] 因此，明代佛教寺院特别喜欢这种赏赐的田产，一方面赏赐田产代表了皇家的眷顾，政治上得到了保证，另一方面在经济上，赏赐的田产又不需要交纳粮税，省下一笔开支，两全其美。

如明洪武十四年，明太祖下诏迁徙南京蒋山寺，改赐额“灵谷寺”，并度僧一千名，“赏赐僧田二百五十有顷奇”。[⑨] 洪武二十五年，太祖又诏赐栖霞寺田产一千三百余亩。[⑩] 明宣德五年五月，宣宗赏赐给静海寺、天妃宫南京金川

① 明永乐十五年，王达撰：《故僧录司右善世一原宗法师塔铭》，柴志光、潘明权主编：《上海佛教碑刻文献集》第113页，上海古籍出版社，2004年。

② （清）张廷玉：《明史》卷139《李仕鲁传》中华书局，1974年版。

③ 张德信、毛佩琦主编：《洪武御制全书》《御制文集补　佛教利济说》第308页，黄山书社，1995年。

④ 如《明史》卷16《武宗本纪》记载正德二年度僧道四万人；《明英宗实录》卷163正统十三年二月条记载重修庆寿寺；周应宾：《重修普陀山志》卷1《宸翰》记载历代明皇帝对普陀山的修建、赐额。明代文献中对此类史事记载甚多，不一一列出。

⑤ （明）俞汝楫：《礼部志稿》卷47《星变陈言九事书》《四库全书》本。

⑥ 《明英宗实录》卷228景泰四年夏四月条，台湾研究院历史语言研究所校印本，1968年。

⑦ （清）毕沅：《续资治通鉴》卷197。

⑧ （明）释大壑：《净慈寺志》卷9《僧制》。

⑨ （明）葛寅亮：《金陵梵刹志》卷2《钦录集》洪武十四年辛酉。

⑩ （明）葛寅亮：《金陵梵刹志》卷2陆光祖《重建栖霞寺天王殿记》。

门外路东、西的空闲菜地，命“与常住僧道栽种”。① 明代的南京寺院是帝王赏赐田产较为集中、数量较多的地方，正如明人叶向高记载南京寺院时所说“近畿名刹大者六七，皆有赐田，以赡给淄流。”②

浙江杭州也是佛教寺院集中的地方，元明皇帝亦多临幸，径山、武林、南屏等地不少佛教寺院多受皇家赏赐田产。明人吴之鲸曰：“武林梵刹大多肇始于石晋，盛于吴越王父子，至南宋极矣。元季渐蚀，入皇朝次第重建，其锡赉之大者，入创宝刹、赐庄田、赐金如来像、金铜罗汉像、紫衣玉块、金斓袈裟、水晶数珠，费以千百计。”③

大致说来，皇家赏赐寺院田产的目的十分明确，或是祈祷佛祖保佑天下太平，政治稳定，或是保佑身体健康，实现自己的长久统治，正如明成祖所言，期盼佛教寺院僧众能“期早登觉地，利生助化，翼我皇家钦哉”。④ 这一观点也代表了皇家赏赐田产给寺院的真正政治意图。

2. 施舍　除了元明皇朝赏赐得田产外，元明时期社会各阶层，尤其是官宦乡绅的捐赠施舍也是寺院田产的一个主要来源。与宋代动辄捐赠上百亩、上千亩田产给寺院不同的是，⑤ 元明时官宦士绅的田产捐赠数量一般为几亩至几十亩之间，其原因一方面与元明士绅的财力衰减、捐赠心态等有关，更主要的与元明对佛教寺院经济的控制有关。⑥

杭州高丽慧因华严寺为高丽义天大和尚讲经说法，传授佛学的重要场所，历代都为高丽人士重视，凡是来华的高丽达官贵人多亲往拜见，这也成为中朝历代往来交流的一个见证。元代是中朝往来的一个频繁时期。元大德十一年高丽王璋来华，受封为沈王，延佑六年袭封驸马都尉。沈王璋在华期间，与佛教接触甚多。《元史》卷 116 曰：“至大二年正月，太后幸五台山作佛事，诏高丽王璋从之。”《道园学古录》也记载天目之山有狮子岩，智觉禅师佛法高深，“驸马太尉沈王璋使人从师问法”。⑦ 慧因寺是高丽王子义天远渡东土，学佛修行的圣地，因此沈王璋与慧因寺交往更是过密。延佑年间，沈王璋布施四处田产给慧因寺作为常住田。

---

① （明）葛寅亮：《金陵梵刹志》卷 2《钦录集》宣德五年。

② （明）葛寅亮：《金陵梵刹志》卷 16《八大寺定租碑记》。

③ （明）吴之鲸：《武林梵志》卷 7，《杭州文献佛教丛刊》本，杭州出版社，2006 年。

④ （明）宋奎光：《径山志》卷 4《成祖文皇帝敕谕径山赴会僧》。

⑤ 游彪：《宋代寺院经济史稿》第 79 页，河北大学出版社，2003 年。

⑥ 明代对佛教采取的是既信奉，又控制的政策，在寺院经济上，曾进行禁止寺院田产买卖、清理丈量寺院田产的活动。一旦发现寺院经济过于庞大则严格打击。参见周齐《明代佛教与政治文化》第 137 页，人民出版社，2005 年等。

⑦ （元）虞集：《道园学古录》卷 48《智觉禅师塔铭》，《四库全书》本。

一置到余庆寺福寺主，民田乙顷三十六亩乙百四步，其乙契租米乙百乙十乙石九斗五升，坐落嘉兴路嘉兴县迁善乡三十四都吴字围。

一置到裕庵安山周八副使等民田乙顷七十九亩二十四步，其九契租米乙百三十五石四斗三升，坐落嘉兴路嘉兴县思贤乡三十四都问字等围。

一置到时思庵立大师民田三十亩三角，其乙契租米二石五斗，坐落嘉兴路嘉兴县迁善乡三十四都吴字围。

一置到善现院源主民田一十一亩，其一契租米八石二斗五升，坐落嘉兴路嘉兴县迁善乡三十五都三往字围。①

元代朝散大夫同知杭州路总管府事吉刺实思也是虔诚的佛教徒，他“念四恩之至重，悯群迷之未觉，谨以中统钞三百定，规置田土，舍入天竺、高丽、净慈，三寺各一百定，岁以一月为约，命僧繙阅三乘妙典、一大藏，所集殊勋，上以祈国家之福，下以报父母之恩，旁资众有其成正觉”。② 他用钱购买田产施舍给寺院的目的有二，一是祈祷国家之福，一是报答父母之恩。

与前代相比，明代佛教世俗化进一步深入，社会各个阶层的佛教信仰者众多。在佛教徒传播和帝王、士大夫的推动下，佛教在明代广为流传，深入民心，上至帝王皇室、王公大臣，下至平民百姓，无不多有信佛之人。士大夫“多崇释氏教”，③ 参禅信佛者汇成风气。有的士大夫出于逃避政治迫害而出家信佛，如靖难事变后，不少类似梁田玉、梁中节的士大夫皆躲避为僧。④ 而宋濂、李贽、袁宏道等皆喜好佛教，精通佛学，对佛教思想有较高的造诣，他们或以心学来解释佛教理论，提出“体用一源，显微无间”，或针对当时禅学界的混乱，提出一种思想革新的愿望。⑤ 有的地方士绅则对佛教寺院的修建甚感兴趣，如景泰间，“陈景宏好义乐善，悯其（昭圣寺）久废，率诣县，请戒行端严僧人主持是寺，以图兴复”。⑥ 正如陈垣先生所言：“禅悦，明季士夫风气也，”“万历而后，禅风寖盛，士夫无不谈禅，僧亦无不欲与士夫结纳”。⑦ 明代士绅官宦喜爱佛教之情可见至深，彼此之间已化为一体也。

在这种大环境影响下，施舍田产就变成明代官宦士绅与佛教寺院良好交流

① （元）太尉沈王璋疏请，赵子昂书：《高丽众檀越布施增置常住田土碑》《高丽慧因华严教寺志》卷7。

② （元）吉刺实思：《舍田看阅大藏经志》，《高丽教寺志》卷7。

③ （清）张廷玉：《明史》卷216《冯琦传》。

④ （清）张廷玉：《明史》卷143。

⑤ 关于明代士大夫与佛教具体情况，请见潘桂明《中国居士佛教史》第十章，中国社会科学出版社，2000年。

⑥ 弘治《句容县志》卷10《昭圣寺碑》。

⑦ 陈垣：《明季滇黔佛教考》第333～334页，河北教育出版社，2000年。

的一个方式。

保福寺是浙江鄞县名寺，创自唐代以迄今日，虽屡经兵燹，但仍巍然如鲁。明弘光年间，有住持僧慧公，“道德高深，为我辈所敬礼，遂延之卓锡焉”。当地士绅陈朝辅崇信甚深，将自己以前购买的“有田七亩余，今乃仍施之寺中，以充僧寮斋供”。①

浙江高明讲寺是一座天台宗教寺，明高僧传灯建寺之初，寺田毫无所存，僧传灯开始讲经求施，当地乡绅陆续施舍田产给寺院，“痒生齐文兹、齐王春、王范、陈福等共舍田三十亩，永远斋僧”。②

南屏净土慈寺为浙江杭州的名寺，“历代赐赡僧田百余顷，国初僧道联，以田瘠赋重，白有司，铲其赢者，只存田二十顷，给常住僧，及供王赋”。至明中期，寺院田产经济衰退，入不敷出。万历年间，法师壑公另创永明塔院，当地官宦士绅“吏部虞公、水部黄公、中秘吴公、及僧性莲各捐赎田之在富阳者，九十余亩，地在寺右者，十余亩，以赡塔院守僧，间及瞻礼行衲”。其他如紫罗坑田、沙泥圆田、水碓坑田等皆由“嘉兴檀越陆五台、冯其区、杨觉斯等人捐俸赎回”，施给寺院。③

此外，天启七年，福建士绅曹廉捐资买田，赠于寺院，并且出资捐助修建蘸月池、大雄宝殿，重新复兴了雪峰寺。④ 万历年间，青浦士绅徐文贞、徐中翰等人捐资田产、木材重新修建慧日寺。⑤ 吴怀保则施舍十八亩田给安徽仰山寺院，以充僧用。⑥

除了施舍田产给佛教寺院，有的明代士绅还会施舍菜园、菜地等经济种地给寺院。如“钱塘陈氏子庚申捐资，赎长桥菜地十许亩”，捐赠给净慈寺。⑦万历年间，有不知名施主捐资购买三亩菜园施舍给江苏破山兴福寺。⑧

为什么在元明时期，会有大批的官宦士绅施舍田产给佛教寺？其最主要的原因是施舍田产是佛教中的最大功德的观念有关。正如明人黄汝亨所言“置田若干亩，为饭僧计，此最胜功德”。⑨ 亦如元人虞淳熙曰：“施田长者，既食其

① 明弘光年间乙酉居士陈朝辅《保福寺施舍赡养田记》《柳亭庵志》卷上。

② （明）释传灯：《幽溪别志》卷11。

③ （明）释大壑：《净慈寺志》卷8《永明塔院田记》。

④ 《雪峰志》卷1。

⑤ 《慧日寺记碑》，柴志光、潘明权主编《上海佛教碑刻文献集》第153页，上海古籍出版社，2004年版。

⑥ （明）程文举：《仰山乘》卷1。

⑦ （明）释大壑：《净慈寺志》卷4。

⑧ （明）程嘉遂：《破山兴福寺志》卷3。

⑨ （明）释大壑：《净慈寺志》卷8《永明塔院募田疏》。

报，近食儿孙之仓廪。元储净土之资源粮，不亦美哉”。[①] 认为施舍田产者既做了功德，又能恩泽后代，是一件功在当今，利在千秋的大好事情。因此元明许多官宦乡绅都希望通过施舍田产给寺院以获得最大的福报。

3. 购买　除了国家的赏赐，士绅的施舍，寺院的主动购买也是寺院田产一个主要来源。这种购买田产的经费或是来自士绅的捐赠，或是寺院僧人的蓄藏。购买的田产则来自当地士绅、百姓的民田，或来自大寺院官田。

阿育王山广利禅寺是浙江名寺，唐宋以来，寺院屡经战火，僧众四散，元明以来，历经当地士绅捐赠资金、财物方见复兴。寺院为更好发展，或将部分捐赠资金，或联合寺僧积蓄用来购买田产，发展寺院农业耕种。

元皇庆二年春天，阿育王住山佛日普光大师登担任住持，他“虑产薄众多，时或不粒”，寺院僧众温饱问题一时得不到很好的解决。正好大德八年，当地一士绅有病，欲将“废涂田出售”。大师“隶奉川之梧嵒，遂劝于众，得前昌国州广福寺住持碧海克宽，及石山惟分、米房布檕皆寺之耆宿也，翕然而和。各出钱若粟，所用几三万缗，石山水房半之，而碧海半之，以共集斯事”。他联合几个高僧合资将废涂田买下，改造成田庄，“庄田广利焉，岁登穀千计，聚山资水利计亦若干输”，既解决僧众温饱问题，又解决交纳税粮问题。[②] 又如寺院的中义庄也是由购买当地士绅的私有田产建置而成，“寺僧伽师效率其属元舆、智起、智宁、华处仁等市史氏之田一千余亩，名中义庄。”[③]

明高僧传灯创建高明寺时，购买寺院田产也是其主要工作之一。万历年间，他命师弟无脱向国清寺僧官询问田产价格，并从国清寺购买二十亩官田。同时他用三十六两购买了周痒浩大慈岭下的官田二十六亩五分，又“赎回德清、德芳各房共十余亩，皆寺前及左右者”。弟子也用募捐资金购买回“外张田，永为诸祖斋忌办供之费”。他前后共计买回田产官田二顷八十亩，民田九十七亩，奠定了高明寺的主要经济来源。[④]

归宗寺是庐山的名寺，屡经战火，至明代重新修建，它的大部分田产都是购买而成的。“归宗寺山系万历乙未年募资赎回，系荒山四十余亩，今遍种松杉竹木。”“本寺圈内田亩系乙未年募资赎回，共计中田二十八亩，下田五亩三分五厘地。”再加上其他的山场、林地、田地等，“共计购买回田产上、中、下田八十二亩九分四厘，沙地共一百五十亩零五分。”[⑤]

① （明）释大壑：《净慈寺志》卷8《永明塔院募田疏》。

② （元）释本畅：《广利庄记》，《阿育王山志》卷7。

③ 明洪武十一年春三月金华宋濂《阿育王山广利禅寺碑铭》，《阿育王山志》卷4。

④ （明）释传灯：《幽溪别志》卷11。

⑤ （明）释德清：《庐山归宗寺志》卷2。

其他佛教寺院购买田产的事例也是屡见不鲜，如明代福建黄檗山寺，为了重新修整寺院，也开始了大量的购买田产工作。明隆庆年间，寺僧陆续从民间购买回三十二亩田地，其中八亩还是来自当地“大桥外军民田。”① 又如杭州净慈寺，万历三十七年十二月，“住持真琮，赎到菜地九亩陆分，坐落钱塘县城西二图长桥腾字号。”② 万历四十二年正月，高僧宏师八十高寿之时，当地“乡宦金学曾、虞淳熙、翁汝进、沈灌、钱养廉、洪瞻祖、黄汝亨、居士闻涞、王宇春、宋守一、郑之惠等共捐资，买到寺僧性善荡三亩三分七厘四毫，坐落钱塘县城西二图腾字圩”。为宏师贺寿。万历四十三年五月又有本寺僧清杰，买到邵秀荡一亩五分六厘，坐落钱塘县城西二图腾字圩。③

明代建国之初，就曾严厉禁止佛教寺院买卖田产，“洪武十五年三月，曹国公钦奉圣旨：天下僧道的田土，法不许买，僧穷寺穷，常住田土，法不许卖。如有似此者，籍没家产”。④ 但是到明中后期时，这一诏令似乎并不能禁止私人与寺院之间、寺院与寺院之间的田产交易，以至在明中后期出现了大量寺院田产的买卖情况，这种现象的出现与明代佛教经济的控制不严有很大关系。

4. 开荒　佛教僧众自己动手开垦田产也是元明寺院田产发展的一个来源，寺院开垦的田产多为废弃沙地，或废弃的塗地。

阿育王山广利禅寺的部分田产就是来自僧众的开垦。如寺院的报本庄原是“奉化东行七十里，其地横枕大海”，曾有林氏在此筑海为田。明朝洪武年戊申，“飙风大作，遂废其田，复为塗泥”。林氏放弃对塗泥的重新修整。高僧雪窗光公正有“以僧粥不继，欲增广土田”的想法，因此率众弟子，“代石于山，转木于海，度功即土，率徒相宜，导其流而竭之土，循故堤之北以为其巨栗以植之，大松以寝之，贯以木戈，联以竹绹”，将这块废弃塗泥修整为“昔者蛟龟鱼鳖之场，今则膏土沃壤”的田地。⑤ 寺院的报恩庄则是僧众在住持僧元舆的带领下，围海为田，辛勤开垦，“筑黄贤塘得田二千亩，名报恩庄。”⑥

天童寺是浙江五大丛林之一，寺院田产十分富有，其中有一千三百亩的田产都是僧众开垦废弃塗泥而成，为纪念僧众的辛勤开垦，寺院又把这批田产称呼为塗田庄，该田产位于天童寺“前庄桥畔山门之外，计田一千三百亩。滋西

① （明）释隐元：《黄檗山寺志》卷 2。

② （明）释大壑：《净慈寺志》卷 9《田土》。

③ （明）释大壑：《净慈寺志》卷 9《田土》。

④ （明）释大壑：《净慈寺志》卷 9《僧制》。

⑤ （明）戴良：《阿育王山广利禅寺报本庄塗田记》，《阿育王山志》卷 7。

⑥ 明洪武十一年春三月宋濂：《阿育王山广利禅寺碑铭》，《阿育王山志》卷 4。

涧之水以溉禾稼，虽久旱，岁获有秋”。①

明代为什么会出现规模性僧众开荒耕种的活动呢？主要原因在于明代经济的发展缓慢。如北方地区自魏晋南北朝起，就经历南北分裂、安禄山叛乱、五代割据、宋辽对峙等多次动荡，生产力遭到严重破坏，经济恢复缓慢，百姓是民不聊生，经济状况比较贫困。如宋代陕西成州居民是“勤生而施啬”，使之“施一钱以贫济赈乏且不可得”。② 元末时期农民战争的爆发加速了北方经济的衰退，再加上水灾、蝗灾、饥荒，③ 以至明代建国之初，北方地区经济更是极度衰弱，百姓鬻子卖女，贫瘠如洗。正如明太祖对徐达等人所言：“中原之民，久为群雄所苦，流离相望”。④ 可谓是苦不堪言。尽管到了弘治、正德年间，北方大部分地区出现了复苏，但除了河南地区状况略好之外，陕西、山西、山东、河北等地区经济仍趋于衰落。⑤

因此，明代经济的发展缓慢一定程度上也就影响佛教寺院田产的来源。魏晋、唐宋时期的寺院田产的来源大部分是以帝王、官宦的赏赐、施舍为主，他们动辄赏赐、施舍上万亩、上千亩田产给寺院作为僧众的经济来源，僧众自己开荒耕种的现象只是在宋代百丈怀海的“一日不作，一日不食”的提倡下，在小部分地区开始实行，并没有成为当时寺院田产来源的主流。⑥

而明代由于经济发展的自我缓慢，许多官宦士绅的经济实力大为削弱，根本不可能再像唐宋那样施舍数以万计的田产，或捐赠大数量资金供养僧众了。再加上明代僧众数量的极度扩张，不劳而获的现象十分严重，加剧了农民的负担，使得官方、民间与寺院之间的矛盾不断升级。⑦ 因此，在残酷现实情况下，僧众自己开荒田产，耕种粮食越发显得重要，也成为当时大多数僧众的共

① （明）杨集：《天童寺集》卷1。

② 《陇右金石录》卷4《广化寺记》。

③ 如明洪武七年，平阳、太原、汾州、历城、汲县、山西、山东、北平、河南等北方地区发生大面积蝗灾。陕西平凉、延安、靖宁、鄜州等地发生雨雹。（《明史》卷2《太祖本纪》）洪武十九年，大名发生水灾，河南发生灾荒，大批难民处于饥饿之中，不少灾民鬻子卖女。（《明史》卷3《太祖本纪》）永乐十四年秋七月丁酉，北京、河南、山东州县发生大面积蝗灾。（《明史》卷7《成祖本纪》）。

④ 《明史》卷2《太祖本纪》。

⑤ 关于明代北方经济问题研究成果甚多，不赘言。请参见赵玉田：《明代北方的灾荒与农业开发》吉林人民出版社，2003年、吕景琳：《明代北方经济述论——兼与江南经济比较》（《明史研究》第6辑，黄山书社，1999年）、程民生：《中国北方经济史——以经济重心的转移为主线》人民出版社，2004年等。

⑥ 参见游彪：《宋代寺院经济史稿》第三章，河北大学出版社，2003年。

⑦ 如明正德二年“夏五月戊午，度僧道四万人。”（《明史》卷16《武宗本纪》），正德四年三月又度僧三万人，（《明武宗实录》卷36，正德三年三月甲子条），又明成化十二年度僧十万，成化二十二年度僧二十万。（马文升：《马端肃奏议》卷3《清僧道以杜游食疏》，《四库全书》本）。

识。正如明僧法藏所言，“神宗时亦但知有佛制，而尚未知祖制之当学也。廿年以来，民齿日繁，僧衣益夥，就食人间者十户一堂，百步一院，月米盏饭，林林总总，檀富虽隆而施力渐浅矣。夫成道利生佛之制也，开田俾国，祖之制也。一举而两得之矣”。[①] 他首先阐明神宗时的僧众对耕种田产认识，认为那时僧众只知参禅学佛，不知耕种田地，但二十年后，由于佛教的迅速发展，“就食人间者十户一堂，百步一院”，官宦士绅的捐赠也无法满足僧众的开支。所以他认为明代僧众既要学会参禅拜佛，也要耕种田产，所谓“成道利生佛之制也，开田俾国，祖之制也”，诵经拜佛与耕种田地两者之间相得益彰。因此，明代经济的缓慢、士绅财力的衰减，加上僧众的自我耕种意识的增强才形成明代寺院开垦荒田的增多。

二、明代寺院田产的耕作模式

宋代是中国佛教寺院生产关系的分水岭，“南北朝隋唐的寺院经济是领主经济，是建立在人身依附关系基础上的，宋代的寺院经济是地主经济，是建立在从人身依附关系解放出来的租佃关系上的”。[②] 元明寺院经济的生产关系也大致如此，从寺院田产劳作者与田产所有者角度划分，可以将元明寺院田产的生产模式分为三种。

一是寺院所有，僧众自我耕种方式。由上可知，明代经济缓慢的发展导致官宦士绅捐赠的减少，加上明代僧众数量的迅速扩大，明代寺院如一味的依靠赏赐、施舍生活是很不现实的，另一方面，亲力亲为耕种农田也有利于僧众的参禅修行。因此明代寺院的农田耕种一部分是由僧众自己负责耕种，所得收入全归寺院所有。

江苏邓尉山圣恩寺的僧众就是在这种思想指导下耕种，“监寺某置僧田三百六十亩，则率持戒之僧，力耕以自食，斯不碍其日上殿”。[③] 耕种农田与参禅拜佛两不耽误。福建黄檗山寺南阳庄的耕种生产由主管僧带领一批僧众负责生产，“南阳庄，在香炉峰前百余武，与鳖江林田舍共焉，以中厅为界，寺居右边两房一偏外护小屋一列，又北边另一座两偏，左右前后计田一百六十余亩。监收僧良聪主之，调众有法，不失农时，虽歉岁亦有收焉。这一暇田地分

① （明）释法藏：《募置参禅田疏》，《邓慰山圣恩寺志》卷11。

② 何兹全：《宋代佛教寺院经济史稿》序，河北大学出版社，2003年。

③ （明）释法藏：《募置参禅田疏》，《邓慰山圣恩寺志》卷11。

付来多少时也，把柄在手，任渠反复，所谓栽田博饭，寻常事不是饱参人不知"。① 尽管在耕种田地，但僧众们内心的真正想法也昭然若是。

也有僧众是被迫进行耕种生产的。杭州净慈寺泰宁庄，"田地山场有三千亩有奇"，后为侵佃，年远无考。明正德十三年，奉例清查废弃寺田土地，乡绅杨琳等人告于杭州府，于是"拘寺僧净信、净仁、悟澄、悟显、永迪、永远、圆伦、联芳、明昱等到官议派，前项田地，均为九分"，每僧负责耕种一分，所得收入，"除纳粮外，各膳焚修其和尚沙"。②

寺院耕种生产的能力还是很强的，一方面他们具有大量的生产强劳动力，罪犯。逃军、壮丁隐身寺院的是大有人在，正如明人倪岳给皇帝上书中提及："其军民壮丁私自披剃，而隐于寺观者不知其几何？"二是明代寺院的生产工具较为齐备的，除了常见的耕种工具外，一些大型的农业工具、水利设施也都具备，如碾、水碓、水磨、海塘等，又如"黄檗海塘，在井得隆仁二里东西百五十丈，南北一百五十丈，陡门三间，洪武十四年本寺筑，灌官民田十五顷"。③因此，明代寺院的整体生产能力并不弱。

第二种是寺院所有，租佃民户耕种方式，这种方式是明代寺院田产耕作的主要方式。由上可知，宋代寺院经济的一个最大特点就是租佃制的实行，寺院拥有田产的所有权，将田产租佃给民户进行耕种，租种田产的农户交纳一定的租税给寺院。明代寺院有时光靠僧众自己耕种，入不敷出，连官府税粮都交不上。因此，有的寺院也继承这一制度，将寺院拥有的田产租佃给农户进行耕种，收取一定的租税，作为交纳官府税粮和维持寺院正常开支的费用。

杭州净慈寺有若干处田产皆是如此。"天锡庄田地、山荡，共计三千七百三十三亩三分二厘四毫九，系坐落仁和县十七八等都图。景定五年，钦赐住持至愚，永充祝延香火，膳给僧徒之产，自历宋、元，寺众赖以焚修。至嘉靖末，僧疏赋重，撒佃与民，岁收余租，以抵修缮，而产犹存于寺户"。寺院的"方丈实在田，一百七十八亩四分四厘五毫"，但长期以来，耕种入不敷出，不得不将多余田产租佃给四周农户耕种，以收取租税，至"嘉靖二十六年，除撒佃外，尚存实在田七百四十四亩二分一厘。"大部分的寺院田产都被租佃出去。④

① （明）释隐元：《黄檗山寺志》卷2。
② （明）释大壑：《净慈寺志》卷9《田土》。
③ （明）释隐元：《黄檗山寺志》卷2。
④ （明）释大壑：《净慈寺志》卷9《田土》。

净慈寺的常住赐田也是如此经营，“常住宋、元赐田，至百余顷，入国初，监寺智鳌以田多负税，遂至坐法。而住持道联白官撒田蠲税，只存田地二十余顷，寺众议交联嗣，递授收租，以抵寺基赋役。嘉靖四十年尚存一千八百余亩，后以粮覆繁重，复将方家峪及安吉定南等山，撒佃与民”。①

化城寺，在浙江余杭县北四十里双溪上，虽历经沧桑，明前期犹香火旺盛，明中期以后寺院开始“渐次凌夷，僧徒凋落，”田产无人耕种，住持僧“遂以寺田转佃于方姓者，辗转相侵，尽为居邻所剥蚀矣”。②

寺院租佃给农户的田产要收取一定的租税，费用的大小根据租佃田地的种类、好坏来分。如明万历十二年十月十一日，净慈寺住持僧租佃天锡庄田地、山荡，共计三千七百三十三亩三分二厘四毫九，分为四类，每类又按照上中下三个等级标价，其租佃价格如下：

第一类：内田三千二百三十一亩七分七厘二毫八丝，内上田一百二亩三厘四毫有奇，每亩租银一钱五分。内中田一千二百五十亩一分五厘三毫四丝有奇，每亩租银一钱二分。内下田一千八百亩五分八厘五毫四丝，每亩租银六分。

第二类：内地二百九十亩九分二厘九毫五丝有奇，内上地十八亩六分有奇，每亩租银一钱二分。内中地一百八十八亩二分三厘三毫有奇，每亩租银一钱。内下地八十四亩九厘五毫五丝，每亩租银五分。

第三类：内山一百六十六亩六分五厘有奇，内上山四十亩，每亩租银六分。内中山一十二亩，每亩租银五分。内下山一百一十四亩六分五厘，每亩租银四分。

第四类：内荡四十二亩九分七厘一毫五丝有奇，内上荡九亩二分六厘，每亩租银一钱二分。内中荡三十三亩七分六厘五毫五丝，每亩租银八分。③

第三种是寺院所有，转包给当地豪强士绅，由豪强士绅再次租佃农户耕种。这种寺院田产繁复租佃的形式在唐宋时期较为少见，明代部分寺院出现了这种现象，但也不多见。如净慈寺的圆明庄，“田二百八十七亩有奇，坐落本路仁和县十七都二图。方兴、临平二镇，永乐间，属僮挂师赜管业”。本来圆明庄是由本寺院僧众管理耕种，至万历七年，有当地乡宦吕某向寺院请佃，代为承包圆明庄，然后再由吕某将田产转包租佃给四周的农户进行

① （明）释大壑：《净慈寺志》卷9《田土》。

② （明）吴之鲸：《武林梵志》卷6。

③ （明）释大壑：《净慈寺志》卷9《田土》。

耕种。①

三、明代寺院与民间的田产纠纷

明代寺院与民间的经济纠纷多发生在田产的问题上，一是田产的归属问题，一是田产的税粮交纳问题。

田产的归属问题一直是明代寺院与民间乡绅、农户经济纠纷的一个重要焦点。由上可知，自唐宋以来，通过赏赐、施舍，佛教寺院就是占有大批土地田产的大户，有的大寺院动辄占有上万亩、上千亩良田，在一定程度上造成当地官宦士绅、民户手中土地的缺乏。因此占有大批土地的佛教寺院与地方士绅、农户田产问题上的矛盾是始终存在的。

宋元以来至明中期，南北对峙，农民战争，战火四起，民不聊生，再加上乱世之时盗贼四起，倭寇入侵沿海地区等，致使明代中前期不少寺院是满目疮痍，土地荒芜，僧散寺毁，成为鸟兽之居所。如泉州开元寺，创建于唐代垂拱年间，"当元之季，饥馑洊臻，盗贼并起，寺因之不振"，佛像、殿阁、戒坛等毁坏殆尽。② 一旦碰到这样的情况，四周豪强乡绅、农户就会趁机强占寺院的田产，等到寺院重新修建，索要寺院田产时，豪强乡绅、农户就会耕种不还，造成了寺院与民间田产所有权的争夺纠纷。

福建雪峰寺自唐代其就有属于寺院的大批田产，至明代"奉旨清丈，仅存侯官各都田园七千一百余亩耳。较之先檀那所施十不得五"。究其原因，大批田产都被豪强、农户持有，"占佃反操其柄，主僧莫敢谁何年来当事"。因此明代寺僧发出"若夫掊击豪强，使万亩污邪尽归常住无几。佛日重光，宗风不泯，是在有司加之意耳"的呼吁。③ 希望能在当地官府的帮助下，使得原本属于寺院的田产归还给雪峰寺。

江苏破山兴福寺也有部分田产一直被农户占据不还，寺院的菜园子，"在寺之西，凡三亩，后入于民家"。寺院的"山场若干亩，在寺之前后左右，飧入民家"。④

黄檗山寺所有的十二峰内外田地俱属寺院田产，但明嘉靖时期，倭寇入侵沿海地区，焚烧寺院，以至寺院毁僧散，附近农户、士绅趁机抢占田地耕种，

① （明）释大壑：《净慈寺志》卷9《田土》。

② （明）释元贤：《温陵开元寺志》之《建置志》。

③ （明）徐勃：《雪峰寺志》卷6。

④ （明）程嘉遂：《破山兴福寺志》卷3。

"近民请受租税久，假不归惜哉"。"郑渚田，哉苏溪里，唐天宝中尝为田后废，宋天禧年间僧履元重堤。今稍坏，亦属民间"。[①] 可见黄檗山寺大部分田产至明代时多为易主。

杭州上天竺寺的上竺庄田，是南宋六朝所赐田，约二万亩，至明代皆消散殆尽，还剩下"仁和十八都田五百三十亩为郎珠辈占"。明隆庆四年四月，"寺院僧道梁等具告军门谷中虚，累经按院二司，凡更县父母三直，至万历三年方结判还本寺"。[②]

田产的税粮交纳也是明代寺院与民间纠纷一个焦点。这种纠纷主要表现在两方面：一是明代地方豪强、农户租佃寺院田产，或拒不交纳租佃费用，或强割庄稼，致使寺院无税粮可交。如钱塘县城西净慈寺有"祖遗寄庄山地叁拾顷零，坐落富阳县春名村一图，年该税丝肆百玖拾陆两，秋粮米三拾陆石，其产本寺并不经营"，租佃给当地豪强、农户耕种。但正德十三年七月官府清理旧粮事例，发现该田产竟无人交纳税粮，于是官府"拘提住持首僧"，限期交纳。寺僧"措辏白银壹拾伍两伍钱，送纳粮长何森六、华十九等"。但九月间，"田产仍被金晓等强割禾稻柒百余亩，不肯与分，无从抵办税粮。"寺僧不得不上告官府，"将情具告布政使司，何蒙准送本府管粮老爷，案前勘问"，查办税粮交纳事件。

官府首先"蒙提各豪，并追古迹，流水文册查对，东至梭山东嘴尽天兴沙高坎上，西至黄涧岭二图界，南至江阴界，北至上段姚贵等地，下至大官浦。四至明白，的系霸占不还租息，各豪供称寺僧未收租利，各招杖罪，退还寺产，代显完纳"。"（豪强）金晓等管种僧悟显等，山五顷柒拾亩，地贰拾伍顷壹拾柒亩，俱退与悟显等管业"。明确田产的所有者为寺院，严惩强占寺院田产，不向寺院交纳租佃费用的豪强。在此基础上，地方官府责令正德十三年的税粮，由强收庄稼的金晓等人代替僧众交纳，并同时劝诫那些霸占寺院田产，不交纳税粮的人要尽快"将退认山地，应纳税粮依期送纳"。并警告以后"如有恃强侵占界址，偷割禾稻，径赴本官衙门告理施行，毋得违错"。[③] 如再有类似霸占寺院田产、不交纳寺院税粮的，一律严惩不贷。

另一方面明代地方豪强、农户强占寺院田产，但又想按照寺院标准交纳税粮，偷税漏税。明代佛教寺院的税粮交纳与普通民田不同，它具有一定的特权，如皇家赏赐的田产在元明时期是不需要交税的，寺院的常住田、其他

① （明）释隐元：《黄檗山寺志》卷2。

② （明）释广宾：《杭州上天竺寺志》卷10。

③ （明）释大壑：《净慈寺志》卷9《杭州府通判乔为乞赐给示禁约恩事》。

田产也有一定的优惠政策。明洪武十五年三月规定，“钦赐田地，税粮全免，常住田地，虽有税值仍免杂派，僧人不许充当差役”。① 一旦遇到经济特别困难，寺院还可以向当地官府申请免交税粮。如浙江的高明讲寺僧传灯上书地方政府，称“本寺僻居深山，修持清苦，且以供役烦难”。请求地方政府免除税粮、徭役，地方政府上报告院、道、府，俱同意，后批文曰“本县陈爷详据高明寺住持受教称，民田九十七亩输纳、差田、徭役全免”。② 因此许多强占寺院田产的豪强、农户都想按照寺院的税粮上缴地方，隐瞒实际应交的税粮。

杭州上天竺寺的上竺庄田被当地豪强郎珠等人霸占后，交纳国家税粮一直是按照寺院的标准，每亩之交纳二斗，寺院上下为之不平。明隆庆四年四月十六日，寺院僧道梁告钦差都察院，又转批仁和县详查：“郎珠等所佃系寺田，每亩每年止出二斗，大不得其平矣。无怪乎寺僧屡屡告鸣也”。后官府“覆查郎珠等田地荡有上中下三等，上等三斗，中等二斗五升，下等二斗”。提高郎珠等豪强霸占寺院田产的税粮，并补交以往偷漏的税粮。③

实际上，明代寺院、豪强农户、地方官府就田产、税粮问题形成了一个较为复杂的关系圈：即寺院没有田产，但田产的占有者又想按照寺院的标准上缴地方政府，地方政府又要按照寺院标准征收寺院的税粮，寺院又无税粮可交。因此寺院与民间农户、豪强的田产归属、税粮纠纷是无可回避的事情。为什么会在寺院与地方豪强农户之间存在之中长期的纠纷呢？究其原因，还是在于历史时期田产所有权的不明确，即虽然宋元时期，皇家赏赐、官宦施舍了田产，但这些田产的来源多是从地方豪强农户手中出去，一旦发生战事频繁、寺毁僧散的现象，地方豪强随时可以收回来，随着时间的推移，寺院田产的问题就越来越不清晰，正如明代僧人所说的那样，在地方豪强农户的眼中，这些被赏赐、施舍给寺院的田产，“乃土著之乡民视为故物”。④ 这种心态的存在才是明代寺院与民间田产纠纷的真正原因。

四、明代佛教方志中记载元明寺院经营农作物的种类

除了记载元明佛教寺院田产问题，部分明代佛教方志中还记载了明代地方

① （明）释大壑：《净慈寺志》卷9《僧制》。

② （明）释传灯：《幽溪别志》卷11《本县陈爷免田告示》。

③ （明）释广宾：《杭州上天竺寺志》卷10。

④ （明）释广宾：《杭州上天竺寺志》卷10。

寺院种植的农作物种类，这些也都为我们了解明代寺院农业有所补益。

大致来看，明代寺院种植的农作物分为两大类，一是粮食作物，一是经济作物，后者又可以分为水果类、蔬菜类、纺织类、林木类等。

粮食作物、经济作物都是明代寺院重点的耕种对象，一来要满足寺院僧众的生活来源、交纳税粮等，另一方面也可以进行将剩余的粮食、茶叶、蔬菜、水果等进行贩卖交易获取额外的收入。

《西天目山志》记载该山寺院种植的縠类作物有“早稻、晚稻、旱稻、籼、糯、大麦、小麦、荞麦、黄豆、绿豆、赤豆、蚕豆、芝麻、栗”。种植的木材类有“两盖松、剔牙松、香椿、茶、榆、冬青、枫树、黄杨、桐树等”。种植的蔬菜类有“蕨、石耳、木耳、佛眉豆、道人菜、苦荑菜、芹、春不老、长茎白、黄花菜、萝葡、莴笋、苦笃、油菜、王瓜、芋、茄、苋、芥、灵寿、葡萄、杨桃、朱华、木莲蓬”。种植的水果类有“栗、柿、榧、白果、梅、枣、桃、李、杏、梨、榛、橙、榴”。种植的竹子类有“青笋（僧民谋岁计者远购竹萌以脯之，实不易）、木竹、匾竹、方竹。猫竹。斤竹、紫竹、广竹、四季竹”。[①] 种植的棉纺类作物的有“木棉、苎、麻”。

《仰山乘》中也记载该山寺院种植的农作物种类。縠类作物有“糯稻、荞麦、黄豆、赤豆、芝麻、山芋、香芋、蕨粉、葛粉、蒟蒻”。蔬菜类有“白菜、芥菜、菠菜、藿、甜菜、苋菜、芹菜、石耳、水笋、豆角、冬瓜、茄子、罗葡菜、黄苍菜、蕨菜、生瓜、南瓜、金瓜、白扁豆、葫芦、莴笋、丝瓜、西瓜、山药、玉环菜等”。木材类有“山茶、海棠。秋海棠、梧桐、古松、木樨杉、水杨、柳等”。水果类有“果有桃、梅、核桃、山樱桃、尖栗、茅栗、山荔枝、孜、郁梨、山楂、杨桃、棠梨、莲藕、石榴等”。[②]

此外，《杭州上天竺寺志》也记载该寺院种植的物产有“白云茶、杨梅(三竺杨梅之富在宋已然，惟杨梅坞金婆家为最，今上竺多不栽)、灵芝、土檀香等”。[③]

概言之，元明寺院农业是中国古代农业经济发展的一个支流，尤其是宋代以后，随着租佃制的实行，寺院农业发展也进入了一个新的阶段，如何更深入、更真实地了解元明佛教寺院农业的发展情况是一个意义重大而又十分有趣的新课题。要想做好元明寺院经济研究，掌握第一手珍贵的资料是必不可少，仅仅依靠世俗史料的记载是远远不够的，而明代佛教方志恰好在这一方面具有

① （明）释广宾：《西天目山志》卷8。

② （明）程文峰：《仰山乘》卷1。

③ （明）释广宾：《杭州上天竺寺志》卷10。

优势，无论是寺院田产的来源、寺院田产与民间的纠纷、田产的生产模式，还是寺院种植的农作物的种类等诸多寺院农业问题在明代佛教方志中都有详细的记载。可以说，明代佛教方志是研究元明寺院经济发展的一大资料宝库，因此更好的整理明代佛教方志中的资料，深入挖掘元明寺院经济与民间经济之间关系，实有益于从一个侧面了解中国古代社会农业经济的发展。

明清时期土地制度对人口迁移的影响

范　毅

（国务院发改委小城镇研究中心）

从远古的原始社会到近代社会，我国一直处于以农业为主的社会，人口就业都是以农业为主，农村土地也是人们赖以生存的基础。这样，在影响人口迁移的社会、政治和经济因素中，农村土地制度是一个非常重要的方面。明清时期，我国仍然处于农业社会，在农业社会土地是人们维持生存的主要手段，土地制度对人口迁移的影响主要在于人口如何获得土地以维持其生存，获得土地是实现人口迁移的前提条件。

在描述土地制度对人口迁移的影响之前，我们首先对研究的范围进行一些界定，对研究的方法进行说明。从移民的种类来说，我国历史上的移民大致可以分为三类：一是政治型移民。政治型移民主要是指国家基于政治目的而实施的移民，比如迁徙罪犯、削弱和消灭对手，另外就是基于军事目的而进行的军屯移民。二是经济型移民，主要是指纯粹为了经济目的而发生的移民，为了获得更高的收入或者是改善个人的经济状况而发生的迁移。三是其他类型的移民，主要包括因为不可预料因素所造成的移民，比如战争和自然灾害。实际上，这三种类型的移民是相互交融，不可分离的。政府出于政治目的组织的移民，在移民后移民的个人经济状况可能会发生一些改善，这样就会促进经济型移民的迁入。由于战争、自然灾害等不可预料的原因造成的人口迁移实质上本身也是对个人经济状况改善的一种追求，只不过是出于被动而已。在我国历史上出现过大量的政治型移民史实，在政治型移民发生的同时伴随着经济型移民的迁移。比如最为典型的史实就是清朝前期所发生的“湖广填四川”，在清朝初期移民四川是在政府鼓励和组织下实施的，实质上很多移民并没有受到政府优惠政策的支持，而是自发的经济型移民。然而，我国史书上往往仅有对政治型移民的记载，而对经济型移民的记载却非常的少。我们的研究以经济型移民为主，主要分析出于经济目的而进行的移民，包括政府组织的移民比如洪武大迁徙、湖广填四川等移民史实。而以迁徙罪犯和军事型移民以及由于不可预料的因素比如战争和自然灾害所造成的移民并不在我们的研究范围之内。如果移民不能够入籍则被称为流民，在文中对流民的界定更多地则是指不能入籍的移民，并不带有任何贬义，相反是我们研究的一个重点。由于经济型移民在正史中的记载是有限的，因此在研究中，为了获得更加充实的资料，我们不得不结合正史和地方志以及其他的相关历史文献进行研究。

一、明清时期的移民基本状况

（一）明清时期移民概况

明太祖朱元璋立国之初，曾在全国进行过大规模的人口移徙，这就是著名的洪武大移民，洪武大移民在迁徙之初带有明显的强制性。靖难之变和迁都北京，也带来了大规模的移民这就是永乐移民。在明代历史上另外一次比较著名的规模较大比较集中的移民事件就是发生在明代中期，自发的向人口比较稀疏的荆襄地区的迁移，因为这些自发的移民并没有得到政府的认可，而且很多也没有并入当地户籍，因此被称之为流民，在历史上称之为荆襄流民。概括起来，明代历史上著名的人口迁移事件主要就是以上三起。曹树基（1997）的研究具体估算了这三次著名移民的总体数量。根据曹树基的估算，洪武时期我国的移民总量达到1 100万，占当时全国总人口的15.7%。如表所示从移民的分布来看主要是集中于长江中游地区和华北大平原。永乐年间的移民大约为230万左右；发生在明代中期的荆襄流民数量达到150万。

表1　洪武时期主要人口迁入地区移民情况　　单位：万人

区域	人口总数	土著	百分比（%）	民籍移民	百分比（%）	军籍移民	百分比（%）
江苏	834.9	664.1	79.54	90.2	10.80	80.6	9.65
安徽	336.2	216.3	64.34	96.1	28.58	23.8	7.08
湖南	278.7	205.6	73.77	53.9	19.34	19.2	6.89
湖北	173.8	75.5	43.44	79.4	45.68	18.9	10.87
四川	180	90	50.00	80	44.44	10	5.56
山东	594.3	387	65.12	186.9	31.45	20.4	3.43
北平	276.3	165.9	60.04	84.8	30.69	25.6	9.27
河南	285.9	167	58.41	93.4	32.67	25.5	8.92
合计	2960.1	1971.4	66.60	764.8	25.84	223.9	7.56

资料来源：曹树基：《中国移民史（第五卷）》，福建人民出版社1997年，第472页。

清代移民除清代初期，清兵入关带来的大量满族人带有军事性质以外，其他移民主要是以政府倡导组织为主。在清朝比较著名的移民主要有，从顺治时期开始组织实施的“湖广填四川”大移民，康熙二十四年（1685年）四川只有1.8万户，仅9万人。清政府采取鼓励移民入川的措施，并以优惠政策招抚外逃的四川人，还把招徕移民多少作为地方官员政绩考核的重要内容，到乾隆年间四川人口已达1 000万，移民人口占到60%以上。另外改土归流以来，人口向西南少数民族地区的迁移是另外一个比较重要的迁移方向。随着人口的增多，平原利于开发地区大多已被开发利用，人口开始迁往皖南、赣东南、川北陕南等地区的山区。而随着康熙年间台湾的回归，台湾地区的人口大多是大陆迁入；“闯关东”也是始发自清代。从表中，我们可以看出，清代移民相对于明代来说，向边疆地区的移民是这一个时期移民的主体，比如西南地区、东北地区和华南地区等。曹树基（1997）同样对清代中期我国各地区的移民数量进行了估算，从中也可以看出清代的移民在很多边疆地区已经成为居民的主体部分，比如川陕地区、台湾地区还有就是东北关外，在这些地区移民的数量占当地人口的比重已经超过一半以上。

表2　乾隆四十一年（1776年）中国各地的移民迁入　　单位：万人

地区	总人口	土著人口	百分比（%）	移民人口（含后裔）	百分比（%）
西南地区					
四川	1 000	377	37.70	623	62.30
陕南	145	25	17.24	120	82.76
湘鄂西	115	68	59.13	47	40.87
贵州	520	500	96.15	20	3.85
云南	658	513	77.96	145	22.04
东南地区					
江西	1 685	1 566	92.94	119	7.06
浙江	1 936	1 906	98.45	30	1.55
湘东	100	75	75.00	25	25.00
华南地区					
台湾	90	5	5.56	85	94.44
广东	1 482	1 422	95.95	60	4.05
广西	538	478	88.85	60	11.15
北方边外	239	6	2.51	233	97.49
合计	8 508	6 941	81.58	1 567	18.42

资料来源：曹树基：《中国移民史（第六卷）》，福建人民出版社1997年，第619页。

（二）明清时期移民的政策，移民政策从强制向引导的转变

明太祖朱元璋立国之初，在全国进行过大规模的人口移徙。所谓移徙，实质上是在政府周密策划下的强制性国内移民。永乐移徙同样也是政府组织的强制性的移民。这些移民事件在正史中都有记载，据《明史》太祖、成祖本纪记载的移民史实13件①，据《明实录》中关于移民史实的记载有18处

① 严理：《〈明史〉中的山西移民》，《晋东南师范专科学校学报》2002年第3期，第56页。

之多①。组织移民的原则基本遵循“狭乡之民迁于宽乡，盖于地不失利，民有恒业”② 的原则进行迁徙。在明代初期这种移民带有很大的强制性，比如在明代洪武到永乐的大移民过程中，为了促进人口的迁移，政府还通过一些强制手段来完成，在留存至今的一些方志、族谱和墓碑等通常会有“奉敕徙来者”、“奉旨填籍”、“奉旨迁入”等字样，何为“奉敕”、“奉旨”？强制也！另外一些民间的传说③，也说明了当时的强制性。相比明代政府，清代政府在组织移民的过程中更多地是通过引导措施来促进移民。清代时期所发生的带有明显政府色彩的移民活动主要是“湖广填四川”的移民浪潮，在“湖广填四川”移民浪潮中政府主要是通过一些优惠措施加以引导。顺治三年招民垦荒，实行三年起科政策，但是招民垦荒政策实施效果并不明显。康熙十年实行“招民授职”及“准令五年起科”的政策，康熙二十九年清廷宣布“凡流寓垦荒居住者，将土地给为永业”，并且准许移民入籍子弟，可一体参加科举。这就从根本上解决了移民入川所引起的土地所有权和子弟考试权等一系列问题。在土地分配方面，康熙年间四川仍然地多人少，移民多采插标占地的办法。到雍正元年始提出按户授田的方案，并且每户给银 12 两，为此清政府一次拨银 10 万两。在乾隆时期，更是对移民四川采取了放任的政策，乾隆“国家承平日久，生齿繁庶，小民自量本籍生计难以自资，不得不就他处营生糊口，此乃情理之常，岂有自舍其乡里田庐而乐为远徙者？④”来反驳要求控制移民迁入四川的奏请，在移民政策上的宽松也促进了“湖广填四川”移民进程。

移民不能在迁入地入籍，则成为流民，在对待流民政策上，明代中期明朝政府多次派兵驱赶荆襄流民，但是一旦政府控制放松，流民的数量又自然增多，最终也不得不采取“验丁入籍”的措施。而清代对待流民的政策趋于宽松，为了解决流民带来的社会问题，在清代雍正四年，颁布棚民保甲法规定“已置有产业并情愿入籍者”，准予编入户籍，入籍后与土著无异，准许其参与考试。当然这其中存在一个例外，就是江西棚民的户籍与土著居民之间存在些

① 王兴亚：《明洪洞大槐树移民说由来与发展的思考》，《石家庄学院学报》2005 年第 1 期，第 79 页。

② 《明太宗实录》卷一九三，转引自任崇岳，《中原移民简史》，河南人民出版社 2006 年版第 161 页。

③ 比如俗语中“解手”的来历，据传为在洪武移民期间，为了防止人口的逃跑，而将移民绑在一起，当要方便时，须松绑，就有了“解手”的说法。

④ 《清高宗纯皇帝实录》卷 605，转引自王炎：《“湖广填四川”的移民浪潮与清政府的行政调控》，《社会科学研究》1998 年第 6 期第 117 页。

许差异，但是这也是政府积极地处理人口迁移所带来的社会问题所造成的，也说明政府实质上并不反对人口迁移。

从明清时期的政府组织移民来看，已经从明朝的强制性到清朝政府不再强制移民活动，虽然清政府为了地方经济的发展，招民垦荒组织移民活动，但是这时移民的发生，政府并没有进行强制，而是采取一系列的优惠措施来引导和鼓励移民的发生。在对待流民上，明朝政府也是多次动用武力来驱散流民，但是效果并不明显，最终不得不采取了“验丁入籍”的政策，承认移民活动。而清朝政府为了解决流民事件，主动颁布法令，解决流民不能入籍所带来的社会问题。总之，明清以来，特别是在清代，政府对待移民的政策是已经完成了从强制性向政策引导的转变。这些政策的转变使得自由迁徙成为了现实，经济型移民增加。

（三）经济型移民在明清时期的移民中占很大比重

明清时期经济型移民在移民中占很大比重，通过政府的组织引导对人口迁移起到重要作用。但是从移民的总量来说，实质上即使是在政府组织的移民过程中，经济型移民所占的比重仍然不在少数。比如通过我们对一些形成于明朝洪武移民时期的村庄的考察可以看出，移民是在一个较长的时期内持续不断发生的现象。比如山东淄博傅山村，傅山村建立于明代洪武大移民，但是人口的迁入在明代洪武直至崇祯年间一直在持续不断，在清代仍然有人持续不断地迁入，如果洪武时期的移民是政府组织所形成的，那么洪武以后迁入的这些移民就很难与政府组织相联系，而主要应当是自发的经济型移民。移民不能够在当地入籍的话，就形成了流民，当流民聚集较多，对社会造成一定的影响时就会被正史所记载。明代流民的记载集中在明代中期的荆襄流民，据曹树基的估算明代中期荆襄流民达到150万人之多。这些移民的形成并没有政府的组织，反而最后政府不得不出面处理这些流民事件。据明代原杰描述，这些移民“先因原籍粮差浩繁……，置有田土，盖有房屋，贩有土产货物……”①，通过以上的描述，可以看出荆襄流民的形成主要还是出于经济目的，由于“原籍粮差浩繁”等，故而迁往政府控制力较弱的荆襄地区，显然在这里能够获得更多的收入。虽然明朝政府多次驱赶这些流民，但是一旦政府控制松弛，移民会重新迁入，最终政府也不得不“验丁入籍”。因此可以说出于对个人经济利益的追求是自发移民发生的主要原因，他们的发生是自发而持续的现象。

① 原杰：《处置流民疏》，《明经世文编》卷九十三。

表3 傅山村现有家族迁入情况表

姓氏	迁来时间	由何处迁来	姓氏	迁来时间	由何处迁来	姓氏	迁来时间	由何处迁来
段姓	明洪武元年	不详	彭姓	清康熙七年	新城县官村	刘姓	清雍正六年	周村刘家寨子
傅姓	明洪武四年	直隶枣强县	朱姓	康熙二十三年	益都县康家村		清光绪二年	临淄县中金召村
李姓	明洪武三十年	长山县城	张姓	明崇祯十一年	淄川县沙家沟	商姓	乾隆五十二年	益都县商家庄
	清同治九年	博兴县唐家庄		康熙五十五年	桓台县熊里庄	齐姓	嘉庆二十三年	卫固镇
	清同治十二年	临淄县中埠村		清道光三十年	大河南村	赵姓	清道光十七年	桓台老官庄
	民国二十一年	临淄县北金召村		清光绪六年	西尹村	毕姓	清道光二十七年	桓台毕家庄
胡姓	嘉靖二十七年	益都县冶里村		清同治五年	桓台老官庄	常姓	清咸丰三年	临淄县槐树坞
孙姓	明万历五年	直隶枣强县	孟姓	康熙三十六年	新城县尚庄	于姓	清光绪五年	临淄县金召村
	民国二十六年	万盛村	徐姓	康熙三十六年	淄川县暖水河村		1952年	中埠镇于家村
王姓	万历三十五年	博兴县西毛家河村		清光绪十六年	桓台县徐家庄	袁姓	民国二十九年	章丘县袁家村
	清同治九年	桓台县杨家桥		1959年	淄博五金交电公司	吴姓	1960年	淄博安装公司电工落户
周姓	明崇祯十一年	桓台崔家楼	肖姓	乾隆五十二年	卫固镇	韩姓	明万历元年	不详

资料来源：《傅山村村志》。

而且即使是在清代政府组织的移民四川的过程中，政府在政策上给予移民非常大的优惠，其中免费获得土地是政府促进人口迁入四川的最主要的政策优惠条件，且在雍正年间曾经给予经济补偿，但从补偿的总额来看，受到补偿的农户也不足1万户，相对于四川移民总体数量来说所占比重无疑是非常低的。如果免费获得土地政策能够得到持续的话，在向四川的移民过程中将不会发生诸如通过购买、租佃等形式获得土地实现迁入的现象。然而从现今存在的地方志中的记载来看，在清代移民四川的过程中，通过租佃、购买土地实现移民的数量仍然不在少数。在一些地方志中对这些移民过程中如何获得土地进行了描述，在移民的初期四川荒地较多，移民占垦几乎没有什么限制“占垦者至，则各就所欲地，结其草为标，广袤一周为此疆，彼界之划，占已，牒于官”①，

① 民国《云阳涂氏族谱·家传》。

后来者须向先来者购买土地，但是这时的地价也是非常便宜的，“银一两，可购十亩之地”[①]，甚至以“鸡一头，布一匹而买田数十亩”[②]。另外这些迁入四川的移民通常也会典当土地来维持生活，比如道光《安岳县志》称“四方侨寓复多秦楚吴之人，始则佃地而耕，继则携家落业”。这可以看出有的移民并不是一次性迁入，而是先通过租佃耕地，然后积累一定的程度再购买土地全家迁入。这期间的大多数移民在过一段时间后都能够入籍。同时，在这过程中还有一些另外一种类型的自由移民，称之为“棚民”，这些棚民并不主动入籍，据清乾嘉年间严如熤对川陕鄂交界山区“棚民”的记载“流民之入山者，……千百为群，到处络绎不绝。不由大路，不下客寓，夜在沿途之祠庙、岩屋或密林之中住宿，取石支锅，拾柴做饭。遇有乡贯便寄住，写地开垦，伐木支椽，上复茅草，仅蔽风雨，借杂粮数石做种，数年有收，典当山地，方渐次筑土屋数板；否则仍徙他处，故统谓之棚民”[③]。

虽然现在并不能够将经济型移民与政府组织移民进行确切地区分，但是从以上对在移民史上留下印记的移民浪潮中经济型移民的分析来看，经济型移民不但伴随着政府组织移民而发生，而且在政府组织移民活动结束以后，经济型移民会持续发生。自由迁徙的经济型移民的大量存在是明清时期人口迁徙的一个主要特点。

二、土地制度对人口迁移影响的分析

（一）迁移人口获得土地的形式

傅山村家族迁入的时间表说明一些形成于洪武移民的村庄，在村庄形成后人口会持续不断地迁入，这些迁入的口大多数是自由迁徙的经济型移民，而不是在政府的组织下实现迁徙，这也说明经济型移民迁移的自发性和持续性；通过对“湖广填四川”移民过程的描述我们可以看出，虽然清朝政府通过提供免费土地等形式大力倡导移民四川，但是通过租佃、购买土地等方式获得土地，实现迁移的移民却是普遍存在，说明了自由迁徙移民的普遍性。在农业社会土地是农民赖以生存的基础，这些经济型移民的迁移主要通过以下两种方式获得土地：

首先通过租佃、典当等形式获得土地使用权而实现迁移。通过租佃土地获

---

① 民国《荣县志·礼俗》。
② 民国《南溪县志·食货》。
③ 严如熤：《三省山内风土杂识》。

得维持生活基础，是明清时期人口迁移时获得土地的一种方式。上文我们在描述"湖广填四川"的移民过程中提到移民通过"佃地而耕"、"典当山地"等形式获得土地使用权，从而实现迁移的情形。同时我们对迁往边疆和山区的移民研究也发现，通过租佃、典当等形式获得土地使用权是促进他们迁移的重要原因，而且他们也能够非常容易的在边疆地区获得土地使用权。比如在浙西山区"招佃以山谷之利，让之远方之流民……"①，"携资本陆续而至，与乡民租荒山"②，通过佃田租山使得流民获得了维持生存的基础，促进迁移。而且他们能够非常容易的获得这份土地，因此也就促进了流民的流入，因为从技术的路径依赖角度来讲，继续从事农业对于农民来说存在的风险相对转行从事其他产业要小得多。而且从这时流民迁移的目的来看，追求经济利益是他们的主要目的，比如根据万载县的记载在清代初年万载一方面大片田地因缺佃而荒芜，另一方面大批流民聚于山地垦山种麻靛，是因为闽省流民宁愿种山而不愿佃田，田租重，山租轻，山地种植麻靛等经济作物，收入超过租田佃耕，所以尽管耕山辛苦，闽省流民却乐而为之③。这也集中反映了移民追求经济利益而迁移的主要特点。另外一些人口稀少的山区，比如皖南山区、赣北、川北陕南山区等地区都有大量的移民迁入。从以上我们对这些迁移的移民的研究来看，他们在山区也并不是免费地获得土地，而是通过租佃、典当等形式来获得土地使用权。

其次，通过购买土地获得土地所有权而实现迁移。购买土地是另外一种迁移人口获得土地的方式。正如上文中我们所提到的"银一两，可购十亩之地"、"鸡一头，布一匹而买田数十亩"正是对通过购买土地实现人口迁移情形的描述。而且在一些人口稀少的少数民族边疆地区，由于汉人迁入而购置少数民族的土地的现象也引起了地方的不安和骚动，比如乾隆十二年永顺知府骆为香曾上疏"……外郡人因此地粮轻产贱，且可冒考嗣，随依亲托故，陆续前来，购产入籍……"在这些少数民族地区购置田产者，占流入人口的大多数。根据清代罗绕典对贵州客民的研究，将迁入客民分为三类，一类是通过租种、购买苗民土地者；二是贸易、手艺、佣工并无苗产；还有一类是置苗产，不填丁口的客民。根据他的统计在贵州各府中第一类客民占 60.2%，第二类客民仅占 31.1%。而随着台湾收复，清廷也出台了组织了移民垦殖台湾的政策。台湾广阔的土地也成为吸引大陆移民的一个重要原因，根据曹树基的估算，台湾在清

① 光绪《淳安县志》。

② 乾隆《长兴县志》。

③ 曹树基：《明清时期的流民和赣北山区的开发》，《中国农史》1986 年第 2 期。

乾隆年间85%的人口是移民及其后裔。清朝的招民垦佃无异是促进人口迁入的重要原因。在这些迁入人口中很多也是具有一定经济实力的，否则根本无力组织垦殖，当然也有一部分是贫穷的佃民。

从上文对明清时期土地制度的描述可以得出，明清时期土地制度自由以及土地要素市场的完善使农民可以自由地进入到土地要素市场中获得土地使用权或者所有权。而迁移人口也正是通过租佃或者买卖等形式最终获得土地的所有权或者使用权。实质上这两种形式也并不是绝对的，更多地可能是“始则佃地而耕，继则携家落业”，先通过租佃，继而购买土地，从而进行落户。另外黄宗智（2000）描述了清代另外一种人口迁移的方式，那就是雇工的迁移，这些雇主通常也仅仅是庶民。而雇工则多为外地，而非本地。这些雇工通过积累，往往也能够再通过租佃、买卖等形式来获得土地，最终实现定居。

（二）自由土地制度对人口迁移影响的作用机制

明清以来，描述人口迁移历史资料增多，主要是历史遗留下的地方志等资料，使我们能够对这一时期人口迁移有一个更为清晰的了解。因为官方史籍所记载的内容都是对当时统治者有利的内容，一般都是官方组织和实施的，或者是有重大影响的事件，显然这并不能够完整地反映当时的全貌，散见于各地方志和族谱中的关于迁移的案例要更为广泛，能够更为全面地反映人口迁移的本来面貌。通过对这些资料的研究我们发现虽然政府会组织人口迁移，但是经济型移民占有很高的比重。通过我们对明清时期的人口迁移与土地制度的考察可以发现自由的土地制度为移民的发生创造了条件，首先移民能够自由的获得土地，能够自由的实现土地与人口的结合；其次对于大多数移民来说，他能够将迁出地属于他的那份土地资产自由地变现，能够实现土地与人口的分离。对于理性的经济人来说，土地与人口自由的结合与分离机制，无疑是促进人口迁移的重要因素。

首先，自由的土地制度所形成的土地与人口自由的结合机制，为移民发生提供赖以生存的土地，促进人口迁移。明清时期，农业以分散小农为主体，传统小农具有规避风险的特征。对于规避风险的小农来说，从事农业生产的风险要更小。如果不得不离开他现有土地时，继续从事农业生产是农民规避风险的选择。自由土地制度所形成的土地与人口的自由结合机制，对于在狭乡的农民来说，可以通过迁往宽乡而获得更多的土地，促进人口在国家疆域范围内的自由扩散。然而这种扩散并没有带来技术的根本改变，因为分散小农不能够形成改变传统技术的资本投入，因此不能够从根本上摆脱传统农业的特征。当然，自由土地制度所形成的土地与人口的自由结合机制是促进人口迁移的主要原因之一，通过对迁移人口的土地获得行为的分析可以得出，自由的土地制度为迁移人口获得土地提供了便利的条件，从而促进了人口迁移。虽然从现有的资料很难掌握经济型移民迁移的具体原因，但是有两个事实能够说明农民从事农业是一种路径依赖，是对风险的规避。一是实质上在17～18世纪我国长江三角洲地区的工业发展已经具有了一定的规模，一批江南市镇逐渐发展起来（樊树志，2005），然而在明清时期，特别是清代中前期，江南地区的人口增长速度反而慢于全国人口增长速度（李伯重，1996）。二是这些购置土地迁移的农民，大多数仍然是自耕农。因此，自由土地制度所形成的土地与人口自由结合机制，促进规避风险的小农的自由迁移。

其次，自由土地制度使得农民离开他的土地能够得到补偿，促进人口与土地自由分离机制的形成，促进人口迁移。对于理性的农民，追求收益最大化的同时，也就是追求成本的最小化。那么农民如果迁移，迁移的收益要大于其付出的成本。迁移农民以前所有的那份土地无疑是农民的一份资产，如果这份资产不能够变现，那么就会成为迁移农民的机会成本之一。上文中我们对明清时期土地制度的分析可以得出，在明清时期自由的土地制度使得农民的土地能够非常容易地得到补偿，这对促进人口的迁移无疑也是重要的。在"湖广填四川"的移民浪潮中，湖广移民入蜀前往往将原籍房产、地亩变卖，在四川垦地届满5年登录起科时，又逃回湖广，欲赎回房产、地亩，争讼亦多，弄得两省皆难管理。因此，康熙五十一年发出上谕："嗣后湖广人有往四川种地者，该抚将往种地民人年貌、名姓、籍贯查明造册，移送四川巡抚，令其查明；其自四川复回湖广者，四川巡抚亦照此造册，移送湖广巡抚。两相照应查验，则民人不得任意往返，而事亦得清厘，争讼可以止息"①。可见移民对迁出地的土地也是通过土地要素市场进行买卖。因此，从经济理性的角度进行分析，农民土地资产的变现能够促进人口的迁移。

（三）自由土地制度是促进人口迁移的关键因素之一

明清以来土地私有制不断成熟，土地要素市场逐渐趋于完善，这就为人口与土地的分离与结合提供了方便。自由的土地制度，为农民与土地分离创造了条件，降低迁移的机会成本，促进人口迁移。从土地租佃到典当、买卖都是人口获得土地使用权或者是所有权的直接方式，使得人口能够非常容易地实现与土地的结合，为人口迁移奠定了物质条件。当外来人口能够轻易获得土地，或者是通过租佃土地，那么他们就能够凭借自己的劳动改善自己的经济地位，最后成为地主的案例也屡见不鲜。我们所想要说的是明清自由的土地制度是促进人口迁移的一个重要条件，自由的土地制度为人口与土地的分离和结合创造了

① 嘉庆《四川通志》。

条件，迁移者能够比较容易地买卖或是租佃土地。

获得土地是人口迁移的前提条件不断在诸多案例中得到证明，而且获得土地作为迁移的条件也明确的写在了一些方志记载中，在清代地方志中有关于买地入籍的记载。“民俗买田则立户，立户则充役”①，可见拥有土地在当时也是人口迁移立户的一个重要条件，这与我们今天户籍制度改革中关于拥有固定住宅的规定是多么地相似。

自由的土地制度无疑是促进人口迁移的主要因素，迁入人口一般首先通过租佃耕地，然后在有一定积累后，通过购置土地成为自耕农甚至是地主。虽然清廷对移民四川给出了非常优惠的政策条件，租佃、典当和买卖仍然是许多移民获得土地的重要途径，因此可以说明清时期完善的土地要素市场，促进了人口迁移。明清时期的移民过程中，政府组织移民和经济型移民的数量和比重现在已经无从考证，但是我们想要说明的是即使是在政府以强制措施或者是优惠措施倡导的移民过程中，经济型移民仍占很大一部分。而且多发生于政府组织移民之后，因为政府组织移民都是将人口从狭乡迁往宽乡，当迁移以后这些迁移者的经济状况得到改善，从而对处于狭乡的农民就产生了吸引力，出于对经济效益的追求，会有更多的经济型移民迁往这些地区，因为迁入的时间较晚，难以享受政府的优惠政策以获得免费的土地，因此他们只能够通过购买、租佃、典当等方式获得土地。明清时期的人口迁移已经不同于在远古时代的迁移，在那时还能够出现陶渊明所描述的世外桃源，而在明清时期土地免费的世外桃源已经是不可能的了，即使是迁往山区的人口也必须通过土地要素市场来获得土地的使用权或者是所有权，从而实现迁移。总之，明清时期自由的土地制度是促进人口迁移的重要因素之一，在自由土地制度条件下，人口迁徙也呈现出自由迁徙的特点。

三、土地制度、人口迁移与经济发展

（一）明清时期影响人口迁移的其他因素

土地制度仅仅是影响人口迁移诸多因素中的一个重要方面，人口的迁移还要受到经济社会政治等诸多方面影响。比如户籍制度、人地比例、政府政策等，同时还要受到战争、自然灾害等因素影响。这些因素无疑都是影响人口迁移的重要因素，比如我国历史上三次重要的汉人南迁，迁移的主要原因都是由于受到战争的影响，但是这种非经济因素并不是我们研究的重点。户籍制度是

① 《溆水志林·保甲》。

影响人口迁移的一个重要因素，在明清朝代的初期，都对户籍制度进行了具体的规定，特别是明代初年，户籍制度是征收苛捐杂税的依据，所以对户籍制度进行了严格地控制。但是到明代中期，由于“一条鞭法”的推行，取消力役，尤其是在那些役银也被摊入地亩的地区，政府也放松了对农民的户籍控制。清代实行“摊丁入亩”以后，国家在进行户籍登记时已经默认了农民自由迁移的事实。因此可以看出在明清时期的大多数时间内户籍制度并不是限制人口迁移的主要因素，人口的自由迁移在很多时候是被政府所默认的事实。

人地比例一般被认为是另外一个影响人口迁移的重要因素（彭慕兰，2003；赵冈，2006），实质上人地比例和土地制度是相互交织在一起的，共同决定着人口的迁移。比如英格兰的人口从1751年的577万增加到1851年的1 674万①（而同期曹树基对中国的测算，1750年中国人口是2.76亿，1850年为4.36亿，帕金斯的测算分别为2.25亿和4.225亿②）人地比例也变得更加紧张，但是英格兰同时期的农场规模却没有出现明显的减少③，人口主要是迁往资本密集地区而不是在农村。英格兰的土地制度相比中国受到的约束更多一些，中国的农村土地要素市场相比西欧要更接近于斯密型的自由竞争模式（史建云，2002）。实质上在17～18世纪我国长江三角洲地区的工业发展已经具有了一定的规模，一批江南市镇逐渐发展起来（樊树志，2005），然而这些地区的人口却没有得到相应的增加，而是迁往了中国边疆地区。因此这也就可以看出，实质上人地比例和土地制度的共同作用影响着人口的迁移，而不是仅仅一者在起作用。

另外，在我国朝代的更替，政府一般会出台一些政策来促进经济的发展，这样也会带来一些人口的迁移。中国的朝代更替，代表治乱循环，每个朝代的末期都有程度不同的战乱，人口减少或流亡，农田荒芜；而新朝代建立之初，都要颁行某些奖励的措施，促使人民开垦荒地，或招抚流亡人口回籍。

人口迁移的发生受到诸多因素的影响，在这些因素综合影响下才会出现最终人口迁移的史实，在这里我们主要是研究土地制度对人口迁移的影响。我们强调土地制度对人口迁移的影响主要是由于土地制度对人口迁移的影响在以往

① 彭慕兰：《世界经济史中的近世江南：比较与综合观察》，《历史研究》2003年第4期第18页。

② 曹树基、陈意新：《马尔萨斯理论和清代以来的中国人口》，《历史研究》2002年第1期第43页。

③ 1851年，英国占地300英亩以上的大农场主16 671个，占有耕地1/3以上，而占地100英亩以下的小农场主多达134 000个以上，但占有耕地不到22%，其余为占地100～299英亩的中等农场（16 671个）。钱伯斯和明格：《农业革命，1750—1880年》第92～93页，转引自王章辉，《英国农业革命初探》，《世界历史》1990年第1期，第45页。

的研究中往往都被忽略掉，但是我们认为土地制度是影响人口迁移的一个重要因素，研究主要是从这么一个角度出发。在这我们强调土地制度对人口迁移的影响并不是认为其他因素并不重要，相反其他因素对人口迁移的影响也是非常重要的，但是由于种种因素的限制，我们也不可能一一的涉及，而仅仅就土地制度对人口迁移的影响进行研究。

（二）自由的土地制度和人口迁移对经济社会的影响——自由的土地制度和人口迁移是我国陷入李约瑟之谜的一个可能原因

自由土地制度带来人口在广大农村区域的自由扩散，从社会稳定的角度来讲，它使得我国处于一个超长的农业社会稳定时期，但是它又限制了人口向城镇的集中和我国城市化工业化的发展，城镇发展也被认为是促进工业革命发展的基本因素。彭慕兰（2003）比较了中国江南地区和英格兰在农业、商业和原始工业方面存在着令人吃惊的相似之处，并且也提出欧洲存在着把人口从劳动过剩的区域转移到资本充裕区域的制度。欧洲促进人口迁往资本密集地区的制度主要在于西欧农村土地的不自由性①，农民在农村并不容易获得土地。在中国不但存在着自由的土地制度，而且人口的迁移也很少受到限制。那么对人口来说可以存在着两种迁移的选择，一是迁往人均土地资源丰富的地区比如边疆；二是迁往人均资本较高、非农就业机会较多的地区。从风险规避的角度，对于从事农业的农民来说，他所拥有的技术是从事农业的技术，而从事非农业的技术并不一定能够具备，因此迁往人均土地资源丰富的地区继续从事农业生产对农民来说所承受的风险就更小一些，类似于诺思所说的制度的“路径依赖”。形成小农的不断复制，而在资本密集的地区江南人口增长率反而远远地落后于全国平均人口增长率（李伯重，1996，1997）。这样也就造成了我国农业经营的小农化，小农生产很难形成生产积累投资，从长期来说我国农业虽然也发生了较大的技术进步，但农业经营的小农化并不利于节约劳动技术的进步。也就是说一旦农业劳动投入减少，必然会对产出造成较大的影响。比如近代中国部分外出劳动力的村庄，由于我国近代农业劳动生产率不高，因此农村人口特别是青壮年人口的外出给农业生产带来了较大的影响，在一些地区“‘壮年劳动者常脱离农村，致生产力日益减少’、‘田畴荒废，产额又因之减下’、‘耕者日少，而田愈荒’、‘田园任其荒芜，生产能力低减’② 已成为南北

① 西欧的农田的买卖远远比中国要困难得多，甚至到19世纪英格兰全部土地中的50%仍然几乎不能够用于出售（Thompson，F，English Landed Society in the Nineteenth Century，转引自彭幕兰，《大分流》，江苏人民出版社2003年版68页）。

② 章有义编：《中国近代农业史资料》第二辑，三联书店1957年版，转引自行龙：《近代中国城市化特征》，《清史研究》1999年第4期。

各地农村的普遍现象”。

从人地比例来看，英格兰在18～19世纪人口同样迅速的增长，但是在人口增长的过程中，新增人口更多地是迁往了资本相对密集的地区，在农村农业经营规模并没有受到人口增长的影响。而在以英格兰为代表的西欧，却出现了扩大生产规模的圈地运动（虽然法国的圈地运动并不成功，但是到20世纪初期，法国农场的总量也在减少），维多利亚王朝中期英国100英亩以上的农场占总耕地的面积达到75%①，通过圈地运动增加了对农业的投资，带来了农业劳动生产效率的提高。虽然从农民的总量来看，圈地运动并没有直接带来农民总量的减少，但是带来了农场主总量的减少，而且使得这时的农业工人多为无地农民，同时也带来对农业投资的增加，这也是不争的事实。农业劳动生产率不能得到提高，则农业不能够生产出农业剩余，因此也就不能够促进工业化的发展。

自由的土地制度和人口迁移，形成了我国的小农分散机制以及我国小农社会所特有的稳定机制。特别是在近代社会，我国农村土地的分散化是非常高的，不但商品经济不发达的关中地区地权分散（秦晖等，1996），而且华北平原地权分散程度也是非常高的（黄宗智，2000），甚至商品经济发达的江南地区地权的分散化程度也是非常高（樊树志，2005）。而这种分散的机制显然是不利于积累和投资形成的。土地使用权的市场化，比如永佃制使得田面权和田底权分离带来了土地使用权市场化程度提高，这样投资于土地的形式趋于多元化，资本可以投资于田面权或者是田底权，一田多主现象也就反映了资本对土地过分追求的现象，本来不足的投资总量用于农业生产的投资就显得更加不足；另外资本对土地的追逐，显然也不利于形成工商业的资本积累。我国这种自由的土地和人口迁移制度，使得小农生产制度不断的自我复制和自我维系。韦森（2006）认为制度内卷的内涵是一个社会体系或者一种制度在一定历史时期中在同一个层面上内卷、内缠、自我维系和自我复制。而我国近代这种小农经营体制，无疑是一种制度内卷化的体现，在自由的土地制度和人口迁移制度下，它具有超强的自我复制功能。这种制度内卷化使得我国无法积累打破低水平均衡陷阱所必需的资本，在工业革命发展以前实现资本的原始积累。同样在西欧不但通过对殖民地的掠夺积累资本，而且有学者（麦克罗斯基，1972；艾伦，1982）认为圈地运动不仅仅是一种农业经营方式的改变，也是资本重新分配的一种方式②。

---

① 王章辉等：《欧美农村剩余劳动力转移与城市化》，社会科学文献出版社1999年版，第43页。

② 具体请参照埃格特森：《新制度经济学》，商务印书馆2004年版，第195～196页。

制度内卷化导致了我国小农经营体制的长期稳定，带来了农业生产投资不足，农业技术进步以替代土地型的技术进步为主，这样减少农业劳动就会带来农业总体产出的下降。小农经营体制的内卷化带来人口在疆域内的分散以及对土地的过分追逐，无法形成摆脱低水平均衡陷阱所必需的资本积累，人口没有在城镇集中，城镇发展不足，也是工业革命没有首先在中国产生的一个重要原因。以诺思为代表的制度经济学家认为有保障的财产权利制度是促进经济发展的关键，而经济增长理论则认为必需的资本积累是实现经济摆脱低水平均衡的重要原因所在。而我们尝试从我国近代社会的土地产权制度和人口迁移制度方面及其对资本积累的影响来对我国陷入李约瑟之谜进行解释。当然，中国陷入李约瑟之谜是由多方面因素造成的，这也引起了中外诸多经济学家和经济史学家的关注①，也取得了一些令人瞩目的研究成果。正如布罗代尔（1997，中译本）所说“假如能让历史重新开始，把所有的事情都恢复原状，历史将成为科学。可惜历史不是科学”②，因此对历史问题的解释仅仅是提供一种可能性，本文所提供的也仅仅是从另一个角度解释这个问题的一种可能性。

（三）自由土地制度和人口迁移所带来的其他影响

中国长时间的人口迁移对人口地理分布进行重新分配，人口自狭乡迁往宽乡，优化配置了土地和劳动力资源，从而使得各地区之间土地生产力和人口密度逐渐趋于均衡。这种调节作用主要是通过土地要素市场来实现，在狭乡人多地少，土地相对稀缺，从而土地要素价格相对较高；而在宽乡则相反，地广人稀，土地资源相对丰富。要素价格是调整要素分配的最直接手段，当人口自狭乡迁往宽乡时，会增加对宽乡土地的需求，减少对狭乡土地的需求，从而带来两地土地要素价格的变动，最终实现土地生产力与人口密度的均衡。人口的迁移同时带来了资金和技术，“携资本陆续而至”是对这一过程的描述。资本和技术的输入促进了这些地区经济发展，特别是对我国边疆地区比如台湾地区，以及山区的开发都起到了重要的作用。另外人口迁移也能够促进技术的扩散，人口稠密地区历来是技术先进地区，这样从人口稠密地区迁往稀疏地区本身也是一个技术扩散的过程。自由的土地制度带来了我国大规模人口迁移的发生。从我国的历史地理分布角度来讲，人口的迁移形成了我国现今的国土疆域，正如美国西进运动一样，自由的土地制度使得疆土得到了迅速扩张或者是充实。从民族社会角度来讲，移民的发生促进了中华民族的生成以及多民族之间的

---

① 具体请参照文贯中：《中国自陷入农本社会怪圈的经济地理学析解》载华民等著《制度变迁与长期经济发展》（复旦大学出版社 2006 年版）中对我国陷入李约瑟之谜解释的文献综述。

② 布罗代尔：《资本主义论丛》，中央编译出版社，1997 年版，第 50 页。

融合。

移民迁移也带来了一些社会问题。比如在我国南方一些地区的学额纷争，清代各府州县录取生员皆有定额，成为学额，当允许移民迁入，随着迁入的增多，也就占了土著居民的学额数量，因此造成了土客之间的学额纷争。土客之间的争斗直到民国时期仍然不断，毛泽东在《井冈山的斗争》[①] 中对当时的土客争斗进行了说明。但是土客争斗及学额纷争的形成从另一个角度说明了在明清以来我国人口迁移的自由性以及人口迁移范围之广、影响之深远。

① 《井冈山的斗争》中这样描述：“边界各县还有一件特别的事，就是土客籍的界限。土籍的本地人和数年前从北方移来的客籍人之间存在着很大的界限，历史上的仇怨非常深，有时发生很激烈的斗争。这种客籍人从闽粤边起，沿湘赣两省边界，直至鄂南，大概有几百万人。客籍占领山地，为占领平地的土籍人所压迫，素无政治权力。”

政府与三农关系试探

——以清代救灾为例

江太新

（中国社会科学院经济研究所）

一、清代灾荒概况

有清一代，灾荒频仍，下面，从三个方面来考察当时灾害情况：

1. 顺康雍乾嘉五朝各省灾荒情况

省　份	水灾	旱灾	蝗虫黄疸	风灾	雹灾	雪灾	霜灾	地震	总计
奉天	24	8	3	3	4	2	3		17
吉林	13	1	2		7				23
黑龙江	17	9	1		1		7		35
直隶	129	64	1	2	52		10	26	303
河南	82	38	20	3	13		1	1	144
山东	95	44	6	7	17		2	3	181
山西	40	28	13	1	37		16	8	138
陕西	44	33	8	2	41	1	15	3	144
甘肃	69	66	5	6	75	1	29	6	264
江苏	141	50	12	15	18		1		241
安徽	115	52	16	1	10			1	186
江西	51	36		2	2				91
浙江	61	46	8	18	4		2		134
福建	36	23	1	21	1			2	84
湖北	83	41	2		1			1	128
湖南	58	29	2	1	1			1	92
广东	34	12	4	13				1	64
广西	8	5	1						14
四川	13	2		1	2	2	2	15	37
贵州	7	1			2			2	12

（续）

省 份	水灾	旱灾	蝗虫黄疸	风灾	雹灾	雪灾	霜灾	地震	总计
云南	29	2			3	1		13	48
西藏		1				1			2
青海						3			3
新疆	6	5	3			2		3	19
内蒙古	4	17		1	1	6	4		33
合计	1 159	613	112	92	287	17	98	89	2 467

资料来源：根据陈振汉等编《清实录经济史资料·农业编》第二分册整理而成。

说明：原资料有“疫”、“灾种不详”两栏，本表删去不计。

2. 顺康雍乾嘉五朝自然灾害情况

朝 代	水 灾	旱 灾	蝗虫黄疸	风灾	雹灾	雪灾	霜灾	地震	总计
顺治 1644—1661	78	38	22	8	42	1	4	20	213
康熙 1662—1722	245	184	25	3	43	2	7	28	537
雍正 1723—1735	72	33	3	5	9	2	2	3	129
乾隆 1736—1795	514	251	49	63	144	8	60	31	1 120
嘉庆 1796—1820	250	107	13	13	49	4	25	7	468
合计	1 159	613	112	92	287	17	98	89	2 467

资料来源：根据陈振汉等编《清实录经济史资料·农业编》第二分册整理而成。

说明：原资料有“疫”、“灾种不详”两栏，本表删去不计。

3. 从乾隆元年至宣统三年间，长江流域水灾情况（州县数）

时期	记载灾情资料条数	上 游 区					中 游 区				下游区		国际河	合计县数	萧受风潮县数
		干流	金沙	岷沱	嘉陵	乌江	干流	洞庭	汉江	鄱阳	干流	太湖			
乾隆 60	1 026	33	55	88	56	17	251	241	172	263	478	351	33	2 038	136
嘉庆 25	396	12	23	8	31	5	105	43	163	107	171	80	9	757	7
道光 30	971	55	24	48	57	17	441	230	306	334	590	408	6	2 516	18
咸丰 11	147	2	1	0	0	0	65	92	27	124	20	107	1	439	59
同治 13	147	7	21	6	8	1	90	88	38	147	52	64	8	530	2

（续）

时期	记载灾情资料条数	上游区					中游区				下游区		国际河	合计县数	萧受风潮县数
		干流	金沙	岷沱	嘉陵	乌江	干流	洞庭	汉江	鄱阳	干流	太湖			
光绪34	1 010	99	140	115	106	38	455	442	285	716	522	508	59	3 485	76
宣统3	106	6	20	3	7	13	34	58	22	47	55	67	14	346	
总计	3 803	214	284	268	265	97	1 441	1 194	1 013	1 738	1 888	1 585	130	10 111	298

资料来源：根据水利电力部水管司科技司、水利电力科学研究院编：《清代长江流域西南国际河流档案史料》加工整理而成。

根据以上三个统计表可以看到：一、从各个王朝看：顺治年间年均受灾11.8次，康熙年间年均受灾8.8次，雍正年间年均受灾9.9次，乾隆年间年均受灾18.7次，嘉庆年间年均受灾18.7次。二、从各省灾情看，以直隶、甘肃、江苏为重，安徽、山东次之；三、从乾隆至宣统年间长江流域被灾县的资料看：如上游地区被灾县达1 128次，中游地区被灾县达5 386次下游地区被灾县达3 473次，受国际河影响被灾县达130次。另李向军还提供了顺治至道光灾情统计：水灾16 384起，占总灾数56%，旱灾9 185起，占总灾数32%，雹灾1 281起，占总灾数4%，虫灾538起，占总灾数2%。① 按他所提供数计看，从顺治至道光207年间，年均遭水灾79.1次，遭旱灾44.4次，遭雹灾6.2次，遭虫灾2.6次。不管从那个角度、那个层面来考察，都说明当时中国是个多灾的国家。

频繁的自然灾害，给人民带来无穷的灾难。如直隶，顺治十年四月，《世祖实录》称，畿辅上年水旱为灾，今三春不雨，入夏犹旱；闰六月又称：霪雨匝月，都城内外，积水成渠，房舍颓坏，小民艰于居食，妇子嗷嗷，甚者倾压致死。② 如江苏，康熙二十四年，邳州、宿迁、高邮、邵伯、盐城、兴化等六州县卫所，黎庶罹灾，有房屋漂荡，今有贫乏不能糊口者。③ 如甘肃，康熙四十年，西北亢旱，寸草不生。④ 如山东，乾隆四年，单县、菏泽、曹县、金乡、济宁、临清卫等六州县卫，黄水漫溢，淹没秋禾。其勘明成灾地10 430顷97亩，并冲坍房屋。⑤ 受灾事例，《清实录》所载甚多，不多枚举。可见有清一代防灾、救灾任务十分繁重。

① 李向军：《清代荒政研究》，中国农业出版社，1995年。
② 《清世祖实录》卷74、76。
③ 《清圣祖实录》卷122。
④ 《清圣祖实录》卷205。
⑤ 《清高宗实录》卷99。

清代，是处于自然灾害高发期，尤其以水灾为重。但由于清代各个历史阶段经济发展不同，所体现出来的救灾投入有参差，救灾办法也有所差别，救灾效果也不一。

二、清前期经济发展与救灾

由于清前期政府大力推行垦荒政策，抑制土地兼并政策，摊丁入地赋役改革，蠲免赋徭措施，大力推动水利兴修，等等措施，农民生产积极性得到充分发挥，社会经济得到迅速发展：从耕地面积变化看，顺治八年只有 290 余万顷，十六年增为 549 万余顷，康熙二十四年约增为 608 万余顷，雍正二年约增为 734 万余顷，乾隆三十一年约增为 781 万余顷。从财政收入看，顺治八年才 14 859 千余两，政府当年开支为 15 743 千余两，尚不敷 857 千余两，① 至康熙六年，清政府已经完全摆脱财政危机，扭转入不敷出困境，据统计这年户部存银已达 2 488 492 两，八、九两年“每岁存剩约六七百余万”两。十二年，三藩之乱爆发，军费开支日高，尽管如此，户部仍有库存。战事结束后，户部存银剧增，以二十五年为例，存银多达 26 052 735 两。三十一年到六十一年的 31 年间，户部存银都在 300 万两至 400 万两之间，最高年份达 4 736 万余两。② 同时，在垦荒政策鼓励下，少地或无地农民通过垦荒，获得土地产权，自耕农大量增加，如有档案资料为据的直隶获鹿县：直到乾隆年间，70％以上土地为农此所有。安徽休宁三都十二图（上）的 233 户农民户，至康熙五十五年时，还没有分化出地主户。四川垦民通过插占，而成自耕农。③ 安徽霍山县称：“中人以下，咸自食其力，薄田数十亩，往往子孙世守之，佃而耕者仅二三”。④ 这里十之七八都是自耕农。同时，大力兴修水利工程结果，大量增加农田灌溉面积，加速山区和边疆地区开发，商品经济进一步发展，城乡繁荣，中国封建经济进入最后一个繁荣期——康乾之治。

随着清初社会经济逐步好转，政府对民生问题也显现出更多关注。如康熙二十八年十二月，清圣祖对大学士等说：“今岁直属地方亢旱，谷未收获，民生困难。被灾九分十分之民，钱粮俱经蠲免，又行赈济；惟七分八分被灾者，

---

① 顺治九年刘余谟：《垦荒共屯疏》，《清朝经世文编》卷 34，《户政》。

② 法式善：《陶庐杂录》卷 1；《康雍乾户部银库每年存款数》，《历史档案》1984 年第 4 期；《姚端恪公文集》卷 6。

③ 参见江太新：《清初垦荒政策及地权分配情况考察》，《历史研究》1982 年第 5 期；江太新、段雪玉：《论清代前期土地垦拓对社会经济发展的影响》，《中国经济史研究》1996 年第 1 期。

④ 光绪《霍山县志》卷 2。

钱粮虽经蠲免，恐有不能度日，至于穷困者，亦应赈恤”。[①] 乾隆十五年六月，乐亭县属三十六村遭海潮袭击，土地盐碱化。乾隆帝对此指示：“著该督查明被灾户口，先行加赈一月，以资安顿，仍按成灾分数，分别给与口粮，……民房被水冲塌者，查明瓦房土房，按照定例，分别给银，以为苫盖之费。仍饬地方官加意抚绥，留心体察，使灾黎得沾实惠，其被淹民田，……如系现应征粮地亩，潮退之后，实在碱卤不堪种植者，……请旨豁免”[②] 清前期这类指示极多，仅举二例示知。

在清前期经济发展情况下，加上当时政权对民生关注，所以，当时政府对救灾、赈灾投入也不断增加，措施也变得多种多样。

（一）设立常平仓、义仓、社仓

顺治十一年以前，社会救济制度不健全，近京地方遭受灾荒，饿民得钱犹难易米。经此大饥荒后，许多大臣进规复常平仓、义仓、社仓之议。此后各省纷纷设立常平等仓。这些仓储的功能在于平粜和救灾。康熙、雍正年间全国平常仓储粮食有 48 110 680 石，因全国储备粮过多，而红腐事件屡有发生。如乾隆二年，尹会一奏：扬州盐义仓及泰州、通州、海州、如皋、盐城、板浦、石港、东台、阜宁等处盐义仓贮谷过多，恐积欠霉朽。[③] 十三年，直隶总督那苏图奏称，“该省常平仓谷，实贮、民借二项，共谷三百三十万六千余石，以雍正十年定额计算，尚余谷一百一十五万一千一百余石”。[④] 同年，对各省仓储额作了调整，如云南积谷定为 701 500 石，西安积谷定为 2 733 010 石，福建积谷定为 2 566 409 石，广东积谷定为 3 359 767 石，其余各省均有定额，不多枚举。全国总数额定 33 792 330 石，[⑤] 比康雍年间少了 14 318 350 石。

按乾隆十三年常平仓储粮计算，如果全部用于赈灾，成年人日吃米 1 市斤，未成年孩子月食米 0.5 市斤计，大人小孩年平均需米 2.71 石，[⑥] 或需原粮 4.5 石，[⑦] 那么 33 792 330 石贮备粮够 9 938 920 人吃一年，也就是说，只使颗粒无收，这些储备粮也够近千万人吃一年，如果赈灾时间为三个月，就有近四千万人免于挨饿。当时，中国人口还不到二亿，可见储备粮还是比较充分的。

---

① 《清圣祖实录》卷 143。

② 《清高宗实录》卷 367。

③ 《清高宗实录》卷 37。

④ 《清高宗实录》卷 323。

⑤ 嘉庆《大清会典》卷 39，《户部》。

⑥ 系 1 个成人、1 个未成年人，一年平均口粮数。

⑦ 系按每石谷出 6 斗米计。

社仓，主要设在乡村。初创于康熙年间，但成效不大，至雍正时得到发展，到乾隆十八年时，据报“捐谷数共二十八万五千三百余石，合百四十四州县卫所，共村庄三万五千二百一十，为仓千有五百”。主要作为乡村救济，无大灾害时，春借秋还。康熙时定，春借一石，秋还一石一斗；雍正二年定，春借一石，秋还一石二斗，十年后，息已二倍于本，以加一行息，小歉即免息。①

义仓，主要设于城市。系两淮盐商及浙江商众捐资设立。各处盐义仓额储仓谷有五十万石左右。② 这两个仓的谷储量与常平仓比是微不足道，但它是地方上的储备粮，用于灾年平粜、出借、赈济，使用灵活、快捷，有利于解救燃眉之急，为灾民解困。

（二）增加仓储积谷

由于这时农业经济发展，赋役改革又减轻了农民赋税负担，加上有时赋税还得到蠲免，农民手头宽裕，仓储迅速增加，甚至出现粮仓不足情况。乾隆八年江西巡抚陈宏谋称：瑞州、临江、建昌、广信、饶州、南康、九江、抚州八府，及星子、德化、新建、清江、新淦五县均有上年加贮谷石，“请添建仓廒共七十九间”。③ 十一年，直隶总督那苏图奏：“保定府城，密迩京畿，兵民屯聚，商贾往来，倍于他郡，惟县仓积谷四万石，与省会之规，尚有未备，请于保定建府仓五十间，贮谷四万石”。得到批准。④ 十三年，陕西怀远县余剩并续收粮 31 000 余石，无廒收贮，“应添建窑仓十座”。⑤ 同年，陇、神、靖三州县采买粮食，又葭、定、神、靖、陇五州县收还粮石，廒座不敷，“应添建一百五间”。⑥ 同年，贵州巡抚爱必达奏请：将该省储粮增加到一百万石。得到户部批准。⑦ 十八年，黄廷桂奏请：“停建城垣，急建仓廒。甘省连年采买，谷石日增，各属旧仓不敷，……添建仓廒实难再缓”。⑧ 三十八年河南巡抚何喟（kui）奏，豫省各州县仓谷，向例以 2 310 000 余石为额，此外赢余为地方储备，并协济邻省之用。节年溢额 44 万，仓廒不敷存贮，请将溢额 4 千石以外者，“变价解司，遇有平粜应买之谷，先尽该年息谷抵补”。⑨ 四十九年，毕沅认为，近查绥德一州，民物殷繁，较所属各县烟户多至数倍，“应请于原定

① 《清朝文献通考》卷 34，市籴 3。

② 同治四年《户部则例》卷 18。

③ 《清高宗实录》卷 187。

④ 《清高宗实录》卷 278。

⑤ 《清高宗实录》卷 319。

⑥ 《清高宗实录》卷 319。

⑦ 《清高宗实录》卷 329。

⑧ 《清高宗实录》卷 433。

⑨ 《清高宗实录》卷 928。

额谷外，再增贮四万石”。①

仓储之谷用于平粜、赈济之后，未及时买补的，政府三令五申，要当地政府及时买补，充实仓储，不得缺额。政府认为充实仓储，是备灾救灾重要手段。乾隆二年，甘肃巡抚宗室德沛称：“甘省民鲜盖藏，其每岁额征，除兵粮外，所余无几，自应于丰收之岁，预先买贮……共贮粮一十七万石，以备应用”，户部从其请。② 七年，山西布政使严瑞龙奏：“通省常平社仓，实存谷、米、莜、麦一百七十六万六百余石，合计似有余，分贮实不足。今岁收成，统计九分有余，应广为采买，以实仓储”。③ 十八年，广东巡抚苏昌奏，丰顺县僻处万山，贮谷“不敷粜济”，请增加仓储 3 千石，获得批准。④ 三十二年，山东“酌动地丁银两”，买补“未经买补”的缺额。⑤ 四十六年，福建巡抚奏称：闽省仓谷于四十二年、四十五等年平粜之谷，尚未买补者，计 278 500 余石，分今冬明年买补。⑥

（三）截漕赈济

漕粮是国家的“天庾正仓”，历朝都很少挪为他用。到清代，漕粮的功能发生变化，除提供皇室、贵族用粮，京师官兵俸米、甲米外，作为社会功能这部分显得越来越重要。清政府为解决灾区粮食困难，截漕赈粜成为经常之事。据《漕运全书》和《东华录》记载，仅直隶省自乾隆二年起至光绪二十七年止，截漕赈粜达 44 次之多，截留漕粮过 5 620 532 石，⑦ 但还不是完整统计。京畿以外各省，也常截拨漕粮赈济或平粜。据《漕运则例纂》和《漕运全书》、《东华录》记载，从康熙三十年起至光绪三十年间，截留赈济米在 5 011 867 石以上。⑧ 漕粮功能的社会化，极大地增强了赈灾的力度，使更多农民免遭高利贷盘剥，较为顺利渡过难关，从而保住仅有的一点土地。

（四）建立平粜制度

保证粮食市场价格稳定，是抗灾救灾中首要解决问题。人不可一日无粮，

① 《清高宗实录》卷 1213。

② 《清高宗实录》卷 54。

③ 《清高宗实录》卷 179。

④ 《清高宗实录》卷 434。

⑤ 《清高宗实录》卷 792。

⑥ 《清高宗实录》卷 1145。

⑦ 《漕运全书》卷 64、65、68、69、71；光绪乾据《东华录》卷 20、21、29、30、33、55、58、114、120、123、135、166。

⑧ 康熙至乾隆十八年数计见杨锡绂《漕运则例纂》卷 20，乾隆四十三年至同冶间据《漕运全书》卷 64、65、66、69、71 作出，光绪朝数计按光绪《东华录》卷 13、19、20、21、55、56、84、87、90、110、111、112、115、126、129、148、150、205 作出。

一旦断粮，就会影响生产，影响社会安宁。但无论是水灾，或是旱灾，或是其他自然灾害的发生，往往造成的恰恰是粮食减产或颗粒无收。在这种情况下，粮食供求关系会失去平衡。投机商、或为富不仁的地主，就会乘机哄抬粮价。农民为了活命，就会变卖家产，甚至是土地。如果这时政府能在受灾地区抛出大量粮食，就可以保持灾区粮食市场价格稳定，就会增强农民抗灾信心，尽量保住仅有一点土地，以求日后活路。清政府对此问题有深刻认识，为此，在受灾地区采取各种办法来平抑粮价。

如康熙三十一年，西安米贵，政府从湖广调运米20万石，米价照湖广价加上运费出售，西安粮价即平。三十四年，顺义歉收，高粱一斗三百钱，政府从通仓运米一万石，五千担在顺义减价发粜，一斗百钱，“民以不困”。三十五年，黔省俱未丰稔，现在正需平粜，常平仓米不敷，从四川办米六万石、湖南办米十二万石，广西办米二万石，用于平粜。① 六十年，直隶、山东、河南、山西、陕西大旱，政府令直隶巡抚将平常仓谷1 605 272石、山东巡抚将常平仓谷473万石、河南巡抚将常平仓谷1 347 000石，令山西巡抚将常平仓谷480 200石平价粜卖。乾隆二十四年，甘肃米贵，按常例酌减，不足以平市价时，政府采取限价措施，“将粟米每石减粜银二两四钱，小麦每石减粜银二两二钱，庶贫民不致难于买食”。②

当粮食丰收之年，谷物价格下跌，也会起到破坏生产作用。康熙元、二、三年江苏松江府获丰收，石米价至五、六钱。当地农民视南亩为畏途，往往空书契卷，求送缙绅，都“遭到坚却”。③ 五年，苏州府秋大熟，斛米二钱，“田之所出，不足供税”，“富人寂粟盈仓，委之而逃，……无过问者”。“额征追比……人户卖男、卖女、卖屋、卖坟，而田则决无从卖。田无从卖，则钱粮必不能完，而或逃或死，田地抛荒。苏州田地三百年来从无荒逃者，至今日而荒逃过半矣”。④ 十年，广东揭阳，因“谷太贱则无可输课，耕夫无以赡家，田多抛荒”。⑤ 为了维护农民收入，保持农民生产积极性，政府动用库银，按正常市价“采买”，不致粮价顿减。乾隆元年，川陕总督查郎阿说，甘肃粮食丰收，由于地瘠民贫，一切费用皆仰给于所收之粮，有不得不粜之势，迨至争欲粜卖，价值平贱，所得无几，是以丰收之年转受粮贱之累，名为熟荒。高宗皇

---

① 《清高宗实录》卷863。

② 以上资料，转见江太新：《清代粮价变动及清政府的平抑粮价》，《平淮学刊》第五辑（下）。

③ 叶梦珠：《阅世编》卷1，田产。

④ 陆世仪：《陆桴亭先生遗书》卷5，《姑苏钱粮三大困四大弊私言》。

⑤ 《揭阳县志》卷7。

帝同意他的建议："秋收之后，随时随地按市价采买，使民间不受熟荒之累"。① 七年又定："其采买之道，视收成丰熟之处照依时价，不可勒派，亦不可急于多籴，使民间反致价昂。"②

在推行平粜法方面，清代在吸收明代做法同时，有所提高。乾隆三年，两广总督鄂弥达指出：平粜之价不宜顿减，若官价与市价相去悬殊市侩惟有藏积以待价，而小民借以举火者必皆资于官谷。仓储有限，其势易罄，而商贩转得居奇，于其后是欲平粜而粜仍未平。若按市价减十分之一，所减有限，铺户亦必小低其值，以翼流通，而后以次递减，期平为止。只有这样"则铺户无所操其权，官谷不虞其匮，谷价可以渐平"。③ 为了做到"货集价落"，政府一方面禁止遏籴之令，同时吸收商人参与粮食运销，借给商人资本，保护商人合法利益，给少数民族商人免税优待等。④

清前期灾荒期间，虽然也出发过灾民离乡背井情形，但毕竟还是少数，在政府大力推行救灾赈灾情况下，大多数地区的灾民生活还比较稳定，灾后，生产恢复也较快。

三、清后期经济衰落与救灾

清中期以后，中国经济发展由发展期逐渐向衰落期转化，期间，鸦片贸易及鸦片战争又是一个重要转折点。

清中期以后，国家财政支绌，逐渐忽略对水利工程的兴建，很少再为此拨款。以经济状况较好的苏州为例，由道光元年至咸丰十三年前后的50多年间，较大水利工程共计25次，有款额记载者11项，共用银327 288两，钱251 902 871文，款项虽不少，但由厘金或藩司拨款只有两次，其余皆由绅董捐办，或由地方官捐廉，或按亩摊征。⑤ 国家既然不再拨款兴修，灌溉沟洫遂渐形破坏，有的地区至淤为平陆。如青浦县，境内有五大浦，支干交流，其田宜稻，后来年久失修，至"潮汐淤沙，几成平陆。……水利不修，农田大病"。⑥ 昆山县七浦"自白茆塞而西北之潮不至，堰址仅存，无复初制"。⑦ 丹

① 《清朝文献通考》卷36，市籴5。
② 《清朝文献通考》卷36，市籴（5）。
③ 《清朝文献通考》卷36，市籴（5）。
④ 参见江太新：《清代粮价变劫及清政府的平抑粮价》，《平准学刊》第五辑（下）。
⑤ 李文治：《历代水利之发展和漕运的关系》，《学原》2卷8期，1948年。
⑥ 光绪《青浦县志》《图三》。
⑦ 光绪《昆新两县续修合志》卷2，《山水》。

徒县“历年既久，沙滩淤涨，潮汐不通，山水下注，宣泄维艰，旱无引水之方，涝乏泄水之策，旱涝均灾……而供加倍之赋，民困难苏”。[①] 江苏山阳、盐城两县“自乾隆六年大挑从后，迄今一百余年，河淤田废，水旱均已成灾”。[②] 左宗棠说：“至乾隆、嘉庆间，家给人足，曾历办全漕，道光癸巳、辛卯（道光十一年）以后两次大水，民间元气大伤”。[③] 李鸿章也说：“迨癸巳（道十三年）大水后，始无岁不荒”。[④] 其他各地皆然。水利失修，给农业生产带来严重破坏。另，加上土地贫瘠农产下降。到清后期，由于种种原因，尤其是水利失修、灾荒频繁，直接影响到农民生活，在农业生产方面再无力投入更多资金，土地日益贫瘠，农业生产急剧下降。以经济发达的江南为例：如江苏江宁府，有旗田 3 400 亩，自乾隆三十四年由佃户领种，“年清年款，从未蒂欠”。道光二十二年以后，屡被水淹，“各佃无力培植，以致渐形烧薄，连年租籽歉收”。[⑤] 松江府东乡，农户以种棉为主，“嘉道以前，每亩得收一、二百斤”，“昔无蚕桑之利，而温饱有余”；同治至光绪初，“收歉日薄”，以致“生计减戚，户口萧条”。[⑥] 安徽怀宁县“每种晚稻，所入犹不足偿耕褥之费”。[⑦] 据包世臣称，江西全省 70 余县，“不能赔累者三分居一”[⑧] 而已，其余三分之二变成贫瘠州县。湖南湘阴县，乾嘉盛时，地无遗利，其后水潦岁作，“所在童山硗确，物产日啬”。[⑨] 农田产量下降情况，以江南某县陶忠寿租田为实例：从 1894—1903 年 10 间，以 1894 年产量为 100%计，麦季亩产只有 2 年超过 100%，稻季有 3 年超过 100%，其余年份产量都达不过 1894 年收成。详见下表：

江南某县陶忠寿一块稻田产量

1894—1903

年 度	麦 季		稻 季	
	产量（斗）	指数 1 894=100	产量（斤）	指数 1 894=100
1894	6.00	100	320	100
1895	8.00	133	360	113

① 光绪《丹徒县志》卷 12，《恤政》。

② 刘锦藻：《皇朝续文献通考》卷 15。

③ 左宗棠：《议减杭、嘉、湖三属漕粮疏》，同治三年。

④ 李鸿章：《请减苏、松、太浮粮疏》。

⑤ 李星沅：《委勘旗营公租田亩酌议办理折》，道光二十八年，《李文恭公遗集・奏议》卷 17。

⑥ 《申报》，光绪六年六月二十一日。

⑦ 民国《怀宁县志》卷 2，《疆域》。

⑧ 包世臣：《安吴四种》卷 7，《江西或问》。

⑨ 光绪《湘阴县志》卷 25。

（续）

年 度	麦 季		稻 季	
	产量（斗）	指数 1 894＝100	产量（斤）	指数 1 894＝100
1896	10.00	166	270	84
1897	3.60	60	340	106
1898	6.00	66	300	94
1899	3.20	53	280	88
1900	2.00	33	184	58
1901	（不详）		340	106
1902	（不详）		260	81
1903	（不详）		270	84

资料来源：根据中国社会科学院经济所藏：《景记租簿》编制。转见：李文治：《中国近代农业史资料》第一辑，三联书店，1957 年。

编注：佃户陶忠寿佃田 1.5 亩，采分租制，租额功产贯的 50%。上表数字，系据历年分收租额计算而得。

从各直省来看，从 1821—1910 年的 90 年间，没有见到稻麦收成九成的记载，收成八成以上年份也不多，大多数年份以收五成或六成或七成而已。其中又以收成五、六成为普遍。①

尤其是鸦片战争，对中国经济起到巨大破坏作用：其一，在鸦片战争期间，英国侵略军在广东、福建、浙江、江苏四省境内居民遭到战争的打击，或被抢掠一空，或"失业废时"，弄得"民穷财尽，殆不可支"。其他各省在清军征调所过，为保障供给，尽力输将，"民之贫者愈窘，民之富者亦贫"，"国脉自此伤也"。战争结束时，又敲诈了大量的战争赔款。英国从中国榨去赔款银 2 800 万元，折合银 1 960 万两。这笔巨款，直接取自商民的，约 1 510 万元，占总数的 54%，取自官库 1 290 万元，占 46%。这笔赔款于国于民都是沉重负担，对中国经济造成极大的破坏。其二，银贵钱贱对社会经济的严重破坏。鸦片贸易使白银大量外流，致使银贵钱贱。银、钱比价大幅度波动，对国家财政和国民经济带来不利影响。"以银准粟，昔之一两，今之三两"，从民间征取银一两，实竭民间"三两之力"，"民安得不贫"？民既日贫，导致征收困难，"逋欠则乡多一乡，亏短则任多一任"。结果"官民交困"，"兵民交困"，"官困而民益困"叹声一片。其三，赋役加重。鸦片战争沉重军费和战后赔款，70%以上转嫁到农民身上，当时有人对政府运用各种手法，增加田赋实征量，愤慨质问："官以用不足而朘诸民，民不足而将谁朘乎"？力役上的徭繁吏横，更使民间闻讯色变，竟有以"早死相祝"者。而地主"视佃农苦瘠漠不动心，残忍

① 李文治：《中国近代农业史资料》（第一辑），三联书店，1957 年，第 755～760 页表。

刻薄，恣意征求"，严重危害农民利益，更激化着地主与农民的矛盾。①

清后期农业经济破坏，仓储积谷减少：如道光二年，据糜奇瑜奏称，黔省各属额贮仓谷，多有缺额，"酌量加买补足，总不得逾五年之限"，要求官员离任，"务须以实谷贮仓交代，概不准将例价折交"。② 三年，帅承瀛奏称：浙江各厅州县，嘉庆五年清查，"册报原亏谷七十六万七千一百七十一石零……于嘉庆二十二年全行补足"，清查案前尚未买谷"十七万三千七百七十石零"。前次清查以后，至此次清查"共盘缺谷二十四万五千六百石零"。③ 四年，篙溥奏称：江西南昌等十二府州所属各厅州县缺谷，"共计二十四万石有零"。④ 咸丰四年，罗惇衍奏称："京仓支绌"。⑤ 光绪二十四年，盛宣怀奏称：仓储为民食攸关，"近来州县办理不善，……十邑九空"。⑥ 仓储不足，直接影响到救灾功能正常发挥。他说：仓储十邑九空，若"一遇偏灾，请蠲请赈，缓不济急"。⑦

农业经济衰落，也影响到漕粮征收，到清后期，京通仓储额大为减少。请看下表：

咸丰、同治间京通仓结存米额（石）

年　代	储仓存米额	年　代	储仓存米额
咸丰二年	36 220	同治二年	6 679
咸丰三年	19 694	同治三年	14 118
咸丰四年	32 357	同治四年	14 232
咸丰五年	43 825	同治五年	23 134
咸丰六年	17 733	同治六年	24 035
咸丰七年	40 402	同治七年	1 364
咸丰九年	30 669	同治八年	1 508
同治元年	5 903	同治九年	28 725

资料来源：转见李文治、江太新：《清代漕运》，中华书局1995年，第406页表。

据手头现有材料统计，清后期截拨漕粮救灾之事，从道光元年至光绪二十六年的76年间，截漕共12次，截留救灾粮为1 238 027石。分段计，道光朝截漕7次，截留漕粮198 027石，咸丰朝1次，截留500 000石，光绪朝5次，

① 以上资料，参见严中平主编：《中国近代经济史1840—1894》上册，人民出版社，1989年，第431、433、437、455页

② 《清宣宗实录》卷40。

③ 《清宣宗实录》卷50。

④ 《清宣宗实录》卷74。

⑤ 《清文宗实录》卷121。

⑥ 《清德宗实录》卷430。

⑦ 《清德宗实录》卷430。

截留540 000石。① 除咸丰朝一次拨50万石外，其余数目都较少。况且，光绪二十六年截漕44万石，与解决慈舆巡幸太原山西、驻跸陕西有关。毓贤称："又值恭奉慈舆巡幸太原，扈从兵夫云集，需米尤多"；② 军机大臣等议定：慈禧太后等"驻跸长安，该省适值旱灾，需粮甚多亦甚急"，③ 可见这两地截留漕粮并非用主要用于灾赈。与清前期比较，用截留漕粮救灾之法，已发挥不了大作用。

另外，在清中后期社会经济衰敝情况下，民间鲜有盖藏。据张振勋奏报：近年谷米日贵，粒食日艰，无论凶荒之岁也，即年岁顺成，米价曾不少落，几乎农田所出有不敷海内民食之患。"试就广东而说，向仰食于广西、江西已也，今则两粤并仰食于暹罗（泰国）、安南（越南）之米矣"。④

在"民鲜盖藏"和"仓储"严重不足情况下，如何救灾，是清政府中后期的一件大事。随着社会经济变化，清政府不得不另谋出路，另辟蹊跷。其措施有：

（一）从国外大量进口粮食

清政府为解决救灾粮食来源，鼓励外商输入粮食。外商输入粮食，政府除免其粮食税外，还按每船所运粮食数量多少，减免随船其他货物进口税。据《清朝文献通考》称，康熙六十一年，从暹罗进米三十万石至广东、福建、宁波等处贩卖，免其税。雍正六年定：此后，进口米谷不上税成为定例，"无复再议"。⑤ 乾隆八年定，外商凡带米一万石以上者，免其期货税银十分之五；五千石以上者免十分之三。但清前期从国外进口粮食数量有限。

大量进口粮食主要是清后期之事。光绪二十六年，黄河水溢，年成歉收，进口之米从二十四年118 000英担增至743 000余英担。同年，福建兴化，雨多麦损，"美国面粉，销路渐广矣"。⑥ 三十年，福建地区"偶遇禾稻损坏，所蓄之资多出购外洋谷米"。⑦ 宣统元年江苏徐海淮十七州县灾区，每一州县，极贫之丁口，十七八万至二三十万不等，平均以二十万计，已三百四十余万。每人每日十文，"势不能活"，况购运米麦薯干，近则奉天、山东，远则日本、

① 《清宣宗实录》卷27、卷63、卷113、卷281、卷330、卷367；《清文宗实录》卷60；《清德宗实录》卷62卷、71卷、468、卷470。

② 《清德宗实录》卷448。

③ 《清德宗实录》卷470。

④ 张振勋：《张弼士侍郎奏陈振兴商务条议》，《招商设立贷耕公司议》。

⑤ 《清朝文献通考》卷26，征榷（1）。

⑥ 李文治：《中国近代农业史资料》（第一辑），三联书店，1957年，第772页。

⑦ 光绪三十年二月《厦门商政局报告·实业现况》。

暹罗，又远则美国，“周折之繁，欲避无从，费用之巨欲省不得”。① 下面将1867年至1911年历年大米进口数额列表如后：

历年大米入口统计（1867—1911）

年代	量（担）	值（两）	担（价）	年代	量（担）	值（两）	担（价）
1867	713 496	1 101 565	1.54	1890	7 574 257	11 445 779	1.51
1868	349 167	510 009	1.46	1891	4 684 675	6 597 259	1.41
1869	346 573	481 526	1.39	1892	3 948 202	5 826 415	1.47
1870	141 298	247 933	1.75	1893	9 474 562	12 965 249	1.37
1871	248 396	405 620	1.63	1894	6 440 718	9 743 005	1.51
1872	658 749	1 092 873	1.66	1895	10 096 448	15 622 509	1.55
1873	1 156 052	1 439 862	1.25	1896	9 414 568	15 021 979	1.60
1874	6 293	7 596	1.21	1897	2 103 702	4 011 053	1.91
1875	84 621	106 773	1.26	1898	4 645 360	10 448 838	2.25
1876	576 279	660 278	1.15	1899	7 365 217	17 813 038	2.42
1877	1 050 901	1 593 617	1.52	1990	6 207 226	11 376 675	1.83
1878	297 567	527 468	1.77	1991	4 411 609	7 050 887	1.60
1879	248 939	333 796	1.34	1992	9 730 654	23 611 125	2.43
1880	30 433	43 517	1.43	1993	2 801 894	7 650 711	2.73
1881	197 877	247 064	1.25	1994	3 356 830	8 379 530	2.50
1882	233 149	288 002	1.24	1995	2 227 916	8 544 971	3.84
1883	253 210	303 485	1.20	1996	4 686 452	11 749 590	2.51
1884	151 952	202 359	1.33	1997	12 765 189	3 441 307	2.70
1885	316 999	466 624	1.41	1998	6 736 166	26 578 933	3.95
1886	518 448	894 262	1.72	1999	3 797 705	15 655 342	4.12
1887	1 944 251	2 755 654	1.42	1910	9 409 594	31 320 326	3.33
1888	7 132 212	9 633 829	1.35	1911	5 302 805	18 695 724	3.53
1889	4 270 879	6 021 090	1.41				

资料来源：杨端六：《六十五年来中国国际贸易统计》。

编者注：1867—1873，上海两；1874—1911，海关两。

此外，为了解决粮食严重短缺问题，清政府还鼓励本国商人到安南（越南）、暹罗（泰国）运米回国。运米回国者，地方官给予牌照，验放无阻，并严禁兵吏需索，并可免税粜卖。并规定，若不载米而载货回国者，则需课以加倍船税。

（二）发动民间出钱出粮救灾

嘉庆年间，齐彦槐提倡民间自救之法。他说：“救荒之大者，夫恻隐之心，人皆有之，殷富之家，幸足于衣食，目击邻里乡党之人，饥寒以死，孰不欲解

① 张謇：《代江督拟设导淮公司疏》宣统元年，《张季子九录政闻录》卷10。

衣衣之，推食食之者”！具体办法：“从各图所捐之钱，各赈本图，图有贫富，以富图之有余，协济贫图之不足，令图自举一人，焉以经理之，其钱即存于损者之家，而不必出于公局，官于公局之董事者，第纪其数，为之调拨而已”。只要经理得法，“捐者无所迟疑，不捐者无所借口”。又云：“以富稽贫，其户口必清，以贫核富，其捐数必实。于恤贫之中寓保富之意，则事易踌，而官不劳矣”。他试行结果，在6个月间得捐廉钱124 000余缗，而殷富之家，好行其德，复于其间为粥以赈，华洋义赈银311 000两，占加拨款仅占62.2%；江苏徐州获华洋义赈银150 000万两，占加拨数37.5%。① 城乡设厂十余处，计所捐又不下万数千缗，饥民赖以全活者无算。② 此后，由于国库空虚，政府更加依赖民间自筹办赈，并接受国际援助。如宣统三年，江苏淮海及安徽凤颍等属，因屡被水歉，闾阎困苦，惨不忍闻。据张廷骧报道，“春初闻华洋义赈会有大宗锡谷赣米将到，三日间骤跌数十文；二月间闻美赈面粉悄到，复跌二十文。……次贫居民受惠实多”。③

到了清后期，由于政府救灾乏力，灾情发展到目不忍睹的地步，如光绪三年，山西被灾，曾国荃称：“省南灾重粮缺，不特无树皮草根可挖，抑且无粮食可购。哀鸿遍野，待哺嗷嗷，道殣望，惨不可言”。④ 他还说：“甚至有一家种地千亩而不得一餐者”。⑤ 王锡纶云，自乙亥（光绪元年）以来，比四不登，丁丑五月后，粮价日腾。被灾极重者八十余区，饥口入册者不下四五百万，而饿死者十五六，有尽村无遗者。小孩弃于道，或父毋亲提而掷之沟中者。死则窃食之，或肢割以取肉，或大脔如宰猪羊者。……层见叠出，骇人听闻。小康之家，皆拆房屋取材木以售，闲官末秩，及试用候补之员，卖器具以食，而市肆典赊俱绝。⑥ 五年，河南大灾，金苕人太守办赈归来，至桐访友，“述所亲见饿莩惨酷情状，有攫遗骸而吮其髓者，有抱髑髅而盐其脑者，及呼吸无力，而亦倒矣。甚至割煮亲长之尸，并有生啖者。”作者感慨地说：“豫省如此情形，晋省则更有甚焉”。⑦ 二十三年，张之洞说：“天门、汉川，被水灾民数十万，不惟无粮可食，无田可耕，抑且无地无屋可栖止”。⑧ 三十二年，江北受

---

① 冯煦：《查办江皖两省急冬各振并拨款协济折》宣统三年正月十四日，《蒿盦奏稿》卷回。

② 芥彦槐：《图赈法》，《清经世文编》卷42，《户政》17。

③ 张迁骤：《不远复斋见闻杂志》卷10，《江皖沈灾》。

④ 《曾忠襄公奏议》卷6，“勘灾筹赈疏”。

⑤ 《曾忠襄公奏议》卷5，《请饬拨西征军饷疏》。

⑥ 王锡纶：《丁丑奇荒记》，《怡青堂文集》卷6。

⑦ 严辰：《自上梅中丞书》光绪五年，光绪《桐乡县志》卷7，《积谷》。

⑧ 张之洞：《致宜昌赵晖凌三道台施南傅镇台额守董令》光绪二十三年六月十二日，《张文襄公电稿》卷28。

灾，《时报》称：当地“草根树皮铲除都尽，……被灾民数有一千五百万之多”。[1] 宣统三年，江苏淮海及安徽凤颍等属，因累被水灾，自去秋至今，“江皖二十余州县灾民三百万人，已饿死者约七八十万人，奄奄待毙者约四五十万人”。[2]

四、小 结

从清代经济变化出发，考察清代救灾情况，有几点启示特别值得关注。

（1）从清前期与清后期、尤其晚清时比较来看，有清一代救灾情况变化，与国家经济发展与变化密不可分。当经济发展，国家财政收入充裕，政府才有能力把救灾工作做到尽量完善，使农民在灾年能得到及时救济，灾后生产也能得适当到资助和安排，可以减轻灾荒带来严重损失，社会秩序也较稳定；若经济衰落，国家财政收入减少，政府救灾职能就会大大打折扣，光绪初年山西、河南等省灾荒缺乏政府有效救助，致使灾情失控，就是政府财政严重不足的反映。事实证明：只有国家经济持续发展，救灾工作才能到位，才能做好，否则只能是空话一句。

（2）要有充足储备粮。大凡发生灾情，往往造成农田颗粒无收，或收成甚薄，民之所缺者，粮食也。民以食为天，不能一天无吃。因此，救灾首务是及时地把粮食送到灾区，使民众有饭吃。如何才能使民众受灾时有饭吃？根据清代救灾经验看，国家要有充分的粮食储备。一旦发生灾情，迅速开仓平粜，或把粮食借给百姓，或开仓赈济，如开办粥厂，或把粮食按大小口分配到户，把百姓情绪稳定下来。清前期，由于仓储充足，加上漕粮截拨数量多，灾情得到较好控制，人民情绪比较安定，社会也比较安定。到清后期，由于国家经济衰落，仓储空虚，人民得不到及时的和应有的救助，结果社会震荡，百姓或死于法，或活活饿死，或流离的流离，惨状难言。虽然以进口大量粮食作补充，但缓不救急。

（3）进口粮食只能作为救灾的一个辅助手段。从1874至1911年《历年大米入口统计》表看，除1876、1883两年价格比1874年稍低以外，其余年份都比1874年高，从发展趋势看，1898年是一个转折点，1874至1897年间粮食进口价在每担在1.21至1.91海关两之间浮动，但1898年以后，粮食进口价却在2.25至4.12海关两之间浮动，之间虽然亦出现一二次回落，但总趋势是

① 《时报》光绪三十二年十一月十六日。

② 张廷骧：《江皖沈灾》，《不远复斋见闻杂志》卷10。

节节攀升。1908 年每担粮食进口价是 1874 年 326.4%，1909 年每担粮食进口价又增至 1874 年 340.5%。由于受供求关系变化影响，国际市场粮价就会跟随需求增加而攀升，原来 1.21 海关两银子可购 1 担粮食，到灾年却要二倍、甚至三倍的银子才能购 1 担粮。这对国家财政来说，灾年国家财政收入已减少，而今粮价又高抬，是一个繁重负担。对灾民来说，已因被灾而山穷水尽，而今又遇上粮价高抬，岂不雪上加霜！因此少量进口，以补不足是可行的。同时，备粮要有战略眼光，常备不懈，不能搞突击，而大量进口，却会受到国际市场挟制。另，临时粮食进口，远在千里、万里之遥，也存在缓不救急情况。救灾如救火，急不可缓，这是常理，缓了就会造成社会巨大损失。

(4) 严防官吏掩饰灾情，弄虚作假。光绪元年，江苏赣榆县，秋收歉薄，民间于上春已有吃芋秧、稻草、豆饼、麦麸等类者。差幸二麦有秋，稍苏民困。不意旱蝗交作，交秋后，比户如悬磬，苦莫能言。“彼时咸望县尊请赈，乃县尊转以收成七分五厘上报，从此则官赈绝望矣。入冬后，逃亡饿死者不计其数”。从这事例告诉人们，关注人民的吃苦，比什么都重要，弄虚作假，是要以人命作代价的。

以上救灾经验与教训，仅是其中一部分，远不是全部，但已足以令人启迪。望能给社会防灾、抗灾、救灾工作提供一点参考。

晚清蚕桑推广的成效和问题

闵宗殿

（中国农业博物馆）

道光以后，我国的蚕桑生产有一次大发展，其规模之大，在清代是从未有过的。这是农史界和经济史界所关心的一个问题。但是，这次蚕桑推广规模究竟大到什么程度，成效如何，存在什么问题，至今尚无一个明确的结论。本文打算对这些问题作一探索，与学术界共同来研讨这个问题。

（一）晚清蚕桑推广的概况

据方志、报刊、文集、农书等文献的记载，晚清时期推广蚕桑有记载的州县现查到有142个。分布于18个省，80个府州，其中新疆省江苏的太仓州，安徽的凤阳府、广德州；湖北的襄阳府、郧州府、荆州府；四川的泸州直隶州；福建的福州府；广东的惠州府；贵州的石阡府、思南府、贵阳府；云南的楚雄府、昭通府；直隶的承德府；山西的平定州等16个府、直隶州都没有具体县的记载，故实际县数要远远多于142个县，这142个州县不过是个大概情形。那么，这142个州县说明了什么问题呢？

清代前期，我国的蚕桑业主要集中在长江三角洲，特别是浙江的嘉湖地区。康熙帝曾说过："朕巡省浙西，桑林披野，天下丝缕之供皆在东南，而蚕桑之盛惟此一区。"① 乾隆帝也说："浙省蚕桑之利甲天下"②，也即唐甄所说的"北不逾淞，南不逾浙，西不逾湖，东不至海，不过方千里"③ 的范围。

晚清时，由于太平天国革命战争，农村经济遭到巨大破坏，恢复农村经济成为当时的首要任务；这一时期，欧美国家对蚕丝的需要大增，生丝的价格不断上升，蚕桑生产成为获利最多的产业，要比一般农产品高出二至三倍。一些地方官员为了振兴当地的经济，也着力提倡发展蚕桑，这些因素从不同方面刺激了蚕桑生产的发展，成为晚清时期出现推广蚕桑的基本原因。

据统计，清前期有蚕桑的县为32个。清后期推广的州县有142个，比清

---

① 乾隆《杭州府志》首卷一《天章》引。

② 《清高宗实录》卷五一 乾隆二年九月乙卯。

③ 唐甄：《潜书》下篇下，《教蚕》。

前期增加了4.4倍，说明经过晚清时期的蚕桑推广，我国的有蚕桑业的地区从太湖地区一隅扩大到了全国。这是晚清时期推广蚕桑的成效之一。

清后期推广的蚕桑州县分布概况

省	浙江	江苏	安徽	江西	湖南	湖北	四川	广东	广西	贵州	云南	河北	河南	山西	陕西	甘肃	新疆	福建
县	18	22	9	4	3	7	18	10	6	5	2	21	12	3	2	1		1

这142个州县，推广蚕桑分属于不同的时期，道光10个、咸丰3个，同治23个、光绪105个、宣统1个，光绪时期蚕桑推广的州县占总数的73.9%，可见晚清时期推广蚕桑主要是在光绪这个时期。但是，并不是所有的地区都是在光绪时推广的。江浙地区发动就比较早，浙江推广蚕桑的18个州县中，道光时期推广的就有7个，占38.8%；江苏推广比浙江晚一些，主要是在咸、同时期，咸丰时3个，同治时8个，合计约占22个推广州县的50%。但大部分地区都出现在光绪时期。

（二）蚕桑主产区分布形成新格局

清前期蚕桑的主产区是在以浙江的嘉、湖地区为中心的太湖流域，清晚期，随着蚕桑的推广，广东的珠江三角洲，四川的成都平原蚕桑业也迅猛的发展起来，形成了东、南、西三个不同的主产区。这是晚清推广蚕桑在成效之二。

以嘉、湖地区为中心的蚕桑区进一步扩大，同光时期发展成为太湖流域蚕桑区。

湖州府是个老蚕桑区，原来主要的产区是在乌程、归安等平原地区，由于鸦片战争以后，在外贸对生丝的需要量激增，推动了周围山区的县，如长兴、安吉、孝丰的蚕桑业迅速发展起来，正如同治《长兴县志》说："乾嘉之际，大利未兴，而数十年来，其利倍蓰"。① 安吉县原来只在西北和东南的平原地区种桑树养蚕，到同治时，"迩来山乡亦皆栽桑"。② 湖州山区"向时山乡多野桑，近时亦多栽家桑矣"。③ 嘉兴府的蚕桑业仅次城湖州府，原来主产区是在石门和桐乡，其次为海盐，又次为嘉兴、秀水。嘉善，平湖则很少有蚕桑。道光时，嘉善的蚕桑业从西乡开始发展到东南乡，光绪时则又发展到西北乡④。与嘉兴相邻的平湖县，"向惟西南乡树之，今则城东二三十里近水处，绝无旷

① 同治《长兴县志》卷八蚕桑。
② 同治《安吉县志》卷八。
③ 同治《湖州府志》卷三二。
④ 光绪《重修嘉善县志》卷十二物产。

土"，以致出现"家家育蚕，不问男女，皆从此业"的景象①，发展成了一个新兴的蚕桑区。

老的蚕桑区外，蚕桑生产区向北向西迅速推进。无锡原来很少养蚕产丝，太平天国战争后期的咸丰、同治年间，无锡西南部开化乡一带，受湖州的影响，栽桑养蚕率先兴起，后因利之所在，无锡东北部的蚕桑业也逐步获得发展，县志记载说："丝旧惟开化乡有之。同治初，经乱田荒，人多植桑饲蚕，辄获奇羡，其风始盛，延及于各乡。"② 到后来甚至超过了吴江、吴县一带的老蚕区。人称："自兵燹以来，该处荒田隙地，尽栽桑树，由是饲蚕者日多一日，而出丝者亦年盛一年。近来苏地新丝转不如金（匮）、（无）锡之多，而丝之销场亦不如金锡之旺"③。又因茧行设立，农民只养蚕而不必缫丝，劳动力的矛盾得以解决，以致出现"家家育蚕，不问男女，皆从此业"的景象④。发展成了一个新兴的蚕桑区，与湖州一起成为太湖南北交相辉映的两大蚕丝产地。

无锡西北面的江阴县的蚕桑业，大约和无锡同时发展起来。同治年间，汪坤厚江阴县令，介设蚕桑会，购湖州桑秧千数百，遍栽栖霞庵前。其时育蚕者少，未善其用。嗣有邑人吴煊著《蚕桑提要》一书，广劝种植。光绪初年，苏宗振、钱维錡特辟桑田若干亩，种桑者免租二年，限满纳租，并酌量轻减，于是湖桑始盛。⑤

广东是我国另一个蚕桑中心，主要产地是顺德和南海。但顺德在"咸同以前，丝业木盛，少养寒造蚕者"。至"光绪中叶，洋庄丝盛行，茧价日昂，农人多养寒造蚕"。⑥ 南海亦是在光绪中叶时才兴盛起来的，光绪《九江儒林乡志》说："自乾嘉以后，民多改业蚕桑，树艺之夫，百不得一。"宣统时的县志也记载："近二十年来，遍地皆种桑、麻、柚，行销最广，为植物一大利源。傍海蛋民，多业桑蚕，岁获厚利。"⑦ 南海"养蚕之家以西樵各乡为最盛，约有万余家。茧市以官山为大，有经纪行数间，旺造日进出茧值五、六万两，通岁茧值过百万两"⑧。其他地区的蚕桑业大多也是在这一时期发展起来的。《东

① 《农学报》，第8期。
② 光绪《无锡金匮县志》卷三十一物产。
③ 《申报》，1880年5月14日。
④ 《农学报》第8期。
⑤ 民国《江阴县续志》卷十一《物产桑麻之属》。
⑥ 民国《顺德县志》卷一。
⑦ 宣统《南海县志》卷四。
⑧ 宣统《南海县志》卷四《舆地略物产》。

莞县志》说："广蚕之利，顺德为最，南海次之，邑近知养蚕，然风气未大开。"[①]《惠州府志》说："蚕桑之利，南、顺最盛，惠亦偶有养蚕者。"[②]《罗定志》说："顺德赖风韶以光绪间来泷，提倡蚕桑。数载间，山陬屋嵎，浓阴满目，人咸利之。"[③]《钦县志》说："光、宣间，小董蚕业之盛，固不待言，而钦城与各墟乡兴起亦弗衰。"[④]《西宁县志》说："光绪季年，养蚕风气渐盛，缫丝自织，染莨为绸。"[⑤] 咸丰后期，太平军占领江浙产丝区后，华南成为当时向国际蚕丝市场供应生丝的重要地区，为了满足蚕丝出口大量增加的需求，19 世纪 60 年代至 70 年代，桑树种植面积扩大了好几倍，呈现出"禾田尽变基塘"、"新堤上皆植桑"、"低者养鱼，高者种桑"[⑥] 的蚕桑生产兴旺景象。1903 年，华南已有 53 个茧市，年成交额为 2 627 万两。[⑦] 鸦片战争前，估计出口蚕丝所需的种桑面积只有 5 万亩左右，出口生丝 2 500 担，而到了 1860 年，同类桑树面积已达 11.4 万亩，出口生丝 5 571 担[⑧]，珠江三角洲的蚕桑生产成为仅次于江南的蚕丝产地。

四川是清代发展起来的又一个蚕桑生产中心，它的生产技术主要由在四川做地方官浙江湖州人在同治年间传入的。巴县，"巴人植桑育蚕，清代道、咸以上寂焉无闻。同治八年，归安姚覲元备兵川东，谋有以利吾民者，始教民蚕，……吾县人知有蚕桑，于是乎始"。[⑨] 长寿县，"植桑育蚕，县人向未讲求也。同治八年，姚覲元备兵川东，远求桑种于湖州，颁发属县，使民分种饲蚕，清季，省设劝业道，振兴实业，教民育蚕，民情乐利，踊跃从事，一时勃兴"。[⑩]"同光期间，四川的蚕桑业都有所发展，成都府双流县，"桑，采叶饲蚕缫丝，邑中最多"。[⑪] 资州研县，"丝在成都市称上品，织户争购，取名曰东路丝，以别于嘉、眉、潼、绵等郡"。[⑫] 潼川府中江县"近数十年，提倡实业，境内渐多佳种，讲求稍早者，已市利三倍矣。……颇闻川北地方，自川顺庆、

① 民国《东莞县志》卷十五。
② 光绪《惠州府志》卷四十五。
③ 民国《罗定志》卷三。
④ 民国《钦县志》卷八。
⑤ 民国《旧西宁县志》卷十四。
⑥ 民国《顺德县志》卷四；同治《南海县志》卷十四。
⑦ 《农学报》，第 249 期，1930 年。
⑧ 参见苏耀昌：《华南丝区》中译本，第 121～122 页。
⑨ 民国《巴县志》卷十一农桑。
⑩ 民国《长寿县志》卷四风土　农桑。
⑪ 光绪《双流县志》上卷土产　木属。
⑫ 光绪《井研志》卷八食货四　土产。

保宁边陲，上至吾邑，一大圜，皆宜桑宜蚕之地”。① 四川的蚕桑生产虽不如珠江三角洲和长江三角洲，但在国内也是一个相当发达的地区。

（三）对国计民生的影响

蚕桑业历来是农家的副业，清代由于蚕桑业的发展，在多数的农家的经济生活中上升为重要来源，有的地区更成为主要来源。浙江海盐县，“农家全恃蚕以为耕耘之资，蚕荒则田芜，揭债鬻子，惨不免矣”。② 石门县，“田收仅足支民间八个月之食，其余月类易米以供，公私仰给，惟蚕息是赖，故蚕务最重”。③ 四川井研县，“农民资以为生计甚众，凡国赋、田租、及一切馈遗、叩唁、偿负、赁庸之费常取给于此，命曰丝黄钱”。④ 顺庆府西充，“蚕桑为充最宜，每入夏，丝成，商贩辐辏，输供税，完婚嫁，胥于焉不赖”。⑤

在国家的财政收入中，蚕桑业同样占到十分重要的地位。清代，丝茶是我国对外贸易中的主要物资，据统计，1867 年我国出口商品的总货值为白银5 215万两，其中丝茶的货值为4 587 万两，占总数的87.95%；1873 年出口总额为 6 945 万两，其中丝茶的货值为 6 053 万两，占总数的 87.17%。其时外国输入我国的商品，主要是鸦片、棉织品和棉纱，总货值 1867 年为 4 199 万两，1873 年为4 553 万两。我国丝茶出品额除可抵偿进口商品的货值外，还分别盈余 388 万两和 1 500 万两。可见丝茶出口在我国国民经济中地位之重要。⑥

（四）蚕桑推广中存在的问题

在晚清有蚕桑推广的州县中，真正发展起来并有经济成效的约有 68 个，占总数的 47%、主要都分布于太湖流域，珠江三角洲和成都平原。其余的州县或半途夭折，或不知所终，约 74 个，占 52%。即是说大约有二分之一以上的州县并没有发展起来。究其原因，约有以下几端：

1. 晚清蚕桑推广的主要推动者是一些地方的基层官吏。他们对振兴地方经济有一定热情，当时种桑养蚕是一种能获高利的生产事业，因而为这些基层官吏热衷提倡。但这一举动只是基层官吏的个人行为，并不是国家措施，因而在资金等方面得不到国家的支持，提倡也没有持续性，一个人的力量不能支持很久，一碰到困难，只能偃旗息鼓。地方官的任期有一定年限，任期一满就得

① 民国《中江县志》卷二舆地二。

② 道光《嘉兴府志》卷十一。

③ 道光《嘉兴府志》卷十一。

④ 光绪《井研县志》卷八。

⑤ 光绪《西充县志》卷三食货志　物产。

⑥ 姚贤镐：《中国近代对外贸易史料》（2）中华书局 1962 年，1116 页。

他迁，接任的不一定是个热心振兴地方经济和蚕桑事业的地方官，这样，当事的地方官一走，茶就凉了。对这种情况，当时有人就明确指出。光绪《仁怀厅志》说从前地方官亦出示劝民栽桑养蚕，竟至不能振兴。“吾乡李梧冈出宰叙永厅，著《养蚕栽桑说》劝世民，亦未见听从者，何哉？盖吞桑树三年始可饲蚕，至于成功必待九年之久，地方官之突任者不过数年，团任者一年一换，或此勤于始，而彼怠于终，或此兴于前，而彼废于后，安望九年如一日哉。”修志者认为：“余思欲兴桑利，必地方之绅士议妥，立定章程联名具禀。由地方官详请上宪立案，俾移交之日不致浸废，创者兴之，继者成之，不过九年之间，民之获利有不可胜言者矣”。[①] 像这种因人事变迁，而造成蚕桑事业浸废的，在晚清时期，可以说是经常发生，江苏太仓州，“道、咸间，邑绅钱公宝琛宅后拓茧园，树桑、饲蚕，又于太原王氏南园种桑千余本，为乡里倡。同治末，归安吴公承潞知州事，创捐设蚕桑局，购桑秧令民栽种，十年间不下数十万株。嗣后，官则或作或辍，民间又不得治桑育蚕之法，若复数年，将成枯木朽株”。[②] 江西南丰，“光绪年间邑人赵从佐致仕归，由苏浙带来桑种，聘请蚕工种桑养蚕出丝甚佳，惜无继起者”。[③] 广西平乐，“清光绪中叶广西巡抚马丕瑶曾设立蚕桑局于城厢，招粤中技士教民种桑养蚕，极一时之盛。马去职后，逐年减少，今竟寂然”。[④] 新疆，“光绪初年，全疆底平，督师大臣左宗棠……精选员吏设蚕桑局于疏勒城，招致吴越蚕工织工四十余人，授民以浴种、饲养、分簿、入簇、煮茧、缫丝、轧花、染采诸艺。凡筐箔竹木之器，抒轴络纬之机，靡不取足。……更辇运东南桑数十万株，给民领种，而勤导以压条、接本、壅肥、采叶之法。经始之费，数逾巨万。疏勒土性舄卤，蚕不菀而枯，和阗蚕丝脆涩，理之多绪结，抽之碍手，制为纨缯，闇淡无色泽，有司以为糜财殚劳而少功，行之期年，上下交怠，于是委蛇者奉行故事，贪黠者因而利之，归于中饱，而局事乃益隳废，盖率作兴事之难也如此”。[⑤] 这是晚清时期一些地区蚕桑推广不成的一个重要原因。

2. 蚕桑业是一个技术性很强的生产部门，有的县是因为没有掌握好种桑的技术而失败的。

湖南宁乡，“光绪末年，李毓森等禀请官府，于南门外鲇鱼洲官地种桑，

① 光绪《增修仁怀厅志》卷六农事。

② 民国《太仓州志》卷三。

③ 民国《南丰县志》卷一疆域志 物产。

④ 民国《乐平县志》卷七产业 农产及农业。

⑤ 民国《新疆志稿》卷二蚕桑。

开蚕桑局，然桑树不茂，营业者亦时作时止”。① 西柳城，“清光绪十五年，知县陈师舜购桑苗五十万株，分发各乡试种，土质均宜，又由容县雇工前来教民缫丝。惜蚕病不知医治，收效沿微”。② 福建福州亦是如此，“道光末，盐运使绍兴高其垣始传蚕种、桑苗于湖州，同治初，抽厘金以济陕、甘兵饷，视关税有八倍，当道以厘余买平宁商陈恒献、耿王庄为桑棉局。……延蚕师、司道、缙绅司其事。……越数年，桑叶之柔而大者渐变粗而小矣，叶粗则丝僵，至光绪三、四年，事遂废”。③

有的是因为养蚕的技术问题，如广东广州府新会县，“（光绪末）邑中蚕业现况，与顺德略同。东北方天河、荷塘各乡多业主，因其附近于顺德，有桑市、茧市故也，西北方土地、居民均占多数，地势稍高，少壤居多，最宜于蚕桑。将来蚕种改良及桑成立，或有发达之望也。饲蚕家手术极敏，但昧于蚕之生理、病理，又乏补救之思想，苦阴雨连续，或西风偶吹，则蚕儿多毙，饲蚕家又不知扑灭疫菌，仅委诸命运，长叹奈何而已。且蚕室多是密敝，空气绝不流通，蚕具多不完善备，给桑不按时刻，亦不准定，重量无饲育标准表及养蚕日志，墨守旧习惯，无试验改良之思想，幸值天气晴燥，收茧仅得五、六成，能得八九成者罕见。据荷塘人称，三月头造无蚕蛆之弊，则待蚕虫变蛹而后烘茧，若四月以后，每患蚕蛆，蚕未变蛹即以火烘之，盖民族精神迟则蚕蛹发作也。不知设法扑灭蚕蛆，徒亟亟于蚕儿吐丝未尽之时烘之，以减去其丝量岂不可惜”。④

更多的是因为种桑树养蚕都未能得法而受了影响。如安徽霍山县，“近年官给桑树种，虽有领秧种树者，仍未得移接之法，故乡中养蚕之家十五二、三，且仅妇女任之，男子不屑也。所虽之丝运往汉口、金陵等处，以作线，甚美，不堪为绮罗，盖饲蚕缫丝之法未精也”。⑤ 四川井研县，“桑树年久多空灌，后来种植亦稀，而民间育蚕又不得培护之法，值桑树叶翔蚕及蚕病之年，因之责（债）负累累者十室恒八九，洵所谓利与害相乘除者矣”。⑥ 贵州遵义，“家蚕之事，重在种桑，桑不足，则若饥兵之四散，瘠殍之横陈。故欲饲蚕先以种桑为主，而桑不良，不如不秀之苗，绘划之饼，既仁蚕而予以馁之，道殊不善为谋矣。……遵义、桐梓、绥阳、仁怀亦素有养蚕之好，嗜之不笃，无专

① 民国《宁乡县志》故事编财用录物产。
② 民国二十九年《柳城县志》卷二地舆物产。
③ 民国《福建通志》卷一物产志。
④ 光绪《新会乡土志》卷十四产物。
⑤ 光绪《霍山县志》卷二地理志下　物产。
⑥ 光绪《井研志》卷八食货四　土产。

利之者，光绪中余守上华欲速欲大其叶，以为人之不趋斯利，殆桑种之不良。于是，遣人走西蜀，购运湖桑，遍布区里，民始畏领之。惟恐督饬之将至，继栽才遍其田塍，大叶油油，反表垂露，亦弗故（顾）广饲之趣。渐渐，田者恶其敞害稼或仅代瓜栅豆栈，久之或摧以枯死，而养蚕之事遂亦渺矣。宣统初，袁守玉锡奉命倡导，设立蚕桑学校，搀新法而训诲之，以为可大振聋聩，而漠视之如故。然遍察群惰，旁稽理，非好之不众，殆有阴其响往之途者，缫丝之术不普遍也，盖本有技师、纲者、轮者、薪者，务教人为之，且绎取之丝多毛乱而不理，售之可得下植，且不能遍置缫场，必蓄茧家之坚于得丝者，然后裹粮相从，否则弃其茧以饶蚺蜮蚰蜒之蚀，而无惜废之心，故缫丝之举，又为倡导者不可不尽心也”。①

3. 农业生产要讲究因时、因地制宜，晚清时期提倡蚕桑，有些州县之所以失败，关键是在于违背了因时、因地制宜的原则。有的是土壤不宜种桑，却在那里推广蚕桑，结果是种而不发，推而不广。浙江江山县便是属于这种类型，“同治间七年，知县陶鸿勋分给蚕书，知县张彝购买桑秧，广分课种，土性攸殊，种未能盛”。②

有的是因为气温低不适宜于蚕桑。贵州安顺蚕桑推而不广就是这个原因，该县县志说，“桑蚕关系密切，蚕无桑以为生，桑无蚕失失效用，安顺以气候较低，不适于饲蚕，故种桑者缺乏热情，虽迭经官府提介，而育蚕之家，以每多亏折之故不愿从事，致桑枝成为废物，新植者因不复见，旧有者亦日渐凋零”。③ 云南昭通推广蚕桑失败亦是这个问题。“昭地，自前清时，经长官提倡于东区五谷庙及竹林等地栽植。所有桑枝叶不肥硕，加以饲养无方。后由实业所于西门外菜园及府署后圃县厅内等遍树桑林，并设学堂练习养蚕，开办十余年，究以气候多寒虽当暑月，一遇北风回冷，蚕多僵病，鲜有成效，因此停止，故今公家私宅养蚕一事无可称述，盖亦气候之不宜也”。④ 但因违背因时因地制宜原则而失败的只是少数。

（五）历史的经验值得注意

晚清推广蚕桑这段历史离开今天一百多年了，回顾这段历史对于今天振兴“三农”仍有少启迪。

第一，农事的推广需要有热心人，晚清蚕桑的推广几乎都是在熟心地方事

① 民国《续遵义府志》卷十一农桑。

② 同治《江山县志》卷一舆地　风俗。

③ 民国《续修安顺府志·安顺志》第八卷　农林志　林业种桑之现状。

④ 民国《昭通县志稿》卷五农政　蚕桑。

业的官员或士绅推动下实现的。如江苏的江浦县，"蚕桑之利，昔日所无，粤乱平后，曾文正左文襄两制府，先后购桑给领，浦邑饲蚕者几于比户，丝居上等，江宁贡缎与海宁湖郡所产，经纬并川，岁得值可数万金"。[①] 有的地区像无锡、江阴等因此而形成了新的蚕桑区。但一项事业要推广成功仅靠几个人的热心，远远不够，它需要资金、技术等方面的支持，还需要行政人员有相对的稳定性，以便把这项事业坚持下来。晚清时期有些地区推广蚕桑，开始轰轰烈烈，后来虎头蛇尾而掩旗歇鼓原因就在这里。

第二，农事推广关须到农民的切身利益，只有推广的热心，而没有实际的成效，农民也是不能接受的。晚清时期蚕桑事业得到推广的、并得到农民拥护的地方，都是农民获得切切实实利益的地方，例如江苏的新兴蚕区江阴，开始时也没有推开，"同治年间，屡兴屡废。其时育蚕缫丝之法，未暇多求，间有成茧缫丝，亦不得善价。有将已植之桑毅然拔去者"。[②] 后来开辟了销售渠道，生产的蚕茧和生丝得到了销售并获善价，蚕桑事业很快发展起来，成为一个"乡人获利，育蚕者骤增，不数年，境内每岁售茧所获逾百万金，且递增不已"[③] 的新蚕区；推广失败的地方，都是农民没有获得利益，或利益受到损害的地方。

第三，农事的推广还应考虑到有助于本身发展的相关条件。晚清推广蚕桑的过程中，为什么太湖地区、珠江三角洲地区的蚕桑业要比其他地区发展得快，发展得好，除了这是个老蚕区基础好以外，一个重要的原因，是因为这些地区都处于东南沿海，交通方便，产品运输成本低，因而也促成了它的发展。所以在农事推广中一些相关的客观条件也是应该考虑到的。

晚清时期的推广蚕桑到20世纪二三十年代，由于日本的竞争，蚕丝的手工加工不及机器加上效率高、加上人造丝的发明与推广，把自己的发展捆绑在依靠外贸身上的中国蚕桑业很快衰落了下来，虽然这不是这篇文章中所要讨论的，但这也是一个值得记取的一个历史教训。

附：晚清时期推广蚕桑的州县名录

浙江：杭州府的仁和、钱塘、海宁、余杭、富阳；嘉兴府的海盐、石门、嘉善、平湖、桐乡、嘉兴、秀水；湖州府的长兴、安古、孝丰；绍兴府的诸

① 光绪《江浦埤乘》卷一。

② 民国《江阴县续志》卷十一物产　实业附。

③ 夏孙桐：《观所尚斋文存》卷七《族祖涤初先生家传》。

暨；衢州府的江山；处州府的庆元。

江苏：江宁府的江浦、句容、六合；苏州府的常熟、昆山、新阳；镇江府的丹阳、丹徒、溧阳；松江府的南汇、奉贤、上海、青浦；常州府的无锡、金匮、江阴；扬州府的高邮、扬州；淮安符的阜宁、安东；徐州府的睢宁；太仓州①。

安徽：安庆府怀宁；凤阳府；六安州霍山；太平府芜湖；池州府石棣；滁州；徽州府婺源。②

江西：南昌府奉新县；饶州府乐平县；吉安府；赣州府；瑞州府；南康府建昌县；建昌府南丰县。③

湖南：长沙府醴陵、宁乡；常德府汉寿。④

湖北：襄阳府；郧州府；荆州府；武昌府江夏；汉阳府汉阳；安陆府钟祥。⑤

四川：泸州直隶州；夔州府大宁；绵州安县；嘉定府峨眉；雅安府名山；重庆府巴县、长寿；石柱厅；酉阳直隶州黔江；成都府新繁；顺庆府西充、双流；资州井研；广安州；潼川府中江、遂宁；叙州府富顺；宁远府西昌；龙安

① 光绪《丹徒县志》卷一七；光绪《丹阳县志》卷二九；光绪《江浦埤乘》卷一；民国《六合县续志稿》卷十四实业志　蚕桑；光绪《续纂句容县志》卷四实政；光绪《松江府续志》卷四十；光绪《重修奉贤县志》卷十九：嘉庆编、光绪增补《法华镇志》卷三；民国《青浦县续志》卷22；民国《太仓州志》卷三；光绪《昆新两县续修合志》卷一风俗；民国《江阴县续志》卷十一物产　实业附；光绪《无锡金匮县志》卷三十一物产；《申报》光绪六年五月一十四日；光绪《常昭合志稿》卷四六；光绪《阜宁县志》卷一：光绪《睢宁县志》卷三疆域志　物产；光绪《淮安府志》卷二疆域　物产；光绪《再续高邮州志》卷二民赋志　风俗。

② 民国《怀宁县志》卷六物产；光绪《霍山县志》卷二地理志下　物产；光绪《凤阳府志》卷十二食货考　物产：《农学报》第一期　光绪二十三年四月上　课桑述闻；《农学报》）第五十六期　光绪二十四年十二月中　皖兴蚕桑；《农学报》第三十三册　光绪二十四年四月下　推广种桑；姚锡光《吏皖存牍》卷上　分发各都董桑秧转给栽种谕；光绪《滁州志》卷二一。光绪《婺源县志》卷三。

③ 《农学报》第十四期光绪二十三年十月　赣州蚕事：《农学报》第十期　光绪二十三年八月下蚕桑成效；宣统《南海县志》卷十四；《农学报》第一期　光绪二十三年四月上　课桑述闻；《农学报》第二期　光绪二十三年四月下　课桑续闻；同治《南昌县志》卷一舆地志　土产；民国《南丰县志》卷一疆域志　物产；1987年《乐平县志》第八编农业第二十五章种植业第一节作物。

④ 民国《醴陵县志》卷五食货志　畜产；曾继梧等编《湖南各县调查笔记》物产类　汉寿　民国二十年铅印本；民国《宁乡县志》故事编财用录物产。

⑤ 《谭抚军具陈湖北蚕桑成效折》《农学报》第六期光绪二十三年六月下；方人澄，《桑蚕提要》页1；《农学报》第六期　光绪二十三年六月下　张制军谭抚军兴办湖北蚕桑折；《湖北兴农文牍》页三，钟祥知县徐嘉禾禀，见《农学丛书》第四集。

府江油。①

福建：福州。②

广东：广州府东莞县、香山县、新会县、顺德县、南海县；罗定州西宁县；肇庆府德庆县、高明县；惠州府。③

广西：柳州府柳城；平乐府平乐；梧州府容县、藤县。④

贵州：安顺府安顺、麻江、善化；遵义府正安州、仁怀厅、绥阳、桐梓、遵义；石阡府、思南府；贵阳府；麻江县。⑤

云南：楚雄府；昭通府。⑥

直隶；深州安平；易州广昌县；正定府元氏县；保定府满城、安肃、束鹿、完县、清苑；

安州；定州定兴、望都、深泽、曲阳；冀州衡水；永平府滦州、昌黎、抚宁；遵化府丰润。

顺天府密云；承德府；顺德府邢台。21县7府。

河南：郑州直隶州荥泽、汜水；陈州府太康、扶沟；许州直隶州许州、临

---

① 冯煦《蒿盒类稿》卷二二页一九 盛山种桑记；《东方杂志》三年三期 实业 页八三 光绪三十二年三月；光绪《大宁县志》卷一地理物产；民国《长寿县志》卷四风土农桑；宣统三年刻、民国二十四年补刻《峨眉县续志》卷三；民国《名山县新志》卷八食货农；民国《巴县志》卷十一农桑蚕桑；同治《酉阳直隶州总志》差异十九风俗志；道光《补辑石柱厅志》物产志第九；同治《新繁县志》卷三舆地志 风俗；光绪《西充县志》卷三食货志 物产；光绪《双流县志》上卷土产 木属；光绪《井研志》卷八食货四 土产；民国《安县志》卷五十五礼；光绪《广安州新志》卷十二土产志；民国《中江县志》卷二舆地二；民国《遂宁县志》卷八物产货类；民国《富顺县志》卷五食货物产；民国《西昌县志》卷二产业志 物产

② 民国《福建通志》卷一物产志。

③ 宣统《东莞县志》卷十三；民国《罗定志》卷三食货志 物产；民国引《旧西宁县志》卷十四食货三物产下 货类；光绪《德庆州志》卷四地理志 风俗；光绪《香山县志》卷五舆地下 物产；光绪《惠州府志》卷四十五杂志 物产；民国《罗定志》卷三物产；光绪《新会乡土志》卷十四产物；民国《钦县志》卷八民生志 蚕业；宣统《南海县志》卷四舆地略物产；民国《顺德县志》卷一舆地略物产；光绪《高明县志》卷二

④ 民国二十九年《柳城县志》卷二地舆物产；民国《乐平县志》卷七产业 农产及农业；何见扬《省心堂杂著》卷上 页十六 查明土性宜桑上容县邑侯禀 光绪十五年。

⑤ 民国《续修安顺府志·安顺志》第八卷农林志 林业种桑之沿革；民国《麻江县志》卷十二；光绪三年（1877年）《善化县志》；民国《瓮安县志》卷十四农业 蚕桑；嘉庆《正安州志》卷二风俗；光绪《增修仁怀厅志》卷六农事；民国《续修安顺府志·安顺志》第八卷农林志 林业 种桑之现状；民国《续遵义府志》卷十一农桑。

⑥ 《益闻报》第一千三百三十三号光绪十九年十一月二十三日；宣统《楚雄县志》卷二地理风俗；民国《昭通县志稿》卷五农政 蚕桑。

颍、襄城、郾城、长葛；卫辉府封丘县；归德府鹿邑县；汝宁府遂平县。①

山西：汾州府介休；平定州；解县。②

陕西：西安府三原；同州府合阳县；兴安府汉阴厅；紫阳县；榆林府米脂；汉中府南郑；延安府延长。③

甘肃：宁夏中卫县。④

新疆。⑤

① 魏纶先：《蚕桑织物纪要》，页一三、一四 奏创兴蚕桑织务折；《东方杂志》四年四期 实业 页七五 光绪三十三年四月；顺治《封丘县志》卷三民土土产；乾隆《鹿邑县志》卷一方舆略物产。

② 张之洞：《张文襄公公牍稿》卷三《咨江苏抚院顾募织绸机匠》光绪九年四月三日：民国《介休县志》卷七：民国《解县志书》卷二。

③ 刘光蕡《烟霞草堂文集》卷二 页二十二 蚕桑备要后集；乾隆《合阳县全志》卷二田赋；嘉庆《汉阴厅志》卷二疆域志 物产。

④ 乾隆《中卫县志》卷一地理考 物产 附蚕桑。

⑤ 民国《新疆志稿》卷二蚕桑。

20 世纪 30 年代山东地区农业恐慌的历史分析

——农作物种植结构视角的考察*

李 军

（中国农业大学经济管理学院）

20 世纪 30 年代世界范围内爆发了一场资本主义的经济危机，在外国资本主义侵略和国内连绵不断灾害的双重压力下，中国出现了严重的农业恐慌。具体表现为：农产品价格持续狂跌，地价低落，农产品输出减少。农民购买力下降，农村负债和失业人数增加，农民陷入极端贫困化等等。① 这其中，作为开埠较早的港口地区与农业主产地，山东地区承受了较其他诸省更为严峻的经济压力与社会危机，百姓流离失所，经济陷入滞顿。探讨这场恐慌的形成背景，对于已成为世界经济体系重要组成部分的当今中国社会，仍然具有一定的意义。本文将集中在农作物结构的视角下，通过对其变迁过程的分析，探讨造成 20 世纪 30 年代农业恐慌形成的一个因素。

一、山东的主要农作物构成与演变

虽然学者们对于商品经济发达，社会分化明显，宗族组织高度发达的地区，特别是江南的研究更为看重②。但华北的独特地位以及满铁资料的翔实，

---

* 作者感谢中国农业大学科研启动基金资助，项目编号 2007003。

① 朱其华：《中国农村经济的崩溃》，上海中国研究书店，1936 年，第 157～158 页；王林主编，《山东近代灾荒史》，齐鲁书社，2004 年，第 330～333 页。

② 这种看重的一个重要原因是对“西方中心论”的抨击，以“尔湾学派”学者的研究为著，如王国斌、李伯重、彭慕兰等的著作。参见柯文，《在中国发现历史——中国中心观在美国的兴起》，中华书局，1989 年。

也吸引了学者们对包含山东在内的该地区农业经济状况关注①，这些文献为我们了解这一地区的农业发展状况提供了广阔的视野。作为一个经济与文化大省，山东温暖细润，土质肥沃，在距今四千年前就有了粟、黍、稻等农作物的遗存。在长期的历史发展中，形成了丰富的农作物种植结构。其中主要的品种有粟、小麦、玉米、高粱、大豆、花生、甘薯、棉花、芝麻等等。

粟自新石器时代就已存在，虽然后期因小麦等的广泛种植而有所减少，但其品种在明朝仍有上百种之多②。后来居上的小麦种植比例在明后期的鲁西、鲁北平原地区已经达到40%，不少地区甚至超过50%，《天工开物》卷一《乃粒》云，“齐鲁诸道，蒸民粒食，小麦居半，而黍、稷、稻、粱仅居半”。清代小麦种植面积大致占总耕地的45%～50%，以48%计算，播种面积约为5 803万亩，以亩产110斤计算，年产6 383.3万担③。这种趋势一直延续发展，民国时期仍在所有的粮食作物中占据首位。

明代高粱的播种面积远远超过粟，据孔府资料显示，有个别地区甚至超过小麦。民国时期品种有30余个，种植面积一般在1 600～2 000万亩左右。水稻虽然不是该地区的主要农作物，但其发展仍旧有明显的北方特色。

水稻在西汉、隋唐时期就时断时续的种植过，真正较大范围播种出现在宋之后。宋太宗淳化年间，朝廷下诏在鲁北的博、棣、德、滨等州试种粳稻，神宗后，山东水稻种植面积不断扩大，许多地区都开垦了稻田。明清以后，随着山东地区社会经济的全面恢复，以及各地对水利的重视，水稻的种植又有了较大的发展，在鲁中地区的小清河流域、鲁南地区的沂沭河流域、鲁西及西南地区的运河流域，鲁东南的沿海及胶东半岛等地，稻作生产的发展尤为明显。④

大豆在战国秦汉时期已成为基本的农田作物。它的生长期短，对土地的要求不高，具有极强的耐旱性，属稳定保收作物。汉代以后，因多被用来制作豆腐、豆豉等副食品或炸制豆油，作为粮食作物的地位开始下降。明代以后成为

① 主要代表作如黄宗智：《华北的小农经济与社会变迁》，中华书局，1986年；马若孟：《中国农民经济——河北和山东的农民发展（1890—1949）》，江苏人民出版社，1991年；许檀：《明清时期山东商品经济的发展》，中国社会科学出版社，1998年；杜赞奇：《文化、权力与国家》，江苏人民出版社，2004年；李令福：《明清山东农业地理》，中华发展基金会、五南图书出版公司，2000年；程民生：《中国北方经济史》，人民出版社，2004年；郑起东：《转型期的华北农村社会》，上海书店出版社2004年；庄维民：《近代山东市场经济的变迁》，中华书局，2000年；唐致卿：《近代山东农村社会经济研究》，人民出版社，2004年；成淑君：《明代山东农业开发史研究》，齐鲁书社，2006年；张照东：《宋元山东区域经济研究》，齐鲁书社，2006年等。

② 成淑君：《明代山东农业开发史研究》，第231页。

③ 李令福：《明清山东粮食作物结构的时空特征》，《中国历史地理论丛》，1994年第1期。

④ 陈冬生：《山东古代稻作史考述》，《古今农业》，1992年第3期。

主要的复种作物，明代孔府庄、厂田的86.4%实行麦后复种，其中，麦地复种率超过50%的占54.5%，全部进行复种更是高达27.2%。① 麦后复种的作物即以大豆为主。其他的豆类还有豌豆、绿豆等。近代山东省播种面积一般在2 000万亩上下，占作物播种面积10%～15%。②

花生大约明嘉靖年间传入东南沿海地区。清乾嘉年间进入大运河沿岸州县，并形成泰安、青州两大种植区。道光以后，胶东、鲁西南成为花生主要产区。光绪年间，花生在山东各地种植面积多达40余个州县，多达180万亩，占全省耕地的1.5%，仅次于棉花。19世纪后期，随着美洲大花生的传入，山东花生的种植面积逐渐与丘陵扩展到全省，产量长期居于全国首位。

玉米大约在明中后期传入山东，其最大的特点是易栽种、产量高、对水旱的适应性强，对土地的要求也不高，适宜于贫瘠地区的开发。清乾隆以后，玉米在山东的种植区域逐渐扩大，从地理分布上看，玉米在鲁西及鲁西南地区传播较广，而东中部较稀，这与鲁西和鲁南地区因种植经济作物棉花、烟草等形成的粮地矛盾有关。清嘉庆以后扩大到东部胶东半岛等地区，清末几乎遍及全省。

山东是全国重要的产棉区，植棉历史悠久，元代已经开始种植，但大规模的推广普及是明以后。明朝建国之初即强行规定，农民有田五亩至十亩的，必须种植棉花半亩。十亩以上加倍。依次递加。③ 地方政府负责监督实行，另外地方还有不同数量的花绒摊派任务。这些政策客观上推动了棉花的种植。（类似的还有蚕桑麻等作物）明代山东地区仅有明确记载的植棉州县就有70多个，占州县总数的67%，并形成济南府——鲁北、东昌府——鲁西北、兖州府——鲁西南等几个产棉区。④ 到清中叶山东10府107个州县中发展到有90个州县种植棉花，占全省的87%。1918—1948年，平均植棉288.6万亩，亩产16.3公斤，总产0.47亿公斤。无论是产量还是耕种面积，均居全国前列。⑤

甘薯，亦称番薯、地瓜等，明中叶由福建商人陈振龙带入我国，清乾隆年间由其后人陈世元带入山东。由于其对生产条件的极强适应性和高出一般粮食几倍的高产量，被视为“救荒第一义”。道光以后，人地矛盾日渐突出，加之棉花、花生、烟草等经济作物的排挤，粮食作物的生存空间日渐衰退，这为番

① 成淑君：《明代山东农业开发史研究》，第236页。

② 唐致卿：《近代山东农村社会经济研究》，第191页。

③ 万历《明会典》卷17《农桑》。

④ 成淑君：《明代山东农业开发史研究》，第243页。

⑤ 唐致卿：《近代山东农村社会经济研究》，第223～224页。

薯的蔓延传播提供了条件，不仅仅在丘陵地带，广大种粮不足的平原地区也得以普及。光绪末遍及山东绝大部分地区。马铃薯，又称土豆，大约在乾隆年间进入山东。但其种植面积不大，但因其在提高复种指数以及救荒上的作用，仍旧受到山东人民的重视。

烟草也是近代山东地区种植的重要农作物之一。烟草明中叶后经福建传入，到清代中期成为主要的经济作物。20 世纪初，美种烟开始推广，此后，山东烟草的种植面积与产量，中间虽稍有起伏，但总体呈现大幅直线上升的趋势。孙敬之认为，山东美种棉“20 年内即扩充到 40 万亩。当时产量居全国第一位”①，形成昌潍区、小清河流域、津浦沿线区、临清与菏泽等几大产区。

从山东地区农作物的基本格局看，主要由粮食作物与经济作物两大部分组成。从时间上来看，明中叶与清末民初是两个应该引起关注的时间段，正是在明中叶开始，美洲高产作物大量进入我国，对缓解人口压力起到了重要的作用；而经济作物的种植在近代则有超越粮食作物的迹象，特别以花生、烟草等的种植更为显著，如下表 1。经济作物种植面积的扩大极易对食物安全形成威胁，这已为许多经济学研究者所证实②。

表 1　山东及其他地区被花生排挤的作物及种花生比较有利的情况

地　区		被花生排斥的作物	种花生比其他作物的有利之处
山东章丘		小麦、大豆	较其他作物得利倍徙
济阳		小麦、大豆	利润高得多，土壤只宜种花生
益都		小麦、大豆	比较有利
直隶河间		小米	收入大，数量丰富
河南开封	甲	柳木	比较有利
	乙	高粱、青豆、大豆	最适宜土壤
陈留		高粱、小麦、大豆	利润较高，有较强的抗风力与抗涝力
通许		小麦、豆类、高粱、小米	比较有利
睢县		豆类、小米、高粱	即使成本很高，收益仍较大
江苏睢宁	甲	各种作物	收入为其他谷物的四倍
	乙	各种作物	比较有利的多
湖北黄陂	甲	稻米（低地）棉花（高地）	比稻米利大，施肥少
	乙	稻米（低地）棉花（高地）	更合理地分配人工

① 《华北经济地理》，科学出版社 1957 年。

② 如范子英、孟令杰在对 1959—1961 年饥荒中中国所有缺粮区的调查中发现，经济作物主产区的影响比传统缺粮区的影响要大得多。《经济作物、食物获取权与饥荒：对森的理论的检验》，《经济学(季刊)》，2007 年第 1 期，487～512 页。

（续）

地　区		被花生排斥的作物	种花生比其他作物的有利之处
	丙	稻米（低地）棉花（高地）	利用高地，轮种产量多
湖南监湘	甲	棉花、高粱、红薯	适于高低
	乙	棉花、红薯	使沙土有较高收益

资料来源：英文《中国经济杂志》5卷3期，1929年9月；转见《中国近代农业史资料》（第一辑）

从几组可比的数据看，相比20世纪初，20世纪30年代山东花生的种植面积增长率为131%，但这尚较棉花的167.7%，烟草的237.3%为低。而粮食作物中玉米增长率为80.6%，小麦为17.7%，相比经济作物的大幅增长，其速度缓慢的多；且高粱出现了负增长，为−27.7%。

表2　山东（1914—1929）主要农作物种植面积变动

单位：千市亩

年度	小麦	玉米	高粱	谷子	甘薯	大豆	花生	芝麻	棉花	烟草
1914	38 913	3 055	28 353	—	—	16 366	1 629	—	1 592	59
1915	31 617	2 230	20 829	—	—	12 750	2 891	—	1 354	168
1916	43 865	2 897	20 159	—	—	16 557	2 790	—	2 188	164
1918	33 345	285	18 869	7 195	—	16 841	2 158	252	—	119
1924—1929	45 812	5 516	20 504	19 506	1 897	27 577	3 758	—	4 261	199
1929年较1914增长率	17.7%	80.6%	−27.7%	—	—	68.5%	131.0%	—	167.6%	237.3%

资料来源：许道夫，《中国近代农业生产及贸易统计资料》，上海人民出版社1983年。

二、农作物种植结构变化的历史与现实原因

农作物种植结构的变化是一系列变量影响的结果，从山东的实际情况看，既有与其他地区相同的人地比例失调、灾害频发等因素，同时，也有着自己独特地域环境造成的港口贸易的影响等。

（一）人地矛盾的激化

考察中国历史上的经济问题，往往都不能离开人地矛盾这个核心议题。从历史的数据来看，中国人均土地占有量逐步下降。参见下图：

图1可见，从总的历史趋势上，中国人均土地占有量是逐步下降的。明中晚期以及清初由于美洲作物的引进诱发了大批山区土地开垦，加上长期战乱、灾害造成的人口锐减，人均土地占有量有所上升，但是到了清晚期，下降趋势却极为明显。据统计，清朝中期的1734年人均土地占有量尚有32.54亩，而到了晚期却仅有2.41亩。

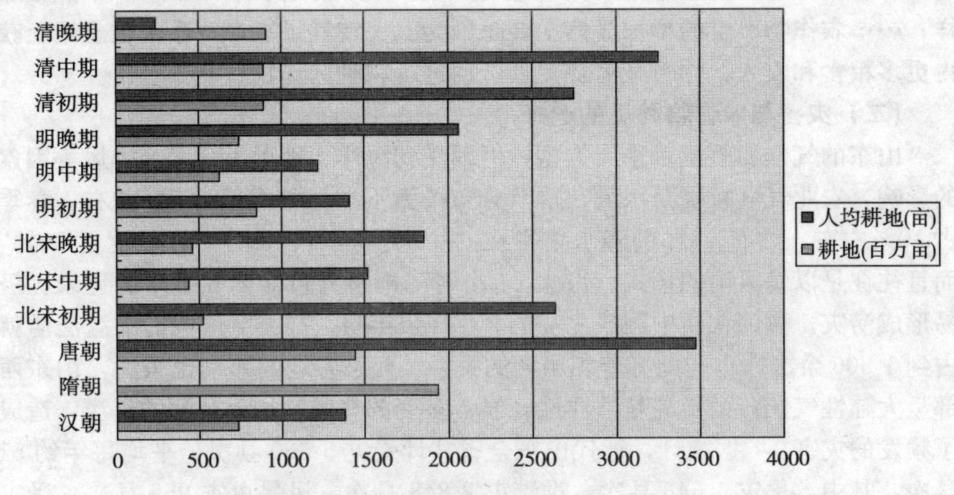

图 1　历史时期中国耕地与人均占有量

资料来源：梁方仲，《中国历代户口、田地、田赋统计》，上海人民出版社，1980 年。

注：为了更清晰的看到我国人均土地占有量的变动情况，在原有数据的基础上以百倍显示。

山东地区的人均耕地也是逐步降低的，如下表：

表 3　清代山东耕地升降情况

年　代	耕地面积（亩）	人口数（人）	人均耕地数（亩/人）
顺治十八年（1661）	74 133 665	7 038 948	10.53
康熙二十四年（1685）	92 526 840	8 443 892	10.96
雍正二年（1724）	99 258 674	9 113 220	10.89
乾隆十八年（1753）	99 347 263	12 769 872	7.78
嘉庆十七年（1812）	98 634 511	28 958 764	3.41
咸丰元年（1851）	98 472 844	33 266 055	2.96
同治十二年（1873）	98 472 846	35 219 000	2.80
光绪十三年（1887）	125 941 301	36 694 000	3.43

注：顺治、康熙、雍正三朝的人口统计有丁数无口数，表中三朝的人口数字是按 1 丁折 4 口的比例折算后的人口数。

资料来源：根据梁方仲：《中国历代户口、田地、田赋统计》（甲表 78，82，85，乙表 61）整理计算。

人地比例的变化是造成山东乃至整个中国农作物种植结构发生变化的重要原因之一。在生产技术停滞不前，边际收益逐渐降低的情况下，有两种选择：一是开垦更多的土地，但这显然不太现实；另外是将劳动力转移到潜在收益更大的产业上，如种植烟草、鸦片等经济作物。吴炳若曾说，“总的说来，1870—1911 年的农作物总产量很可能有所增加，足够养活更多的人口。但这种增加并不是由于农田技术或组织有了任何重大的变化。在 19 世纪后半期，没有引进重要的新作物或新的种子品种（像清王朝在较早时期引进的玉米和早熟稻那样）……农作物产量的增加显然主要是因为农民转种了能在每个单位土地上获得更多粮食和收入、同时又需要更多劳动进行耕种的作物”。①

（二）灾害与农作物种类的选择

山东的气候属暖温带季风类型，但因受到海洋、地形、纬度、季风等因素的影响，农业气候特别是水量在季节分布极为不均，冬季仅占5%左右，春季占10%左右，约有73%的降水集中在6～9月份，7、8两个月份就占50%，而且往往是以暴风雨的形式。最大24小时降雨量有过498.6毫米的记录，极易形成涝灾。黄河在新中国成立前的2 000余年间，有文字记载的决溢泛滥就占到1 500余次，也与此有着相当大的关系。而且各地的差别也很大，山东西部呈大陆性气候，而半岛是海洋性气候。多变的气候，加上黄河的泛滥，造成了频发的灾害。② 据统计，近代山东全省共计受灾5 660县次，平均每年约51县次。其中，旱灾1 643县次，洪涝灾2 848县次，风暴虫灾955县次。受灾60个州县以上的年份有73年。山东农业因旱灾遭受的受灾面积为107 594.7万亩，占旱涝灾总面积的66.7%，成灾面积63 935.9万亩，占旱涝成灾总面积的60.5%；洪涝受灾面积约为53 065.1万亩，成灾面积累计41 765.2万亩。按耕地比率计算，平均每年约有13%的耕地发生旱灾，9%耕地发生涝灾，足见灾害对农业的巨大破坏作用。③

表4　元以来山东地区自然灾害次数与频率表

	元		明		清		民国	
	次数	频率	次数	频率	次数	频率	次数	频率
水灾	68	1.53	185	1.49	236	1.14	37	1.00
旱灾	32	3.25	167	1.65	243	1.10	33	1.15

资料来源：高秉伦、魏光兴主编，《山东省主要自然灾害及减灾对策》，地震出版社1994年版，第17页。

灾害的频繁发作对山东地区形成这样重大挑战，即如何选择适应这种气候条件的新作物，如何既实现食物安全，又增加效益。故此地在农作物上多选择产量大、抗涝、抗旱性强、收益高的品种。选择耐涝抗旱品种是利用生物适应环境，以生物能提高环境资源利用率的一种重要措施。

明以来，山东主要农作物是小麦、高粱、小米、豆、玉米、甘薯、棉花、

① 《淮河流域的农民状况》，《东方杂志》24卷18号，1927年8月25日。

② 许青春、孙开明：《近代山东灾荒考略》，《齐鲁文史》1998年第4期。关于山东近代的灾害情况，参见王林主编：《山东近代灾荒史》，齐鲁书社，2004年。

③ 唐致卿：《近代山东农村社会经济研究》，第30页。

花生等，许多品种都具有抗旱耐涝的能力。如小麦，抗旱能力较强，全生育期总耗水量 6 000～9 000 毫米/公顷。以拔节至乳熟期需水最多，占总耗量的60%左右；抽穗开花期的耗水强度最大；拔节至抽穗，开花至成穗期次之。耐涝性上，幼苗期耐涝能力较强，浸水一星期也不致死亡。抽穗扬花以后仍具有一定的耐涝性，小麦籽粒形成和灌浆时期受淹仍然有一定的收成。在小麦籽粒形成与灌浆时，淹水 7～10 天，水深 0.5～1 尺，平均减产率为 24.1%。淹水17～18 天，水深 3 尺，平均减产率为 62.7%。但在播种之后怕水淹，否则，不能出苗。拔节以后也怕水淹，拔节抽穗期受涝，小麦根系会早衰，植株早枯。①

又如高粱，生长最适温度为 20～30℃。对土壤要求不严，抗逆性强，较耐旱，成熟期抗涝，即使顶叶淹水不超过 2 天，下部淹水不超过 7 天，仍能获得一定的收成。同时，耐瘠薄，较耐盐碱。既适合在干旱环境下生存，有“作物中的骆驼”之称。《尹少宰奏议》所载：“高粱枝粗而秆长，较他谷为耐水，故种植者广”。高粱不仅耐旱涝，而且种植成本较低，在涝地上种植基本上不需要施肥。另外，高粱秸用途广泛，大量用于黄河抢险，还可用来做房顶、篱笆墙及日用品等，所以种植较广。易遭受黄河水灾的鲁西、鲁北地区，高粱种植面积最广。据民国时期对山东全省 108 县中的 73 县的调查，高粱在 36 个县中处于粮食作物的首位，14 个县为第 2 位，19 个县第三位，前三位总计 69 个。小米分别是 14、25、14 个，共计 53 个，小麦分别是 11、11、12 个，共计为 34 个。② 从农作物的播种面积来看，也是抗旱耐涝能力强的播种面积为广，据《山东省实业统计表》载：1908 年，山东省小麦、高粱、谷子种植面积最广，分别为 38 945 000 亩、20 324 000 亩、14 122 000 亩。③

广大农民为应对频繁而严重的天灾，多种植高产的甘薯及收入较高的棉花，来弥补天灾造成的损失。甘薯，抗逆性强，耐旱，产量高而稳定，山地、砂荒地、坡地皆可种植。“苗入土即活，东西南北无地不宜，得沙土高地结尤多，其余土惟结略少，天时旱涝俱能有秋”，而且产量很高，“每亩可得数千斤，胜种五谷几倍”。陆耀的《甘薯录》也曾说：“蕃薯亩可得数千斤，胜种五谷几倍”。徐光启曾言甘薯有十三省胜，其中就有“亩收数十石”、“可当米谷，凶岁不能灾”。所以，灾荒频仍地区的乡民多种植高产的甘薯来补充食粮，而最初“1749 年在山东胶州种植，是为了适应‘旱涝蝗蝻，三载为灾’”的情况

① 赵传集：《山东自然灾害防御》，青岛出版社 1992 年，第 43 页。

② 郑起东：《转型期的华北农村社会》，第 477 页。

③ 叶显恩：《清代区域社会经济研究》，中华书局，1992 年，第 77 页。

而种的①。

黄河水灾频仍的鲁西北、鲁西南地区，广大农民还种植收入较高的棉花以摆脱穷困的处境。该地区气候温和，系粉砂性土壤，适宜棉花生长。光绪年间，利津"地滨海，壤多斥卤，其上者沙土肥殖，宜[illegible]木棉，岁收利三倍"；宣统年间，清平"县境城东乡及城西北乡，厥土白壤沙，宜棉，所种多于谷麦"。②

表 5　山东省旱作物耐涝能力试验成果表

作物	生育期	允许受涝时间（天）	耐淹水深（cm）	作物	生育期	允许受涝时间（天）	耐淹水深（cm）
高粱	孕育期	6～7	10～15	冬小麦	分蘖期	1	10
	灌浆期	8～10	15～20		返青成熟期	1	10
	乳熟期	10～20		大豆	开花期	2～3	7～10
玉米	抽穗期	1～1.5	8～12	棉花	开花结铃期	1～2	5～10
	孕穗灌浆期	2	6～12				

资料来源：国家防汛抗旱总指挥部办公室、水利部南京水文水资源研究所，《中国水旱灾害》，中国水利水电出版社，1997 年，第 244 页。

上表说明，高粱的耐涝能力较强，而大豆、棉花只要能避开开花期或者开花结铃期，也可减轻灾害的损失。

（三）港口贸易对腹地的冲击

山东沿海有重要的港口，其腹地经济的发展在其辐射与影响下发展迅猛。③ 明清以来，虽然自然经济仍占主导地位，但商业性农业已经取得了更大的发展。许檀对明清山东商品经济的发展的探讨中，农业占了很大的比重，如粮食的交流就有运河沿线、东部沿海以及省内交流等几种形式，并认为棉花、花生、烟草等经济作物的种植可以说完全是为出售的。④ 郑昌淦的研究认为，清代提供大量商品棉花的州县，有的占耕地面积达到 40%，甚至高达 70%，排斥了粮田，成为商品性农业。产量高的年份达一千几百万斤，以至几千万斤。销量每集达几十万斤，市场南达江淮，远至江南；或运销直隶河间以及山西等地，有些则卖给附近缺棉州县。⑤ 但在这种相对封闭的交流形态下，除去较大规模的灾荒造成的作物的歉收而形成的价格的变动，一般不会对作物结构

① 黄宗智：《华北的小农经济与社会变迁》，第 119～120 页。

② 苑书义、董丛林主编：《近代小农经济的变迁》，人民出版社 2001 年，第 403 页。

③ 陈为忠：《近代山东经济格局变迁研究——以港口和腹地互动为视角》，《中国历史地理论丛》2005 年第 3 期。

④ 许檀：《明清时期山东商品经济的发展》，中国社会科学出版社 1998 年。

⑤ 郑昌淦：《明清农村商品经济》，中国人民大学出版社 1989 年，第 200～201 页。

产生影响。随着闭关锁国局面的打破，开埠后的中国逐渐融入世界经济体系，国内农产品受到更多的冲击。据1919年的不完全统计，在山东省107个县中，输入棉纱的有73个，输入棉布的有61个，输入煤油的有85个，输入火柴的县有43个；输出花生的县有58个，输出豆货的县有29个，输出丝绸的县有26个，输出烟叶的县有15个，输出干鲜果的县有41个，输出棉花的县有15个。① 黄宗智指出，中国农业在19、20世纪，成为世界商品市场的一部分，国际需求大大刺激了主要经济作物的种植。② 19世纪末，外国资本家陆续在上海、青岛等地兴起及其纱厂，棉花需求量更大，山东棉花运销上海、青岛等地。黄宗智、唐致卿等也通过棉花在中美两国产地所取得到不同的利润比较说明烟草种植在国内得到推广的原因。总体说来，1860年以后，在出口贸易的导向以及经济利益的刺激下，各港口腹地农作物的种植结构更加倾向于鸦片、花生、棉花、烟草、水果等经济作物，农作物的商品化程度较高。据统计，近代中国农民经济的商品率，各地一般不低于40%，在专门化的种植区域内，则可达到60%～70%。③ 以花生为例。

19世纪80年代以后，由于出口需求和价格上涨，花生的种植面积迅速扩大，山东省的播种面积1920年超过300万亩，30年代则超过500万亩，一些县更为集中，如下表6，比例近乎50%。

表6　花生种植面积占耕地百分比

地　区	1900	1915	1920	1924	1925
山东章丘	0.1	35	45	50	39
山东济阳	0.2	15	25	40	35
山东益都			10	10	19

资料来源：章有义，《中国近代农业史资料》第二辑，205页。

山东章丘、济阳两个县的花生几乎全供出口——1924年，约有90%的收成输出，大部分经青岛远销到马赛等地。花生产品进入国际市场后，价格不断上涨，花生商品率逐渐提高，使得花生种植业有了很大发展，在一定程度上改变了传统农业种植结构④（见表7）。

---

① 庄维民：《近代山东市场经济的变迁》，第187页。

② 黄宗智：《华北的小农经济与社会变迁》，第124页。

③ 严中平等：《中国近代经济史统计资料选辑》，科学出版社1955年，第325页。

④ 黄宗智曾提醒，研究近代花生种植对地方经济的影响，除了关注高度依赖外销的地区（章丘、济阳）和只产少量花生的地带，同时要顾及世界经济和市场中花生生产和贸易的动态对花生生产的影响。《华北的小农经济与社会变迁》，第128页。

表 7　光绪 34 年山东兰山等县花生种植面积、产量及商品率表

县别	耕种指数（亩）			产销量（担）		
	耕地数	种花生	比重（%）	产量	销量	商品率（%）
兰山	1 521 393	140 000	9.2	165 000	165 000	100
新泰	409 556	48 000	11.7	140 000	130 000	92.8
莱芜	829 679	35 000	4.2	388 500	388 500	100
费县	552 679	21 000	3.8	602 000	403 000	66.9
合计	3 313 307	244 000	7.4	1 295 000	1 086 500	83.9

资料来源：种植面积及销量据光绪 34 年《山东省实业统计》，耕地面积据《山东通志》。

上表显示，花生在个别地区，如兰山、莱芜的商品率高达 100%，低者也占了 2/3 强。王宝卿认为，花生用于外地消费的比率相当高，沿海地区的出口率比内地高得多。①

（四）小农理性化的选择

前文的分析已经接近了“成本—收益”模式下，小农理性化选择的命题。经济学家的分析认为，小农是理性化的，其对价格的反应是及时的②。面对传统作物所不能带来的巨大收益，个体小农改变了耕种了千百年的农作物结构，转而寻求能给他们带来更大利益的作物。③

表 8　山东省本土作物与外地作物的比较案例

本土作物			外来作物		
种类	收益		种类	收益	
	亩产（斗）	价值（元）		亩产（斤）	价值（元）
谷	8.05	5.64	甘薯	1 462	14.62
麦	5.90	6.02	花生	600	28.40
豆	7.50	8.78	玉米	6.00（斗）	6.50

资料来源：民国 17 年《胶澳志》农户基本生活调查资料

表中显示，玉米、甘薯、花生的收益共计为 49.52 元，占总数的 64.35%。类似的比较还可以参见许檀对清末益都、临朐、胶州、清平三个县不同作物收益所作的统计。④ 这固然是人地矛盾激化的结果，但同时也是理性的小农追求利益最大化的结果，反映了中国小农对价格是敏感的，理性的。

① 《明清以来美洲作物的引种推广对经济社会发展的影响——以山东为例（1368—1949）》，《中国农史》，2006 年第 3 期。

② 代表性文献是西奥多·W. 舒尔茨，《改造传统农业》，商务印书馆 1987 年。

③ 当然这种选择也与赋税制度由征收实物转为征收银两的背景有关。

④ 《明清时期山东商品经济的发展》，第 70～72 页。

表 9　山东棉花与主要农作物收益比较表

县别	棉花			小麦			粟			大豆			高粱		
	收入	支出	损益	收入	支出	损益	收入	支出	损益	收入	支出	损益	收入	支出	损益
平均	13.39	8.71	4.67	5.42	5.03	0.54	6.14	6.22	—0.08	4.14	2.38	1.64	5.49	5.99	—0.49
高密	31.56	14.53	17.03	12.89	6.83	6.06	17.15	8.84	8.31	2.83	1.47	1.36	—	—	—
青州	18.57	14.69	3.88	8.03	7.61	0.69	9.06	7.50	1.56	5.88	3.98	1.90	9.76	7.50	2.26
龙山	23.33	14.69	8.64	8.16	7.61	0.55	9.00	7.50	1.50	6.43	3.98	2.45	9.00	7.50	1.50
章丘	16.70	9.07	7.63	4.60	5.47	—0.87	7.07	6.20	0.87	4.16	2.25	1.91	5.00	5.83	—0.83
济阳	13.80	7.64	6.16	6.00	4.53	1.44	6.65	5.92	0.73	5.16	2.25	2.91	6.45	5.68	0.77
商河	11.80	7.47	4.33	5.33	4.53	0.80	5.70	5.85	—0.15	5.38	2.20	3.18	5.20	5.88	—0.68
临邑	12.86	7.95	4.73	6.60	4.28	2.32	3.06	5.95	—2.89	4.30	2.08	2.22	4.85	5.72	—0.87
陵县	10.60	7.87	2.73	5.33	4.30	1.03	6.00	6.37	—0.37	3.35	2.13	1.22	5.20	6.12	—0.92
德平	9.40	7.69	1.71	2.70	4.45	—1.75	3.35	5.52	—2.17	3.30	2.31	0.99	3.80	5.92	—2.12
乐陵	9.95	6.72	3.23	5.01	4.30	0.71	4.60	5.28	—0.68	3.12	2.25	0.87	4.04	5.90	—1.86
惠民	9.23	6.19	3.04	4.40	4.10	0.30	4.34	6.03	—1.69	4.12	1.80	2.32	5.80	5.60	0.20
阳信	5.40	5.20	0.20	2.20	3.70	—1.50	4.50	5.51	—1.01	5.70	—	—	—	—	—
沾化	8.45	6.29	2.16	2.80	3.70	—0.90	3.00	5.33	—2.33	2.47	2.30	0.17	3.46	5.20	—1.74
利津	5.93	5.99	—0.06	1.95	3.25	—1.30	2.50	5.28	—2.78	1.80	1.95	—0.15	3.40	5.00	—1.60

资料来源：据郑起东《转型期的华北农村社会》（上海书店出版社，2004 年，第 433 页）引北支经济调查所《北支那产业统计提要》（日本南满洲铁道株式会社调查部出版，第 46 页）相关数据整理计算。

再如棉花的种植。1888年，山东益都县每亩棉田可产生花150～200斤，每斤价200文，每亩产值可达三、四万文，约相当于种植小麦三、四倍的收入。一般而言，种植棉花的效益远高于种植小麦、粟、大豆和高粱，种植棉花的平均效益是小麦的9.02倍（4.67/0.54），是大豆的2.85倍（4.67/1.64），与无效益的粟和负效益的高粱更是不可同日而语。

山东地区农户选择农作物的过程，既充满着天灾人祸的无奈，也显示着理性小农对自身利益的追求。只是在当地当时的情形下，缺乏宏观指导的微观个体，无法应对供求关系之间的变换，只能受困于"蛛网循环"而不能自拔①。

三、农作物结构的变迁与农业恐慌的形成

20世纪30年代中国农业恐慌的形成，固然有着外国资本主义倾销的现实，但是农作物种植结构的改变也是酿成这一结果的重要因素。

明清以来的山东地区一些农民面对生存的巨大压力，改变了千百年男耕女织的耕种传统，转而种植能带来巨大收益的粮食作物与经济作物，从表7中可以看出，许多作物的商品率达到了100%，这是一个十分可怕的现象。一旦出现灾荒或者是外国资本的倾销，极易形成农业恐慌。况且，许多作物的种植也存在着巨大的风险。

如棉花，由于棉花怕涝，积水过长则易造成嫌气状态，限制无机养料的摄入，盛花期受涝易造成蕾铃脱落，严重时则造成整株死亡。所以，易受黄河水患的鲁西北、鲁西南地区种植棉花有较大的风险性。虽然其收益超过了小麦、大豆，虽然一般经营费，如地租、肥料、种子、田赋、农具消耗等与粮食作物的大体近似，但在劳动力上的耗费远远超出很多。黄宗智曾说："种植棉花虽然利润较高，但所需的投资也较大"②。这在收益正常的年份尚不至于出现问题，一旦发生水灾，失去一茬棉花的损失，要远远高于种植其他作物的损失，有的农民甚至因此而破产。这些作物的大量种植排斥了原先的许多粮食作物，令政府产生了农业本业受到威胁的担忧。③ 20世纪30年代棉价下跌常在2/3甚或1/2。"以棉而论，棉花收获量未见增加，而近年来之棉花价格，则逐渐低落，现在价格，仅当往年三分之二。往年如夏津、滋阳、广饶、邹平、高

---

① "蛛网循环"与农民理性相关问题的研究，参见秦晖《历史与现实中农业市场的价格—供给反应——关于"农民理性"的经济史考察》，收入《市场的昨天与今天：商品经济·市场理性·社会公正》，广东教育出版社，1998年，第171～192页。

② 《华北的小农经济与社会变迁》，中华书局1986年，第111页。

③ 《清高宗实录》卷409，乾隆十七年二月。

密、临清、清平、德县等处，籽棉价格，每担常在二十一、二元之间，而本年价格，最高不过十六元左右，最低则在十元以下，当往年二分之一且不足”。①这种价格上的波动必然会导致农民收入的锐减，影响其购买力。

又如山东大豆，1929 年为每担 8 元，次年为 7 元，1932 年夏跌至 6 元，1933 年仅为 4.5 元，至于交通偏僻地区，即使 4 元亦不易脱手，甚至有低至 2.5 元者。山东的花生价格、就青岛市场而言，1930—1934 年的 5 年间，由于印度花生对英国、荷兰以及澳洲的侵入，加上世界经济的恐慌，花生仁每担自 12.9 元跌至 8.5 元，花生自 8.2 元跌至 7.5 元。产地价格更分别自 10 元和 8 元，跌至 4 元和 2 元。②

烟农也随着烟叶价格的下跌而陷入生活的崩溃。“近年来烟叶的价钱，每百磅平均不到二、三十元，在三年前，烟价跌落得更惨，平均每百磅竟不到十元，甚至有百磅只卖二三元的。于是一般种烟的农民，因为花了极大的成本和劳力，丝毫的不到补偿，以至于‘债台高筑’、‘倾家荡产’，甚至自殉的，也时有所闻”。③ 这些依靠经济作物的收益来买粮度日的农民，面对日益萎缩的市场，收益锐减，自然也在食物的获取权上出于劣势，使其成为饥荒最易发生的群体之一④。内山雅生指出：“越是贫穷的自耕农，就越积极地栽培与货币经济紧密相连的商品作物，从而在穷迫销售后，最终得以购买杂谷等必要的粮食”。⑤

更可怕的是，不仅经济作物的价格，一些粮食作物的价值也是一落千丈。1933—1934 年间，价格最高的小麦，每百斤不过 3 元，一亩所得最高不过 6 元，而每亩工本费达七元四、五角，即使全数出卖，尚不敷成本。衣食、婚丧、应酬诸项，全无着落。小农“始或举债以周转，渐至举债而不能，欲不破产，不可得矣”，农民陷入贫困化。贫困的自耕农应对价格变换的能力里无疑是较弱的，在农作物价格大幅下跌后，无法购买到必要生存粮的农民只能流离

① 章有义编：《中国近代农业史资料》第三辑，第 634 页。

② 国民党政府实业部国际贸易局：《中国实业志·山东省》第五编第七章，第 90 页；第 10 章，第 204 页。

③ 章有义编：《中国近代农业史资料》第三辑，第 635 页。

④ 单一种植花生的地区，面临的危机更是可怕，一旦市场低落，经济极有可能全面崩溃。这在欧洲历史上也有前例。19 世纪的爱尔兰马铃薯是 300 多万农民赖以生存的惟一一种作物。随着受到霜霉病攻击而马铃薯产量锐减，一场旷日持久的大饥荒发生了。受这场饥荒影响，爱尔兰国家发生了重大变化。相关文献见彼得·格雷（Peter Gray），《爱尔兰大饥荒》，上海人民出版社，2005 年。O'Grade，C.，Ireland Before and After the Famine：Explorations in Economic History，1800—1925，Manchester：Manchester University Press，1988。

⑤ 《二十世纪华北农村社会经济研究》，中国社会科学出版社 2001 年，第 42 页。

失所，陷入一种"无奈"的饥荒。

经济学家阿玛蒂亚·森（Sen）针对传统的造成饥荒的"FAD"理论，提出了截然相反的观点，他认为食物获取权的丧失更是造成饥荒的重要原因。20世纪30年代的农业恐慌，使原先就比较贫困的农民不得不冒着对经济作物的过多投入而付出丧失食物获取权的危险。

虽然农业恐慌并不等于饥荒，但其转化为饥荒的可能性却极大。"第一，农业恐慌削减了农民底（的）收入，破坏他们底（的）生产，因此也就更加剥夺了他们抵御自然的能力，这样使水、旱、风、蝗，更易作祟；第二，它加深了农民底（的）贫困，使他们更无能力承受天灾底（的）压迫，而陷入饥饿和死亡的境地。"① 在江苏太仓，"以棉价昂贵，种棉者日多，而稻之出数日少；本地仓米，全恃他县接济"。这样一旦"他县"发生灾荒，太仓就会陷入困境。《曾忠襄公奏议》卷八载曾国荃对山西光绪四年一次灾荒的看法："此次晋省荒歉，虽曰天灾，实由人事。自境内广种罂粟以来，民间蓄积渐耗，几无半岁之种，猝遇凶荒，遂至可无措手。"《礼制·王制》有"国无九年之蓄，曰不足，无六年之蓄曰急，无三年之蓄曰国非其国也"的警语。"无半年之种"的后果可想而知。山东农民的情况也类似，据宣统元年的《华制存考》云："山东省种烟地亩，以兖、沂、曹、济四属为最，固由罂粟利厚，倍蓰稻粱；而习染风从，相率私种，几于无地蔑有。"② 一旦出现灾荒，必将会如太仓、山西的悲惨局面一样。

粮食安全是当今经济建设的重要问题之一，在经济全球化，市场经济高度发达的情况下，必须对农作物的格局有一个合理的布局。从20世纪30年代农业恐慌的根源考察，正是农作物的不合理的调整导致了它的发生。从国际环境观察，这种不合理的调整与外力压制下的"贸易自由化"相关，而本国虚弱的国力不足以对其施行补贴调控，只能坐视农民自行承受后果（当然也会有大的资本家、地主以此牟利）。经典贸易理论也告诉我们，一国的经济福利并不自动意味着所有国民的福利增长。在旧中国，享受贸易自由化利益的仅可能是少数地主、资本家与权势者，广大贫困百姓却往往承受苦难。这一现象即使是在当今社会也广泛存在。研究表明，从产品市场角度而言，几乎所有地区的贫困农户在农产品贸易自由化会出现绝对贫困恶化或相对贫困恶化，或者两者皆有。随着我国加入WTO，全球一体化的趋势日益加强，因贸易自由化而导致的贫困现象也不断增加。这种现象必须引起我们足够的警惕。

---

① 薛暮桥、冯和法主编：《〈中国农村〉论文选》（下册），人民出版社1983年，第834～835页。

② 李文治编：《中国近代农业史资料》第一辑，第464页。

国民政府的农业财政行为

胡泽学　李三谋

（中国农业博物馆研究部）

1927年北伐战争胜利后，以蒋介石为首的新军阀上台，建立了国民党政权——南京国民政府。第二年东北张学良通电全国改易旗帜，服从国民党政权，从此便正式开始了国民政府的统治时期。为了巩固新政权，国民党统治者欲图彻底改变北洋军阀统治时期的地方割据、块块专政局面，而相应地调整了全国财政体制，加强了中央集权财政。在此期间，当局一方面向农村征收苛捐杂税，增加农民负担，另一方面，适量地开展了一些农、林、牧、渔业技术推广和兴筑农田水利工程等方面的财政活动。尽管这是对农村较多掠夺中的较小帮助，但其中的涉农公共财政项目，有着承前启后的作用，需要我们予以探讨和研究。

一、收支概况

国民政府的财政收入主要是赋税和债款，其中赋税收入分为两部分，即为关税、盐税、统税、货物税等国家税和田赋、田赋附加、契税等地方税。国民政府在整顿和调整财政机构后，其首要任务就是清理税源、确定税目、保证税收。收入确定后，再根据税款总量即支付能力来掌握和规定经费使用的流量，此所谓“量入为出”之财政原则。

根据当时的国家地位和财税形势，国民政府重新调整了关税税则，分别规定了进口、出口、转口税率，纠正了北洋政府时期的部分弊端。同时，根据国内农工商企业贸易的要求增加了一些出口免税货物的种类，并相应降低多种农、工商品的出口税率。

关税收入，是国民政府财政收入的大宗，是占第一位的。1929年为27 554.525 1万元，1934年增加为38 281.414 1万元，占财政总收入的41%。抗日战争胜利后，1946年为法币3 166亿元，占财政收入的28%①。其中，进

① 民国《武汉日报年鉴》（三十六年度）1947年版，附表《三十五年国库收支统计表》。

口税占绝大多数，因外国商品在中国倾销之故。

其次是盐税，1927 年全国行征盐税 2 000 多万元，1936 年增加到了 24 000余万元，如此庞大的数额，几乎全是由劳动人民负担的。从 1943 年开始，又开征食盐附加税，每百斤 300 元，后来又相继增加到 6 000 元。加税程度，令人吃惊。

此外国家财政收入还有统税、货物税、烟酒税、矿税、印花税等名目。其中每一项都是一个很大的数字，仅印花税一项就达千万。

地方财政收入的田赋、契税、牙税、当税、内地渔业税、屠宰税、船捐、房捐等项收入，除了巨额田赋（土地税）之外，1936 年各省的营业税预算总计多达 5 263 万余元，契税虽然预算是 1 520 万余元，但实际征收正税附税合计达 3 100 多万元。另外还有数不清的种种苛捐杂税，仅在 1935 年裁去的就有 5 000 余种，合 5 000 万元，而此数仅及实际杂捐的一半①。

综合以上各类税目税款的征收形势来看，国民政府统治时期的财政税收系数一直处于膨胀状态：各项税款及相关的产业等项收入总计，1928 年全国为 3.325 亿元，1936 年为 12.933 亿元②。1943 年为 121.69 亿元③。由此可见，随着时间的推移，财税等项收入的增长，呈现出了跳跃式的有时甚至是飞跃式的增长。

仅是税捐征收还不能完全满足当时的财政需求，还要像北洋政府一样通过债务来维持局面。其中内债：从 1927—1936 年，南京国民党政府先后发行了 26 亿元的内债债券和 8 亿多元的国库证券；1937—1944 年又分别发行了各种内债券，计法币 15 亿。外债：1927—1934 年，向美国借债 7 项、英国 13 项、日本 37 项、比利时 5 项以及法国、意大得、荷兰、瑞典等国若干项，共计银元 10.96 亿元④。因此，在历年的财政收入中，贷款入账占到很大比例，有时甚至超过实际的赋税收入。如 1930 年财政收入 7.234 亿元，除了债款收入之外，实际收入 4.97 亿元⑤。

至于国民党政府的财政支出，也有与北洋政府的相似之处：主要是军费开支，其次是债务费、政务费，还有诸如实业费、交通费、建设费、文教费等。1928 年，财政支出 4.126 亿元，军费支出为 2.095 亿元，占到总支出的

① 孙怀仁：《中国财政之病态及其及其批判》第 145～146 页，上海生活书店，1937 年版。

② 国民政府财政部：《财政年鉴》第 188 页，商务印书馆，1935 年版；《财政年鉴》续编，第 3 篇，第 111 页，1936 年版。

③ 参见孙翊刚、李渭清编：《中国财政史》第 307 页，中央广播电视大学出版社，1984 年版。

④ 国民政府财政部：《财政年鉴》第 1384、1472～1474 页，商务印书馆，1935 年版。

⑤ 转见中央财政金融学院：《中国财政简史》第 239 页，中国财政经济出版社，1980 年 2 月版。

50.8%；1932年财政支出6.448亿元，军务费支出3.207亿元，占到总支出的49.7%。

债务费是南京国民政府的第二大财政支出。1936年支付债款为8.34亿元，占到了总支出的47%；1946年债务支出预算为569亿元，第二年为9 900余亿元，比上年增加了十几倍。

政务费的支出项目较多，分别由国务费、内务费、外交费、司法费、财务费、蒙藏费、抚恤费等项构成。1929年各项行政费支出6 794.619万元，1931年为7 874.56万元。在行政经费中，财务费占很大比重，一般要占到50%以上。

另外，还有经济建设和文教卫生等方面的财政支出，其数量都不大，居于无足轻重的地位。如据国民政府财政部：《财政年鉴》上册的统计数字讲，1932年，用于全国经济建设诸如工业、矿业、农业、渔业、林业、交通等项建设的财政支出为1 914万元，只占总支出的2.43%。

综合起来讲，据当时财政部《财政年鉴》和《财政年鉴》续编所提供的数字可知：1931年全国财政总支出为8.933亿元，1936年为13.348亿元。抗日战争后，国民政府发动内战，军费增加，经济萎缩，财政困难，入不敷出，赤字一年比一年大，不得不靠滥发货币、通货膨胀来应付危局。“1946年财政支出为7万亿元，赤字约为48 000亿元；1947年财政支出为70万亿元，赤字也上升为40万亿元。到1948年，国民党政府的财政赤字竟达到900亿元”①。尽管当年8月国民政府疯狂地发行了660多亿法币，也无济于事，整个财政走向了崩溃。

二、财税与农业

如前所述，南京国民党政府的赋税收入包括：关税、盐税、统税、货物税、烟酒税、印花税、契税、牙税、当税、内地渔业税、屠宰税等若干种，其中对农业方面的赋税征收主要是：田赋、田赋附加、土地捐、杂捐。与北洋军阀政府一样，国民政府对三农的征榷也是非常苛刻和繁重的。

（一）田赋正税及“三征”

我们知道，国民政府于1928年划分中央税收和地方税收范围时，曾将田赋（土地税）及其附加税划归各省地方，连续维持了13年。在历年的各省税、捐收入中，除了福建、湖北、云南、贵州等少数省之外，田赋（农业税）一般都居于首位。如1931年，山东省的田赋征收占岁入总数的60.8%，山西、宁

① 见孙翊刚、李渭清编：《中国财政史》第337页，中央广播电视大学出版社，1984年7月版。

夏、西康等省的田赋征收占岁入总数的50%以上，江苏、河南、新疆基本为40%以上，其他省份最低比例为20%以上①，为各省财政收入之大宗。1933年全国各省的田赋正税（不包括附加税）1亿多元，其中山东和江苏都达到1 500万元以上，浙江1 000万元，山西741万元②。

到了1941年，国家经费困难，将田赋收归中央财政，并开始实行所谓的田赋“三征”。“三征”，乃为“征实”、“征购”、“征借”三者的总称，它是国民政府在抗日战争期间推行的一项新政策。“三征”的出现是当局对田税结构及其征收方法进行全面的重新处置之结果，是我国近代史上农业税制的一项较大的改革。如此改革，对国民政府的财政和当时的社会经济曾产生过很大的影响。

抗日战争爆发后，由于沿海、沿江等富庶地区相继沦陷于日军之手，税源大减，且物价上涨，经费开支剧增，政界军界活动受到严重影响。到1941年春，为解决战时财政困难，国民党五届八中全会决定把田赋收归中央，由其统一支配。当年6月，国民政府第三次全国财政会议，又决定田赋“征实”，即将以前的农业货币税改为实物税（征粮食为税），以企改变官方粮食紧张（因战争和自然灾害等原因连年歉收）和通货膨胀的局面。两个月后，开始在全国范围内实施“征实”。

“征购”是对“征实”的补充或辅助。田税改征粮食后不久，因军粮和政府用粮以及后方市民用粮数量庞大，田赋“征实”之数额已不能满足实际之需要，故于1942年国民党政府又于田赋征实之外，采取了定价征购粮食的办法，以应付眼前的艰难局面。“征购”之举，是一种政府收买性质，属于田税改革的相关政策或连带性措施。国民政府通过征购手段，先后从农民手中获取了大量的粮食，将之用于各项政务军务开销和某些计划性的社会配给。

“征借”，也是征收实物，它是“征实”的一种延伸，所以人们又称其为粮食征借。“征借”工作开始实行于1944年，表面上是对征购政策的改变，而实际上是用另一种新的政策来取代以前的“征购”。由于国民政府的工作人员过去在“征购”农村粮食时，手续繁杂，要求苛刻，扰民太甚，引起四川、贵州等各地方团体和民众的强烈反对，致使“征购”活动逐渐停止。针对此种现象，国民政府便不得不宣布废除“征购”，改行“征借”。所谓“征借”就是加征钱粮或加征田税，即为暂时加收借用，日后归还之意。这样，在政府与农民之间形成了一种借贷关系，并定了5年偿还期。

以上“三征”，皆为国民政府向民间筹集重要物资——粮食的战时特殊经

① 见孙翊刚等主编：《中国赋税史》第351～352页，中国财政经济出版社，1986年版。

② 侯振彤：《山西历史辑览》第137页，山西省地方志编纂委员会，1987年4月刊印。

济手段，并且在以后历年的行征过程中，基本上收到了预期的效果，达到了真正的目的。

“三征”的内容与方法：国民政府为实行“三征”，特设其经征机构，专事管理。其中：在中央设立田赋管理委员会，地方各省设田赋管理处，所属各县也设立田赋管理处，县以下设经征分处，各级机关分层负责征粮。经征机构之外，又设收管机构，中央设粮食部，地方各省设粮政局，所属各县设设粮政科，县下设经收分处和仓库。到 1942 年以后，经征和收管两种机构合并，一体管理“三征”事务。

田赋改征实物的征收标准是：每 1 元税款折征稻谷 2 斗①，1942 年又提高为 4 斗。各省可参照这个比数，并根据具体情况酌定各自的折征率，一般平均为一元税款折收二、三斗粮。田赋征实，一般是从当地的收获季节开始行征，以 3 个月为缴纳期限，过期则罚征滞纳金，再用滞纳金折收粮食。粮户要把税粮亲自运到指定仓库，并按政府要求上缴质地干燥、颗粒饱满的当年收获之粮食，由县属的征收处和仓库配合征收。

征购被规定为随粮带购，即与征实同时进行。征购民间粮食的价格与征实的折价标准基本相同。一般是由各省参照官方的有利因素自行核定，其中四川省每石稻谷定价 150 元，广州为 99 元，湖北为 85 元……。征购粮价的交付，按三成法币、七成粮库券（或法币储蓄券或美元储蓄券）搭配支付②。这些粮库券和储蓄券都是不能流通的，只能是以后每年以其面额的 1/5 去抵缴一部分税粮，五年抵清。

征借乃是征购被废除后的产物，是对官府更为有利的一种筹费行为。过去的粮库券被宣布废除，所付的三成现金也停发。向农民征去定额粮食后，只是简单地在其交粮收据上注明为借贷即算了事。

通过“三征”，从农民手里拿到很多的粮食，其中，在抗日战争期间获得粮食 2.449 亿石，抗战后又征得 0.924 亿石③，远远超过了战前的数额。田赋由征收货币改为征收实物之举，于很大程度上克服了因物价上涨而经费紧张的财政困难，保证了抗战时期的紧缺物资——粮食对国民政府及其军队与市民的供应。正如 1941 年 11 月 2 日《解放日报》载文所讲：“田赋征实与库券购粮，无疑地对于弥补财政赤字与解决军糈公粮，是有其积极意义的。”同时，田赋征实对于战时紧缩货币发行，防止通货膨胀，抑制粮价上涨也起到一定的作

① 档案：国民政府：《战时各省田赋征收实物暂行通则》，中国第二历史档案馆藏。

② 国民政府财政部：《财政年鉴》续编，第 5 篇，第 103 页。

③ 孙翊刚、董庆铮主编：《中国赋税史》第 363 页，中国财政经济出版社，1987 年 4 月版。

用。不可否认，“三征”活动有力地支持了国民政府及其武装力量，有力地支持了抗日战争，不失为一项必要的卓有成效的战时经济措施。

但是，任何问题都是辩证的、一分为二的，“三征”的不足与弊端也是显而易见的。首先，“三征”的全面实行，是以牺牲广大农民群众利益为代价的。即它大大地增加了农民的经济负担：三征折价不公平，所定官价大大低于市场价格，百姓亏累颇重，尤其是“征借”，名为借贷，但借而不还，无异于摊派或捐献。正如毛泽东同志所讲：“抗日的一切，生活的一切，实质上都是农民所给”。①

其次，因国民政府吏治腐败，“三征”活动管理不善，征收过程中，营私舞弊，愚弄百姓，额外多征需索，中饱私囊的现象很多。那时，仅《粮食部代请各省政府严密纠举田粮弊端电》中就列举贪赃枉法之弊10项。

我们知道，在抗日战争期间，国民共赴国难，为抗击侵略者不得不牺牲农民利益而搞“三征”，还是较能理解的。可是，抗战胜利后国民政府不是善待农民，令其休养生息，而仍然搞“三征”，将人民的血汗粮用于反人民的战争，田赋征实就从而走向了反面，表现出了残酷的掠夺性和反人民性。

（二）农税“预征”

与北洋政府统治时期一样，各省的地方军阀为了额外筹措军费，也仿照民国初期地方军政长官的办法，于抗日战争之前，同样在自己的防区搞起了田赋预征。一时间三农震动，百姓恐惶。预征一年乃至几年田赋的为最普遍之事，更有预征十几年乃至几十年的。其中四川军阀预征最多，表现得最为疯狂，每年开征田赋3～8次之多。请看下表数字：

征收者（驻军名称）	预征达到的年份	一年内征收的次数
第二十军	民国五十年（1961年）	6
新四军	民国五十八年（1969年）	10
第二十一军	民国二十二年（1933年）	4
黔军教导师	民国三十三年（1944年）	3
第二十四军	民国二十五年（1936年）	2
二十三师	民国六十年（1971年）	3
第二十八军	民国七十四年（1985年）	14
第二十九军	民国六十六年（1977年）	12

（资料来源：孙怀仁：《中国财政之病态及其及其批判》第141～142页，上海生活书店1937年版）

通过上表可知，农民在一年之中要承受正常田赋的几倍乃至十几倍的负担，其苛重程度，实在是让人无法想像。对于此种征榷上的残暴行为，可谓

① 《毛泽东选集》四卷合订本，第653页，人民出版社，1967年版。

“是可忍，孰不可忍”？就连国民政府派往四川视察地方情况的官员徐庭瑶也不得不说：“川省民间疾苦，不堪言状，钱粮已征至民国七十余年，有一年间征十二年粮者。人民不堪负担，多将田单契据贴于门上，说明本人无力偿欠，请官厅将其田契没收”。①

（三）田赋附加税

除了田赋正征和预征之外，地方各省还于抗日战争前不断地开征田赋附加税。尤其是1931年裁撤厘金后，地方收入减少，当局想方设法去找补，凡遇兴办地方公共事业时，就要额外征收田赋附加税和各种土地捐。而且，一经索取，便无节制，名目越征越多，有所谓地丁附加、漕米附加、屯饷附加、芦课附加、田亩捐、保甲亩捐、教育亩捐、建设亩捐、银行亩捐等等，数量越来越大，附加税逐渐超过正赋者比比皆是，还有超过正税几倍以至十倍以上者②。参见下表：

1933年各省田赋正税和附加税统计与比较表 （单位：元）

地　区	田赋正税	田赋附加税	总　计	正税百分比	附加税百分比
江　苏	15 009 553	30 954 836	45 964 389	33	67
山　东	15 796 922	10 423 705	26 220 627	61	39
浙　江	10 096 342	9 243 339	19 338 681	52	48
辽　宁	4 909 736	9 561 146	14 480 882	34	66
河　南	8 002 806	5 509 700	13 512 703	59	41
湖　南	8 002 277	2 994 649	13 009 977	27	73
江　西	9 847 427	5 285 895	12 842 388	76	24
河　北	6 310 427	5 466 774	11 596 322	55	45
安　徽	5 239 373	5 868 641	10 706 147	49	51
吉　林	2 890 424	占正税二成	8 759 065	33	67
广　东	8 311 149	6 481 827	8 311 149	80	20
四　川	1 055 856	2 965 802	7 537 683	14	86
黑龙江	2 915 375	2 376 417	5 881 177	49	51
广　西	2 491 245	702 668	4 867 662	51	49
新　疆	2 756 166	702 668	3 459 834	82	18
云　南	1 184 369	276 717	1 461 086	82	18
察哈尔	657 825	567 716	1 225 541	53	47
青　海	317 967	102 046	420 013	76	24
上　海	354 809	201 681	556 490	64	36
威海卫	23 000	20 700	43 700	53	47
合　计	101 756 162	108 394 070	210 150 232	48	52

（资料来源：《国民政府财政金融税收档案资料》第1119～1120页，中国财政经济出版社，1997年版。）

此表只是一般的统计，还有一些特殊现象没有反映出来。虽然在1934年

① 刘世仁：《中国田赋问题》第114页，商务印书馆，1935年版。

② （民国）中央大学经济资料室编：《田赋附加税调查》第11～15页，商务印书馆，1935年版。

的第二次全国财政会议上，讨论并决定减免丁漕特捐、烟苗捐、食户捐等田赋附加税，取缔其他农村杂捐和私行摊派，但执行的很差，实际上只有北平市、江苏省、安徽省和浙江省勉强进行了减免工作①，效果不理想。有的地方如广东等地，不但不执行减免，反而变本加厉，成倍地增加农业附加税。抗日战争后，河南、江西等地的田赋附加税名目多至几十种，在四川地方各种农村杂捐达到100多种②。

（四）农村兵差

以蒋介石为首的国民党政府并没有真正统一中国，各派军阀的地方割据现象并没有解决。这些新军阀和旧军阀一样，他们相互之间为了抢占地盘，争夺政治、军事、经济各方面的利益，而不惜付诸武力，发动战争。同时，蒋介石政权党同伐异，长期围剿中国共产党的民主革命根据地。战事一开，便是连年不断。如1929年的蒋系桂系军阀战争、1930—1931年的蒋阎冯军阀战争、1930—1934年连续5次围剿中共苏区和红军以及后来进攻中共陕甘宁边区等等，如此皆对广大农村造成严重破坏，战区的耕牛、农具、粮田大量被毁。而且兵马所到之处，强迫农民承担“兵差”，即向农村拉夫、拉车，又向农民摊派粮草和相关物品，进一步加重了“国统区”农民负担。

当时的兵差，主要有力役、实物、货币三种形式。其中，力役主要是强迫农民运送武器弹药、生活物资、军用桥梁道路抢修等等，而实物负担主要是让农村缴纳粮草、柴炭、木料、猪羊、鱼虾等。本来这种封建社会的落后的力役，在民国初年就曾宣布废除。可出于新旧军阀发动的一系列战争之故，这种过时的征发形式又复活并活跃起来。

据调查：1928年上半年，山西北部战区的各县农村，承担兵差以实物负担为主，占到99.06%，货币负担占0.94%。1930年4～10月，河南东部战区的各县农村，承担的兵差中，力役、实物占95%，货币占5%。1930年10月～1931年3月间，山西东南部的沁县、襄垣、屯留各县，为驻军承办的兵差中，力役、实物占93%，货币部分为7%③。

我们知道，国民政府的苛捐杂税包括各种繁杂摊派是很多的，其中最大的摊派就算是兵差了，摊派分量重，伤农很厉害。1928—1930年间，河北、山西各县农村大多因战事而负担兵差，并且波及到河南、山东等处70%的县份。据称，1928年山东各县农民所承受的兵差摊派，折算总额为地丁正税的2.7倍

① 章有义：《中国近代农业史资料》第三辑，第54、55页，北京三联书店，1957年版。

② 荣孟源：《蒋家王朝》第301～303页，中国青年出版社1980年2月版。

③ 王寅生等：《中国北部的兵差与农民》第3～4页，南京中央研究院社会科学研究所1931年版。

以上；1929 年河南北部、河北南部所摊派兵差折算总额达田赋正税的 4.3 倍；尤其是蒋阎冯军阀混战的 1930 年，河南战区各县的兵差合计达 1 074 万元，就当地农田而言，每亩平均摊到银币 5 元，几近全省平均每亩田赋及附加税的 30 倍。① 其中豫东的商丘、郏县、柘城几个县的兵差摊派折算数额，已高达地丁税的 40 倍以上②。即使是摊派兵差较少的四川省新津县，1932—1933 年也接受了兵差摊派 13 次，为驻防的第二十四军提供了“总额数十万元（银币），谷 1 013 石，米 1 822 石”③。其数额也是不可小觑的。据《解放日报》、《民变武装》等资料讲，1947 年春，河南驻防国军 110 多万，政府只给 38 万人的粮食，其余部分皆由当地农民负担。

而且，兵差的征收，名义上是按照地丁税摊派，可地主负担的部分往往要转嫁到农民身上了。如河北清苑县薛庄，在 20 户佃农中，就有 13 户替地主担负兵差，6 户不详，只有 1 户明确知道没有替地主负担④。

总之，其时政府对农村的税捐之征收非常繁杂，其敛取程度真是太多太重了，且不说与近代西方文明国家的土地税比较，就是与我国古代封建社会的“什一税”相比，也是有诸多过分严重之嫌的，就当时农民的生产生活状况而言，苛捐杂税简直是厉害到了无以复加的地步，完全可以说是统治者的一种暴政，实在有辱当时所谓“共和制”的招牌。

三、对农业的财政举措

在通过财政手段大量榨取广大农民财物，对三农造成很大破坏的同时，鉴于中华民国之共和制体制，迫于国内社会公众的要求和国际舆论的压力，国民党政府不得不从财政税收中拿出一部分经费来，反馈给三农，给百姓一些建设性的小小实惠，以维持其统治局面。

仿照晚清政府和北洋军阀政府之行为，国民政府的财政系统也肩负起了一部分经济文化建设方面的社会职能，很有限地对社会公益事业进行一些补助。即这一阶段的政府财政，在一定程度上适应了地方社会的近代化建设需要，对地方的文化教育和社会经济起到某种积极作用，在农业经济方面也做了一些可

---

① 郑起东：《近代华北的摊派（1840—1937）》，载于《近代史研究》1994 年第 2 期。

② 王寅生等：《中国北部的兵差与农民》第 11～18、24～25 页，南京中央研究院社会科学研究所 1931 年版。

③ 四川省《新津县志》第 11 篇，财务税务，第 2 章，税务。四川人民出版社，1989 年 12 月版。

④ 王寅生等：《中国北部的兵差与农民》，附录 1，表格 22，南京中央研究院社会科学研究所 1931 年版。

以肯定的扶持性工作。

1928年以后的国民政府，基本上延续了晚清和北洋政府改良农桑、振兴渔牧的惯例，先后举办了一系列的兴农、助农工程。首先保留了从前的农业试验工程，分拨专项经费使之维持活动，并增加一些必要的专业试验场。如1929年拨款在江苏南通设立全省棉作试验总场，并设南汇分场和盐垦分场；于宁夏第一次设立官办农事试验场，开展育种、施肥、病虫害防治工作等。

1929年，国民政府农矿部成立了我国第一个全国性的农业技术推广管理机构——中央农业推广委员会，由其负责组织引导国内农、林、牧、渔各行各业新技术的应用，并在后来的活动中，实际承担起民间农业科技水平的普及和提高的促进工作。抗日战争时期，中央农推会撤销，另外成立“农产促进委员会”，简称“农促会”，代其工作，直属于行政院。

1941年农林部成立后，“农促会”又归属于农林部。同时，农林部内又增设了“粮食增产委员会”，因“农促会”和“粮增会”的工作重心都是改良农业，所以后来又将二者合并为中央农业推广委员会。“1942年，农林部将其分设在各地的农场等机构，改组为农业推广繁殖站，在川、陕、甘、黔、贵、鄂、赣、滇、湘、闽等省各设一站。……农业推广繁殖站的主要任务是繁殖作物优良品种的种子，使推广材料可以在本省就近取给。繁殖站也协同所在省的农业改进机关，在统一的政策方针下，举办有关农业的调整、实验、示范等工作，并为地方培养推广人员。”①

在中央的政策要求下，各省地方政府也相继由建设厅负责建立了农业改进所，负责统一督导和办理省内各县的农业技术推广活动，利用专项财政经费开展工作。在各省的农改所下面还往往设立小的专业推广部门，如四川省农改所还有所属的稻麦所、家禽所、植保所、林业所、甘蔗所、蚕丝所等。有的县还在乡镇设立中心推广站，进行实地的农业改良工作。

从中央到地方各级政府大都根据中国农学会的倡议而要求各地农村引进西方近代农具，以适当改变国内传统农具的某些粗笨之缺陷。如辽宁省政府支持和鼓励官督民办的张鸿钧农具制造厂，生产中耕工具——锄地机。河南、湖北等省也先后以经济手段支持和帮助民间社会团体引进和制造新式农具刈草机、蒸汽犁等。1938年，湖南省农业改进所利用建设厅拨给的财政经费购进浙江水耕农具——“耘荡”71台，分发给零陵、道县等县试用。同年，又在境内农业试验单位投放试用单管喷雾器。1930年江苏省的农具制造所（在苏州），用农矿厅的财政拨款制造出了新式钢犁、播种机、碾米机、中耕机、打稻机、

① 白鹤文等主编：《中国近代农业科技史稿》第394页，中国农业科技出版社，1996年版。

发动机、抽水机等若干种①。

1939年四川省地方当局开设的农业改进所组建了垦殖工程组，用官款办起农具厂，相继生产出吸水机、轧花机、弹坑花机新式耕犁、水田云耥等。1943年国民政府农林部成立了中国第一个病虫药械制造实验厂，制造了各种喷雾器和中农砒霜钙、硫酸铜等农用药械和药剂。第二年，农林部与中国农民银行共同建立了中国农业机械公司。该公司以政府的名义向联合国申请补助农机成功后，将翻砂机、钳床等机器运回国内安装使用。抗日战争后，该公司改组为由中央信托局、中国银行、交通银行等国有单位共同投资开办，并有私人资本参入。当时公司的农具价值500万美元，材料价值约200万美元。于全国各地设许多立分厂和小厂，大量制造农具②。

在农田水利建设方面，国民政府也曾以经济手段予以一定程度的支持。1928年华北水利委员会成立，修订了三年前的《永定河治本计划》，督导永定河放淤工程和桑干河灌溉活动。并于1935年由国家经济委员会拨款统一修筑灌区水堰，计划实现淤灌面积百万亩③。1934年，华北水利委员会与河北省民政、财政、实业、建设四厅合组滹沱河灌溉工程委员会，计划筑堰开渠，兼用机械吸引滹沱河水灌溉农田。1935年工程告竣，计工程先后用款60万元，主要由国家财政拨付，约可灌田38万亩④。1930年，陕西省政府主席支持水利局恢复引泾灌溉，由省政府和北平华洋义赈救灾总会共同筹集了工程费（包括华侨捐款），使泾阳、三原、临潼等处的农田灌溉近60万亩⑤，约计用费140万元。该省大荔县的洛泾渠工程，由中央政府承担经费，1934年开始，1947年结束，工程历时14载，工程费用折合战前法币，共计3 015 093元⑥。绥远省民生渠于1928年冬以工代赈兴修，旋以赈款不敷，又由省政府向中国华洋义赈救灾总会贷款兴修。1931年驻绥官兵4 000余人协助工作，历时三载告成，用款70余万元⑦。另外，据民国35年《湖南经济建设》农田水利部分记载：湖南省政府拨给常德区修复河渠等水利经费法币1.68亿元，完成工程土方81万方。民国36年，常德地方政府在常德、汉寿、安乡等县安装小型抽

① 参见唐志才：《改良农器法》第12～14页，世界书局，1933年版。

② 参考白鹤文等主编：《中国近代农业科技史稿》第98页，中国农业科技出版社，1996年版。

③ 参见李书田：《中国水利问题》，商务印书馆，1937年版。

④ 《中国经济年鉴》民国二十五年，第三编，第8章，水利，第32页，上海商务印书馆1936年版。

⑤ 《陕西农田水利概况》，西北人民出版社，1951年版。

⑥ （档案）国民政府行政院编纂：《国民政府年鉴》第二回，中央之部，第1编，第6章，水利，第3节，工程概况．第3页。

⑦ 国民党中央经济计划委员会编：《十年来之中国经济建设》第20章，绥远省之经济建设，第3节，水利建设，南京扶轮日报社发行，1937年版，第4页。

水机15台，有2 000多亩田受益。

宁夏省境的云亭、天水等10余条灌渠，总长约1 600里，灌田数十万余亩，后续扩建工程尚有720里，需款约150万元。1934年，全国经济委员会拨款20万元，其余由宁夏省政府自筹。并由省政府派15路军士兵11 700名前往开挖，建设部派员督修①。甘肃省水利工程，一般惯例是由中央帮助办理，其中的河西水利，中央决定，从1943年起，每年下拨财政专款1 000万元②。当时国民党政府为发展农田水利每年究竟投入了多少资金，据国民政府统计：1940年全国投入水利建设经费为2 214.742 3万元，“三十一年（1942年）农田水利已完工程，共用款3 137.481 4元，灌溉面积达517 400市亩，共计增益13 982万余元”③。

在畜牧业、林业、渔业各方面，都有相应的公共财政活动。1933年，国民政府在南京汤山北部的小九华山南麓，动用库款建立起中央种畜场，进行畜产品种改良。1935年中央种马场设立于江苏句容，并配备调教场、兽医诊疗室等相关机构，着手阿拉伯马匹的纯种繁殖工作。1935—1944年，新疆政府先后在乌鲁木齐、伊犁、焉耆建立了三个种马场，引入苏联种马，以改良当地的哈萨克马匹。1940年中央农林部在甘肃省永昌县设置西北羊毛改进处，使用财政拨款进行绵羊改良。当年农林部还在四川荣昌县成立了兽医防疫大队，防治牛瘟。1947年农林部还建立起东南、华西、西南、西北四个兽医防疫处，分管国内各地的牲畜防疫事务。同时地方各省的建设厅皆在支持和督导所属各处的畜牧业活动，其中，甘肃省政府在永登县成立种马场，开始新畜种繁殖；四川、广东等处，先后引进缅甸的良种牧草——象草。林业工作也是中央农林部和地方各省建设厅所强调的一项经济建设内容。1941—1943年间，农林部相继在贵州镇远、陕西陇县、广东乐昌、广西龙州建立起四处经济林场，分别开展以培育油桐、松杉、樟树、桉树、咖啡树、八角树、橡胶树、核桃林为主的林业工作。山西、山东、安徽等省皆奉中央的政策精神，纷纷进行大规模的植树造林活动。大体每年的主要林业活动内容都要纳入国家计划，并定例由国家财政和地方财政拨给经费的。民国二十一年（1932年），全国19个省（市）支出林业经费168.8万元，其中福建省8 112元。三年后，各省设有主办农林事务的专门机构，地方政府拨出的林业经费有所增加，主要安排省营林场、苗

① 《中国经济年鉴》民国二十五年，第三编，第8章，水利，第39页，上海商务印书馆1936年版。

② （档案）国民政府行政院编纂：《国民政府年鉴》第二回，地方之部，第20章，甘肃省，第4节，建设二，水利，丑、河西水利。

③ 《国民政府年鉴》第一回，中央之部，第1编，第15章，水利，第3节，工作概况，一、发展农田水利，第300页，“三十一年度农田水利已完工程经济价值表”。

圃等林业事业费用。1941 年，全国农林建设经费总计为 2 488.076 4 万元，1943 年增加到 10 796.861 0 万元①。这一门类的经费支出数额中，又划分几个部分，包括农业改良经费、畜牧经费、林业经费等项（不包括农田水利建设经费），如果把当时全国的水利建设经费 14 206.181 5 万元加上的话，也仅能增加一倍多一点。

四、政府财政制度对农业的影响和作用

如前面所述，当时国民党政府的财政支出与北洋军阀政府一样，主要是军费，可谓是一种军国财政。如 1936 年财政总支出 11.92 亿元，其中军费开支 5.55 亿元，占总支出的 46.5%②。其次，财政支出较大的是债务费和政务费。如前面所述，债务费是南京国民政府的第二大财政支出。1936 年支付债款为 8.34 亿元，占到了总支出的 47%；1946 年债务支出预算为 569 亿元法币。政务费的支出项目较多，分别由国务费、内务费、外交费、司法费、财务费、蒙藏费、抚恤费等项构成。1929 年各项行政费支出 6 794.619 万元。在行政经费中，财务费占很大比重，一般要占到 50%以上。

而用于经济建设的财政支出所占比例很小，尤其是关于农林牧渔方面的财政支出数额更小。1929 年全国支出农矿经费 127 万元（水利经费除外），占财政总支出 59 392 万元的 0.4%；1935 年全国农矿经费支出（水利经费除外）513 万元，占财政总支出 108 604 万元的 0.5%③。抗日战争时期，农业林业和水利方面的经费支出稍有调整，但没有实质性改变。请看下表：

抗日战争时期国民政府对农业的财政投入统计表 单位：万元

	1937 年	1938 年	1939 年	1940 年	1941 年	1942 年	1943 年	1945 年
水利建设经费	658.9	476.1	811.9	2 214.7	3 535.6	8 110.4	14 206.2	40 170.6
农林建设经费					2 488.1	4 809.7	10 796.9	358 065
总支出	20 913.24	11 686.52	279 701.8	528 775.5	100 033.0	2 451 112.7	5 881 576.7	17 168 920.1
比例(%)	0.32	0.41	0.28	0.42	0.6	0.53	0.43	0.43

（资料来源：根据陈昭桐主编：《中国财政历史资料选辑》第 12 辑，上册，第 436～445 页数字整理而成。该书于中国财政经济出版社 1990 年出版）

① 陈绍桐主编：《中国财政历史资料选辑》第 12 辑上册，第 428～445 页，中国财政经济出版社，1990 年版。

② 参孙翊刚、李渭清编：《中国财政史》第 235 页，中央广播电视大学出版社，1984 年 7 月版。

③ 参见项怀诚主编：《中国财政通史》中华民国卷，第 180 页，中国财政经济出版社，2006 年 7 月版。

表中所列数字虽然不太完整，但是也能反映出当时的基本情况。很显然，国民党政府把经济建设经费的使用尤其是农业经费的使用放在国家财政和地方财政活动的无关紧要的末等位置，关系到社会经济或国民生计的公共财政，受到了极大的限制，无以正常地健康发展，其必要的活动往往难以维持。

如此现象主要是由政府的政治性质所决定的。因为国民政府是实行一党专政的独裁统治，代表以蒋、宋、孔、陈四大家族为首的官僚资本、买办资本利益，动用大量财力、物力来维护和加强国民党新军阀的政权统治。所以其财政部门主要是为了适应军政、行政、外交之需要来开展活动的，无暇顾及民族利益和社会经济。或者说，起码在当时还没有较多地顾及到国内工农业经济发展的需求，也没有能力来满足社会公共事业的需要。

这种财政行为，不仅不能适应国内经济建设特别是农业发展的需要，而且是破坏社会经济，危及农村生机。广大农民既承受了前面所说的战争和重税的打击，同时又得不到国民政府适量的财政经费之支持，结果，正如史料所记载的：农村生产遭受到很大破坏，农村金融枯竭，农业经济衰落，广大农民生活极度恶化，流民遍地。1928—1929 年仅从中原进入东北的贫困流民每年都有百万人。据中央农业实验所统计：1935 年国统区农民有全家逃亡的 190 余万户，家庭部分逃亡的 350 万余户，合计有 1 600 多万人被迫离开故土①。1945 年底，甘肃、河南、广东、广西、湖南等处灾民流民达 2 000 多万人②。农民的流亡，就是对农村生产力的极大破坏，更导致了禾田等农业生产资料的废弃。“1946 年 8 月 11 日天津《益世报》记载，河南荒地达百分之三十，湖南荒地达百分之四十，广东荒地达百分之四十，三省合计荒地达五千八百万亩。还有许多省份，农业生产破坏更为严重。据联总估计，蒋管区 1946 年农业生产较抗战前减少百分之八到十二，1947 年减少百分之三十三到四”。③

财政税捐的无度征收对农业经济的危害是显而易见的，是不可否认的，但是对于国民政府兴农工程方面的财政活动，我们则是要另外来看待的。尽管国民政府财政支出中的“水利建设经费”、“农林建设经费”预算较小，拨款数额较少，未能解决根本问题，未能产生总体影响，但也多多少少起到一些作用。正如前面所讲，国民政府曾利用有限的经费开展了较大范围的农业技术推广工作，改良植物品种、畜牧品种，宣传和动员植树造林，创办林场。同时，兴筑了一系列的农田水利工程，扩展灌溉面积，为农业生产服务。凡此种种，都对

① 参考荣孟源：《蒋家王朝》第 120～122 页，中国青年出版社 1980 年 2 月版。

② 许涤新：《现代中国经济教程》第 211～273 页，光知书店，1947 年版。

③ 荣孟源：《蒋家王朝》第 303 页，中国青年出版社 1980 年 2 月版。

当时的农业经济建设起到一定的积极作用。

另外，可以肯定的是，国民政府和北洋军阀政府一样，虽然没有“公共财政”这一提法，但在实际上（如上节所讲）已经基本有了公共财政的活动内容，只是其活动规模和工作力度不够而已。应该说，当时的经济建设费、交通费、实业费等大都是公共财政的支出。至于农业经济领域的公共财政项目，虽然仍旧没有被确切地单列出来，形成完全独立的门类，但是已经有了一个基本的范畴和概念。在起初的几年间，由于在某种程度上受北洋政府财政体制的一定影响，所支农业经费有时还是与其他经费项目混为一类的，如被称作农矿费，或被归入实业费中，或被归入建设费中。可是1937年以后，农业经费逐渐向独立的门类转化，其拨款的项目概念逐渐清晰了。如在当时的政府财政支出中常常可以看到“水利建设经费”（农田水利）和“农林建设经费”之款目。如此则可以在财政预算和决算中显现出涉农经费的位置和比重，无疑是一种进步。

五、涉农财政的补充行为

（一）经费调用

这一时期，国民政府之涉农财政经费之预算，也与北洋政府有相似之处，即在正常情况下，地方的公共财政经费尤其是涉农公共财政经费主要是出自地方财政经费之中，如各省的农林牧渔业改良及其技术推广经费，大多是由地方财政支出的。不过在国家财政中也往往占有一定的比重。如由国家农商部（后为农林部）直接经办的牧场、林场、植棉场、垦殖局等经等经费以及地方各省的水利局经费，大都是来自国家财政。因为按当时的“共和”体制要求，对于扶持全社会的农业生产和农业经济建设，中央政府和地方政府都有责任，与此相联系的国家财政和地方财政二者也都有共同责任。

所以，从中央到地方都设有管理和督导农业的行政部门与机构：国民政府先是于1928年成立农矿部，内设农政司和林政司等机关，1930年将农矿部和工商部合并为实业部，内设农业、渔牧等司，后来又于1940年撤销农矿部，建立农林部，内设农事、林业、渔牧、农村经济等司。这些都是先后管理和督导农业的最高机关，全面负责全国的农林牧渔等事务。各省设立建设厅（先为农矿厅），各县设立建设局（小县设置建设科），分别负责管理和督导省内、县内的农林事务。农林部以及下属各司局和省建设厅县建设局所属农业改进所、水利局、农林局、农改站等农牧渔业管理机关的日常经费，是国家财政所拨付的行政费，而农林部和各省建设厅所办兴农工程经费则是属于建设费，应视为公共财政经费。实际上，广义地讲，以上两种经费包括农林机关和渔牧机关的经费都可以说是涉农公共财政经费。

一般情况下，各地兴办的牧场、林场、植棉场、蚕桑所、农具制造所以及农田水利工程经费大都是出自经济建设费内，属于农业公共财政的范畴。其款项，也往往是通过建设厅（先称农矿厅、继称实业厅，最后为建设厅）拨付的。如1929年山东省建设厅负责为境内“第一农事试验场”做年度经费预算22 532元。1930年山东设立省蚕业试验场，每年由建设厅拨给经费9 306元，同时拨给省第二棉业试验场年度经费14 980元①。1933年以后，山东建设厅每年还要给省内的几个林区和89个县苗圃拨出林业经费26万多元。山西省建设厅也于1933年向林场、水利工程、畜牧养殖基地等处拨出相关经费49万元②。

农林建设费和水利建设费是当时农业公共财政经费的主体，此外，在农业经济建设中，还有其他类型的经费进入兴农活动过程，作为涉农公共财政的辅助或补充。即当涉农公共财政十分困难或某些农业工程活动与政务、军务、教育有关时，往往有些兴农活动会受到军方、政府和教育部门经费补充。如1928—1947年，国民政府的马政司和军牧科分别先后在吉林洮安、江苏句容、广西柳城、甘肃山丹和永登、青海贵德、四川西昌、云南昆明等地建立了多处种马场、军牧场和兽医院，因此类畜牧兽医活动与军事有关，所以每年的各项经费开支，都是从中央军政部的军费款项拨出的，包括1932年广西省政府马政处下属的种马场经费，也是军政部军务费支出的一部分③。

中央行政院所属的农村复兴委员会活动经费、中央地质调查所的土壤调查经费、全国经济委员会的农林活动经费、财政部所属的烟草改良委员会经费等，看起来都属于涉农财政经费支出，但由于上述经费的使用与国家行政有关，所以皆没有列入农林牧渔建设经费门类，而是归入行政经费项④，包括财政部在河南许昌设立烟草繁殖场（责成河南第五行政专署向烟农发放籽种）、烟叶示范区所用资金，也在管理上划入行政经费支出，但实际上这些者都属于农业财政经费。

（二）赈济行为

另外，国民政府除了每年按常例拨付经济建设经费尤其是农林经费和水利

① 庄维民、吕景琳：《近代山东农业科学试验改良的兴起与发展》，载《中国农史》1991年第2期，76～77页。

② 参考阎元锁主编：《山西财政史·近现代卷》第201页，山西人民出版社，2005年6月版。

③ 参考国民政府财政部：《财政年鉴》第181～196页，商务印书馆，1935年版。

④ 参考国民政府财政部：《财政年鉴》第176～187页，商务印书馆，1935年版。

经费之外，还往往以筹集赈灾款方式的来救济“三农”。1929年中央行政院成立了赈灾委员会，后来改为赈务委员会，负责处理灾区灾情问题。地方各省相应地先后成立了赈务处，同省政府和民众团体组成。1930年国民党政府发布了《救灾准备金法》，正式规定：中央政府各机关每年要于经费预算中拿出1%来，留作救灾准备金；各省政府机关则每年要于经费预算中拿出2%来，留作救灾准备金。遇到水旱等灾害时，先动用地方各省的准备金进行救济抚恤，不足时再申请由中央的救灾准备金予以补助①。并且，财政部还添设了水灾附加税，即利用从烟酒和奢侈品等货物中抽收的税款来增加和充实救灾经费。

除了以货币形式赈灾之外，当局还采用了我国传统的积谷备荒办法，以适当应付连年发生的灾荒。为此饬令地方各省各县及时恢复北洋政府时期的仓储制度，完善和落实管理措施。于是地方各级政府机关和民间团体联合起来筹集资金，动用政府罚款、旧仓储资产、公团存款、乡社公款和募捐款、摊派款进行籴买，到1931年以后，地方各省先后建立起了国立储备仓、省立储备仓、县仓、区仓、乡等，并且有了一定的储藏量，兴起了又一个财政范畴的备荒救灾工程。

防灾备荒的目的就是及时救灾，即对所发灾情的实际应对和具体解决。据《申报》1939年11月2日和1940年5月1日报道：当年侵华日军在我河北省决堤放水，境内大面积被淹，灾情严重。中央政府派出专员携款20万元，前往水淹灾区，开展抚恤赈济工作。延至第二年4月，中央赈务委员会通过财政部先后给河北省灾区拨放救济经费270万元。后来在解放战争时期的1947年，河北省发生较大的水、旱、虫灾害，国家财库和地方团体共向农村灾民投放赈款47亿元②。灾民利用这些赈款，购置一些农具、耕牛、种子等，灾情得到一定程度的缓解。

1927—1929年，绥远省连续三年遭受各种灾害，省政府公布了《责成办赈人员负责救济灾民案》，要求所属县、区筹集物资，救济灾民。随之国民政府拨来赈款17.2万银元，并由财政部发行77万银元的救灾公债，赈济绥远。还有平、津、沪、汉等地各界送来募集赈款约115万银元。虽然不能解决当地100多万灾民的根本问题，但总能起到一些有效作用。

1931年，长江、淮河流经的安徽、湖南、湖北、江西等省份发生特大水灾。受灾地区达131县，其中安徽境内的灾情最为严重。当时，国民政府为此

① 朱汉国：《中国社会通史》（民国卷），第520页，山西教育出版社，1996年版。

② 《申报》1947年8月9日报导。

特设救济水灾委员会，拨给灾区美麦 4 万吨，折合货币约 300 万元，用以救济上述四省灾民①。救济水灾委员会负责人，通过财政部长宋子文借调华洋义赈会总干事担任救济水灾委员会的总干事，并请求华洋义赈会帮助制定施赈方案。并全权委托华洋义赈会主持办理安徽、江西湖南、湖北几省的农林牧赈务。

抗日战争后，灾伤遍地，百废待兴。1946 年中央行政院善后救济总署和农林部的有关部门组织进行各地的救济工作。先后将联合国拨交给我国的 2 800万美元的救援物资分别发送给各地的农林牧渔等行业的重灾区，帮助恢复战后的农林、水利、市肆等方面的经济建设。

国民政府还仿照北洋军阀政府的办法，发行赈灾公债，以作为救荒的另一条途径。1929 年立法院通过《公债法原则》，明确肯定了赈灾公债的合法性。并在后来的几次较大的救灾活动中发行了赈灾公债。如 1931 年根据《国民政府民国二十年赈灾公债条例》规定精神，特发行公债 8 000 万元（因九一八事变发生，仅发行了 3 000 万元），声明本公债专充急赈、工赈及购买赈粮之用，利率定为一年 8 厘。1935 年根据《民国二十四年水灾工赈公债条例》规定，为了救济水灾、办理工赈，而发行公债 2 000 万元国币，利率定为年息 6 厘②。

另外，对于贫困灾伤地区，国民政府有时采用相应的赋税减免办法来缓解三农的困难。1936 年国民政府行政院公布了《勘报灾歉规程》，提出蠲缓办法。蠲缓包括蠲免和停缓，它是根据受灾程度酌量减免灾区土地税的一种传统救灾方式。《勘报灾歉条例》规定：将灾区民户原纳田赋按十分计算，最重灾情也算作十分。受灾九分以上者，蠲正赋 8 /10；受灾七分以上者，蠲正赋 5 /10；受灾五分以上者，蠲正赋 2 /10。蠲余田赋分年带征③。抗日战争期间，蠲缓制度被写入了《社会救济法》，文件规定“各地遇有水、旱、风、雹、地震、蝗、螟等灾，各县市政府得视被灾情形，呈请减免赋税”。此项法定救济制度，在实际的救灾过程中也确实被采用和执行过。如 1935 年河北省遭受自然灾害，中央政府决定对该省蠲缓赋税；1936 年，山东省博兴、新泰、高青等县农业受灾歉收，当局下令减免此三个县的田赋④。正如前面所说，免负等于给正，国民党政府蠲免困难农民的田税就是相当于拿出资金来供给农民，等

① ［美］Andrew James Nathan（黎安友）著：《中国华洋义赈救灾总会史》第 179 页，哈佛大学出版社，1965 年出版。

② 参见岳宗福：《民国时期的灾荒救济立法》，载于《山东工商学院学报》2006 年第 3 期。

③ 蔡鸿源：《民国法规集成》第 39 册第 507 页.，黄山书社（合肥），1999 版。

④ 国民政府：《中华民国政府公报》第 123 辑第 2 064 号，国民政府文官处印铸局，1936 年版。

于将财政经费投向三农。

（三）金融借贷行为

建立和完善农村金融制度，也是当时国民政府扶持和帮助国内农、林、牧、渔业发展的一项有效的经济建设工程。国民政府在从前北洋政府创办之农工银行、农贷所（包括各省的地方银行）活动的基础上，从1928年起，在苏、浙、赣、湘等各省推行农村经济合作社运动和农业合作社借贷工作。继之，为了进一步加强和统一农村金融工作，1933年中央行政院设立农村复兴委员会，内设经济、技术、组织三组和几个专门委员会，重点开展农业金融方面的工作。1936年实业部联合银行界共同成立农本局，作为全国农业金融事业的统一机关，与农村复兴委员会联手主持国内农贷业务。农本局活动的启动资金6 000万元，其中政府拨款3 000万元，银行系统拨款3 000万元①。局内设农产部和农资部两个机构，农产部负责农业仓库，办理农产品储藏和运销方法的改进工作；农资部负责合作金库，辅导组建县合作金库，以企调整和活跃农村金融。在农本局和农村复兴委员会的组织推动下，当时的中国农工银行、中国农民银行、中国银行、商业银行、交通银行、金城银行等部门皆分别承当了各地的农贷活动。

其中，1934年，交通银行联合上海商业银行、金城银行、中南银行、大陆银行、国华银行等商业银行组成“中华农业贷款银团”，对陕西、河南、山西、安徽等地方的棉花产销合作社和小麦产销合作社投放贷款，坚持农贷工作数年。1933年4月，中央政府通过财政部于鸦片税项下拨款200万元，在汉口设立豫鄂皖赣四省农民银行，向农村合作社放款，借以发展农业。二年后，四国银行扩大并改组为中国农民银行，资本增加到1 000万元，其农贷业务也扩展到了江苏、陕西、甘肃、宁夏等十几个省，先后发行农业债券2亿元。从1940年起，中国银行、交通银行、中国农民银行和中央信托局共同设立农业金融局，统一办理农贷业务。

随着金融机构的不断调整和农贷业务的持续扩展，农贷款额也在逐步增大。1933年，各有关银行在全国的农业贷款200万元；1934年为1 000万元；1938年各银行（包括农工银行）向各省农村合作社发放贷款3亿多元②。1941年总计发放贷款4.6亿元，拨给全国的15万多个农村合作社。业务量最大的

① 寿勉成、郑厚博：《中国合作运动史》第313页，正中书局，1937年版。

② 李金铮：《绩效与不足：民国时期现代农业金融与农村社会之关系》，载于《中国农史》2003年第1期，95页。

中国农民银行占农贷总量的47.4%，中国银行占39%[①]。1947年，中国农民银行于1～7月份，向长江中下游六省发放农林生产贷款470多亿元[②]。

当时的农贷，对于贫穷农民补充生产资料，避免高利贷剥削，解决家庭经济困难起到了一定的积极作用。史称：“农贷款子也确实有一部分贷给农民了，即使没有购置农具、耕牛，对解决口粮也有帮助。因此，一般农民认为农贷是件好事”[③]。

各地农村利用了国家举办的农贷活动，切实获得了一定的农业生产资金，并从中取得实际的建设性效果。如1943年，四川省利用1.7亿元贷款，完成大型灌溉工程11处，增灌田367 580亩[④]。抗日战争时期，浙江省向中国农民银行贷款344万元法币，用以兴办云和县惠云渠，龙泉县安仁渠，庆元县大畈烊等水利工程，增加灌溉面积约14 000余亩，收效显著。1946—1947年，由农民银行向广东省贷款8.6亿余元，中央水利委员会贷放9 000万元，帮助当地兴筑重大水利工程惠阳马鞍围工程（虽然所办工程结果不理想，但此支农之举很有意义）[⑤]。

国民政府在以上几项金融财政方面的补充行为的实施，充实和扩展了北洋政府时期的涉农公共财政职能，使之一步步在走向健全。只是这些补充行为的组织范围和活动规模还有待提高和改进，其运作经费的分量也更显不足之嫌，尤其是现代农村金融方面的工作力度还很不够，在乡村的借贷体系中，旧的封建高利贷活动一直占据着经济地位。

---

① 姚公振：《中国农业金融史》第331页，中国文化服务社，1937年版。

② 参考程泌：《农业生产贷款的效果》，载于《中农月刊》第8卷，第8期（1947年）。

③ 中国人民银行：《中国农民银行》第173～174页，中国财政经济出版社，1980年版。

④ 国民政府行政院编：《国民政府年鉴》第二回，地方之部，第8章，四川省，第5节，水利，1944年版。

⑤ 狄超白主编：《中国经济年鉴》（1948）第3章，水利，第114页，太平洋经济研究社，1948年版。

近百年中国东北农业全要素生产率的变化趋势

王秀清　李文明

（中国农业大学经济管理学院）

中国东北地区土地资源丰富，耕地面积 2 152.62 万公顷，占全国的比重为 16.6%，土质肥沃，气候湿润，水资源相对较充足，为农业的发展提供了得天独厚的条件。东北地区是我国重要的粮食主产区和大豆生产基地，在我国农业生产中占据重要的战略地位。

纵观近一百年来中国东北的历史，农业在不同的历史时期受农业投入、政权制度和技术变迁等因素的影响，经过了一条艰难曲折的发展道路。20 世纪初叶，中国东北地区是当时中国开放度最高、经济开发速度最快的地方，也是世界闻名的商品粮生产基地，在民国时期占据了世界大豆市场 80%的份额。据 20 年代末的统计，各种粮食作物平均商品率约为 53%①，达到了旧中国历史上的最高水平。1930 年中国东北农产品总数达到 1 900 万吨，占我国农产品总量的 20%。② 在东北沦陷时期，富饶的东北地区遭受日伪“粮食统制”的束缚和“粮谷出荷”的压迫，沦为日本殖民者掠夺农产品的基地。新中国成立以来，东北地区作为我国重要的农产品生产基地，承担着粮食储备及特殊调剂任务，为支援国家建设和保持社会稳定做出了巨大贡献。东北地区区际粮食商品率曾经高达 55%以上，每年可向国家提供商品粮豆 3 300～3 400 万吨，占全国商品粮的 1/3 左右。“九五”期间，东北经济区粮食产量占全国的比重已达 13.3%，人均粮食产量为 628.8 公斤，是全国平均水平的 1.58 倍。2003 年全国粮食生产大县前 10 名中的 9 个县分布在东北地区。2005 年东北地区耕地面积为 21 266.24 千公顷，占全国耕地面积的 17.56%，粮食播种面积占全区农

---

① 铃木小兵卫：《满洲的农业机构》。东京：白杨社，1936 年，176 页。载衣保中、林莎《论民国时期东北区域经济发展的基本态势》，《理论探讨》2001 年第 21 期，47 页。

② 《国闻周报》9 卷 37 期，载衣保中、吴祖鲲：“论东北农业现代化”，《社会科学战线》1997 年第 1 期。

作物总播种面积的84.94%，粮食总产量由1949年的1 441.75万吨增加至2005年的7 419万吨，增长了414.58%，占全国粮食总产量的15%以上，东北地区主要作物玉米和大豆产量分别占全国的28.56%和40.62%，具有举足轻重的地位。①

鉴于东北地区在我国农业生产中的战略地位，从一个长期的视角研究农业增长的历史路线，全面深层次地把握农业生产波动的原因，对当今农业政策的制定具有现实意义。

一、研究范围界定

（一）地域范围

习惯上东北地区是指包括今辽宁、吉林、黑龙江三省和内蒙古东部的广大地域，又因该地区位于山海关之外，故东北也被称为“关东”或“关外”。由于时间跨度较大，中国的统计资料普遍存在同一地区因行政区划变动造成的历史资料口径不一致的问题，东北地区又是我国近百年来行政区划变动最频繁的地区，为了尽可能减少东北地区的农业统计资料因行政区划变动而造成的影响，提高统计资料的纵向可比性，实现现有统计资料与Chen（1972）数据的有效对接，确定了“以1957年东北三省的行政区划为基准”的原则，与此相比，对发生县级以上行政区划变动的年份进行数据调整。所以，本研究中的东北地区指辽宁省、吉林省、黑龙江省三省，并以1957年的行政区划范围为基准。

（二）时期划分

根据国家农业体制的变化，借鉴Chen（1972）、衣保中（1994）以及《黑龙江省志》、《吉林省志》和《辽宁省志》的关于东北农业发展的时期划分，结合资料获取的渠道，本研究将近百年来中国东北农业的发展划分为中华民国时期（1914—1931年）、东北沦陷时期（1932—1945年）、特殊时期（1945—1948年）、新中国时期（1949—1978年）和改革开放时期（1979—2005年）五个历史时期。

（三）作物种类

近代以来，在东北农业生产中，以稻谷、小麦、玉米、高粱、谷子和大豆为主的粮豆作物的播种面积始终占据农作物总播种面积的主体，经济作物和蔬菜等其他作物所占比重很少。以吉林省为例，民国时期，1929年的农作物总播种面积为6 170.4万亩，粮豆作物（当时称普通作物）面积为5 997.2万亩，

① 数据来自2006年《中国统计年鉴》，大豆数据系使用豆类数据近似。

占总播种面积的 97.2%，其中六种主要粮食作物占粮豆作物播种面积的 81.69%，大豆、谷子、高粱、玉米、小麦、稻谷分别占粮豆作物的 30.9%、18.4%、17.0%、6.96%、5.93%、2.5%；东北沦陷时期，1934—1943 年的年均农作物播种面积为 7 451.00 万亩，粮豆作物面积为 6 976.6 万亩，占总播种面积的 93.67%，其中六种主要粮食作物占粮豆作物播种面积的 88.17%，大豆、谷子、高粱、玉米、小麦、稻谷分别占粮豆作物的 26.74%、20.17%、22.03%、14.47%、2.0%、2.76%；新中国时期，1949 年的农作物总播种面积为 6 576.8 万亩，粮豆作物面积为 6 294.0 万亩，占总播种面积的 95.7%，1950—1952 年、1953—1965 年、1966—1978 年、1979—1985 年六种主要粮食作物占粮豆作物播种面积的年均比值分别为 85.0%、88.1%、92.0%、92.8%。[①] 从整个东北地区来看，1986—2005 年稻谷、小麦、玉米、高粱、谷子和大豆六种粮食作物播种面积占农作物总播种面积的比重始终保持在 80%左右，年均比值为 79.83%。[②]

因此，鉴于上述六种粮食作物在东北农业生产中的绝对主体地位，研究东北地区这六种主要粮食作物的增长就把握住了东北农业增长的主线。本文中的农业产出指包括稻谷、小麦、玉米、高粱、谷子、大豆在内的六种主要粮食作物产出。

二、研究方法

一直以来，学术界关于全要素生产率（简称 TFP，又称总要素生产率）内涵的界定存在分歧，其中郑玉歆（1999）与赫尔坦（Hulten，2000）等对 TFP 内涵的界定也做了全面的分析。本文的 TFP 是指各要素（如土地、劳动和资本）投入之外的技术进步、配置效率和能力实现等导致的产出增加，是剔除要素投入贡献后所得到的残差，最早由索洛（Solow，1957）提出，也被称为索洛残差。农业全要素生产率（TFP）是农业产出与农业总要素投入的比率，反映了每单位全部要素投入所生产的农业产出数量，其基本模型为：

$$TFP = \frac{TEO}{TFI} \qquad (2-1)$$

其中：TEO（Total Economic Output）代表农业总产出，TFI（Total Factor Input）代表农业全要素投入。

① 数据来自《吉林省志》卷十六农业志/种植，吉林人民出版社，1993.6 第 1 版，第 22～27 页。

② 数据根据历年的《中国统计年鉴》、《中国农业年鉴》和《黑龙江统计年鉴》、《吉林统计年鉴》、《辽宁统计年鉴》整理得到。

（一）理论模型

本文采用的理论假设的基本模型为 Cobb - Douglas 生产函数，缩写为 CD 生产函数。这是由美国经济学家保罗·道格拉斯（P. H. Douglas）和数学家查理·柯布（C. W. Cobb）根据历史统计资料，研究 20 世纪初美国的资本投入（K）和劳动投入（L）对产量（Y）的影响时，得出的一种生产函数。其基本模型为：

$$Y = A_t K^{\alpha} L^{\beta} \tag{2-2}$$

式中，A_t 是常数项，代表第 t 期的技术水平，α 表示资金产出弹性，β 表示劳动产出弹性。CD 生产函数具有下列性质：①为 α+β 次的齐次函数；②要素的生产力弹性为模型中各要素的系数，各要素系数的代数和为生产力弹性；③要素的替代弹性等于 1。

目前，测度 TFP 增长的经典方法有索洛余值法、指数法、生产函数法三种方法。索洛余值法的基本思路是估算出总量生产函数后，采用产出增长率扣除各投入要素增长率后的残差来测算全要素生产率增长。本文沿用索洛的方法构建东北农业总产出和投入指数。因此，在上述传统模型（2 - 2）的基础上，反映东北农业的生产函数模型修正为：

$$q_t = A(t) \cdot \alpha_{1t}^{\eta 1} \cdot \alpha_{2t}^{\eta 2} \cdot \alpha_{3t}^{\eta 3} \cdot \alpha_{4t}^{\eta 4} \tag{2-3}$$

在这里，变量 q_t，α_{1t}，α_{2t}，α_{3t}，α_{4t} 分别表示 t 年的农业总产出、劳动、土地、固定资本和流动资本；参数 η 是可测度的要素份额；A（t）表示除上述方程列明的投入变量以外的要素对产出的贡献；I_t 是相对于基年 0 年而言，t 年的总投入指数，通过下式计算得到：

$$I_t = \frac{i_t}{i_0} = \frac{\alpha_{1t}^{\eta 1} \cdot \alpha_{2t}^{\eta 2} \cdot \alpha_{3t}^{\eta 3} \cdot \alpha_{4t}^{\eta 4}}{\alpha_{10}^{\eta 1} \cdot \alpha_{20}^{\eta 2} \cdot \alpha_{30}^{\eta 3} \cdot \alpha_{40}^{\eta 4}} \tag{2-4}$$

在这个方程中，I_t 和 I_0 表示以各自的份额作为权重，通过几何平均法分别计算得到的 t 年和 0 年的总投入。

同时，将 Q_t（$=q_t/q_0$）定义为相对于 0 年而言，t 年的总产出，通过下式得到 t 年的生产率 TFP_t：

$$TFP_t = \frac{Q_t}{I_t} = \frac{q_t}{I_t q_0} \tag{2-5}$$

在这里，$I_t q_0$ 等于假设在没有生产率变化的情况下基于总投入指数的 t 年期望产出。TFP_t 测度的是 t 年相对于基年 0 年的生产率变化。

索洛余值法开创了经济增长源泉分析的先河，是新古典增长理论的一个重要贡献（Lucas，1988）。在测算全要素生产率的变化时究竟哪一种方法最为理想，仍是目前西方经济理论界没有统一的问题。任何模型或方法都不可避免地导致 TFP 的估算偏差，索洛余值法也不例外，它存在着一些缺陷：索洛余值法建立在新古典假设即完全竞争、规模收益不变和希克斯中性技术基础上，这些约束条件往往难以满足；索洛余值法用“残差”来度量全要素生产率，从而无法剔除掉测算误差的影响。但是，由于我们感兴趣的是长期的视角来观察 TFP 的变化趋势，因此这一方法的应用对于经济增长研究仍然具有重要价值。

（二）*TFP* 发展过程分析

为了对东北地区农业总要素生产率的成长道路作出回顾和识别，从而形成对东北地区农业总要素生产率变化轮廓的总体认识，有必要对农业总要素生产率的发展过程进行分析。通过数据处理，得出东北地区 1914—2005 年的农业总产出、农业总投入、农业总要素生产率的变动轨迹线。以期发现东北地区在长达近一个世纪的时间里，各个时期农业总要素生产率的规律和特点。

（三）*TFP* 贡献份额分析

根据上面对农业总要素生产率的分析，由 TFP 基本模型和 TFP 指数一般模型的对偶性，可以认为，农作物总产出等于农作物生产总要素投入乘以农作物总要素生产率，农作物总产出指数等于农作物生产要素总投入指数乘以农作物总要素生产率指数，即：

$$TEO = TFI \times TFP \tag{2-6}$$

$$I_{TEO} = I_{TFI} \times I_{TFP} \tag{2-7}$$

上述第二个式子也可以改写为：

$$\hat{TEO}_{it} = \hat{TFI}_{it} \times \hat{TFP}_{it} \tag{2-8}$$

式中，$\hat{TEO}_{it}$是第 i 种农作物产出的发展速度；$\hat{TFI}_{it}$是第 i 种农作物生产总投入的发展速度；$\hat{TFP}_{it}$是第 i 种农作物全要素生产率的发展速度；t 表示时间（年份）。若把发展速度再分解为 100 加上增长速度，并用 R_{it}^{TEO} 代表总产出的增长率，R_{it}^{TFI} 代表要素总投入的增长率，R_{it}^{TFP} 代表 TFP 的增长率，则上式可以改写为：

$$(1+R_{it}^{TEO}) = (1+R_{it}^{TFI}) \times (1+R_{it}^{TFP}) \tag{2-9}$$

可以证明，在 R_{it}^{TFI}、R_{it}^{TFP}，很小时，上式变形为：

$$R_{it}^{TEO} = R_{it}^{TFI} + R_{it}^{TFP} \tag{2-10}$$

由此得出：农作物总产出的增长率等于农作物生产要素总投入的增长率与农作物全要素生产率的增长率之和。上式两边同除以 R_{it}^{TEO}，变形为：

$$R_{it}^{TFI}/R_{it}^{TEO} + R_{it}^{TFP}/R_{it}^{TEO} = 1 \tag{2-11}$$

式中，$R_{it}^{TFP}/R_{it}^{TEO}$是农作物 TFP 的增长率在农作物产出增长部分中所占的相对比重，即农作物 TFP 增长对农作物产出增长的贡献份额；同理，$R_{it}^{TFI}/R_{it}^{TEO}$为农作物生产要素总投入对农作物产出增长的贡献份额。如果分别用 δ^{TFP}

和δ^{TFI}代表之，则：

$$\delta^{TFP} + \delta^{TFI} = 1 \qquad (2-12)$$

这样，

$$\delta^{TFP} = R_{it}^{TFP} / R_{it}^{TEO} \qquad (2-13)$$

$$\delta^{TFI} = R_{it}^{TFI} / R_{it}^{TEO} \qquad (2-14)$$

以上两式即构成了计算农业总要素生产率和农业总投入贡献份额的公式，运用这一公式可以计算出东北地区从1914—2005年总体和分期的农业总要素生产率贡献份额与农业总投入贡献份额。

三、东北农业作物的生产变化

近百年来，东北农业粮食作物的总产量发生了翻天覆地的变化，呈现强劲的持续增长的趋势，尤其是从60年代初开始，出现显著地快速增长，总产量在1914年为641万吨，2005年上升到7 088万吨，增长了1 005.91%，实现了历史性的大跨越。

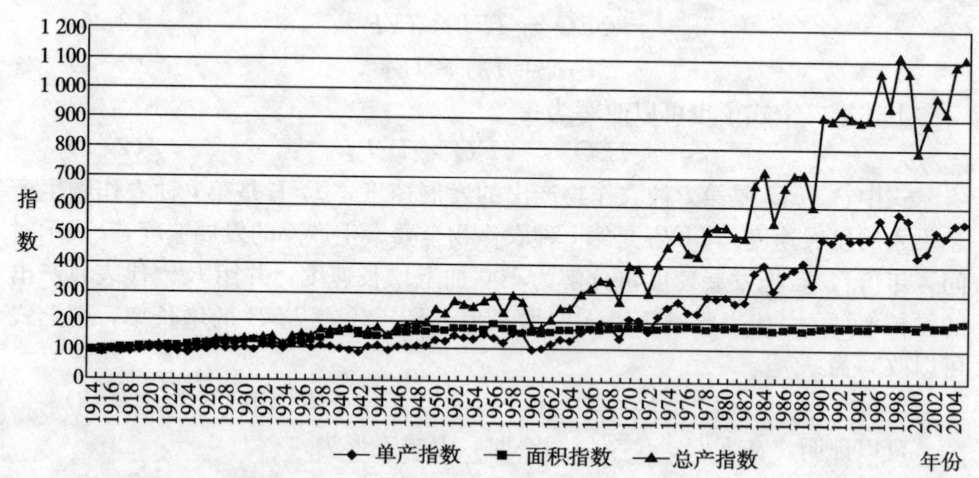

图3-1 1914—2005年东北农业生产指数

一方面，1914—2005年期间，东北粮食作物的播种面积表现为持续上升的趋势，播种面积在1914年为7 231千公顷，到2005年上升到14 658千公顷，增加了102.72%，另一方面，粮食单产在波动中大幅度增加，从60年代初期以来，呈现出强劲的增长势头，单位产量在1914年为886千克/公顷，到2005年上升到4 836千克/公顷，增加了445.54%。

表 3-1 1914—2005 年东北农业生产指数

年 份	播种面积指数		总产量指数		单产指数	
	1914=100	上年=100	1914=100	上年=100	1914=100	上年=100
1914	100.00	100.00	100.00	100.00	100.00	100.00
1915	102.00	102.00	94.80	94.80	92.94	92.94
1916	104.10	102.06	101.70	107.28	97.69	105.11
1917	106.40	102.21	99.40	97.74	93.42	95.63
1918	107.90	101.41	102.30	102.92	94.81	101.49
1919	109.50	101.48	108.30	105.87	98.90	104.32
1920	111.30	101.64	115.30	106.46	103.59	104.74
1921	113.00	101.53	118.60	102.86	104.96	101.31
1922	115.00	101.77	113.40	95.62	98.61	93.95
1923	117.10	101.83	112.40	99.12	95.99	97.34
1924	119.30	101.88	110.90	98.67	92.96	96.85
1925	121.50	101.84	124.90	112.62	102.80	110.58
1926	123.10	101.32	127.60	102.16	103.66	100.83
1927	125.20	101.71	137.50	107.76	109.82	105.95
1928	127.60	101.92	138.80	100.95	108.78	99.05
1929	126.91	99.46	135.40	97.55	106.69	98.08
1930	129.43	101.99	143.70	106.13	111.03	104.06
1931	135.42	104.63	140.30	97.63	103.60	93.32
1932	124.94	92.26	147.23	104.94	117.84	113.74
1933	130.11	104.14	151.94	103.20	116.78	99.10
1934	114.45	87.96	121.61	80.04	106.26	90.99
1935	123.25	107.69	151.50	124.58	122.92	115.68
1936	130.16	105.61	160.19	105.73	123.07	100.12
1937	135.73	104.28	151.35	94.49	111.51	90.61
1938	144.85	106.72	173.44	114.59	119.74	107.38
1939	151.96	104.91	172.26	99.32	113.36	94.67
1940	163.77	107.77	176.68	102.56	107.88	95.17
1941	172.44	105.29	179.33	101.50	103.99	96.40
1942	168.73	97.85	160.04	89.24	94.85	91.21
1943	149.21	88.43	172.55	107.82	115.65	121.92
1944	152.92	102.49	183.30	106.23	119.87	103.65
1945	152.00	99.40	156.21	85.22	102.77	85.74
1946	161.60	106.32	187.51	120.03	116.03	112.90
1947	163.98	101.47	191.33	102.04	116.68	100.56
1948	166.39	101.47	195.23	102.04	117.34	100.56
1949	168.83	101.47	199.22	102.04	118.00	100.57
1950	175.57	103.99	246.16	123.56	140.21	118.82
1951	172.19	98.07	231.20	93.92	134.27	95.77
1952	177.07	102.83	274.69	118.81	155.13	115.53
1953	178.37	100.73	261.03	95.03	146.34	94.34
1954	176.86	99.15	255.33	97.81	144.37	98.65

（续）

年 份	播种面积指数		总产量指数		单产指数	
	1914＝100	上年＝100	1914＝100	上年＝100	1914＝100	上年＝100
1955	173.97	98.37	274.71	107.59	157.91	109.38
1956	194.72	111.93	288.78	105.12	148.31	93.92
1957	179.81	92.34	235.67	81.61	131.06	88.37
1958	178.37	99.20	293.33	124.47	164.45	125.47
1959	161.94	90.79	270.89	92.35	167.28	101.72
1960	166.61	102.88	181.17	66.88	108.74	65.00
1961	163.10	97.89	182.33	100.64	111.79	102.81
1962	168.73	103.45	211.79	116.16	125.52	112.28
1963	173.49	102.82	251.17	118.60	144.78	115.34
1964	176.76	101.88	248.72	99.02	140.71	97.19
1965	177.71	100.54	297.04	119.43	167.15	118.79
1966	178.24	100.30	319.51	107.56	179.26	107.24
1967	173.62	97.41	346.07	108.31	199.33	111.20
1968	180.47	103.95	342.10	98.85	189.56	95.10
1969	183.73	101.81	273.74	80.02	148.99	78.60
1970	183.91	100.10	396.25	144.76	215.46	144.62
1971	182.78	99.39	386.99	97.66	211.72	98.27
1972	178.20	97.49	303.35	78.39	170.23	80.40
1973	180.22	101.13	402.72	132.76	223.46	131.27
1974	182.20	101.10	460.16	114.26	252.56	113.02
1975	182.53	100.18	499.48	108.54	273.64	108.35
1976	186.03	101.92	441.53	88.40	237.34	86.74
1977	181.87	97.76	429.97	97.38	236.42	99.61
1978	179.09	98.47	516.31	120.08	288.29	121.94
1979	184.93	103.26	528.70	102.40	285.89	99.17
1980	182.65	98.77	529.55	100.16	289.93	101.41
1981	184.95	101.26	497.02	93.86	268.73	92.69
1982	178.55	96.54	492.89	99.17	276.05	102.72
1983	179.91	100.76	671.30	136.20	373.13	135.17
1984	180.05	100.08	719.52	107.18	399.62	107.10
1985	173.52	96.37	544.50	75.68	313.80	78.52
1986	178.57	102.91	663.00	121.76	371.28	118.32
1987	183.44	102.73	705.44	106.40	384.56	103.58
1988	174.45	95.10	713.06	101.08	408.75	106.29
1989	179.18	102.71	600.25	84.18	335.00	81.96
1990	184.59	103.02	904.59	150.70	490.06	146.29
1991	185.13	100.29	893.02	98.72	482.37	98.43
1992	183.09	98.90	928.92	104.02	507.36	105.18
1993	185.16	101.13	900.18	96.91	486.16	95.82
1994	181.65	98.10	889.51	98.81	489.68	100.72
1995	184.46	101.55	899.23	101.09	487.49	99.55

（续）

年 份	播种面积指数		总产量指数		单产指数	
	1914=100	上年=100	1914=100	上年=100	1914=100	上年=100
1996	190.03	103.02	1 058.28	117.69	556.90	114.24
1997	191.84	100.95	939.39	88.77	489.67	87.93
1998	192.20	100.19	1 111.02	118.27	578.06	118.05
1999	190.13	98.92	1 058.65	95.29	556.81	96.32
2000	182.79	96.14	786.93	74.33	430.51	77.32
2001	198.44	108.56	883.42	112.26	445.18	103.41
2002	188.69	95.09	975.37	110.41	516.92	116.11
2003	184.93	98.01	920.66	94.39	497.85	96.31
2004	200.11	108.21	1 079.23	117.22	539.32	108.33
2005	202.72	101.30	1 105.91	102.47	545.54	101.15

注：1. 数据来源：Chen（1972），中国农业年鉴、中国统计年鉴、辽宁统计年鉴、吉林统计年鉴、黑龙江统计年鉴。

2. 本表数据系东北农业六种主要粮食作物稻谷、小麦、玉米、高粱、谷子和大豆的数据，其中1914—1948年播种面积、总产数据分别采用Chen（1972）的土地投入指数和产出指数近似得到。

如图3-1所示，播种面积的增加主要是在新中国成立以前的时期完成的，新中国成立以后播种面积相对趋于稳定，而单产指数在新中国成立以前变化较小，单产的增加主要体现在新中国成立以来特别是改革开放以后的时期，由此，可以粗略地说，在新中国成立以前的时期，东北农业总产量的增加主要是由于播种面积的增加实现的，而在之后的时期，东北农业总产量的增加主要是由于单产的增加实现的。

四、东北农业全要素生产率的变化

全要素生产率作为一个综合评估指标，其定量化的测度方法基于它的定义模型。根据式（2-1）的定义模型，全要素生产率的测度基本上由测度农业产出、测度农业投入以及计算全要素生产率三个相互联系的环节组成，具体测度的指数数据见表4-1。

表4-1　1914—2005年东北农业总投入、总产出及全要素生产率指数

年份	TEO指数（1914=100）	TFI指数（1914=100）	TFP指数（1914=100）	TFP趋势值	时间趋势T
1914	100.00	100.00	100.00	97.09	0
1915	94.80	100.61	94.22	97.63	1
1916	101.70	103.18	98.56	98.18	2
1917	99.40	105.85	93.91	98.73	3
1918	102.30	107.48	95.18	99.28	4

（续）

年份	TEO 指数 (1914=100)	TFI 指数 (1914=100)	TFP 指数 (1914=100)	TFP 趋势值	时间趋势 T
1919	108.30	110.20	98.28	99.83	5
1920	115.30	113.44	101.64	100.39	6
1921	118.60	114.59	103.50	100.95	7
1922	113.40	117.15	96.80	101.51	8
1923	112.40	119.52	94.04	102.08	9
1924	110.90	122.11	90.82	102.65	10
1925	124.90	123.99	100.73	103.22	11
1926	127.60	126.74	100.68	103.80	12
1927	137.50	129.22	106.41	104.38	13
1928	138.80	133.45	104.01	104.96	14
1929	135.40	136.89	98.91	105.55	15
1930	143.70	137.15	104.77	106.14	16
1931	140.30	141.06	99.46	106.73	17
1932	147.23	138.84	106.04	107.33	18
1933	151.94	134.22	113.20	107.93	19
1934	121.61	122.51	99.27	108.53	20
1935	151.50	130.76	115.86	109.14	21
1936	160.19	134.83	118.80	109.75	22
1937	151.35	137.10	110.39	110.36	23
1938	173.44	140.08	123.82	110.97	24
1939	172.26	142.59	120.81	111.59	25
1940	176.68	146.56	120.55	112.22	26
1941	179.33	154.34	116.19	112.84	27
1942	160.04	154.03	103.90	113.47	28
1943	172.55	148.97	115.83	114.11	29
1944	183.30	151.34	121.12	114.75	30
1945	156.21	148.66	105.08	115.39	31
1946	187.51	155.50	120.58	116.03	32
1947	191.33	158.68	120.58	116.68	33
1948	195.23	161.92	120.57	117.33	34
1949	199.22	176.77	112.70	117.99	35
1950	250.86	190.71	131.54	118.64	36
1951	239.43	192.54	124.35	119.31	37
1952	288.33	197.06	146.32	119.97	38
1953	273.62	193.54	141.38	120.64	39
1954	272.78	196.92	138.52	121.32	40
1955	285.22	201.80	141.34	121.99	41
1956	314.43	214.02	146.91	122.68	42
1957	257.13	201.72	127.47	123.36	43
1958	313.75	202.47	154.97	124.05	44
1959	299.07	188.47	158.69	124.74	45

（续）

年份	TEO 指数（1914＝100）	TFI 指数（1914＝100）	TFP 指数（1914＝100）	TFP 趋势值	时间趋势 T
1960	202.90	194.27	104.44	125.44	46
1961	195.67	211.29	92.60	126.14	47
1962	218.12	210.48	103.63	126.84	48
1963	262.79	225.56	116.51	127.55	49
1964	268.56	221.05	121.49	128.26	50
1965	317.85	239.05	132.96	128.98	51
1966	342.92	244.27	140.39	129.70	52
1967	384.09	251.94	152.45	130.43	53
1968	382.87	264.23	144.90	131.15	54
1969	309.58	277.13	111.71	131.89	55
1970	435.98	289.73	150.48	132.62	56
1971	419.57	297.61	140.98	133.36	57
1972	333.11	296.31	112.42	134.11	58
1973	433.12	310.97	139.28	134.86	59
1974	495.76	326.78	151.71	135.61	60
1975	538.06	432.32	124.46	136.37	61
1976	480.17	519.11	92.50	137.13	62
1977	476.04	498.04	95.58	137.89	63
1978	554.45	483.68	114.63	138.66	64
1979	574.89	550.28	104.47	139.44	65
1980	591.93	486.47	121.68	140.22	66
1981	553.25	449.86	122.98	141.00	67
1982	553.86	478.84	115.67	141.79	68
1983	740.63	475.21	155.85	142.58	69
1984	778.07	474.08	164.12	143.38	70
1985	620.67	467.79	132.68	144.18	71
1986	731.85	382.87	191.15	144.98	72
1987	766.48	456.72	167.82	145.79	73
1988	769.37	453.36	169.70	146.61	74
1989	666.58	475.02	140.33	147.42	75
1990	986.56	529.86	186.19	148.25	76
1991	968.83	620.76	156.07	149.08	77
1992	1 022.92	637.08	160.56	149.91	78
1993	990.28	586.98	168.71	150.75	79
1994	951.43	526.69	180.64	151.59	80
1995	952.87	562.48	169.40	152.43	81
1996	1 122.86	654.08	171.67	153.29	82
1997	1 060.58	748.72	141.65	154.14	83
1998	1 206.62	671.00	179.82	155.00	84
1999	1 166.49	860.11	135.62	155.87	85
2000	913.32	793.06	115.16	156.74	86

（续）

年份	TEO 指数（1914=100）	TFI 指数（1914=100）	TFP 指数（1914=100）	TFP 趋势值	时间趋势 T
2001	986.38	779.78	126.49	157.61	87
2002	1 061.06	734.71	144.42	158.49	88
2003	992.57	612.58	162.03	159.38	89
2004	1 184.91	625.26	189.51	160.27	90
2005	1 209.30	710.15	170.29	161.16	91

（一）东北农业全要素生产率的发展过程分析

分析东北农业全要素生产率的发展过程，旨在对东北农业全生产率的成长道路作出回顾和识别，从而形成对东北农业全要素生产率变化轮廓的总体认识。东北农业全要素生产率从 1914 年到 2005 年间的行动轨迹列于图 4-2，作为参照系，在图 4-1 中同时绘出了东北农业总产出和农业总投入的变动轨迹线，不难发现，总投入和总产出都呈现出较快的增长趋势，但两者的差距有不断拉大的趋势，农业全要素生产率指数是根据两者的比值计算得出的，据此我们可以推断全要生产率指数总体上会趋于上升的趋势。

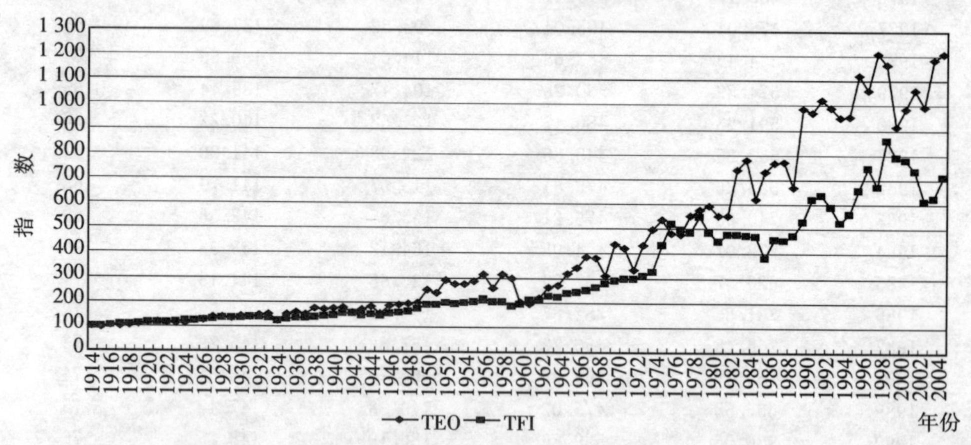

图 4-1　1914—2005 年东北农业总投入和总产出增长趋势

为了比较直观地观察东北农业全要素生产率的变化情况，我们在图 4-2 中添加了全要素生产率的趋势线①，由此可以清晰地看出，近一百年来的全要素生产率总体上在波动中呈现出持续上升的趋势。

另外，为了进一步分析东北农业全要素生产率增长在各个时期的趋势，首

① 利用公式 $\log TEP=a+bt$，通过 Eviews4.0 得到了 1914—2005 年东北农业的 *TFP* 预测值作为整个时期的 *TFP* 趋势线。

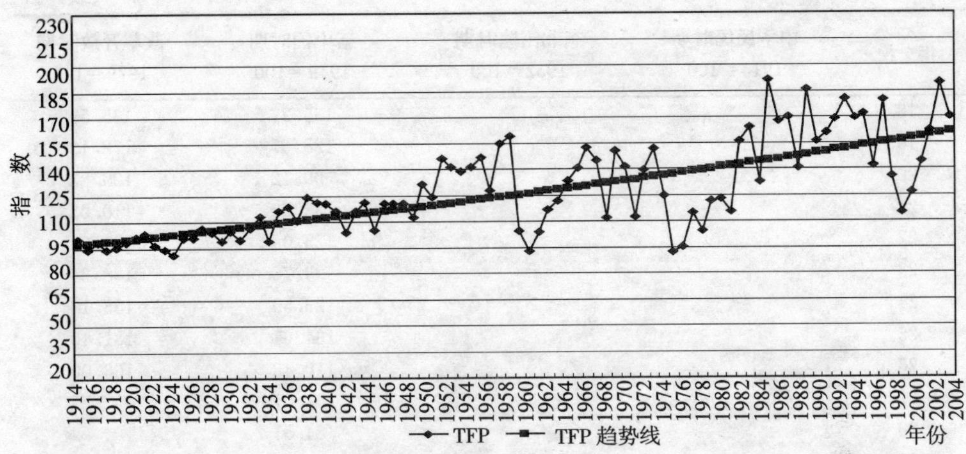

图 4-2　1914—2005 年东北农业全要素生产率增长趋势

先，在表 4-2 中分别列出了中华民国时期、东北沦陷时期、新中国时期和改革开放时期四个历史时期的东北农业全要素生产率指数，其次，对整个历史时期以及四个历史时期的全要生产率指数进行了计量回归，对其显著性作一简要的分析。

表 4-2　1914—2005 年东北各时期农业全要素生产率指数

年 份	中华民国时期 1914=100	东北沦陷时期 1932=100	新中国时期 1949=100	改革开放时期 1979=100
0	100.00	100.00	100.00	100.00
1	94.22	106.75	116.72	116.47
2	98.56	93.61	110.34	117.72
3	93.91	109.26	129.83	110.72
4	95.18	112.03	125.45	149.18
5	98.28	104.10	122.91	157.10
6	101.64	116.76	125.41	127.00
7	103.50	113.93	130.36	182.97
8	96.80	113.68	113.11	160.64
9	94.04	109.57	137.50	162.44
10	90.82	97.98	140.81	134.32
11	100.73	109.23	92.67	178.22
12	100.68	114.21	82.17	149.39
13	106.41	99.09	91.95	153.69
14	104.01		103.38	161.49
15	98.91		107.80	172.91
16	104.77		117.98	162.15
17	99.46		124.57	164.32

（续）

年 份	中华民国时期 1914=100	东北沦陷时期 1932=100	新中国时期 1949=100	改革开放时期 1979=100
18			135.27	135.59
19			128.57	172.13
20			99.12	129.82
21			133.52	110.23
22			125.09	121.08
23			99.75	138.24
24			123.59	155.10
25			134.61	181.40
26			110.43	163.00
27			82.07	
28			84.81	
29			101.71	

假设农业全要素生产率 TFP 是时间 t 的简单指数函数，我们有：

$$\log TFP = a + bt \qquad (4-1)$$ [①]

这里 a 和 b 都是常数。通过对式（4-1）取对数，我们得到最小二乘法的估计结果：

第一，整个历史时期（1914—2005 年）

LogTFP=4.575 6+0.005 6t　R^2=0.543 2　t：Prob=0.000 0

（4-2）（5%水平显著）

（0.000 5）

第二，中华民国时期（1914—1931 年）

LogTFP=4.564 6+0.003 5t　R^2= 0.185 8　t：Prob=0.074 1

（4-3）（10%水平显著）

（0.001 8）

第三，东北沦陷时期（1932—1945 年）

LogTFP=4.652 5+0.003 0t　R^2= 0.034 9　t：Prob=0.522 4

（4-4）（不显著）

（0.004 6）

第四，新中国时期（1949—1978 年）

LogTFP=4.788 8−0.004 2t　R^2=0.054 4　t：Prob=0.214 8

（4-5）（不显著）

① 这一方法参见 Nai - Ruenn Chen，"Agricultural Productivity in a Newly Settled Region：The Case of Manchuria，" Economic Development and Cultural Change（1972）.

(0.003 3)

第五，改革开放时期（1979—2005年）：

$$\text{LogTFP}=4.8831+0.0072t \quad R^2=0.1125 \quad t：\text{Prob}=0.0872$$

（4-6）（10%水平显著）

(0.004 0)

在方程（4-4）和（4-5）中t的系数在10%的水平都没有显著地不等于0，在方程（4-2）中t的系数在5%的水平显著地不等于0，方程（4-3）和（4-6）中t的系数在10%的水平显著地不等于0。因此，研究表明在东北沦陷时期、新中国时期两个历史时期农业生产率没有显著地增长，而在整个历史时期、中华民国时期、改革开放时期农业全要素生产率具有显著增长，在四个历史时期中，改革开放时期农业全要素生产率增长最快。

如图4-2和表4-2所示，根据东北农业的TFP变化曲线，结合TFP趋势线可以看出，近一百年来，东北农业全要素生产率的运行在波动中表现出上升的态势。从整个历史时期看，1914—2005年农业全要素生产率发生了很大的变化，总体呈现正向的增长趋势，由1914年的100增长到2005年的170.29，增长了70.29个百分点，年均增长0.59个百分点。

具体到各个历史时期，不难看出，东北农业全要素生产率的增长集中体现在1979年改革开放以后的时期，这一时期TFP年均增长高达1.90个百分点，远远高于近一百年的年均增长水平，而中华民国时期和东北沦陷时期均呈现负增长趋势，特殊时期没有发生明显变化，新中国时期呈现出明显的波动性特征，总体略有增长。其中，在中华民国时期全要素生产率1914年为100，到1931年为99.47，平均每年下降0.03个百分点，东北沦陷时期全要素生产率1932年为100，到1945年为99.09，平均每年下降0.07个百分点，新中国时期全要素生产率由1949年的100增长到1978年的101.71，平均每年增长0.06个百分点，改革开放时期全要素生产率由1979年的100增长到2005年的163.00，年均增长率高于整段时期1.57个百分点。

（二）东北农业全要素生产率贡献份额分析

如果把农业产出的增长等同于农业生产的增长，那么在农业产出的增长中，有多大比重是来源于农业全要素生产率的增长，这一“比重”即被定义为农业全要素生产率对农业增长的“贡献份额”。

根据前面推导得出的公式（2-13）和（2-14），计算出了东北从1914—2005年总体和分期的农业全生产率贡献份额与农业总投入贡献份额，结果列于表4-3。

表4-3　东北农业各历史时期要素投入和TFP贡献份额

时　期	年均增长率（%）			贡献份额（%）	
	总产出 (R^{TEO})	总投入 (R^{TFI})	全生产率 (R^{TFP})	总投入 (δ^{TFI})	全生产率 (δ^{TFP})
中华民国时期 (1914—1931)	2.01	2.04	−0.03	101.58	−1.58
东北沦陷时期 (1932—1945)	0.46	0.53	−0.07	115.35	−15.35
特殊时期 (1946—1948)	2.04	2.043	−0.003	100.15	−0.15
新中国时期 (1949—1978)	3.59	3.53	0.06	98.37	1.63
改革开放时期 (1979—2005)	2.90	0.99	1.90	34.20	65.80
整个历史时期 (1914—2005)	2.78	2.18	0.59	78.78	21.22

1. 整个时期全要素生产率贡献份额　根据表4-3的数据，从总体上看，近百年来的东北地区的农业全要素生产率的贡献份额较低，1914—2005年间，东北农业全要素生产率的贡献份额为21.22%，总投入贡献份额为78.78%，农业增长主要是依靠增加要素投入实现的，然而，这种局面主要体现在改革开放以前的历史时期，可能是由于当时落后的农业生产技术、不合时宜的制度和政策等投入要素以外的原因所致。

从分时期来看，东北农业的增长对全要素生产率的依赖程度渐趋强化，全要素生产率对农业增长的贡献份额，自新中国成立以来发生了质的飞跃，在改革开放时期突飞猛进，逐渐在农业增长中占据了主体地位。民国时期（1914—1931年）的农业生产主要依靠土地和劳动的投入增加实现的，全要素生产率贡献份额为−1.58%，东北沦陷时期（1932—1945年）全要素生产率的贡献份额处于历史最低谷，仅为−15.35%，抗日战争胜利以后，全要素生产率得到恢复，对农业增长的贡献份额也得到一定提高，增加至−0.15%，特别是新中国成立以来，全要素生产率在农业生产中的地位不断提高，其对农业增长的贡献份额在新中国时期（1949—1978年）发生了质的变化，首次出现正值为1.63%，在改革开放时期（1979—2005年），农业技术得到长足发展，全要素生产率贡献份额已经达到65.80%，创造了历史最高水平。

2. 民国时期全要素生产率贡献份额　民国时期，封建帝制的废除、移民大量移入、土地全面开发、先进农业机械开始使用以及农产品进一步商品化，促进了东北农业生产的发展。当时大批来自山东、河北和河南等地的关内移民涌入东北，至20年代时达到高潮，时人称之为“人类有史以来最大的人口移动之一”。移民的流入，加速了东北的土地开发，带来了农业生产的迅猛发展。但是，近代东北农业区的形成和农业经济的发展，主要是赖于广大移民胼手胝足地辛勤劳作，移民生活的贫困和自身素质的低下成为制约农业生产率提高的瓶颈，可以说，农业全要素生产率的下降是特定历史条件下的小农贫乏经营的必然恶果。

具体来说，第一，由于当时关内很多地区人口与土地矛盾的激化，连年的自然灾害，频繁的兵乱匪祸，使移出地的生存环境恶化，迫于生计，传统守旧的农民无奈背井离乡、远走关外。在经历了天灾人祸的层层劫掠之后，农民几乎一贫如洗，在温饱问题尚未解决的情况下，东北农民几乎没有可能去改善生产条件，因此农业经营基本上仍是粗放的耕作方式，绝大多数土地从不施肥，也无灌溉设施，开荒后地力随之递减；第二，由于生活的贫困，农民的受教育程度极为有限，20年代东北移民的文盲率高达70.4%①。移民自身素质的低下，妨碍了移民掌握新技术的能力。据海关报告，直至1922—1931年间，吉林一般农民的耕作方法依然“非常简陋，很少改进”。“他们仍然每年一次地用一种生铁的犁头翻地，深度不过三、四英寸……对于土壤的施肥，不论是化学肥料或厩肥都是极少的……由于习惯在春天要把头一年作物的根挖去作燃料，因此土壤里甚至连天然的腐殖土都没有”②。这种掠夺式的经营，必然造成土地肥力下降和产量的大幅度降低。总之，一成不变地因袭古老的耕作方法，使用简陋的农具，不讲究施肥和改善水利条件，是导致民国时期农业生产率贡献份额低下的关键原因。

3. 沦陷时期全要素生产率贡献份额　东北沦陷时期，日本殖民者入侵后，把东北地区作为掠夺农产品的重要基地。除大量侵占土地以外，还在“日满经济一体化”的口号下，利用傀儡政权颁布各种法令，控制种植计划，强迫农民按照他们的需要生产粮食和工业原料。最初通过贸易手段收购农产品，1937年开始针对粮食实行“统制”政策进行搜刮，1939年又对大豆、苏子、麻子等油料实行“统制”，1941年又采取了强制购销“粮谷出荷”的方式，东北农民面临交纳沉重田赋和按官定数量、价格和时间出售粮谷的双重困境。当时“出荷粮”数量之大难以想像，一般大豆占产量的80%以上，小麦占60%左右，价格却低的惊人，以大豆为例，市价每百公斤伪币200元，而“出荷”价

① 王杉：《二十年代移民开发东北农业略论》，《史学月刊》1999年第6期，第99页。

② 章有义：《中国近代农业史资料》第2辑，三联书店1957年版，第400页。

仅仅17元，为市价的8.5%①。日伪的残酷剥削，使农业生产遭到严重摧残，由表4-1看出，尽管1938—1942年近5年间，农业总投入指数呈上升趋势，但是农业全要素生产率指数持续降低，由1938年的123.82降低到1942年的103.90，同时由表3-1看出，1938—1942年粮食单产指数也是逐年降低，从1938年的119.74下降到1942年94.85。

当然，在东北沦陷时期，日本殖民者为了更多地掠夺农产品，在1935—1945年的11年间，曾设立农业试验场、模范农场、兴农合作社，推广农业生产技术，还不断加强农业管理机构，进行土地关系和制度的调整，先后制定了《满洲开拓政策基本要纲》、《开拓团法》、《开拓农业协同组合法》、《开拓农场法》、《农事合作社设立要纲》等一系列法规，在某些方面促进了农业生产的发展，但总体来看，农业生产技术和一系列法规措施对农业的促进作用受到了严重禁锢，收效甚微，此外在此时期初年，受世界经济危机的影响，农村商品经济开始萎缩，农产品价格暴跌，农产品出口数量受到极大影响，农民的生产积极性受到打击，农业生产遭到破坏，研究表明，东北沦陷时期的全生产率贡献份额是近百年来最低的一个时期。

4. 特殊时期全要素生产率贡献份额　特殊时期，在日本投降后，党中央、东北局为了恢复和发展农业生产，在剿匪和土地改革的同时，开展了农业生产运动，同时还制定了一系列促进农业生产的方针、政策和具体措施。

首先，土地改革后，针对有些农民担心发展生产“冒尖”、富了再挨斗挨分，不敢添车买马、对农村贷款和财产私有权缺乏信任的种种顾虑，党和政府制定了相应政策明确农民分得的房产、地产和生产、生活资料的私有权，还通过颁布奖励生产、鼓励致富的方法，基本解除了农民的思想包袱，调动了农民发展生产、劳动致富的积极性。其次，针对大多数贫雇农缺少牲畜，农具不配套，很难适时进行生产的实际情况，即使引导农民按照自愿两利的原则换工插犋，组织生产互助组，同时通过开展农村劳动竞赛，推动了农业生产运动的发展。再次，为帮助那些积极从事农业生产而在购买种子、牲畜、农具时有困难的贫雇农、中农及互助组，扶持农民发展生产，东北地区发放了大量农贷，以松江省为例，据1949年不完全统计，发放农业贷款848亿元（东北流通券）②。另外，黑龙江地区还采取了奖励发展耕畜的政策，明令禁止屠宰耕畜，开办兽医培训班加强牲畜防疫，推广优质良种，使大牲畜有了较大的发展。如黑龙江地区，1949年大牲畜发展到167.6万头，比1945年增加23.8万头，

① 《黑龙江省志·农业志》，第129页。

② 《黑龙江省志·农业志》，第130页。

增长 16.6%。这一时期的全要素生产率对农业增长的贡献份额有了较大的恢复和提高。

5. 新中国时期全要素生产率贡献份额　为更加详细地分析新中国时期的全要素生产率对东北农业增长的贡献情况，可以从以下几个阶段展开研究。

第一，恢复和发展阶段（1950—1958 年）。经过土地改革、农业社会主义改造、大力推进农业技术和深入开展爱国增产竞赛运动，农业生产有了较快的恢复和发展。如表 3-1 和表 4-1 所示，1952 年东北地区的粮食播种面积指数为 177.07、总产量指数为 274.69、单产指数为 155.13、全要素生产率指数为 146.32，这一组数字令人感到非常鼓舞和兴奋，已经确确实实全部达到了历史上空前的高度。

第二，陡然下降阶段（1959—1962 年）。农业合作化后，由于“左”的思想的影响，片面强调生产关系变革，过早建立人民公社，在“大跃进”的口号下，刮起了“浮夸风”、“瞎指挥风”、“高指标风”。一系列违背农业发展客观规律的左的错误对农业生产带来了巨大危害，再加上 1959—1961 年连续遭受严重自然灾害，使农业生产力遭到严重破坏，农业生产急剧下降。东北粮食极度紧缺，人民生活水平下降，农村贫困户、缺粮户大量增加，普遍采食野菜、野果或用苞米皮、苞米瓤、豆皮、稻稗、稻壳、麦壳、榆树皮等做代食品，人民由于营养差体质普遍虚弱，根据依安县当时对富饶公社一个管理区的调查，有 30%的人患有浮肿病、干瘦病；大牲畜因缺草缺料膘头下降、死亡率高。整个东北大牲畜数量 1959—1961 年间连年减少，由 1959 年的 646.08 万头减少到 1961 年的 568.65 万头①，由于大牲畜体质瘦弱，数量减少，被迫减少对一些农业技术措施的应用，甚至有的地方撂荒耕地，农业生产遭受到了严重挫折。由表 4-1 看出，这一阶段的农业全要素生产率指数从 1958 年的 154.97 降到了 1962 年的 103.63，特别是在 1961 年农业全要素生产率降低到了前所未有的低点 92.6，甚至低于基年 1914 年的水平。

第三，调整恢复阶段（1963—1965 年）。首先，东北各地开展了整风整社运动，集中力量解决对农业生产破坏极大的“左”的错误思想和作风，确定了以生产队为基础的三级集体所有制，生产队的平均主义也有所克服，其中黑龙江省 80%的生产队实行以产计酬，20%的生产队实行“三包一奖”，调动了农民的生产积极性；其次，以黑龙江省为例，通过贯彻“以粮为纲，全面发展”的方针，执行农业“八字宪法”——“土、肥、水、种、密、保、管、工”，提高良种面积，良种面积率由 1962 年的 34.4%提高到 1965 年的 55.7%，加

① 通过《中国农业年鉴》数据整理得到。

大化肥施用量，由1962年的3.6万吨增加到1965年的16.5万吨①，注重水利建设，扩大灌溉面积，农药和化学除草剂也极大增加；再次，东北地区开展“农业学大寨”群众运动，许多地方发扬“愚公移山”的精神，大搞农田基本建设；另外，还扶持灾区贫困队发展生产，帮助他们购买耕畜、种子和小农具等，农村劳动力的体质增强，耕畜头数开始回升。由表4-1看出，在这一阶段，全要素生产率一路上涨，指数值由1963年的116.51，增加到1964年的121.49，到1965年已经达到132.96，东北农业生产严重下降的局面得到扭转，出现了蓬勃发展的好形势。

第四，缓慢发展阶段（1966—1978年）。延续十年的“文化大革命”，使农业生产再一次受到重挫。“文革”期间，农业行政机构处于瘫痪状态，无法领导生产；农业科研、教育和技术推广部门也遭到严重破坏，许多专家、教授和技术骨干被下放劳动；在所有制上又一次刮起了“共产风”，农业学大寨也偏离了正确方向，在社队分配上取消了按劳分配的原则，到处批判唯生产力论，取消社员自留地，“割资本主义尾巴”……这些“左”的东西挫伤了农民的积极性，使农业生产在极端困难的情况下缓慢发展。其中，由表4-1看出，农业全要素生产率指数由1966年的140.39下降到了1978年的114.63，更为严重的是，1976年、1977年的全要素生产率指数分别降到了92.5、95.58，刚刚恢复的农业生产又一次跌入了历史的低谷，其中1976年成为东北近百年来农业全要素生产率的最低值。

在新中国时期，全要素生产率对农业增长的贡献已经发生了历史性的变化，贡献份额水平高于以往的中华民国时期、东北沦陷时期和特殊时期三个时期。

6. *改革开放时期全要素生产率贡献份额* 在经历了农业合作化、大跃进、人民公社化和“文化大革命”的经验和曲折后，中国从1978年踏上改革开放路程，随着改革开放基本国策的实施，我国经济进入了由计划经济向社会主义市场经济转型和国际接轨的新时期。通过落实国家“重农”、“惠农”的农村经济政策，改革农村经济体制实行家庭联产承包责任制，提高农副产品收购价格降低粮食征购基数，不断实施农作物结构调整，依靠科学技术增加农业要素投入，进入80年代，中央提出发展农业一靠政策，二靠科学，三靠投入，东北地区在实行家庭联产承包责任制和兴办家庭农场的同时，逐步把精力转移到依靠农业科技上来，各地邀请农业专家和科技人员，研讨发展农业生产的科学技术，加强农业技术推广体系建设，开展多种形式的技术服务，推广了一批增产潜力大，经济效益好的先进技术，如农作物优良品种、旱作农业技术、土壤养

① 《黑龙江省志·农业志》，第134页。

用结合技术、精耕细作技术、农业机械栽培、模式化栽培、地膜覆盖栽培等，迅速把科学技术转化为生产力，农业抵御自然灾害的能力逐步提高，“靠天吃饭”的局面有所改观，东北地区的农业生产也进入了一个迅速发展的新阶段。1982—1986年，党中央连续出台关于农村政策的五个“一号文件”，载入中国农村改革的史册，自2004年以来，又连年出台了“一号文件”，彰显了党中央对“三农”问题的重视。

通过表4-1可以看出，改革开放时期是东北近百年史上最好的一个时期，农业全要生产率指数由1979年的104.47上升至2005年的170.29，其中2004年为189.51，达到近一百年来东北农业全要生产率指数的最高值，农业产出指数在1979年为574.89，到2005年攀升至1 209.30，增加了110.35%，创造了有史以来的最高水平，改革开放时期的全要素生产率对农业增长的贡献份额也发生了翻天覆地的变化，达到了65.80%，比整个历史时期的贡献份额21.22%，高出44.58%。

五、主要结论

第一，东北农业总产量呈现强劲的持续增长态势。东北粮食总产量在1914年为641万吨，2005年上升到7 088万吨，增长了1 005.91%，实现了历史性的大跨越。

1914—2005年期间，东北地区粮食作物的播种面积增加了1倍多，其增加主要是在新中国成立以前的时期完成的，新中国成立以后播种面积趋于稳定；粮食单产在波动中快速增加，在1914年为886千克/公顷，到2005年上升到4 836千克/公顷，增加了4倍多，单产指数在新中国成立以前变化较小，其增加主要体现在新中国成立以来特别是改革开放以后的时期。可以粗略地认为，在新中国成立以前的时期，东北农业总产量的增加主要是由于播种面积的增加实现的，而在之后的时期，东北农业总产量的增加主要是由于单产的增加实现的。

第二，东北农业TFP总体呈现正向增长趋势。从整个历史时期看，农业全要素生产率呈上升趋势，由1914年的100增长到2005年的170.29，年均增长0.59个百分点。

从各个历史时期来看，东北农业全要素生产率的增长集中体现在1979年改革开放以后的时期，这一时期TFP年均增长高达1.90个百分点，而民国时期和沦陷时期均呈现负增长趋势，特殊时期没有发生明显变化，新中国时期呈现出明显的波动性特征，但总体略有增长。

第三，东北农业要素投入和TFP对农业产出的贡献份额变化明显。近一百年东北农业总产出增长率达到2.78%，要素投入贡献份额为78.78%，TFP贡献份额为21.22%。其中沦陷时期TFP贡献份额处于最低的一个时期，改革开放时期TFP贡献份额达到历史最高水平。

各个历史时期农业要素投入和TFP对农业产出的贡献份额变化较大，民国时期、沦陷时期和特殊时期的TFP贡献份额均为负值，分别为－1.58%、－15.35%和－0.15%，新中国时期的TFP贡献份额为1.63%，改革开放时期的TFP贡献份额高达65.80%，其中沦陷时期TFP贡献份额处于最低的一个时期，改革开放时期TFP贡献份额达到历史最高水平。

附录1　数据来源及处理

本研究中的数据，是基于现有统计资料搜集获得的1949—2005年东北农业生产数据，通过参考《日本帝国主义侵华档案资料选编》第618～619页（摘自满铁调查局《满洲经济统计季报》第3号，1943年8月）的1928—1942年的土地数据，对Nai - Ruenn Chen，“Agricultural Productivity in a Newly Settled Region：The Case of Manchuria，”Economic Development and Cultural Change（1972）提供的1914—1957年东北农业生产指数①数据进行修正，与现有数据的交叉年份1949—1957年的数据进行处理后，将两组数据进行对接最终得到的。限于篇幅，本论文只把一些基本的数据处理方法作一交待，具体的数据不再详细列出。

其中，1949—2005年东北农业生产数据来自《中国农业年鉴》（1981—2006年），国家统计局《全国各省、自治区、直辖市历史统计资料汇编（1949—1989年）》、《新中国五十五年统计资料汇编（1949—2004年）》；国家统计局、民政部《中国灾情报告：1949—1995年》、中国国际减灾十年委员会办公室《灾害管理文库，第四卷：灾害统计资料汇编》；中国农业科学院科技情报研究所《1949—1981年全国粮食、经济作物的生产发展状况》（统计资料）；《黑龙江省志》农业志、粮食志、农机志、人口志、经济综志、水利志、土地志、土地志（增订本），《黑龙江省经济年鉴》、《黑龙江统计年鉴》；《吉林省志》农业志、水利志、人口志，《吉林社会经济统计年鉴》、《吉林统计年鉴》（全部）；《辽宁省志》农业志、粮食志、水利志、人口志、统计志、民政志，《辽宁经济统计年鉴》、《辽宁统计年鉴》。

产出：1914—1957年的农业产值和价格指数序列无法直接获得，Chen

① 其数据以1957年为基准已经做了区划处理。

(1972) 采用的方法是通过整理主要农作物的年度产量数据，并使用 1937—1938 年的平均价格作为权重进行汇总，然后利用汇总结果获取总产出指数；1949—2005 年的总产出指数，通过整理东北六种主要粮食作物的年度产量数据，采用 1952 年东北三省的统购价格汇总加权得出。

投入：总投入指数采用各年份的投入要素份额与投入数据加权汇总最终得到。

劳动：1914—1957 年农业劳动力数据极其缺乏，Chen (1972) 利用农业人口序列计算劳动投入指数。采用整理得到的 1949—2005 年农业劳动力数据，借鉴林毅夫 (1992) 的方法，以每年的种植业产值与农业总产值的比重作为系数，将调整后得到的种植业劳动力指数作为劳动投入指数。

土地：1914—1957 年的土地投入指数采用总耕地面积时间序列数据估计。1949—2005 年的土地投入指数采用东北六种粮食作物的播种面积数据。因为 1914—1951 年东北地区复种指数非常难以得到，选择耕地面积还是农作物面积作为土地投入对于最后结果没有显著影响 (Chen，1972)，在 1952—1982 年和 1987—2002 年两个阶段，东北地区的年均复种指数为 99.16，近似于 100，且年份之间变化很小，可以将农作物播种面积与耕地面积近似，所以在本研究中也没有考虑复种指数对于东北农业生产的影响。

固定资本：东北农业的固定资本主要包括耕畜、农具和装备、农业建筑以及灌溉设施。1914—1957 年，灌溉在东北农业生产中居于非常次要的地位，农具和农业建筑数据无法找到，Chen (1972) 基于由畜力和机械动力汇总得到每年的农业总动力数据，估计得到 1914—1957 年的固定资本指数。为了保证数据对接的口径统一，1949—2005 年的固定资本指数数据也由每年的畜力和机械总动力数据加权汇总整理得到。

流动资本：东北农业的流动资本主要是指种子和肥料。1914—1957 年的种子费用数据实际上不存在，Chen (1972) 通过获取东北农业人畜粪便和化肥的含氮总量来估算 1914—1957 年的流动资本指数。1949—2005 年的流动资本指数，在借鉴了粮农组织 (FAO，1977) 和 Fan (1991) 的估计方法得到有机肥数据的基础上，与化肥折纯量汇总后整理得到。

农业总动力：1949—2005 年的农业总动力包括畜力和机械总动力，由每年的畜力和机械总动力数据加权①汇总整理得到农业总动力指数。

有效灌溉率：1949—2005 年的有效灌溉指数由每年的有效灌溉面积与农

① 根据国家统计局建议，役畜为 0.7 马力，由此权数可以得出，农业总动力＝机械总动力＋0.7×役畜头数，其中 1 马力＝0.735 千瓦。

作物播种面积的比值整理得到。

化肥：1949—2005年的化肥投入指数，通过化肥施用量实物量和折纯量对比调整，以折纯量为基准整理得到。

有机肥：1949—2005年的有机肥指数，采用了粮农组织（FAO，1977）和（Fan，1991）的估计方法整理得到。

要素份额：1914—1957年的要素份额数据主要来源于1939—1941年伪满政府为测算东北地区的四种最重要的作物（大豆、高粱、玉米、谷子）每公顷的生产成本而针对整个满洲地区进行的农户样本调查，要素份额结果是劳动为0.47，土地为0.27，固定资本为0.16，流动资本为0.1；研究中1949—2005年的要素投入分为劳动、土地、农业总动力、有效灌溉、化肥、有机肥六个部分，参考了樊胜根（1998）要素份额的测算方法，其中1949—1974年的要素份额依据全国三种粮食作物（稻谷、小麦、玉米）平均的成本收益数据近似整理得到，1975—2005年的要素份额数据采用东北地区六种粮食作物（稻谷、小麦、玉米、高粱、谷子、大豆）的成本收益数据整理得到。

附录2 自然灾害、战争和经济危机数据处理

一、1914—1948年东北农业自然灾害、战争和经济危机情况统计

（一）自然灾害

1.《黑龙江省志·农业志》记载

1914年：农田损失数一百五十八万亩；

1915年：龙江县早禾颗粒无收，晚禾尚未结实，淹没糜烂，秋收无望，全境实淹升科地约十六万垧，海伦县庄稼收成仅存十分之二。

2.《辽宁省志·水利志》记载

（1）民国时期辽宁地区共发生较大洪水14次，其中特大洪水6次（1915年、1917年、1923年、1930年、1934年、1937年）。1917年：全省普遍发生洪水；1923年：自光绪十四年以来未曾有过的水灾。

（2）民国时期辽宁地区发生旱年24次，其中较大旱年4次（1919年、1920年、1939年、1940年）。

3.《满洲农业要览》记载

1932年：北满谷仓地带遭受空前水灾；北部发生罕见之大水灾，洪水肆虐，此外因气候不调，比上年歉收7%～18%；1934年：因水灾及天时不顺比上年歉收20%。

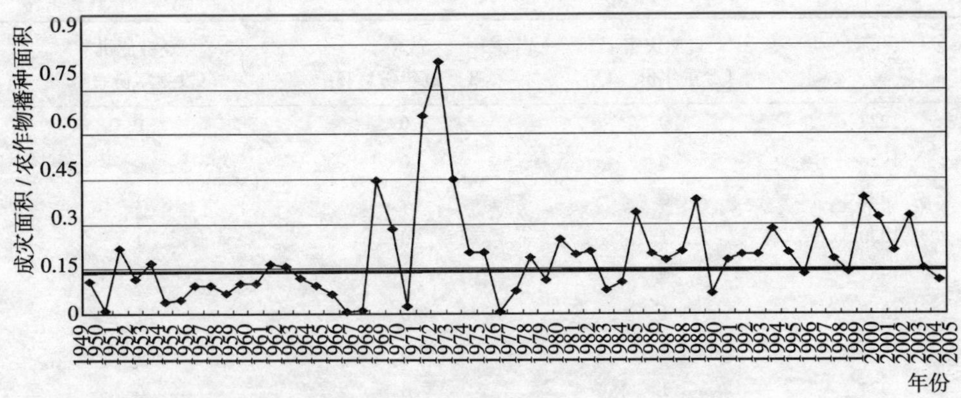

附图 1　1949—2005 年东北农业自然灾害情况

通过上述资料记载，根据黑龙江和辽宁发生特大自然灾害或同时发生较大自然灾害，考虑东北地区的地域相邻、气候变化关联度较强（吉林根据黑龙江和辽宁估计确定）的情况，确定 1914 年、1915 年、1917 年、1920 年、1923 年、1930 年、1932 年、1934 年、1937 年为灾害严重的年份。

（二）战争

1931 年 9 月 18 日，日本对中国东北地区全面发动战争。

（三）经济危机

1929—1933 年，世界经济危机对中国东北造成一定程度影响。

附表 1　1914—1948 年东北农业自然灾害、战争和经济危机情况统计

年份	自然灾害（严重年份=1）	战争（严重年份=1）	经济危机（发生年份=1）
1914	1	0	0
1915	1	0	0
1916	0	0	0
1917	1	0	0
1918	0	0	0
1919	0	0	0
1920	1	0	0
1921	0	0	0
1922	0	0	0
1923	1	0	0
1924	0	0	0
1925	0	0	0
1926	0	0	0

（续）

年份	自然灾害（严重年份=1）	战争（严重年份=1）	经济危机（发生年份=1）
1927	0	0	0
1928	0	0	0
1929	0	0	1
1930	1	0	1
1931	0	1	1
1932	1	0	1
1933	0	0	1
1934	1	0	0
1935	0	0	0
1936	0	0	0
1937	1	0	0
1938	0	0	0
1939	0	0	0
1940	0	0	0
1941	0	0	0
1942	0	0	0
1943	0	0	0
1944	0	0	0
1945	0	0	0
1946	0	0	0
1947	0	0	0
1948	0	0	0

二、1949—2005年中国东北农业自然灾害情况统计

根据来自《中国农业年鉴》、《中国灾情报告》、《辽宁省志·民政志》、《辽宁省水利建设统计资料》、《辽宁省1978年水利统计资料》、《辽宁省民政厅74、75、77年救灾救济卷》、《辽宁省民政厅统计资料》的成灾面积数据和来自《新中国55年统计资料汇编》、《中国农业年鉴》的农作物播种面积数据，通过100％×成灾面积/播种面积表示自然灾害影响程度，其数值大于等于15％取1，定义为灾害相对严重的年份，反之取0，定义为灾害相对不严重的年份。

附表 2　1949—2005 年东北农业自然灾害情况统计

年份	农作物播种面积（千公顷）(1)	农作物成灾面积（千公顷）(2)	自然灾害影响度%＝100%×（2）/（1）(3)	自然灾害情况如（3）≥15%取 1 (4)
1949	14 712.20	1 567.25	10.65	0
1950	15 397.00	158.04	1.03	0
1951	15 393.50	3 370.04	21.89	1
1952	15 954.40	1 822.14	11.42	0
1953	15 705.30	2 635.76	16.78	1
1954	15 965.30	618.72	3.88	0
1955	15 989.80	761.33	4.76	0
1956	16 992.20	1 570.67	9.24	0
1957	16 656.20	1 579.33	9.48	0
1958	16 431.50	1 136.67	6.92	0
1959	15 775.20	1 613.33	10.23	0
1960	15 861.40	1 597.33	10.07	0
1961	15 555.80	2 592.00	16.66	1
1962	15 311.30	2 448.00	15.99	1
1963	15 344.90	1 832.67	11.94	0
1964	15 485.20	1 473.33	9.51	0
1965	15 818.30	1 019.33	6.44	0
1966	15 809.60	138.00	0.87	0
1967	15 827.40	191.26	1.21	0
1968	15 680.40	7 005.37	44.68	1
1969	15 894.00	4 489.96	28.25	1
1970	15 993.60	374.71	2.34	0
1971	15 980.70	10 556.94	66.06	1
1972	15 852.40	13 349.31	84.21	1
1973	15 796.60	7 080.32	44.82	1
1974	15 951.00	3 287.64	20.61	1
1975	16 079.80	3 277.86	20.39	1
1976	16 228.00	1 23.82	0.76	0
1977	16 186.70	1 212.09	7.49	0
1978	16 373.80	3 081.33	18.82	1
1979	16 551.47	1 872.00	11.31	0
1980	16 695.60	4 130.00	24.74	1
1981	16 648.87	3 278.67	19.69	1
1982	16 330.73	3 415.33	20.91	1
1983	16 415.60	1 320.67	8.05	0
1984	16 439.40	1 742.00	10.60	0
1985	16 351.67	5 512.67	33.71	1
1986	16 163.53	3 258.67	20.16	1
1987	16 172.80	2 930.67	18.12	1
1988	15 871.33	3 294.67	20.76	1

（续）

年份	农作物播种面积（千公顷）(1)	农作物成灾面积（千公顷）(2)	自然灾害影响度%＝100%×（2）/（1）(3)	自然灾害情况如（3）≥15%取1（4）
1989	16 068.60	6 134.00	38.17	1
1990	16 217.20	1 096.67	6.76	0
1991	16 318.90	2 929.33	17.95	1
1992	16 161.10	3 222.00	19.94	1
1993	16 377.80	3 261.00	19.91	1
1994	16 345.92	4 667.00	28.55	1
1995	16 330.93	3 336.00	20.43	1
1996	16 574.57	2 196.70	13.25	0
1997	16 725.26	5 029.00	30.07	1
1998	16 885.65	3 101.00	18.36	1
1999	16 965.70	2 369.00	13.96	0
2000	17 493.57	6 770.00	38.70	1
2001	18 844.10	6 134.00	32.55	1
2002	18 355.30	3 888.00	21.18	1
2003	18 238.60	5 954.00	32.65	1
2004	18 515.70	2 811.00	15.18	1
2005	18 834.50	2 086.00	11.08	0

注：成灾面积/播种面积在15%水平以上的为自然灾害相对严重的年份；成灾/播种面积在15%水平以下的为自然灾害相对不严重的年份

参考文献

[1] Chen，Nai - Ruenn. 1972. Agricultural Productivity in a Newly Settled Region：The Case of Manchuria. *Economic Development and Cultural Change*，87～95

[2] Fan，Shenggen. 1991. Effects of Technological Change and Institutional Reform on Production Growth in Chinese Agriculture. *American Journal of Agricultural Economics*，73（2），266～275

[3] Lin，J. Y. 1992. Rural Reforms and Agricultural and Growth in China. *American Economic Review*，82，34～51

[4] Solow，Robert. 1957. Technical Change and the Aggregate Production Function. *Review of Economics and Statistics*

[5] Wright，Tim. 2007. The Manchurian Economy and the 1930s World Depression. *Modern Asian Studies*，41（5），1073～1112

[6] 樊胜根．中国农业研究和生产增长．中国人民大学出版社，1992

[7] 冯海发．中国农业的效率评估——理论·方法·实践．农业出版社，1992

[8] 冯海发，王广森，吴永祥．农业总生产率研究．天则出版社，1989

[9] 顾焕章，张景顺，宋俊东，褚保金．中国农业增长的源泉与技术进步．农业技术经济，

1991（1）
[10] 顾焕章．技术进步与农业发展．江苏科学技术出版社，1993
[11] 毛英萍．略论民国时期东北的农业经济政策．北方文物．1997（2）
[12] 王杉．二十年代移民开发东北农业略论．史学月刊．1999（6）
[13] 王秀清．农业经济百年回顾．百年农经（1905—2005）．王秀清，谭向勇主编，中国农业出版社，2005
[14] 解学诗．“九·一八”事变后的东北农业与农民——以伪满后期粮食、劳务和日本移民政策的推行为中心．社会科学战线．2001（5）
[15] 衣保中．东北地区农业发展的历史线索．中国农史，1994，13（1）
[16] 衣保中，林莎．论民国时期东北区域经济发展的基本态势．理论探讨，2001（2）
[17] 衣保中，吴祖鲲．论东北农业现代化．社会科学战线，1997（1）
[18] 衣保中．中国东北农业史．吉林文史出版社，1993
[19] 章有义．近代东北地区农田单位面积产量下降的一个实证．中国经济史研究，1990（3）
[20] 郑敏．30～40年代日本与中国东北农业经济的殖民地化．日本学论坛，1999（3）
[21] 周惠秋．东北地区粮食综合生产能力研究．中国农业出版社，2005
[22] 朱希刚．我国农业技术进步作用测定方法的研究和实践．农业技术经济，1984（6）
[23] 朱玉湘，刘培平．论“九一八”事变后东北地区的关内移民．中国近现代论丛，2006（1）

斗鸡游戏和中国古代的养鸡科学技术发展

汪子春

（中科院自然科学史所）

一

斗鸡之戏，历史悠久。《左传·昭公二十五年》中说："季、郈之鸡斗，季氏介其鸡，邱氏为金距。"季平子和郈昭伯都是春秋末期鲁国的贵族，他们为了能在斗鸡中取胜，一方在鸡翅上使用了芥末，另一方则给斗鸡戴上金属假距。可见在两千五百多年前，斗鸡之戏，已在中国上层社会盛行。

在《庄子·达生》中，记载了纪渻子为周宣王训练斗鸡的故事："纪渻子为王养斗鸡。十日而问：'鸡已乎？'曰：'未也，方虚骄而恃气。'十日又问，曰：'未也，犹应向景。'十日又问，曰：'几矣，鸡虽有鸣者，已无变矣，望之似木鸡矣，其德全矣。异鸡无敢应者，反走矣。'"

纪渻子认为用来比赛的鸡必须完全去掉虚骄和意气，见到其他鸡的影子应视而不见，对于敌方不怒目而视和盛气凌人，看起来就像木鸡一样静寂淡漠。毫无好胜之心的鸡，才能够无所不胜。这其中不但含有训练斗鸡的丰富实践经验，而且包含着深刻的哲理。

纪渻子是为周宣王驯养斗鸡的，他竟然花了40天时间，才使国王的斗鸡，进入临阵状态。他可谓是历史上，见于记载的第一位驯养斗鸡的能手。

在汉代人们已将斗鸡视为重要的娱乐方式之一，《史记》卷六十九中记载："临淄甚富而实，其民无不吹竽、鼓瑟、击筑、弹琴、斗鸡、走狗、六博、踏鞠者。"《汉书·食货志》中也说：汉代"世家子弟富人或斗鸡走狗马，弋猎博戏"。可见斗鸡是一种常见的游戏，并且使人隐约感到斗鸡与文化与财富的某种联系，斗鸡的普遍，自然要对文化领域产生影响。第一首反映斗鸡的诗歌，是汉代曹植写的《斗鸡》："游目极妙伎，请听厌宫商。主人寂无为，众宾进乐方。长筵坐戏客，斗鸡观闲房。群雄正翕赫，双翘自飞扬。挥羽邀清风，悍目发朱光。嘴落轻毛散，严距往往伤。长鸣入青云，扇异独翱翔。愿蒙狸膏助，长得擅此场。"这里说主人和宾客们都厌倦观赏音乐和舞蹈，而对斗鸡游戏产生浓厚兴趣。诗中描写了斗鸡的激烈过程，特别还提到了以“狸膏”增强斗鸡战斗力的措施。关于“狸膏”的说法，宋代罗愿《尔雅翼》中说：“后世则又私取狸膏涂其头，异鸡闻狸之气，则畏而走，不若养之至于木鸡之全也。”可见这是用狸之体脂所产生的气味，使对方鸡闻气产生恐惧。据最近媒体报道，日本科学家最近通过改变老鼠的基因，培育出了一只不怕猫的老鼠。日本研究人员认为恐惧可能与嗅觉有关，只需通过关闭大脑中的某些感受器，便可以克服恐惧。在用老鼠所做的一项实验中，研究人员确认移除了老鼠大脑嗅球上的某些感受器，结果这些老鼠变成了一群无所畏惧的啮齿动物。古人可能就是利用普通斗鸡对狸膏气味敏感，因而产生的恐惧感。

西晋傅玄（217—278）对斗鸡的形态，气势有了详尽的描述。诗中写道：“玄羽黝而含曜兮，素毛颖而扬精。红缥侧于微黄兮，翠彩蔚而流青。五色错而成文兮，质光丽而丰盈。前看如倒，傍视如倾。目象规作，嘴似削成。高膺峭踌，双翅齐平。跃身竦体，怒势横生。爪似炼钢，目如奔星。扬翅因风，抚翮长鸣。猛志横逸，势凌天诞。或踯躅踟蹰，或蹀躞容与，或爬地俯仰，或抚翼未举，或狼顾鸱视，或鸾翔凤舞，或佯背而引敌，或毕保卫地强御。于是纷纷翕赫，雷合电击。争奋身而相戟兮，竞隼鸷而雕睨。得势者凌九天，失据者沦九地。徒观其战也，则距不虚挂，翮不徒拊，意如饥鹰，势如逸虎。”这里对优良斗鸡绚丽多彩有羽色，强健多姿的体态以及那不可战胜的气势，都作了有力的描述。

在斗鸡游戏中，决定胜败的主要因素，还是鸡的体质状态。因此历代斗鸡爱好者，都把斗鸡的鸡种选择和鸡的饲养管理，放在首要的位置。只要有市场，就有需要，只要有需求就会有能人产生。唐代斗鸡之风，非常盛行，唐玄宗李隆基就很酷爱斗鸡之戏。著名的养鸡能手贾昌，因善于驯养斗鸡，而得到唐玄宗的宠信。他身价骤增，人称他为“神鸡童”。陈鸿的《东城老传》记述了这位“神鸡童”的传奇故事。

老父姓贾名昌，长安宣阳里人。开元元年癸丑生，元和庚寅岁，九十八年矣。视听不衰，言甚安徐，心力不耗，语太平事，历历可听。父忠，长九尺，力能倒曳牛，以材官为宫中幕士。景龙四年，持幕竿，随玄宗入大明宫诛韦氏，奉睿宗朝群后，遂为景云功臣。以长刀备亲卫，诏徒家东云龙门。昌生七岁，矫捷过人，能抟柱乘梁，善应对，解鸟语音。玄宗在藩邸时，乐民间清明节斗鸡戏。及即位，治鸡坊于两宫间，索长安雄鸡，金毫铁距、高冠昂尾千数，养于鸡坊。选六军小儿五百人，使驯扰教饲。上之好之，民风尤甚。诸王世家、外戚家、贵主家、侯家，倾币破产市鸡，以偿鸡直。都中男女以弄鸡为事；贫者弄假鸡。帝出游，见昌弄木鸡于云龙斗道旁，召入为鸡坊小儿，衣食右龙武军。三尺童子入鸡群，如押群小。壮者弱者，勇者怯者，水谷之时，疾病之候，释能知之。举二鸡，鸡畏而驯，使令如人。护鸡坊中谒者王承恩言于玄宗。召试殿庭，皆中玄宗意。即日为五百小儿长。加之以忠厚谨密，天子甚爱幸之。金帛之赐，日至其家。开元十三年，笼鸡三百，从封东岳。父忠死太山下，得子礼奉尸归葬雍州。县官为葬器，丧车乘传洛阳道。十四年三月，衣斗鸡服，会玄宗于温泉。当时天下号为“神鸡童”。

根据这篇故事，唐玄宗时，民间斗鸡活动非常普遍并多在清明期间举行。贾昌因能辨识斗鸡的壮弱和勇怯，熟悉鸡的饮饲，疾病和驯习的方法，为玄宗所赏识，任命他鸡为坊五百小儿的头目。贾昌也因是养鸡能手而获得巨大的经济好处，“金帛之赐，日至其家”，他父亲死时，“得子礼奉尸归葬雍卅，县官为葬器，丧车乘传洛阳道”。时人都说：“生儿不用识文字，斗鸡走马胜读书。贾家小儿年十三，富贵荣华代不如。能令金距期胜负，白罗绣衫随软举。”

宋代斗鸡之风，仍然兴盛，南宋周去非（生活于12世纪末）著有《岭外代答》一书，其中有不少文字，谈到我国南方驯养斗鸡的情况：《岭外代答·斗鸡》中这样写道：

芥肩金距之技，见于传而未之睹也。余还自西广，道番禺，乃得见之。番禺人酷好斗鸡，诸番人尤甚。鸡之产番禺者，特鸷劲善斗。其人饲养亦甚有法，斗打之际，各有术数，注以黄金，观如堵墙也。凡鸡，毛欲疏而短，头欲竖而小，足欲直而大，身欲疏而长，目欲深而皮厚。徐步眈视，毅不妄动，望之如木鸡。如此者，每斗必胜。人之养鸡也，结草为墩，使立其上，则足常定而不倾。置米高于其头，使耸膺高啄，则头常竖而嘴利。割截冠，使敌鸡无所施其嘴。剪刷尾羽，使临斗易以盘旋。常以翎毛搅入鸡喉，以去其涎，而掬米饲之，或以水噀两腋。调饲一一有法。至其斗也，必令死斗，胜负一分，死生即异。盖斗负则丧气，终身不复能斗，即为鼎食矣。然常胜之鸡，亦必早衰，以其每斗屡濒死也。斗鸡之法，约为三闲：始斗少顷，此鸡失利，其主抱鸡少休，去涎饮水，以养其气，是为一闲；再斗而彼鸡失利，彼主亦抱鸡少休如前，养气而复斗，又为一闲；最后一闲，两主皆不得与，二鸡之胜负生死决矣。鸡始斗，奋击用距，少倦则盘旋相啄。嘴牢不舍，副之以距。能多如果者必胜，其主喜见于色。番人之斗鸡又乃甚焉，所谓“芥肩”、“金距”，真用之。其“芥肩”也，末芥子掺于鸡之肩腋，两鸡半斗而倦，盘旋伺便，互刺头腋下，翻身相啄，以有芥子能眯敌鸡之目，故用以取胜。其“金距”也，薄刃如爪，凿柄于鸡距，奋击之始，一挥距，或至断头。盖“金距”取于其始，“芥肩”取胜于其终。季孙于此能无怒耶？小人好胜，为此凶毒，使微物不得生，自三代已然。

周去非的记述，为我们了解古代斗鸡驯养提供了重要资料。对斗鸡的选择，提出“毛欲疏而短，头欲坚而小，足欲直而大，身欲疏而长，目欲深而皮厚”等选择标准。对斗鸡的饲养管理方面，也有许多措施。如“结草为墩，使立其上，则是常定而不倾，置米高于具头，使耸高肩啄，则头常竖而嘴利。”此外，平时“常以翎毛搅入鸡喉，以去其涎而掬米饲之，或以水噀两腋。调饲一一有法”。宋代提出的这些对斗鸡选择要求和饲养管理方法，无疑都对后来的斗鸡的选育和管理，产生重要的影响。

在历史上，斗鸡之戏，虽然有时也受到一部分人的非议，但斗鸡活动，一直代代相传，始终未停过。在明清时期斗鸡活动也相当普通。在明代首次出现斗鸡组织——斗鸡社。张岱《陶庵梦忆》中说：

天启壬戌（1622）间好斗鸡，设斗鸡社于龙山下。仿王勃《斗鸡檄》、檄同社。仲叔秦一生日携古董、书画、文锦、川扇等物与余博、余鸡屡胜之。仲叔忿懑，金其距，介其羽，凡足以助膈膊者，无遗策，又不胜。人有言徐州武阳侯樊哙子孙，斗鸡雄天下，长颈乌喙，能于高桌上啄粟。促叔心动，密遗使访之，又不得。盆忿懑。一日，余阅秘史，有言唐玄宗以酉年酉月生，好斗鸡而亡其国，余亦酉年酉月生，遂止。

张岱是浙江山阴（今绍兴）人，是明末清初的文学家，官至翰林院侍读。尽管对于斗鸡游戏也总是有不同的声音，但是在民间还是继续流行。设立“斗鸡社”，说明当时斗鸡之戏还相当流行。人们为了获得好斗鸡，竟然秘密派人从浙江绍兴远道去徐州访求佳鸡，可见人们对斗鸡的重视。

中国各地都有斗鸡和斗鸡活动，经过长期选育也产生了一些优良的斗鸡品种。清李声振在《百戏竹技词·斗鸡》中说：“佳者名黄，尤耐斗。”陈淏子在《花镜》中也说：“另有一种斗鸡，似家鸡而高大，勇悍异常，诸鸡见之而逃。其相，以冠平爪利者为第一。每斗，虽至死不休，好事者畜之，于深秋开赌博。先将两鸡形状，审得大小相当，方放入围场，听其角斗，每以负而叫走者为败。”这里再一次提到一种高大、勇悍异常、冠平、爪利的斗鸡。有人认为它或许就是九斤黄鸡。

二

斗鸡活动一旦普及和流行，斗鸡的经济价值，也就随之上升。因而对斗鸡的选育和饲养管理，也就更加受到人们的重视。在清代便产生了一部全面总结斗鸡选育和饲养管理科学技术专著——《鸡谱》。

《鸡谱》是一部关于饲养斗鸡的著作。现在见到的是1787年11月24日的抄本（抄本封面注明"乾隆丁未年十月望日抄"）。抄本没有说明原书的作者和成书的年代，但本书引用了清乾隆年间出版的《古代秘苑》[①] 一书。可见本书的成书年代，也应在乾隆年间，它距今至少也有二百多年。

《鸡谱》全书约一万四千字，凡五十一篇，总纳起来，全书包括下述各个方面的内容：①关于斗鸡外貌的描述和鉴定；②斗鸡良种选配繁育；③种卵的孵化和雄鸡的饲育；④斗鸡的饲养管理；⑤斗鸡的各种疾病及其防治措施；⑥关于对阵斗鸡的选择和对阵的处理。

鸡在中国历史上最早被驯养的家禽，距今约有五六千年。《庄子·逸篇》中有"羊沟之鸡，三岁为株，相者视之，非良鸡也"的记载，可见二千多年前，中国就已经出现了"相鸡术"。据《汉书·艺文记》记载，古代有《相六畜》书。此后《隋书·经籍志》还提到有专著《相鸡经》。可惜这些著作都早已失传。北魏贾思勰《齐民要术》中的《养鸡篇》是我们现在能看到的最早的养鸡文献。《养鸡篇》提到了鸡的不同品种，种鸡的选择以及肉用鸡和产蛋鸡的饲养方法等等。《养鸡篇》对后来养鸡技术的发展，有着一定的影响，它被历代农书为引用。虽然后世未见有养鸡专著的流传，但散见于历代农书及其他各种著作中的有关古代饲养普通鸡经验的次数仍不少。在明代《便民图纂》和徐光启《农政全书》以及清代初年《花镜·（附录）养禽鸟法》中还看到有治斗鸡病方。可见中国古代的养鸡经验一直在群众中流传。

《鸡谱》是对中国古代养鸡经验，主要是对养斗鸡的总结和发展。首先，它虽然发展了古代的"相鸡术"。《鸡谱》中有《论头》、《论冠》、《论眼》、《论鼻嘴》、《论脸》、《论项》、《论腰》、《论腿爪》、《论骨肉》、《论毛色》、《论翅》、《论尾》、《论髻》、《论性》、《论巽》等十五篇，专门论述斗鸡外部形态差异及其与体质强弱、性情勇怯的关系，提出了斗鸡外貌鉴定的标准。例如，《鸡谱》指出："眼者为鸡之最要"器官，"喜清而不喜浑"。它还根据红彩的色泽，将鸡眼分为八种，即红眼、黄眼、碧眼、白眼、金黄眼、紫眼、黑豆眼和浑眼等。其中《鸡谱》认为红眼最好，浑眼最差，可见对眼之观察描述是很细致的。

《对谱》用十多个冠的名称，描绘了鸡冠的种种形态。它认为在各种冠中，以"三梁冠"为第一等。三梁冠中又以"中梁微高，三梁无蕊，皮肉苍固，视

① 《鸡谱·论瘟疫》记载："用巴豆一粒，香油调灌，入口即愈。此方见《古今秘苑》。"《古今秘苑》，清墨磨主人编。它有多种版本。笔者见有辛酉（乾隆六年，即1741年）"聚瀛堂"本，是迄今所见的比较早的刻本。《古今秘苑·治鸡瘟》中所载治鸡瘟端正方是："巴豆一粒，捣极碎，香油调灌下，入口即愈。"可见《鸡谱》所引于《古今秘苑》所载基本相同。

之昂然如峰之耸者佳”。

《鸡谱》指出，项（即颈）在鸡体中起着栋梁作用。因此，对它的要求是“皮肉坚固”，“粗而不短”。对于腰，《鸡谱》认为“腰者为胸之山，以恃其勇怯也。腰长胸阔，骨肉相对称者为上”。它从理论上说明了鸡之背腰部斗鸡之力量、勇怯的意义和选择标准。

《鸡谱》中有《论异》一篇。它根据鸡的头部形状以及其他外貌特征，描述斗鸡的不同变种。例如“枭头”鸡：“头即如枭，淡黄眼，柳黄眼”。《鸡谱》认为“此种鸡最无神眼。”又如“蛇头”鸡：“头小而扁，两眼更小，或小冠或钮冠”。《鸡谱》认为这种鸡“性急而耐斗”。还有“雌鸡”：“周身皆是雌鸡之毛、翅、尾者，惟有头、嘴、冠、脑乃雄鸡之象也”。《鸡谱》指出，这种鸡虽然周身像只母鸡，但它“亦啼鸣，亦斗”。

关于斗鸡的良种培育。《鸡谱》强调选种选配的重要性，指出如不注意对种鸡的选择和选配，必将导致“翎毛混杂，而且年年之雏，自然渐至低败”。在种鸡的选择方面，《鸡谱》认为雄性斗鸡的优点容易被人发现，而雌鸡的特点则常被人忽视。因此它强调选择雌鸡的重要性，指出，“若以上等雄鸡而配次等之雌鸡，必无佳雏”。对雌鸡的选择，《鸡谱》认为也应和选择雄鸡一样，要取羽毛正色、膀阔、头圆、膘长、眼小、脚正、鳞细、指节不露、胸宽、腮鼓、胸骨通长、嘴粗长大、毛紧、骨重的个体。

但是《鸡谱》指出，鸡的生相往往不能十全十美，必有欠缺之处。因此需要通过各种选配，方能“补其不足，去其有余”。不仅如此，《鸡谱》还进一步认识到防止近亲交配对良种培育的重要性。《鸡谱》中这样写道：“世俗不知，得一佳者之雄，必欲寻其原窝之雌，以为得配，而却不知鸡之生相岂能得十全之美乎！必有缺欠之处。大凡原窝之雌，必同气相类，彼此相缺皆同，安能补其不足，去其有余耶?”可见当时已意识到血缘相近的鸡有着相同的遗传性。知道不能期望通过血缘相近的公鸡和母鸡的交配，达到补其不足去其有余的目的。

在具体做法上，《鸡谱》提出了“三配”的措施。“三配者：有头嘴之配，有羽毛之配。其妙补其不足，去其有余，方能得其中和也。”可见所谓“三配”就是根据公鸡或母鸡头部、羽色、骨架肌肉特点，视具体需要，去选择相应的母鸡或公鸡进行交配。在“头嘴之配”方面，《鸡谱》指出，“若雌之头脸宽、头方、皮厚、冠平、嘴粗微觉弯者，必宜凹鼻、撬嘴、冠凿之雄配之”。关于“厚薄之配”，《鸡谱》中说：“若雄驻敦厚、头大、项粗、腰长、膀阔，但腿亭微觉短者，必以头尖、腿亭微高、眼神暴者之雌配之”。

现代养鸡很重视羽毛彩色。古人对斗鸡毛色的要求更是严格。红、青、紫、黄四色，被视为是斗鸡羽色的正色。《鸡谱》认为人们可以通过“正配本色”和“相宜”的“借配”来获得所要求的毛色。所谓正配本色，就是选择相同毛色的公鸡与母鸡进行交配。例如，红雄与红雄交配、青雄与青雌交配、紫雄与紫雌交配。黄雄与柳青雌交配等，都属于正配本色。所谓相宜的借配，是指被选用来交配的公鸡和母鸡的毛色虽然不同，但杂交后的子代仍可获得所要求的毛色。《鸡谱》指出：“红、紫借配，亦可以出红，亦可以出紫；青、紫借配，亦可出青，亦可以出紫也。”《鸡谱》还特别指出，如果“青、紫借配”是出现紫色雏鸡的话，那么这种紫色雏的毛色，就“皆如黑葡萄之深色”。此外，《鸡谱》认为，也可以用青色鸡与红色鸡、黄色鸡与海螺色鸡交配，来获得所要求的毛色。黄色鸡与海螺色鸡交配，“或出黄色，或出莲花白，或出银苗”，其中黄色符合乎斗鸡所要求的羽毛颜色。

《鸡谱》指出，并不是所有“借配”都可以获得合乎要求的羽毛颜色。例如：红色雄鸡与海螺色雌鸡亲交，其后代是五花毛鸡；红色雄鸡与白色雌鸡亲交，只能出现黑花毛鸡；紫色雄鸡与草白色雌鸡交配，得到的是紫花毛鸡；黄色雄鸡与紫色雌鸡杂交，得到的是油黄鸡。由于这些交配，都不能获得斗鸡所要求的羽毛颜色，所以《鸡谱》称这种借配为“借配不相宜者”。《鸡谱》共列出了十六种“借配不相宜者”的例子。

有关家鸡不同羽毛颜色杂交的记载，在中国古代农书中，是极其少见的。《鸡谱》中所列的各种不同羽毛颜色杂交工作，尽管是很初步的，但是它表明中国古代在鸡的良种培育工作中，不仅重视种鸡羽毛的选择和选配，而且对羽色的遗传变异也进行了一定的研究。

上述事实表明，在二百多年前，中国学者对家鸡性状的遗传变异已经积累了相当丰富的经验。实际上他们已经能够掌握了当时所能了解的鸡的遗传变异规律，进行着有计划有目的的良种的培育工作。

谈到鸡的饲养管理，《鸡谱》引了《孟子·告子上》：“苟得其养，无物不长；苟失其养，无物不消”的名言。所谓“得其养”，对家畜家禽来说，就是要根据它们的生长发育规律和环境条件的变化，合理地、科学地进行饲养和管理。这是《鸡谱》讨论鸡的饲养管理的重要指导思想。《鸡谱》联系鸡的生长发育、鸡的习性，讨论了雏鸡、老鸡不同的饲养管理特点，论述了食料、水、阳光、沙土、季节变化等与养鸡的关系等。

我国古代早就注意到雏鸡在整个养鸡过程中的特殊性。二千多年前人们就已经创用了雏鸡的名称，推想这雏鸡名称的出现与养鸡生产有着密切的关系，雏鸡生长发育良好与否直接影响到养鸡生产的成败。而雏鸡，尤其小雏，体小、抵抗力弱，适应能力差，所以必须加以特别的饲养和管理。公元6世纪，后魏贾思勰在《齐民要术·养鸡篇》中，就已经特别提到雏鸡的饲育。他说："鸡，春、夏雏，二十日内，无令出巢，饲以燥饭。"经过一千多年的实践，人们对雏鸡的饲养管理水平大大提高了。《鸡谱》不仅有《论雏》等篇专论雏鸡饲养管理，而且所论范围也大大发展了。

首先，《鸡谱》认为，从孵化之时起，就要对小雏鸡进行观察和选择，认为自然孵化出壳的小鸡生活力强，而人工助产的小鸡生活力低。即所谓"自出者盛，若取出者则危矣"。《鸡谱》还进一步对不能自出的小鸡作了病理上的说明，认为这是由于"血脉枯干"而"不能自出"。为了饲育强壮有力的斗鸡，《鸡谱》认为要特别注意对小鸡体质的观察选择。它认为"毛厚、骨轻、项细长、脚爪不正者为下"。

《鸡谱》强调要给初生二三日的小雏及时饮水，这给人以深刻印象。现在科学养鸡也非常强调这一点，开始给水时期基本一致。而在《鸡谱》之前的农书，很少专门提到及时给小鸡饮水问题。

雏鸡身上染虱，这是人们早已观察到的现象。但是对雏鸡进行洗虱处理，则首见于《鸡谱》的记载。《鸡谱》认为"雏非洗则不能精也"。指出了洗虱处理对小鸡健康生长的意义。

《鸡谱》认为饲养小鸡，要随着温度和龄期的变化，随时调整管理方法。例如春季天气渐暖，这时候收取的小鸡，就不要放到暖屋中。而过了四十日龄的小雏应该和乳鸡分开别养。

在成年鸡饲养管理方面，《鸡谱》也有许多卓越的见解和突出成就。首先，《鸡谱》很重视对养鸡场所的选择，认为，养鸡之处，"必择僻静之地，宜乎向南阳头。小屋前面有栅栏，方圆五尺，内垫黄沙，不可太湿，亦不可太燥"。朝南向阳的鸡舍，不仅阳光充足，而且背风。这对北方养鸡尤其重要。因为它可以使鸡体得到充分阳光照射，以促进生长发育。同时它又有利于保持鸡舍温暖、干燥和灭菌。

《鸡谱》不仅强调要及时给初生小鸡饮水，还认为合理给水是鸡饲养管理上的重要环节。它指出，"夫养鸡之道，全赖乎食水得宜"，这好比"人之饮馔，花木之培植，若不得其宜，则有夭折之患矣"。经过长期的农牧业生产实践，我国古代学者早就认识到，水对一切生命是非常重要。二千多年前，管仲就认为水是"万物之本源"，"诸生之根室"。他说：水"鸟兽得之，形体肥大，羽毛丰茂，文理明著"。[①] 在具体养鸡生产上，贾思勰已经把给水作为养鸡的

① 《管子·水地篇》。

一个环节。①《鸡谱》继承并发展了前人的经验，对合理给水作了进一步的具体阐述。

《鸡谱》中有《论春养》、《论夏养》、《论秋养》和《论冬养》等四篇。论述了四季气候变化、鸡之生长发育特点和由此所应注意的饲养管理方法。

《论春养》篇：“夫春养及为第一，若失其调护，则变患生焉。”这里《鸡谱》把春季视为养鸡的重要季节。它认为春季的重要特点是此时“鸡易能上膘”。只只喂足并喂以好料，鸡就很容易长膘。这说明当时学者已经意识到春季是鸡生长发育旺盛的时期。不过对饲养斗鸡来说，人们并不希斗鸡过于肥大，因为这样会影响斗鸡的战斗力。为了避免斗鸡过于肥大，《鸡谱》认为在鸡容易上膘的春天，要免去“肉面”之类富含蛋白质之类的优质饲料。通常“只可高粱任其自饱”。

这里顺便提一下，《鸡谱中》没有专论饲料的篇章，但是在许多篇的字里行间都谈到了饲料。《鸡谱》中提到饲料有：江豆、小米、高粱、菜豆、豆芽、小菜、麦子、面粉、牛肉、牛肝等，其中以小米，高粱为主要饲料，它反映了北方养鸡的特点。《鸡谱》将肉、面视为优质饲料，而把高粱、江豆等看成是一般饲料。《鸡谱》还认为豆芽、小菜是属于清凉、易消化的饲料。这些都包含有一定的科学道理。

《鸡谱》认为夏天养鸡最重要的是防暑降温。它正确地指出了鸡比起其他家畜，更不耐温。《论夏养》篇：“夏令火旺，旭日异空，万物孰不避其销烁，惟鸡之畏暑更有甚焉。养者必择幽避之处，只宜高粱，豆芽清凉食喂之。每日换水三次，置于阴处，不可使日色晒热”。这一切措施，对防暑降温，增进鸡之食欲，显然有积极的作用。

《鸡谱》指出，秋季天气逐渐凉爽，此时不仅是雏鸡“骨肉、翎毛齐长之时”，而且也是老鸡“翎毛更新之时”。因此“不拘苍、雏皆加以厚味（即优质饲料）催之”。此时，“若食薄不足，则身瘦、项长或翎迟滞”，发育不良。《论秋养》篇：“苍、雏翎毛更新之时，可煮熟麦子同高粱喂之，方能脱毛。如脱毛不快，加生牛肉切碎，入滚水内一过即捞起”喂之。这种以加强喂养，增加动物饲料促进羽毛更新的措施，是合乎科学的。

《鸡谱》还介绍了一种人工强制换羽的方法。《论秋养》篇中说：“若至秋令翎毛不脱者，用手拔去身上翎一二处，将翅隔一根拔一根。若不留旧翅，或啼鸣或别鸡将新出之翅，尽皆拍坏矣。所以拔去旧毛者，引其血脉上异而催之也。再加以蜘蛛、马蛇喂之，此物若能食三五次，鸡必肉热，不时更换新水，

① 据《齐民要术·养鸡》记载，当时养鸡“亦作小槽贮水”喂鸡。

任其自饮一饱。十八日后旧毛皆脱胎换骨落，新毛生矣。”这种以拔去部分旧毛，引其血脉上异，并附以添加动物性饲料，以催促羽毛更新的方法，我们姑且称之为“诱导法”。强制性换羽，现代国内外养鸡场还在使用，而且有许多方法。例如限料、限水法，激素法、化学法等等。

此外《鸡谱》还特别指出，秋天养鸡还应注意防蚊。《论秋养》篇说，秋天是“蚊虫正盛之时，雏鸡最怕，苍鸡无防”。简便的预防方法是“将雏晚收于风凉之地，置之有风之处低卧”。

《鸡谱》已经正确认识到，冬季养鸡，要防寒、防掉膘。对于“硗薄膘欠”之鸡，除正常给食外，晚间还应加喂肉面剂等优质饲料，以防“夜长膘欠”。总之，《鸡谱》认为，冬天，天寒夜长，因此不仅要把鸡养在无风向阳之处，而且还要喂以优质饲料，以御寒。

《鸡谱》中有《论病因》、《论病养》、《论伤寒》、《论伤热》、《论食积》、《论痰喘》、《论劳伤》、《论生癀》、《论痘》、《论膝疮》、《论癣》、《论脚疔》、《论瘟疫》等十三篇。专斗论述了斗鸡的各种常见病和防治方法。《论病养》篇写道：“夫鸡之病，犹人之病也，无非受其风、寒、暑、湿、燥、火六郁之气以成病。若不细心调理，安能有生乎？必顺其阴阳，窑其寒热，辨其虚实，分其表里，方能挽回也”。

《鸡谱》以中兽医理论为基础，概述了十多种鸡病。讨论了这些鸡病的病因、症状和防治措施。《鸡谱》提到的鸡病，有许多可以与现代兽医学提到的鸡病相对照。例如《鸡谱》中提到的“瘟疫”，相当于现代兽医学中的“鸡霍乱”；《鸡谱》提到的“鸡痘”这个病名，至今还在兽医学中沿用；“脚疔”相当于现在的“鸡趾瘤”；“癣”病的症状，很像现在的“冠癣病”等等。《鸡谱》对许多鸡病产生的具体原因的分析，也是符合客观实际的。例如它正确地指出“脚疔”（鸡趾瘤）的发生，与鸡长久生活在坚硬而不洁的场地分不开。

应用中药辨证施治，是《鸡谱》论述的各种鸡病防治措施中的最主要措施。针对不同疫病，《鸡谱》列有十多个药方。《鸡谱》还提到鸡病的外科手术治疗。它首次介绍了“嗉囊切开术”。

上述事实说明，我国古代学者对鸡的疾病与防治，进行了相当广泛深入的研究，积累了相当丰富的经验，并达到了一定的科学水平。

我国有五六千年的养鸡历史，推想人们很早就注意到对鸡病及其防治的研究。贾昌他知道按时给鸡饮水、喂料，并熟悉鸡的疾病和训练方法。可见唐代人们在鸡病防治方面，一定也积累了些经验。可惜，至今人们未见具体文字记载留传下来。而现在我们能看到的有关鸡病方面的记载。主要是明清时期的文献。如明代《便民图纂》中记载：“凡鸡杂疫，以真麻油灌之，皆立愈。若中蜈蚣毒，则研茱萸解之”。徐光启（1562—1633）《农政全书》中亦有类似的记载。在这两部农书中还提到了治斗鸡病单方。方以智《物理小识》载：鸡“有病，灌以清油；传瘟，磨铁浆染米以食；水眼，以白矾傅之”。这里除了一般提到鸡有病外，还特别提到“瘟”病和“水眼”病两种具体病名。后来，清初赵学敏《串雅外编》也提到了这两种鸡病。上述情况说明，在《鸡谱》之前的明、清著作中，虽然提到了鸡病及其防治，但大都是简单和零星的记载。在这些著作中，有的只是笼统地说“鸡有病”或“鸡有杂病”，有的虽然具体提到了鸡病的名称，但却没有关于病症和病因的描述，当然更谈不理论的概括。到现在为止所能见到的，《鸡谱》是第一次将鸡病及其防治作为养鸡学的重要组成部分而加以论述。

有关鸡病的研究，不是出现在我国古代农学著作中。却是出现于一部关于饲养斗鸡的书中，这是不足为奇的，我国古代社会盛行斗鸡习俗。在人们心目中，斗鸡比普通食用鸡价值要高得多。人们要饲养几十只食用鸡并不困难，但获得一只好的斗鸡并不容易。一只好的斗鸡往往被保留七八年，即使老了还要让其传种。因此人们一旦获得好斗鸡，不仅平时特别注意喂养和管理，而且有了病，也更加千方百计给予治疗，以延长它的有效使用寿命。为了玩斗鸡，有钱人往往雇人饲养大批斗鸡。例如唐代宫廷中就有规模宏大的饲养斗鸡的鸡场，鸡场中仅养鸡的差役就有五百人之多，其规模之大，可想而知。这种大规模的集中养鸡，迫使人们不能不注意鸡的疾病防治，特别是要注意传染病的流行。大规模集在养鸡，也为观察和研究鸡病提供了有利的条件。所以，古代的斗鸡习俗，对鸡病研究的发展，有其一定的影响。《鸡谱》中关于斗鸡疾病和防治的论述，可以看成是古代饲养斗鸡经验的总结和发展。

上述事实说明，《鸡谱》是一部具有一定科学水平的养鸡学专著，是迄今为止所发现的唯一现存的中国古代养鸡学专著。它的发现为了解中国古代养鸡科学技术发展的水平，提供了难得的历史文献。对《鸡谱》的研究，不仅有它的历史意义，而且还有其现实意义。《鸡谱》没有具体说明它所记述的斗鸡产于何地。但是《鸡谱》中提到的饲料主要是小麦，高粱等北方粮食作物。此外，《鸡谱》中还出现“打嘴”（小鸡破壳孵化）、“登蛋”（公鸡与母鸡交配）等等北方方言，至今北京郊区农民还称小鸡孵化为“打嘴”。可见《鸡谱》所研究的正是北方的斗鸡。据学者们调查，这种古老的中国斗鸡，现在，在河南一些农村还能见到。① 斗鸡个大体壮，胸肌、腿肌发达，它可以被用来与普通

① 参阅李居仁等：《我国禽种资源——中原斗鸡》，载于《中国畜牧学杂志》1979年第2期；谢成侠《斗鸡》载于《大自然》1983年第4期。

鸡杂交，以培育优良的肉用鸡种，所以这种古老的曾经被人遗忘了的斗鸡，今天又引起了学者们的注意。《鸡谱》的发现为我们今天保存、繁育和利用这一残存的稀少的鸡种，提供了十分难得的历史经验。

综上所述，可以看出正是斗鸡游戏活动，推动了我国古代养鸡科学技术的发展。

历史视角中的“三农”

——纪念王毓瑚先生诞辰100周年学术研讨会纪要

李　军　王秀清

（中国农业大学经济管理学院）

纪念王毓瑚先生诞辰100周年暨历史视角中的“三农”学术研讨会于2007年12月22日在北京颐泉山庄宾馆召开。会议由中国农业大学经济管理学院与中国农业大学图书馆联合举办，来自中国科学院、中国社会科学院、北京师范大学、首都师范大学、人民出版社、中国农业出版社、中国农业博物馆、韩国釜山大学校、陕西省社科院以及中国农业大学等科研单位和《光明日报》、《经济日报》、《农民日报》等相关媒体的50余位专家学者及王毓瑚先生的部分亲属出席了本次研讨会。会议在回顾王毓瑚先生的生平往事及学术贡献的基础上，对中外古今的农业问题进行了广泛的讨论。下面将本次研讨会的情况作一简单介绍。

一、纪念王毓瑚先生诞辰一百周年座谈会

王毓瑚先生是国内外知名的农史学家、经济史学家、农书目录专家，1907年出生于河北省高阳县，1915年随父迁往北京，1925—1933年，自费出国赴欧留学，先后在德国慕尼黑大学和法国巴黎大学攻读经济学与经济思想史。1934年归国后，先后任职于河北立法学院、西北农专、国立编译馆、复旦大学。抗战胜利后返归北平，受聘北京大学。1949年北京农业大学组建后，开始在农大的执教生涯，直至1980年病故，其间兼任图书馆馆长28年。王先生在学术界成就斐然，与“东万（国鼎）、西石（声汉）、南梁（家勉）”齐名，人称“北王”，是我国农史学科的开拓人之一。今年恰逢先生诞辰100周年，为纪念这位农史专家，推动农史研究的发展，特举办本次会议。

中国农业大学经济管理学院院长王秀清教授和著名农史学家董恺忱教授分别主持了本次会议的开幕式和座谈会。开幕式中，王秀清介绍了本次会议的背景及意义，以及农大农史学科的发展现状、农史研究对当今社会的重要作用。

他相信，本次研讨会的举办将会继承和发扬王先生的事业，推动农大农史研究的深入发展。中国农业大学副校长郭大出席会议并致辞。郭大指出，今年恰逢王毓瑚先生诞辰一百周年，先生工作过的经济管理学院和图书馆联合举办了这次会议来纪念先生，很有意义。相信会议的举办一定会推进农大农业经济学、农业经济史等学科的建设与发展。先生哲嗣，陕西省社科院王京阳对各位嘉宾的光临表示感谢。他介绍了王先生由研究经济史转向农史的过程，以及先生矢志不渝把一生所学所知贡献给祖国，贡献给社会，贡献给人民的坚定信念。他还介绍了《王毓瑚论文集》（中国农业出版社，2005）的编撰出版情况，以及先生的著述对于当今社会的借鉴意义。先生工作过的中国农业大学现任馆长何秀荣教授和原任馆长杨直民教授分别介绍了王先生的生平以及学术贡献。杨直民还以《深情怀念王毓瑚先生诲人不倦、刻意求新的治学精神》为题，回顾了从1954年起到先生身边工作、学习的经历，追述了在先生引领下找到适合自己研究方向的过程，并对1980年以后自己努力践行王毓瑚先生倡导的“农学思想史”研究和《农学思想史》（湖南教育出版社，2006年）的写作情况作了介绍。他还介绍了王先生对图书馆工作的看法，先生主张大学图书馆应当更多的注意提高学术水平，图书馆既是教学辅助单位，也可以是大的文化单位、学术单位。图书馆的业务技术要按照学术的原则研究处理。

座谈会主要围绕王先生的生平事迹、人格风范、整理与普及农书的贡献等展开讨论：

董恺忱重点介绍了先生编撰的《中国畜牧史料》（科学出版社，1958年）对于编撰《中华大典》的重要价值以及先生在开拓世界农业史、比较农业史方面的贡献。李根蟠（社科院经济所）回顾了与先生交往的往事，高度评价了先生在简陋的环境以及身患恶疾的状态下，依旧坚持农史研究的精神以及热情、平易近人、奖掖后学的高尚风格。他认为王先生的研究具有丰富的历史感，大气、大度。齐儆（北京工业大学）则对先生认真学习马列原著、鼓励自己注意搜集农书以及从《红楼梦》中发掘农史材料等往事进行了追述。徐旺生（中国农业博物馆）回忆了王先生著作对其从事农史研究道路的指引作用。汪子春（中科院自然科学史所）回顾了王毓瑚先生参加自然科学史所第一次会议的过程，并对先生积极推动自然科学史研究的情况做了介绍。崔德卿（韩国釜山大学校）表示要在学习王先生著作的基础上，将相关文献翻译介绍到韩国，加深两国农业史的了解与研究。

对先生整理古农书的情况，闵宗殿（中国农业博物馆）和柴福珍（中国农业大学）作了介绍。闵宗殿重点介绍了先生整理与普及古农书方面的成就，并指出先生编著的《中国农学书录》（农业出版社1964年出版，中华书局2006

年重版）至今仍是中外学者研究农史的必备参考书；柴福珍重点以先生整理《王祯农书》为例，反映先生锲而不舍的治学精神、扎实的农学功底。

董恺忱先生主持了座谈会，并不时结合自己在王先生身边的具体事例进行点评，加深了人们对王毓瑚先生的了解。最后，他做了总结发言，认为先生不计个人得失，潜心研究农史的精神值得学习，并希望以此为契机，推动农大农史研究的发展。

二、历史视角中的“三农”学术研讨会

在缅怀王毓瑚先生的基础上，学者们对历史视角中的“三农”广泛地展开讨论：

宏观论述“三农”问题的文章主要有：王培华（北京师范大学）《三农问题的出路在三农外》从历史的经验出发，指出解决“三农”问题的关键在于处理好国家利益与农民利益、官员政绩与农民利益以及首都利益和地方利益三对矛盾，“三农”的出路在“三农”之外。这一论题引起了学者的热烈讨论，普遍认为从历史的角度寻找规律，并应用于当今“三农”问题的解决，是减少经济建设弯路，加快发展的有效途径。吕之望（中国农业大学）《国家与产权：中国农地制度的变迁》将经济学运用于农史的研究。他借助契约理论，尤其是不完全契约理论来构造模型，证明国家根据自己在不同所有制结构下的收益比较来安排产权；以中国农地制度的变迁来验证这个理论模型，用在不完全契约下的国家所有制对生产投资的激励效果较差的结论来解释高级社的失败。徐旺生《中国古代乡村社会群体居住特征形成原因及相关问题》一文从比较农业史的角度出发分析中国乡村聚落形成的因素。他认为，专制制度下的乡村结构和家庭结构、原生与次生农业所决定的农业类型、多子继承下的乡村结构和家庭结构以及小农经济的弱小是导致中国与西欧家庭聚居产生差异的原因。

农产品贸易方面，闵宗殿以《晚晴蚕桑推广的成效和问题》为中心，对清道光以后的蚕桑推广工作进行了检讨。他认为，由于蚕桑推广的发展，蚕桑业已经上升为清代多数农家经济生活中的重要来源，并在国际贸易中占有重要地位。但是，在推广的过程中，由于受到官吏、技术、农时等因素的制约，大约二分之一以上的县并没有发展起来，这一历史的经验值得注意。武拉平（中国农业大学）《我国农村集市的起源、分化与发展趋势》试图从我国农村集市的起源和发展的历史轨迹中，探讨未来我国农村集市的发展趋势。作者认为，农村集市的发展趋势呈现如下特点：从商品交易功能性文化功能转变，小型集市向大型集市演变，平时的集市向传统春节期间的集市转变。集市的发展越来越

表现出正的外部性，要维持典型集市的发展，政府必须采取一定的扶持措施，可以实行“集市搭台”、“文化或旅游”唱戏的模式，这样才能促进集市的健康发展。司伟（中国农业大学）《世界糖业发展史中的中国糖业：经济视角的评述》对世界糖业发展概况、中国糖业发展的历程和1949年后中国糖业政策进行了回顾和评价，并对未来中国糖业发展进行展望。研究发现，糖是一种特殊的政治经济产品，几百年前确立的蔗糖贸易体系至今没有太大改变。中国糖业发展史是一部受世界食糖市场影响并对世界糖业市场产生重大影响的历史。1949年后，糖料收购价格政策一直是影响糖业发展的重要因素之一。通过有效的制度安排，把糖料价格和食糖价格之间二者连接成一个整体，以激励糖料种植者和制糖企业提高生产效率，是影响未来中国糖业发展的重要的问题。同时，中国糖业发展面临的外部政策环境也趋于复杂。

灾荒的研究是近些年来兴起的热门研究之一。本次会议中，江太新（社科院经济所）《政府与三农关系试探——以清代救灾为例》通过清代对救灾的投入量的变化来考察国家实力的强弱。他认为，清初由于恢复明的旧制，重新建立常平仓，并在乡村推广社仓，号召盐商设立义仓，以政府为主与民间相结合办法，增加公共积谷，政府救灾能力增强，社会安定。至清代后期，尤其是到清季，由于国家仓储减少，为了保证国家财政平稳，把各省常平仓储谷调往中央，结果国家防灾、救灾能力大为削弱，灾民遍野；大量进口粮食，成为后期救灾的一道风景线，与此同时，民间救灾的作用突显出来，成为政府防灾救灾一个重要组成部分。从历史经验看，增加救灾防灾投入，是当今建设和谐社会必要条件。邵永忠（人民出版社）《富弼荒政书考》一文针对大部分学者认为南宋董煟编撰的《救荒活民书》是中国历史上第一部荒政专书的观点提出异议，认为《富文忠公青州赈济录》、《救济流民经画事件》、《青州振济册》、《青州赈济录》都是记述北宋富弼在青州等地救济饥民活动的文牍，且这几部书可能是同一部荒政史籍，它的产生年代远远早于《救荒活民书》。

区域农业经济方面，王秀清、李文明《近百年中国东北农业生产要素生产率的变化趋势》通过经济学的方法，设立模型，对东北经济百年（1914—2005）农业增长状况进行了研讨。学者们对这种方法的运用予以肯定，并认为，此举必将推动农史研究向纵深发展。李军（中国农业大学）《20世纪30年代山东农业恐慌的历史分析》以山东为案例，分析了20世纪30年代中国农业恐慌发生的历史原因，他认为，人地矛盾激化、灾害频发以及港口贸易的利益诱惑是引发这场危机的根本原因，而世界性的经济危机所造成的列强的倾销政策只是其中的导火索之一，并以此提醒在经济建设过程中要合理布局，减少农业恐慌的发生。

断代农业经济研究方面，李三谋（中国农业博物馆）《国民政府的农业财政行为》，通过对南京国民政府时期的财政收支、农业与财税、政府财政制度对农业的影响和作用、涉农财政的补充行为等问题的探讨，分析了此一时期的农业财政行为。他认为，国民党政府把经济建设经费的使用尤其是农业经费的使用放在国家财政和地方财政活动的无关紧要的末等位置，关系到到社会经济或国民生计的公共财政，受到了极大的限制，无以正常地健康发展，其必要的活动往往难以维持。他还对学者提问的关于20世纪30年代经济危机中政府的农业扶持政策、农本局的作用以及国民政府的救灾费用等问题进行了解答。石华（中国农业大学）《元代诸色户计中农业人口政策及动态影响》一文特别关注了诸色户计中农业人口的分布及所处的阶级状况，来探明元朝有关农业人口的政策及其变化情况，并且还就元代的户籍制度、赋役制度和科差制度等对元代社会的基本阶级关系所带来的影响，进行了深入的探讨。该文对更详细地了解元代农民阶层的真实生活状况起到抛砖引玉的作用。曹刚华（北京师范大学）《元明佛教寺院农业问题初探——以明代佛教方志为中心》探讨寺院的农业经济。他认为，明代佛教方志中无论是寺院田产的来源、寺院田产与民间的纠纷、田产的生产模式，还是寺院种植的农作物的种类等诸多寺院农业问题都有详细的记载，是研究元明寺院经济发展的一大资料宝库。更好的整理明代佛教方志中的资料，深入挖掘元明寺院经济与民间经济之间关系，有益于从一个侧面了解中国古代社会农业经济的发展。史向辉、林万龙等《汉武帝集权经济政策体系的成功原因》运用了政策科学分析系统，对西汉武帝时的集权经济政策体系做出了分析。

农业科技史方面，汪子春的论文《斗鸡游戏和中国古代的养鸡科学技术发展》在简要回顾中国古代斗鸡游戏发展历史的基础上，通过古农书《鸡谱》的应用，论述了斗鸡活动对中国古代养鸡科技发展的影响。

从本次研讨会提交的论文内容及其研究方法看，内容涉及农业财政、农产品贸易、区域农业经济、农业技术、农业推广、荒政等各个方面，时间纵横古今，研究方法呈现多元化，既有传统史学的研究，也有经济学、行政管理学等方法的运用。李根蟠先生在本次会议的总结发言中指出的，从农史、经济史等学科的发展来看，要注意研究方法的多元化，单一、孤立的研究是不够的，要考虑把经济、农业经济研究与自然、环境、文化结合起来，生态问题、社会问题都应该进入考察的视角。本次会议提交讨论的文章体现了这样一个方向。

（本文原发表于《中国经济史研究》2008年第1期，收入本书时有改动）

略论中国古来农具的演变[①]

一、最早的农具（公元前 17 世纪以前）

人类最早的工具显然都是依据用力的方式设计制造出来的。向前用力就是“刺”，这一类的工具有木棒、鹿角、石刀、石铲等等。先将工具高高举起，然后向下用力就是“斫”，或者说“劈”、“砍”，像石斧、石锛之类就是这样设计出来的。石刀和蚌刀也可以归到这一类里。有时需要先向前伸出再向后拉，这就是“割”，石镰、蚌镰等就是这种工具。人类在知道了种植谷物以前，已经制作出来这些工具，用于采集食物和同野兽搏斗，后来开始从事种植时，一上来自然也是使用这些东西。那个时期的农事操作，只有播种和收割这两项，已有的那几件工具也满够用了。以后农业活动逐渐发展，需要更多样和更合用的工具，于是陆续制作了各种真正的农具出来，而这些特为农业生产设计的器械也还是从原有的那些工具演变出来的。

古代传说最先出现的农具是耒耜。这耒耜究竟是一物还是二物，关于这个问题，历来一直是其说不一，而各家的说法又都是在文献方面有根有据。看来只靠引经据典是解决不了这个问题的。不过无论如何，耒耜总归是刺土、掘土的工具，在这一点上没有异议。而这样一种农具显然是从木棒、掘棒和石刀之类的东西演变出来的。也许就是像有的学者所解释的，“耒”是曲柄，“耜”是柄下端附加的刺土的刃，正如《王祯农书》上所说的“耒耜二物而一事，犹杵臼也”。最早的耒耜大约全部是木质的。因为是取材于大自然，其形制不会是有固定的规格，有的就是一根直棒，也有的是歧头，那就是树枝的分杈。用来制成耒耜的木棒上，要是有个位置合适的旁枝能把脚踏在上面，可以协助手力，刺土得以较深，这就会启发人们有意识地在耒柄的适当位置上缚上一根短而牢的横木，这就提高了农具的效率。此外在耒柄的下端缚上一个打磨过的石质的或蚌壳磨制的尖端，那就能更加提高了刺土的效果。可以设想，最原始的耒耜是曾经过这样地不断改进的。（图一）

用木棒之类的工具刺土，得利用前推（或下推）的劲儿。入土自然不会很深，遇到土质比较坚硬或者过于干燥，那就要太费气力。于是人们想到制作一

---

① 原稿撰于 1973 年，1974 年夏修订。

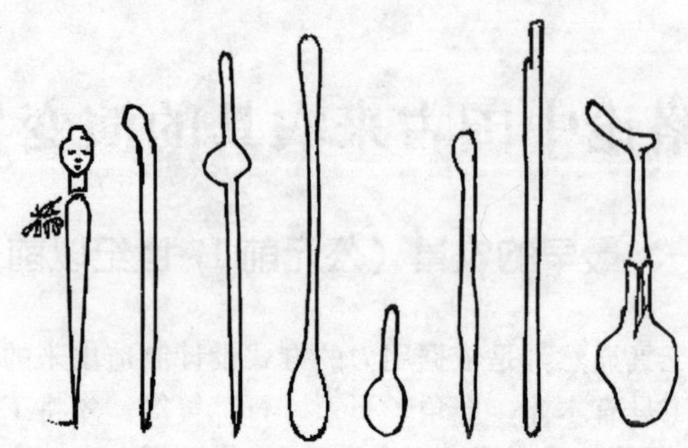

图一　非洲居民使用过的几种掘棒
(引自 E. WERTH, Grabstock, Hacke und Pfcug, 1954)

种类似斧子的工具，先高举起来，再反转方向向下斫，这样力量就会更大。可能最初就曾使用过斧头来进行开地的工作，后来把斧头的穿柄枘孔改变一下位置，使斧柄和斧刃成为垂直，这就是“镬”了。不久前出土的有商代的铜斧，有人说是镬，镬的样子确实是像斧，区别就在于枘孔的位置。商代是否已经有了镬，这还要今后考古方面提出新的证据。现在只能说，单从农业发展的情况来推测，那时的劳动人民已经制作出来这种农具，这应该说是可能的。

不久以前，还有商代的铜铲出土。这种工具未必是专用于农业生产。不过应当指出，远古时期的器具大多不是专用的，当初制作出来铲这样的工具，也许原是用来掘土、运土的。但考虑到黄河流域这样的自然环境，杂草的滋生是比较厉害的，种庄稼的人显然很早就发觉了杂草对庄稼的危害，因而也就比较早地考虑到了除草的问题。用铲来除草也还算是有效的，因此可以把它看作较早的农具之一。

这里顺便提出来一个问题：古代曾否普遍地使用过铜制或青铜制农具？应该指出，曾否有过铜制农具是一个问题，铜制农具曾否被广泛地使用过，是另一个问题。对农业史的研究来说，后者才是有意义的。不能根据出土了个别的铜铲、铜镬之类的商代遗物，就可以断言那个时期已普遍地使用铜制农具了。依理推断当时铜或青铜制农具的使用范围似乎极为有限。这不仅仅是由于铜和青铜还不很多，首先显然是用来铸造更被重视的祭器和兵器以及贵族们的日常用具之类。更重要的缘故是，统治阶级断然不肯或者更确切地说，不敢把这些可以当作武器用的东西普遍地大量地交与广大奴隶之手。前面曾经提到过，原始时期的器具多半不是专用的，大致说来，时代越是往前，人类用具的种类也越少，换言之，一种器具更是往往有多种用途。斧的形状像镬，戈的形状像镰，可以用于耕种的，也可以用于战斗。铜的，尤其是青铜的工具，比起石质的和木质的来，要锋利得多，如果被奴隶们掌握了，这对统治阶级来说当然是十分危险的。只是到了后来一切都有了发展，兵器和农具的用途都各趋于专一，与此同时，兵器的杀伤效果大大超过了农具，只是到了这个时候，金属农具才得推广。在历史上，那是进入铁器时代以后的事。在铜器和青铜器时代，不用说那全部为金属的农具不会是普遍的，就连那些仅仅前端装有金属套刃的也好像都是例外。

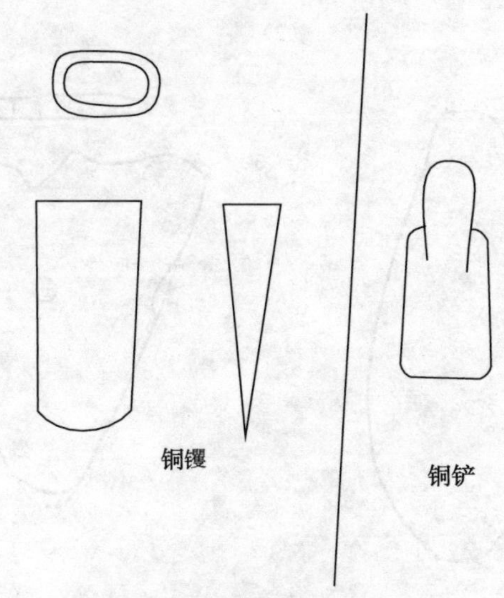

图二　河南出土的铜䦆和铜铲

（引自许顺湛，《商代社会经济基础初探》1958）

有人说，那个时期可能已经出现了犁，甚至于肯定已经开始了“牛耕”。据说最初是在耒的近前端处拴上一根绳，一人刺耒入土，另一人面对面曳绳向后倒行。二人合力，开地的效率会提高很多，这就是由耒向犁过渡，或犁的最早形式。后来改为曳绳者转身与推耒者面对同一方向，用肩负了绳向前进，这样可以减少疲劳。最后又用牛代替了前面拖绳的人，这就成了“牛耕”。这种说法，虽然还有人提出证据，说清代贵州少数民族那里还有这样的耕法，但好像还不无问题。首先是像我国新石器时代的农业生产是否就已经需要犁，这还是需要研究的。不久以前，内蒙古昭乌达盟阿鲁科尔沁旗德博勒庙区出土的新石器时代的石犁，使人不无怀疑。诚然，西拉木伦河流域的自然条件，确是宜于发展种植业的。但也很难设想，在那样远古的时代就已经有了必须使用犁的种植业。浙江杭州水田畈遗址发现的石犁虽然比较可信，但考虑到大约一千年之后，到了西汉时代，那一带还是“火耕水耨”的状态，它的可信程度还应该说是有限的。再说耒和犁都是耕具，从耒耕演变而为犁耕，其间总还应该是有一个过程的。(图三)

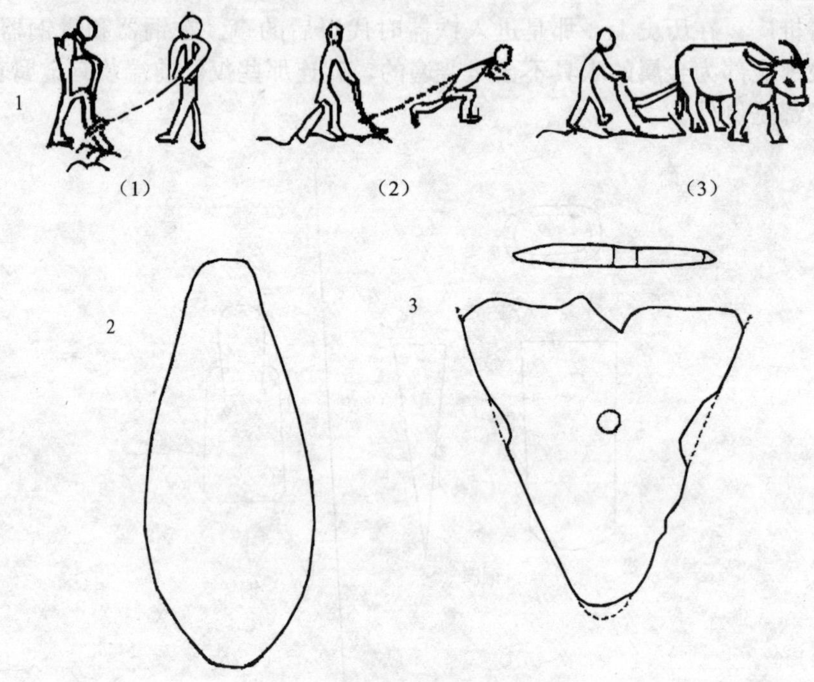

图　三

1. 从耦耕到牛耕的转化示意图（引自孙常叙，《耒耜的起源及其发展》）　2. 内蒙古昭乌达盟阿鲁科尔沁旗德博勒庙区出土的新石器时代石犁（《文物参考资料》1955 年七期）　3. 浙江杭州水田畈遗址出土新石器时代晚期石犁（《考古学报》1960 年二期）

刘仙洲先生说，由使用耒耜的间歇动作发展而为连续运动就是犁耕的开始，而这是耕作方法上的一个极大的进展。这话是很对的。可是耒耜的前端刺土部分与地表是接近于垂直的，要说这样的耒耜一次刺入土地之后，由另一力量用绳拖着向前，就能不间歇地向前耕开土地，这是不可思议的。由耒耜发展而为犁耕，问题主要不是在于前后两个劳动者是面对面还是共朝同一个方向，而是在于破土的器具的尖端与地表基本上是垂直的还是平行的。只有二者成为接近于平行的状态，才能做到不间歇地或持续地破土前进。清朝阮福的《耒耜考》记述贵州苗族农民用绳拖耒耕地，明说是“一人在后推耒首”，那显然是耕者大弯着腰，把持着耒的接近尖端部分，那正是为了使尖端刺土接近于与地表平行。此外阮文并没有说这样就可以不间歇地前进。实际上恐怕还是不免要间歇，不过那是由于使劳动者每前进一小段，就能缓一口气才行。无论如何，要说后面一人直着身子秉耒，前面有个人用绳拖了耒柄（即便是绳子缚在耒柄的下端），这样就能产生“犁”的效果，那是必无之理，是不可想像的。刘仙洲先生讲到一人扶耒，另一人在前面拖的耕法，就指出，“后面的一人把耜刃稍稍放平，稳定地扶持着耒柄”。讲到犁耕时又说，“为了使原来耒耜刃部便于向前插入土壤，不能不改变方向把它平装在一个便于人扶的犁柄，……”。所说的应该就是这个道理。向犁耕过渡中，在耕具的使用上最重要的一点是刺土的尖端必须改为与地面平行或接近于平行。1958 年农业部编的《农具图谱》（第一卷）中的“都匀犁”，可以视为最简单而又最基本的犁的构造形式。或者说，由“耒”变而为“犁”，在耕具的构造上主要是由原来的尖端刺土部分与柄二者大体上的一条直线变而为两条相交的直线，而主要的是“犁底”或刺土尖端与地面平行或接近于平行。这可以说是耕具制作上的一次质的变化。至于前面的牵引力是出自人还是出自牲畜，那只是在耕法上才是重要的。刘书引载 R. P. HOMMEL《CHINA at WORK》一书的山东的《人犁图》，在这一点上表现得很清楚。扶犁的人也还是大弯着腰。（图四）

图　四

1. 山东的人拉犁（引自 P. HOM-MEL，China at Work.）

2. 贵州都匀犁（农业部编《农具图谱》卷一，1958）

当然应当想到，远古时代的耕不过是开出一条很浅很细的沟，然后在沟里撒播种子，这实在说起来只是播，而算不上是耕。特别是，如果是松软的沙性土或熟土，一人扶耒，前头有个力量拖着走，这也还是可以的。意大利 POHTEDI SAN ROCCO 出土的新石器时代石刻，就有用马拖了掘棒耕地的形象。日本人译为“牵引作条棒”，所谓“作条”，就是耕开的沟成行，恐怕那个时候还谈不上什么“行播”。那好像只是因为牲畜比较容易得到。畜力想来不会怎样发挥出来，仍只是把土地的表皮稍稍松动一下而已。因为不是真正的

“耕”，所以不能说它是“犁”。（图五）

图五　意大利北部 PONTEDI SAN ROCCO 出土新石器时代的“牵引作条棒”（BEHRENS，Kritsche Bemerkungen zu der Form des acltesten neolihtischern Bodenbaus in Mitteleuropa-AGRARETHNOGRAPAPHIE 1957，转引自日本《体系农业百科事典》《农法与农学》）

一提到这样的耕法，常常是联想到后来的那种所谓镪犁（或抢犁）。应该指出，像不久以前山西东南部还常见使用的那种耕具，虽其名称是“犁”，其实只是一种变相的耒耜，因为它的破土运动仍然是间歇的。此外还必须想到，使用镪犁的两个力量，都是直接用到刺土翻土上面，反之，犁之破土前进，则是专靠前面的那个牵引力，而后面扶犁的人只是管扶持和调节入土的深浅。顺便一提：镪犁的前面是一根木质的拖杆，这比绳索更为合用。假如最早设计出来的犁是由人来拖引的，那么用来把这拖引的力量传达到犁身上的，更可能是一根木质的拖杆，而未必是绳索。（图六）

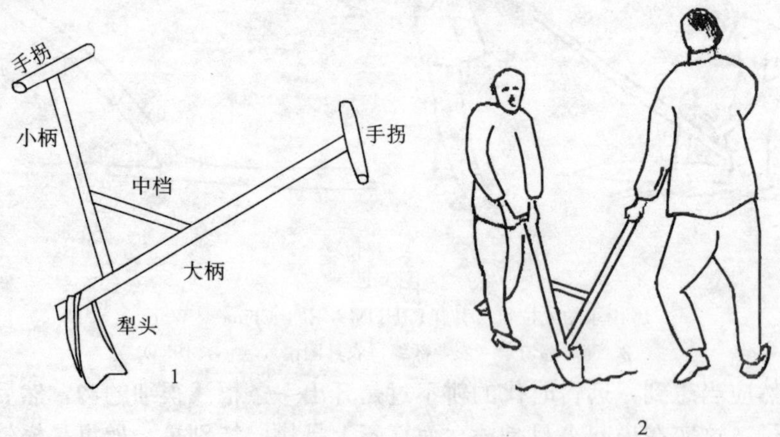

图六　山西的抢犁（镪犁）

1. 形制（引自《山西农学·农具图谱》）　2. 操作（引自日·西山武一，《锹犁系谱考》）

用人来拖犁，就是所谓“人耕”。这种耕法，从古至今一直是有的，不过都像是出于不得已，正规的办法还是“牛耕”。牛之被驯化，显然是在犁出现之前。有人说，商代已有牛耕，看来商代是否已有牛耕，判断这个问题的依据不在于当时已否实现了“服牛”，而是在于是否存在必须用犁的客观条件。如果耕种还处于原始“穴播”的阶段，耒耜可以完全胜任，犁是不需要的。实行犁耕说明耕法上的一次重要的改变，那就是整块土地普遍破开翻动，而不再是仅仅松动单一的用来播种的穴。可以相信，商代，至少是商代后期，已经是越过了这个阶段，因此，犁在商代已然出现也不是完全不可能。这还有待今后考古研究方面提出确证。不过最早的犁好像主要还是用于开垦，因此设想，它之显示功用主要还是在那个时代以后。如果是先已有了镬，那么犁的出现也许还要晚些，因为镬就可以担负起开垦的任务来的。还有，犁是破土工具，功用和耒耜一样，也可以说它是耒耜的直接发展。可是用犁是向前进，用耒耜开地，人却要逐步向后退，就这一点来说，犁和镬又是相同。这样看来，犁也可以说是耒耜和镬二者的复合。因此可以假定，先有的镬，然后才设计出来犁。

前面说过，那个时代的农业劳动，主要是播种和收获两项。以上都讲的是开地的工具，至于收获，好像一直是使用的石镰和蚌镰，没有什么变化。（图七）收获之后，自然还有个整治加工的过程，大约很早就制作出来杵臼。简陋杵臼已有出土。这种器具在长时期内也没有什么改变（图八），原因显然是在这方面没有什么新的要求提出来。

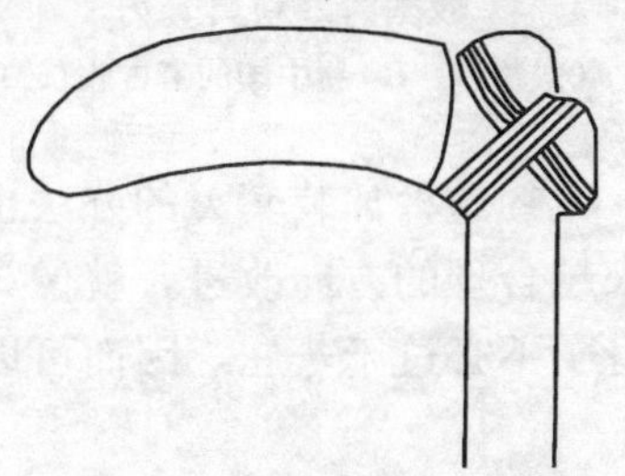

图七　山东临沂出土的石镰

（中国历史博物馆藏，转引自刘仙洲《中国古代农业机械发明史》）

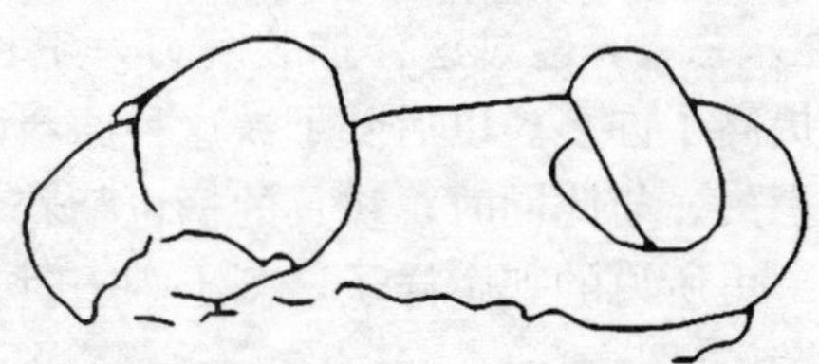

图八　甘肃兰州华林山出土的石磨盘及碾棒

（《全国基建工程中出土文物展览图录》转引自刘仙洲书）

二、适于旱地农作的农具之初步发展（公元前10至前4世纪）

随着周族的统治的建立，在农业方面出现了新的情况。首先是农耕区显著地扩展了，而这一扩大了的农耕区基本上是在比较干旱的黄河中下游各地。在这一地带，发展起来的耕种方式是一种旱地农作，而农具方面的演变自然是与之相配合的。

耒耜仍然是主要的农具。《诗经》里面只提到“耜”而不见“耒”，却不能据以证明其时耒已绝迹，可以认为，诗人只是“耜”字来代表这个农具而已。更重要的是这种工具的形制显然有了改变，而且像是在不断变化之中。徐中舒氏指出，耒的演变是由木制而金制，由歧头而平刃，由平首而空首。所谓“金制”就是入土的前端部分改为金属的。所谓“平首”是工具的端部那块金属刃片，上边中间突出，为的是缚在木柄上面，后来这个突出部分由平片变成一个空槽，这在古书中称为“銎”，把木柄头插进里面，就比缚扎牢固得多了，这样的空槽就叫作“空首”。所谓由木制改为金制，从发展的过程来推想，未必一上来就是前端刺土部分由原来的木质直接改为全部金属，而大约是由于金属材料还不够多，只把一个金属的套刃装在木质尖端的上面。后来犁的演变就是有这样一个过渡阶段，那种套刃称为“犁錧”或“犁冠”，已有不少出土，可资参证。不过有人把1950年河南辉县出土的战国时代的“V”字形铁器认作“耜冠”，却未必是。那件东西的前端两侧线几乎是成直角，说它是“犁錧”比较更为可信些。由一个人之力运用的耒耜，其尖端应该是个锐角，这是需要顺便一提的。（图九）总之，经过这样加装套刃，工具的效用就提高了许多。以后随了铁这种原料的增多，大约这种加装套刃的办法也就逐渐消失。与此同时，耕具的柄也朝着弯度越来越合理的方向改进，就像《考工记》里所说的那个样子，刺土翻土时，人的身子不必过于弯屈，因而可以减小疲劳。（图十）

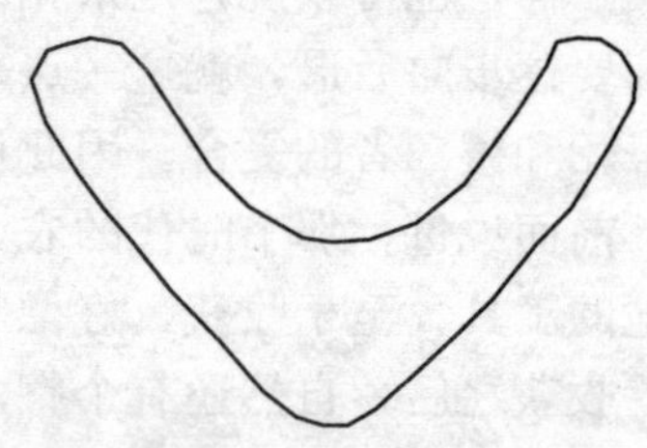

图九　河南辉县1950年出土的战国时期耕具套刃（铁犁铧）（《新中国的考古收获》）

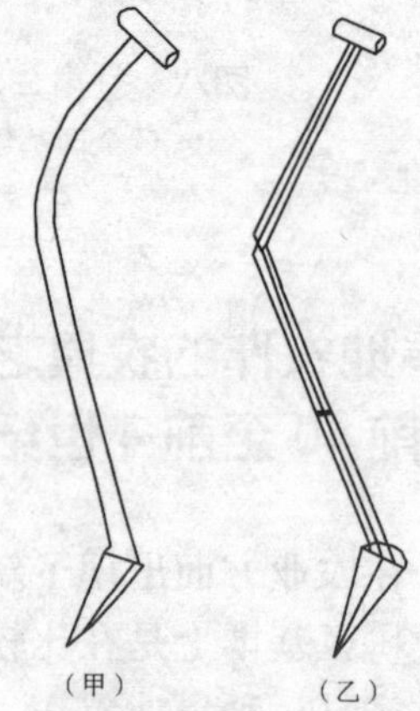

图十　《考工记》中之耒（甲）清戴震《考工记图》中之图式（乙）清程瑶田《考工创物小记》中之图式

讲过耒耜，再来谈犁。如果说，商代是否已经开始用犁，现在还不能完全肯定，那么在周族建立起统治之后，在农业生产上使用这一工具好像就有了条件。这样说的根据是，像《考工记》里面的耒耜，柄是弯曲的，除了可以减少人的疲劳之外，也是为了使前端入土部分更向与地表平行的方向转变，这样发展下去，就会演变出犁这样一种新型的耕具来。当年周族从关中根据地向外发展，是采用的武装开拓的方式，所凭借的经济的力量就是开发新的征服区，推广农耕事业。扩展农耕区，不能没有有效的开垦工具，即使不是那个时候才制作出来的，至少也是得到了一个积极推广的机会。最早的犁可能主要是一根稍粗而坚实的木棒，前端斫得像尖刃的样子，或者再装上经过打磨的石的、蚌壳的或其他锋利的犁头，另外再加上一根拖杆作为犁辕，这就大致有了个犁的形式。这样构造极为简单的犁由牛来牵引，用于开垦荒地，在那个时代应该说是很有效率的。它和镬一起，在扩大耕地面积的事业中，发挥过不小的作用。大约到了春秋时期，犁的使用就逐渐普遍起来。

耒耜这样的耕具，从正面看，很像后来的直柄的铁锹。前面讲到的铲，形制也有些类似。《诗经》里面有一种名叫"钱"的另一种农具，过去对它有两种解释，有人说是铲，有的又说是"锸"，在其他古籍中也作"铫"、或"斛"，或"鍤"，（"斛"或误为"斛"，"斛"是量具）也就是后世所谓的"锹"。铲和锹的样子是有些仿佛，但功用不同，后者可以深掘入土，前者则宜于平推，考虑到今天的锹，大致分为两类，一类是"挖锹"，同"锸"一样，一类称为"平锹"或"撮锹"，用时平推，与铲相似，这就难怪对"钱"有那样不同的解释了。看来《诗经》时代的"钱"，可能是样子既像铲，又像锸，而兼有锸和铲的功用，也许是比较更接近于锸。顺便一提，从前几年湖北古矿冶遗址和长沙马王堆西汉墓出土的木臿来看，那时的臿的刺土部分是空而长的，显然是为了易于入土。现在有的地方有这样的铁锹，江苏的所谓"江北铲"就是一例。从另一个角度来思索，在各民族的历史上，几乎都有一个把主要农具当作货币使用的时期，中国通称货币为"钱"，也许就是导源于此。杨宽氏以为，周代中原的"布币"，无论其为"空首布"、"方足布"、"圆足布"、"尖足布"，大体都作铲形。其实如果说都作锸形，也许更恰当些，因为锸或锹作为农具当时功用比铲要大，"钱"那种农具大概是比较更像锸。后来元代王祯作《农器图谱》，把"钱"列入《钱镈门》归到"薅器"之列。其实这种农具早已不见了，王祯只是揣度它"似锹非锹"，又说"钱特铲之别名"，而所绘的"钱"的图样，与"臿"（锸）也并没有本质上的出入。其所以如此，也可以这样来理解。似乎可以这样设想，在《诗经》时代，"钱"已成为主要农具，并且逐渐向锸转化，表现出要取代耒耜的趋势。而与此同时，另外一种叫"镈"的农具主要担负起除草的任务（图十一）。

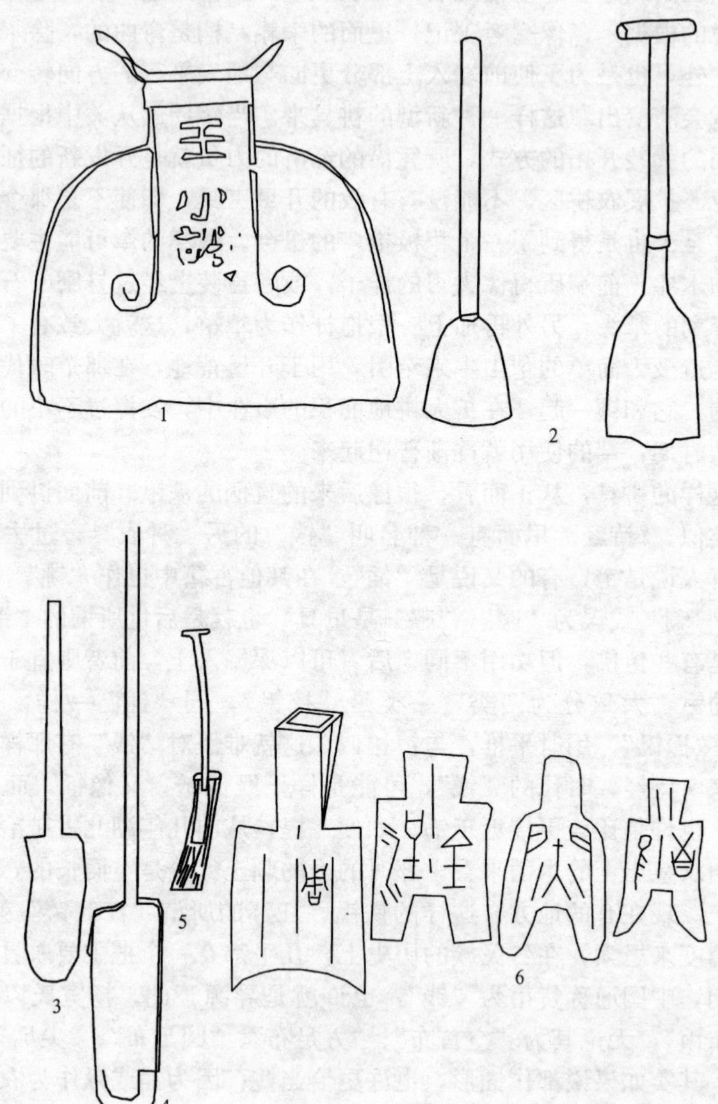

图 十一

1. 河南安阳出土之“五小铁钱”（引自徐中舒《耒耜考》） 2. 王祯《农器图谱》中之“钱”与“鎛” 3. 湖北古矿冶遗址出土的木鎛（《考古》1974年四期） 4. 湖南长沙马王堆西汉墓出土的木鎛（《人民画报》1974年十一期） 5. 现代江苏的“江北铲”（顾复《农具》1934年） 6. 古代的“空首布”、“方足布”、“圆足布”、“尖足布”（引自徐中舒《耒耜考》）

《诗经》里面讲到了“镈”，历来多认为是除草的工具，也就是锄一类的东西。河南洛阳博物馆收藏的一件汉墓出土的小铁锄，刘仙洲氏以为似即古代的“镈”。究竟镈与锄二者之间是什么关系？要说明这个问题，还得牵连上和鑁。前面讲过，鑁这种工具主要是用来开土的。近来已有战国时代的铁鑁出土，就其形制而言，用它来除草也还是可以的。在秦汉时代的各种字书里面，有“鍺”、“定”、“櫿（钃）”等几个词，都像是鑁一类的斫器。例如《尔雅》上说：“斫谓之鍺”，“斪斸谓之定”。“斪”、“斸”二字同“斫”一样，都是从“斤”可以证明。后人对那几个词作解释时，却把鑁和后来专用于除草的锄（鉏）纠缠到了一起。还有《孟子》里面提到过“鎡錤”这样一种农具，后世作注解的同样有的说它是锄，又有人说它是鑁。而《说文》里面更把鑁字解释为“大鉏”。其所以如此，也许是由于各地的名称不同，但也许可以认为，这种混乱情况多少透露了一个事实，那就是古代确实有过一种农具，它兼有鑁和锄二者的功用。从斧演变出来的鑁，它的柄和刃大体上是垂直的，而这种兼有二用的新的工具，柄和刃则是形成较大的锐角。这样一种工具既可以斫，又比鑁更便于向后曳，高举起来往下斫，就像鑁一样能够刨地，向后曳就能够有除草的作用。像这样的工具近似直到如今还在陕北等地习用的“老鑁”。对于得不到充分的工具配备的农民来说，这样的家什是很中用的。新疆维族农民使用的“坎头曼”也是这一类，19世纪中，法国画家MILEF的一幅画上的农具可供参考。因为它兼有二用，所以作字书的人给予不同的解释。解放后不久，河北省兴隆县出土的战国铁锄范，从装柄的柄孔的形式来看，就很有“老鑁”的样子。《诗经》里面的镈，可能就是与此类似的一种农具，或者是这样一种新的工具的前身。它的形制在各地大约多少都有些出入，或者说一直在不断变化之中，名称也自然不会一致，在齐鲁一带就叫做“鎡其”了。此外战国时代人的著作中，常常见到“耨（槈）”这个字，也是除草用的。王祯《农器图谱》里面，“耨”的图形就有点像今天的老鑁。虽然那也只是根据作者的想像绘出的，未足为凭，但可以相信，战国时代的耨如果不就是镈或者鎡其，那它显然也是沿了这一条线演变出来的。它成为专用于除草的工具，到后来就发展成为锄，或者说，就以“锄”的名称基本上定型了。《农器图谱》里的镈也是画成了后世的锄的样式。锄作为除草工具，其显著不同于铲和钱的特点是，同时向后曳，而后者则都是向前推。这应该说是一个重大的改进，因为这就更便于使用者对它的控制。在田里除草，常常不免要损伤禾苗，加强对农具的控制，这是极有意义的，更不用说工作效率了。看来镈或鎡其以及耨，显然是由直柄的钱向曲项的锄演变中的过渡形式，而由鎡其又直接发展为后世的老鑁。汉代字书《方言》里面的“鲁斫”好像就是老鑁。后来字书《玉篇》里

的“镬”字下面的注是“锄镬”，顾名思义应该是兼有二用，大约也是这种东西了。（图十二）

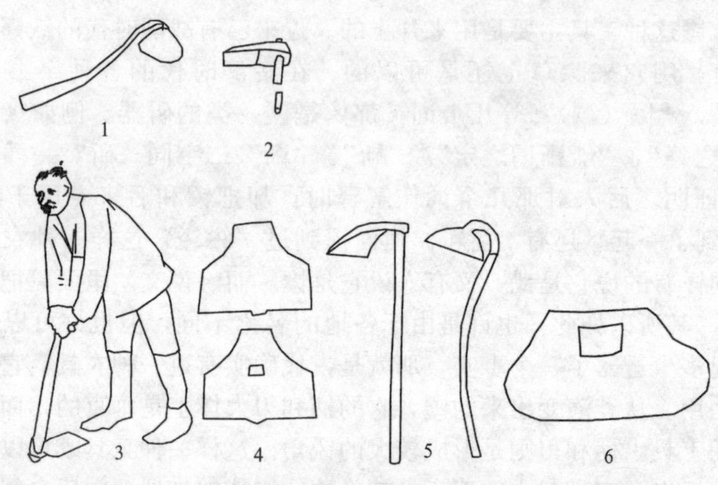

图 十二

1. 河南洛阳汉墓出土之“小铁锄”（洛阳博物馆藏，引自刘仙洲《中国古代农业机械发明史》） 2. 战国时期的镬（《文物参考资料》1954年九期） 3. 法国 MILLET 所作“L'homme A'le houe”画中之农具（引自 M·AUGE - LARIBE，La Revolution agricole，1955） 4. 河北兴隆出土的战国时期铁锄范（《新中国的考古收获》） 5. 王祯《农器图谱》中之“耨”和“镈” 6. 湖北古矿冶遗址出土的春秋末、战国初铁锄（《考古》1974年四期）

说到除草，还有一个“莜”的问题。《论语》里面记载着孔子出游“遇丈人以杖荷莜（或作蓧）”的故事，说到那个老人“植其杖而芸”。他芸田所用的工具应该就是那个莜了。这莜又是什么样子？有人说，除草还要拄着根杖，显然是在水里田里，果然如此，莜就是一种专用于稻田除草的工具了。又有人指出，“今南昌人耘田用一具，形如提梁，旁加索，纳于足下，手持一杖，以足踏草入泥中，名曰‘脚蹬’”，作为证明。此一说也只可供参考。那个时代种稻，并不全于后世相同，这一点也不容忽视。看来这一问题还有待研究。

《论语》里面还提到了碎土的工具，名称是“耰”，它的开始使用自然是在春秋末年以前，并且可能是以前很久。这样猜测的理由是黄河流域的气候干旱，耕开的土容易结成坚块，必须紧跟着使之破碎才好种植。显然农民很早就注意到了这个问题，需要一种专用于碎土的器具。耰是木榔头，头和柄都是木质的，在先秦文献中也叫作“椎”（图十三）。

《诗经》以及先秦著作里还提到“銍”这是镰的较早的名称。不久前浙江

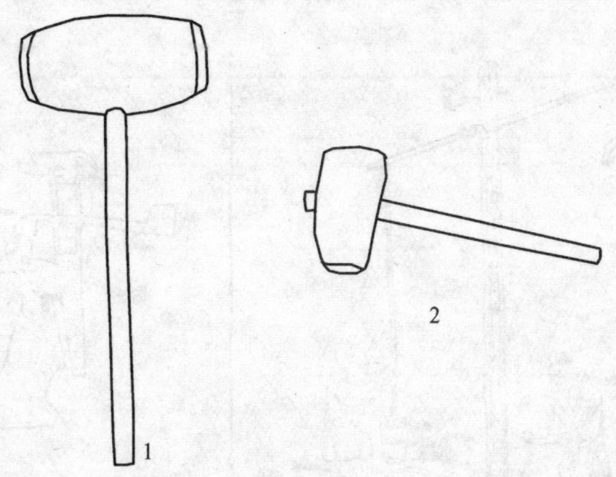

图　十三

1. 王祯《农器图谱》中之“櫌”　2. 新疆雅阿出土的西汉木榔头（史树青《谈新疆民丰尼雅遗址》转引自刘仙洲《中国古代农业机械发明史》）

嵊县又出现了铜镰，据说是属于春秋时期。金属镰的更广泛的使用应该是在普遍用铁以后。镰头基本上是直的，或者略带弧形，像河北兴隆县出土的战国铁镰范所表示的那个样子。镰柄一般说来是短的，适于割穗。《说文》里“銍”字的注解是“获禾短镰”，显然指的是短柄镰。（图十四）

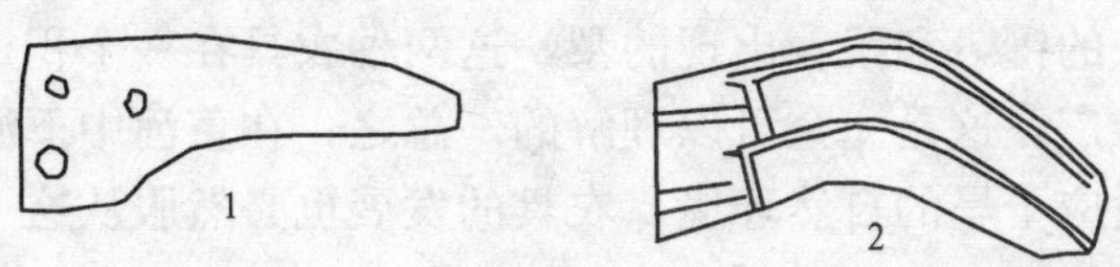

图　十四

1. 江苏仪征出土的周代铜镰（《文物》1960年四期）　2. 河北兴隆出土的战国时期铁镰范（《新中国的考古收获》）

还必须提到的是，至少到了春秋时期，就已出现了简单的提水工具桔槔。在干旱的黄河流域，取水一直是一个重大问题，这种根据杠杆原理设计的、很容易设置起来的提水机械，同传统的小农经济是配搭得很合适的，所以始终没有被废弃。（图十五）

西周和春秋时期的农民所使用的农具大约就是以上所讲的这些。这一个时期的情况，现在能够了解的虽然比起前一个时期来要多，但无论考古方面提供的出土实物还是文献资料，都还不够充分，所以对许多问题的说明，在很大程度上仍然是依靠推测。大致说来，比前一个时期多出来用于除草的钱和镈以及专用于碎土的櫌，这都是适应黄河中下游的特定的自然条件开始形成的干旱农法而必然较早地制作出来的几种农具。钱，尤其是臿，可视为耒耜的补充。犁

图 十五

1. 王祯《农器图谱》中之桔槔 2. 东汉武梁祠石室壁画上之桔槔

(《汉武梁祠画像录》)

则是从耒耜直接发展出来的，只是受了镬的启示，改变了前进的方向。从另一条线上演变出来的镬，和跟着出现的犁，这两种农具在一个积极扩大耕地面积的时代中得到推广，这是完全可以理解的。总之，在黄河中下游这一地区发展农业的基调是适应干旱的自然环境，农具的发展也必然服从这一规定。

三、干旱农法奠定时期的农具（公元前 3 世纪至公元 2 世纪）

中国的铁器时代始于何时，这不能说得很确定，无论如何可以说，到了春秋末期，铁制的工具就已经开始多了起来，进入战国之后，这种趋势更是大大加速。为了增产粮食支持对外作战，各国都致力于发展农业，首先是扩大耕地面积。那是一个广泛地开荒造田的时代，因此下面就从在这方面起过重大作用的犁谈起。

解放以后，接连有古代的铁犁出土，其中有属于战国时期的，而且还有铁犁范。那个时期的犁，除了犁头全部为铁铸的之外，还有在犁头的前端镶上铁口，或者说加上套刃的。这种称为"犁冠"或"犁錧"的东西，也有不少出土。从犁头的形状可以想像出来，那时的犁虽然已经有了金属的犁鑱或套刃，但整个构造显然还是比较简单，除了正中间稍稍隆起，借以分开犁起的土壤的犁头之外，大约只有犁床、犁梢和犁辕这几个部分，甚至犁床和犁梢还往往就是同一根曲木。例如1959年江苏睢宁出土的汉代画像石上有《耕牛图》，犁鑱很大，但无犁床。这样的犁，运用起来，主要靠着人手的操纵技巧。有人说，那样的犁类似后来的劐子，从构造比较简单这一点来说确实如此，不过镬子的头很小，如果联系起开荒来考虑，犁鑱就是得大些。最近秦始皇陵近旁出土的铁铧，长宽都是25厘米。犁头这样大，这种犁就得用畜力来曳引，通常就是用牛。从此牛和犁旧上结成了不解之缘。《说文》里用"耕"来解释犂（犁）字，段玉裁为之作注说，"犁"和"耕"二字互训，"盖其始人耕者谓之'耕'，牛耕者谓之'犁'"，他这话可以说是有其一定的道理。用犁来开荒，显然是用牛来拖的。（图十六）

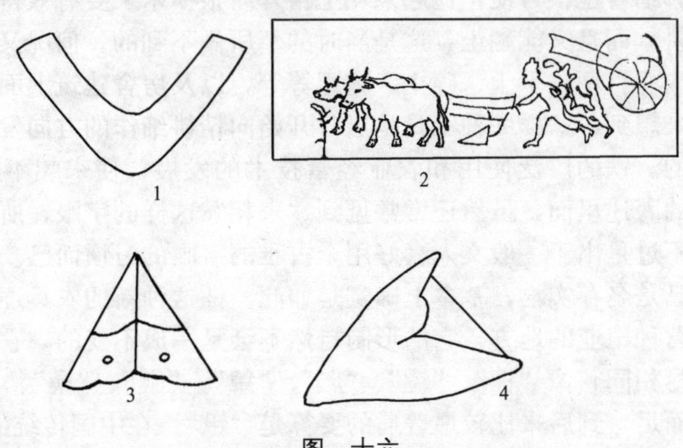

图　十六

1. 河北易县燕下都遗址出土的铁犁铧（犁冠）（中国历史博物馆藏）　2. 江苏睢宁出土的汉代画像石上的牛耕图　3. 王祯《农器图谱》中的"劐"　4. 秦始皇陵附近出土的秦代"大铁铧"

在这里还要解释一下，为什么讲到犁就先联系到开荒。《管子·轻重·乙篇》说，"一农之事，必有一耜、一铫、一镰、一鎒、一椎、一銍"。同书《海王篇》说，"耕者必有一耒、一耜、一铫"。都没有提到犁，如果认为这两篇是作于战国时期，这说明当时一般田间操作还不大用它。有人说，"犁"与"耒"是一声之转，或者说，"耒""耜"二字连续读就成了"犁"音，这就是说，名称为"耒"或"耒耜"，其实就是"犁"。这是一种解释。这个问题单单从文字学或者音韵学上恐怕还不能解决。《吕氏春秋》里面有几篇是专谈农业生产的，特别是比较深入地讲到了耕作，而且也提到了农具，可是也没有犁这个字，这多少反映出来，战国时期用于大田作业的农具当中，犁至少不是主要的。那也许是因为农民畜牛的还不够普遍，但更主要和更可信的原因似乎是，对于开始向所谓精耕细作的方向发展的耕作制度来说，那样还不能翻地而只能开地、而且又入地还很不够深的犁，是不甚合用的，只有用之于开垦荒地还可以发挥作用。这也就是说，要使犁这一后出的耕具真正结合到精耕细作上面去，那还要经过一番在构造上改进提高的过程。

战国时期既然犁还是主要用于开荒，是不是一般大田耕作仍然用耒耜？上面提到的《管子》和《吕氏春秋》里面确是讲到了耒耜，可是同以前的比起来，好像实质不全相同了。战国时期的农业已然有了显著的进步，当时各家学者的著作里面讲到农业生产，都是强调深耕。像《考工记》里所说的那种曲柄的耒，是不容易满足这个要求的。农民在实践中体验出来，“钱”的一个变种，本来可能主要是作为掘土工具的“锸（臿）”倒是很合用。从那时起，这种直柄的掘土工具逐渐成为农具当中最主要的一种。它的铁质的头部不但坚固而锋利，而且用脚踏着也很方便，比起耒耜上格外缚根横木来要有效得多。用锸不但能进行深耕，而且又能翻土，这是当时的犁所做不到的。何况又加上它的用途广，像挖沟、打埂、平土、碎土、施肥等等，以及房舍建筑上面，它也都是合用的。不难想到，这样一种工具是当时开始向精耕细作的方向发展的小农经济很相适应的。铁的广泛使用和农业经营技术的发展，使耒耜不得不让位于锸。在后世的著述里面，虽然还常常见到“耒耜”这样的字眼，所说的实际上都是锸，那不过是出于一般文人喜好用个古雅的字眼的习惯而已。即使不能绝对地说耒耜已是名存实亡，基本上确实是如此。锸这种新的农具逐渐推广到了几乎所有经营种植业的地方，它的形制自然不会是一成不变的，它的名称也因地因时而不尽相同，像“梩”、“铫”、“㓹”、“鍏”、“𨫼”、“喿”、“㓷”、“杴”等等，不一而足，到后来比较最普通的要算是“锹”。在中国传统的农业上面，它和犁二者在农具当中同样居于首要地位，而它的功用更广。在小农经济的种植业的经营中，它比起犁来更是不可缺少的。西汉时人通常说到农民种地，就说“蹠耒而耕”，其实应理解为“蹠锸而耕”。那时的锸的样式，虽然目前还没有出土的实物，但可以想像和现在的锹大约相似。最近长沙马王堆三号墓墓坑填土中，发现了完整的木臿，臿口镶有凹字形铁口，可供参考。后来郑玄注《考工记》，说古代的耜只有一个尖刃，而他那时候的耜确是两个尖刃。从他这话可以知道，在东汉的末期，至少是郑玄的家乡，即今山东武梁祠画像上面，神农、大禹等人都是手里拿着一种歧头的农具，可以与此互相印证，因为那位画家也是出在山东地方。此外《说文》里面有个“苿”字，注释说是“两刃臿，从木丫象形”。又有个“㮚”字，注曰，“苿臿也，从木入象形”。这两个字像是指的同一件工具。“苿”字的注还说，“宋魏曰苿也”。宋魏和齐鲁是相邻的地区，这可能就是郑玄所说的那种歧头双刃的耜。联想到武梁祠石室画像上的那种农具，和古代的“方足布”很相仿佛，这就可以设想，那也许是在特定条件（首先是土壤条件）之下保存下来的古代的掘土工具。但也未尝不可以

说它是锸的一个变种。(图十七)

图十七　东汉武梁祠石室壁画上之神农和大禹像

(《汉武梁祠画像录》)

把耒耜和锸的关系交代过，再回来研究犁的演变。前面说过，原来主要用于开荒的犁，形体是比较大的。《说文》里面有“铃鏅”这个词，原注是“大犁”，这就使人推想，那时显然还有比较小的犁，可能是一般大田作业所用的犁，形体比较要小些，前端的角度也许是更小一些，大致就像甘肃古浪陈家河台出土的汉代铁犁铧的样子。当然，这仍然是简单的犁头，应该说，犁在本质上的变化还是在于增添了“犁壁”(“犁耳”或“犁镜”)。有了犁壁，就可以在开沟的同时翻转耕开的土壤，这标志着耕地这一作业上面的一大进步。前面说过，原来犁头只是一个犁鑱，中间稍稍隆起，可以称之为“脊”，犁鑱有这个脊，开起来的土可以稍稍分落两旁，形成一个浅沟，这样的犁是不能真正做到深耕的。深耕是不单是使松动的土层更深，而且要把耕开的土翻了过来，这就需要在犁鑱上增添一个能够翻土的什件。犁壁就是具有这一作用。讲到犁壁始于何时，刘仙洲先生曾引据了宋代林希逸对古代耒耜的解释。林希逸的《考工记解》里面有一幅耒耜图，耒是木柄，耜是刺土的那个部件，在这耜的上面是一个下窄上宽的平板，标名为“槈”，旁边有注说“槈亦名庛”。《考工记》原文是有“坚地欲直庛，柔地亦句庛，直庛则利推，句庛则利发，倨句磬折谓之中地”这样几句话。刘先生指出，耕坚硬土壤的犁，其犁壁较平，耕柔软土壤的犁，其犁壁较弯，较平者因阻力小，宜于前推，较弯者阻力大，利于碎土和翻土，“中地”是半硬半软的土壤，犁壁的弯度要介于二者之间。因此他认为，假如林的解释不误，犁壁之出现就应在《考工记》成书以前。刘先生的这个论断是以林希逸的解释不误为前提的，可是问题正是在于林氏在耜的上面装上了一个“槈”，以及“槈亦名庛”的注文，他可是却都没有说出根据来，这就不免使人觉得，他是不是仅仅根据他那个时代通用的带有犁壁的犁设想出来的。《考工记》里的“直庛”、“句庛”本来是指古代耒耜的刺土尖端部分的不同形状说的。因为文词简略，引起了后来解释上的分歧，就连专讲农器的王祯也没有说得清楚。不过应该注意到，王祯他也并没有接受林希逸的说法。《考工记》原文说，“车人为耒，庛长尺有一寸，……”如果耜是入土尖端部分，不先提它，却一上来就讲它上面的附着部件，这是不合逻辑的。可见庛就是刺土尖端本身，而不是什么名为“耨”的东西。戴震和程瑶田所绘的图就都是把入土的尖端的部分标名为“庛”。从耕作方法的发展的角度来考虑，《考工记》成书时代的耕具，入土还不是很深，也未必已经实行条播，似乎不会需要类似犁壁那样一个附件。因此可以说林希逸的说法是不可信的。(图十八)

中国历史博物馆陈列的有山东安邱出土的汉代铁犁壁。不久以前，陕西又出土了汉代的铁铧和“鐴土”。这“鐴土”也正是犁壁。《说文》里面没有“鐴”字，但南北朝后期（第六世纪初）人编的字书《玉篇》里面有此字，注解是“犁耳”。“鐴”这个字大约是从“擗”字假借来的，“擗”是分开的意思，犁壁的作用正是把耕起来的土分拨开。古籍中原有“擗土”的说法。《说文》未收此字，也许是传写脱漏了，但汉代已有此物，则确有实物可稽。如果要追问，汉代又是何时创始的，那倒是一个值得研究的问题。我们知道，汉武帝时，赵过曾创为“代田”，从《汉书》上的记载来看，那显然是实行条播，实行条播就不能只满足于把土松动，而是还要把耕开的土翻个过。史文明说，“其耕耘下种田器皆有便巧”。在耕种方法上进行“代田”这样重要的改革，必然是有一套新式的农具与之配合，因此可以设想，犁的形制在赵过手里极可能经过一番改良，而这改良好像主要就是增添了犁壁这一部件。后来《氾胜之书》里面讲到耕田，说“……辄平摩其块以生草，草生，复耕之，天有小雨复耕之，勿令有块。……”。等待长出杂草来再耕一遍，有些学者都理解为把草翻进土里，而这里只有装上犁壁才能做到。从“复耕和之”的“和”字上面，也可以想像出犁壁的作用来。这就是说，犁之有壁，很可能是始于赵过。近年来发现了不少汉代的图画，其中一些是表现农耕的，可是犁上都不见犁壁。应该想到，像这样仅仅是一个较小的部件，当时的做画者未必特意把它表现得清楚。更可能是这种新的耕法也只是逐渐普及到全国各地的。在指出西汉中期，亦即公元前约一个世纪，我国已经有了犁壁的同时，也要想到，带有犁

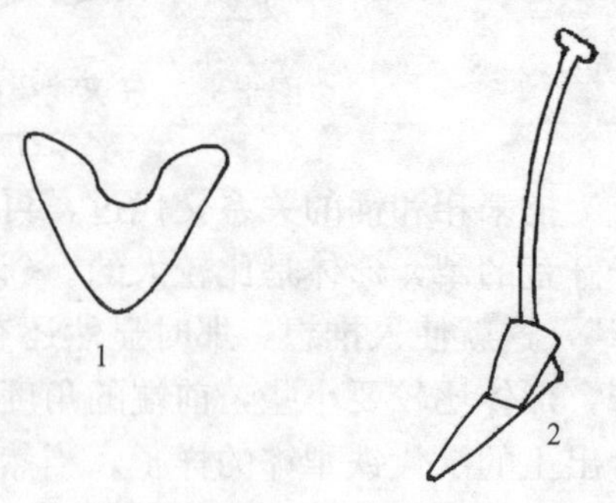

图 十八

1. 甘肃古浪陈家河台出土的汉代铁犁铧（引自孙常叙《耒耜的起源及其发展》）
2. 宋·林希逸《考工记解》中之耒耜图

壁的犁仍只是一步步推广的。(图十九)

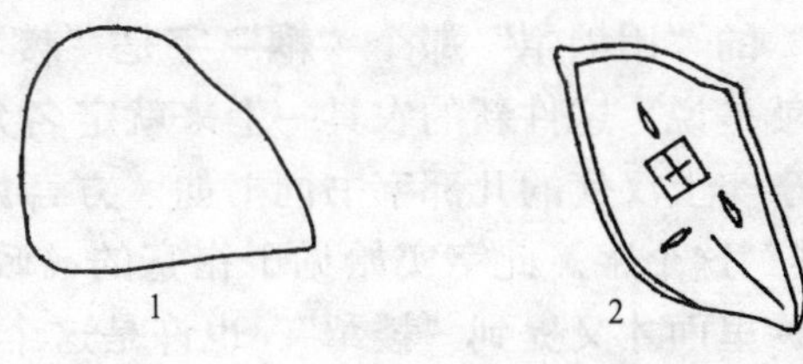

图 十九

1. 山东安邱出土的汉代铁犁壁(中国历史博物馆藏，转引自刘仙洲《中国农业机械发明史》) 2. 陕西咸阳出土的汉代“鏵土”(《文物》1996年二期)

赵过时代的犁，犁辕是否还是直的，不得而知。后来的《说文》里面有个“楎”字，它的一个注解是“犁上曲木犁辕”，看来至少到东汉时已经有了曲辕犁。犁辕之由直变曲，也是犁在构造上面的一次改进。不过也要指出，上面提到的那些汉代图画上面，还都是直辕犁。那也许是由于画像在前，此外曲辕犁的普遍推广，显然也是需要一定的时间。

上面是设想，犁壁是赵过时设计出来的，可是一提起赵过的新耕法，很容易想到《汉书·食货志》上所记载的“耦犁”。这耦犁又是什么样的一个构造?有人说是大体上就像现代黑龙江省还能见到的“对犁”。像这样把两副犁杖并列到一起的，也就是有两条犁辕和两个犁头的犁杖，世界上有的民族也有用过的，不过这样的犁没有疑问是耕地的犁。而关于赵过创用新犁，东汉末年崔寔的《政论》里面也有记载，虽然文字上同《汉书》有出入，但所记的很像是同一回事。照崔寔的说法，那种新型的犁只是播种用的，也就应该是后世所说的“耧”或者“耧犁”，所以下接了一句“日种一顷”。《汉书·食货志》这段文字有些乱，很像是有讹误之处，所以显得叙述不大清楚。崔寔说的“三犁共一牛，一人将之”，从字面上讲是一头牛拖三副犁仗，由一人扶犁。《汉书》上说的“用耦犁，二牛三人”可以理解为两头牛共拉一副双辕犁，二人各控一牛，后面一个扶犁。一个人扶三副犁杖，是很难设想的，问题出在那个犁字上面。刘仙洲先生说，“所说的‘三犁’实际上是三个开沟器，决不能理解为三个耕田的犁”。这话是极有道理的。前些年山西平陆出土的汉墓壁画上明明有农夫驱牛牵挽一个具有三条腿而下端尖锐的农具的形象，虽然画面有欠清晰，但可证明那时确已有这样一种新的农具。再考虑到“代田”是“一亩三甽”，而这种为行代田法而设计出来的“便巧”的播种器，极可能是有三个开沟的小犁头，走一趟就开出平行的三个“甽”来，同时“播种于甽中”，这里显然就是《齐民要术》中所说的“三脚耧”了。《汉书》上和崔寔所记的使用的方式不一样，那也许是由于根据了不同的材料写下的缘故。此外一种新的农具推广之后，各地农民又因地制宜地加以修改以及调整使用方法，也是可能的。就这种播种器来说，由几个牲口牵引以及用不用人来拉牲口并不是重要的。只因为这种新出的农具像是从“犁”变化出来的，操作起来也是一人在后面扶持，前面由牲畜牵引，确是像个“犁”的样子，所以就袭用了“犁”的名称，也许《汉书》的“用耦犁”那个“耦”字是“耧”的误文（此二字形近，极易互讹）。这就是说，这件新的农具一上来就定名为“耧犁”了。当然这只是一种猜测，而事实上汉代的几部字书词书如《方言》、《说文》、《释名》等，里面都没有“耧”这个字。此字实始见于崔寔的《政论》，后来《三国志·魏志·皇甫隆传》里面才又提到“耧犁”。也许是这个播种器设计出来之后，各地农民又根据当地的具体条件和要求分别制作出来各种不同的样式，就像后人所记述的“双脚耧”、“单脚耧”等等，在构造上越来越同犁有差别，这才有了“耧”这一专名。顺便一提前面讲到的《说文》里面那个“橅”字，还有一个注解是“六叉犁”。那个“叉”字本应作“叉”，也就是古文“爪”字，所以后来的字书如《广韵》、《集韵》里面，“橅”字的注释都作“六爪犁”。这“六爪犁”其实不会是耕具，而应该是六条腿的“耧”，恰当的名称应该是“六脚耧”。那可能是把两个三脚耧拼合起来的一个大型播种器。它也许有其特殊的用途，可是显然不大适合于较小的农户使用，所以后来未见推广。通常用的还是独脚的和两脚的，连三脚的好像也比较不多见。（图二十）

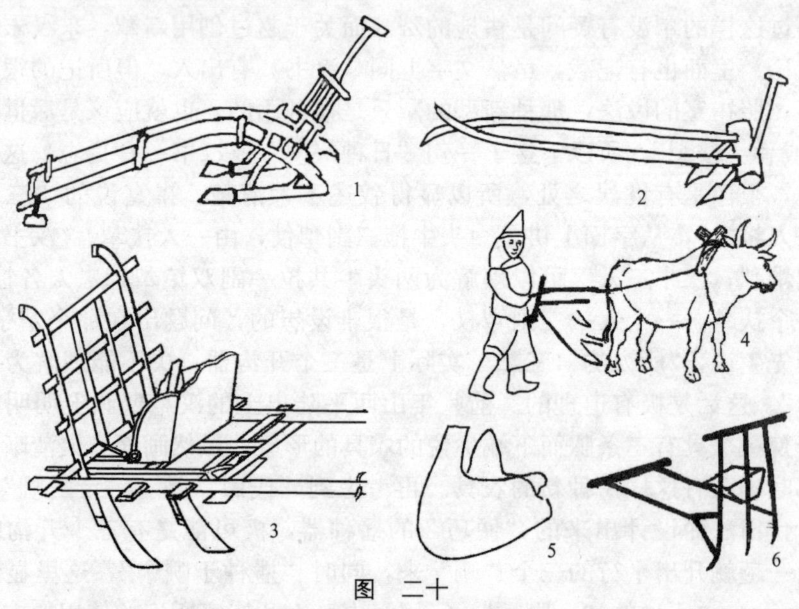

图　二十

1. 黑龙江安达之“对犁”（天野元之助《中国农业史研究》）　2. 前印度 KOL - HAPOOR 的犁（E·WERTH，Ghab - ctock、Hacke und pblug 转引自天野元之助书）　3. 王祯《农器图谱》中之“耧车”　4. 山西平陆出土的汉墓壁画上的“三脚耧”（转引自刘仙洲《中国农业机械发明史》）　5. 北京清河镇出土的西汉“铁耧犁”（转引自刘仙洲书）　6. 现代甘肃的三脚耧（中国科学院黄河中游水土保持综合考察队《黄河中游的农业》）

上一节里曾讲到耰。在先秦古籍中，有的是说“熟耰”（如《庄子》“深其耕而熟耰之”），有的又说“疾耰”（如《国语·齐语》“深耕而疾耰之”）。前者是说把土块打得粉碎，后者是说耕过之后紧跟着把土块击碎，不使变成干硬，这二者都是说的碎土，也就是耰这种工具的本来的作用。可是《孟子》上又说“今夫麰麦，播种而耰之”，却是把耰说成是覆种（动词）。如果《孟子》原文没有问题，那就是当时的人又于播种之后用耰来覆土了。用来覆种的土，里面如果是还有土块，最好是先打碎了。可是前面说过，原来的耰是个木榔头的样子，用来覆种是不合用的，这就有可能把木榔头改造了一下，使它变成带有木柄的一块厚木板，既能推土，又保留了碎土的功能。《汉书·贡禹传》有形容农民在田间操作如何困苦的几句话，说是“捽草杷土”，据颜师古解释，是“用手掊土”，这个说法好像不对。农民即使缺乏合用的农具，用根木棒也是比用手强。这杷土好像应该理解为“碎土”、“平土”，也就是整地。“杷”在这里是动词，同时也是工具的名称，这同“耰”字是一样的。《急就篇》里有一句是“捃穫秉把臿拔杷”，颜师古注本末后三个字作“插捌杷”，有个“杷”字。如果说，这本西汉时代的字书早已散失，后世辗转征引，不免多有讹误，尤其是原文每七字一句，是叶韵的，而“杷”字失韵，肯定有误，因而不足未凭，那么还可以举《方言》为证。《方言》里面有“杷”字，别名是“渠挐”或“渠疏”，传本有注曰，“无齿为朳”，玄应《一切经音义》引此注文是“有齿曰杷，无齿曰朳”，“朳”字也有作“捌”的，这大约与《急就篇》那一句的差误有关。不过无论如何，这已可证明，西汉时代确是已经有了这一种显然是用于整地的工具。稍后的《说文》里面有“鑼”字，注文是“棢属”。“棢”就是“耜”字，说“鑼”是耜一类的东西，那就该是一种耕具了，那时已然是普遍使用犁和臿，为什么还需要耜一类的耕具？看来那个注文是可疑的。联想到后世那个字的用法，说不定它就是有齿耙的别名，而这齿是金属（铁）的。可以设想，原来功用为碎土的耰，随了田间操作越来越细，后来扩大了使用范围，同时改变了形制，先是变成并可用于覆土的一种长柄推板，然后又推演出了“杷”来。从“有齿”、“无齿”的注释来推断，好像这“杷”先是无齿的，也就是长柄推板，后来又添上了铁齿，也写作“钯”或“耙”，或者也写成“鑼”，那就成了《齐民要术》里面所说的“铁齿鍋楱”了。而这铁齿鍋楱，据王祯说就是人字耙。似乎可以这样说，农具是农民根据具体需要创作出来的，往往也依着口语给它一个名称。在这里，所有“杷”、“钯”、“耙”、“扒”、“鑼”等几个字，发音都相似，却又都是不大通晓农事的读书人所写定的或加以注释的，这就难免出现混乱。就像“杷”这个字，在《说文》里面的原注是“收麦器”，其实那指明是另外一种工具，与整地无关，下面还有说明。顺便要说的是，玄应《一切经音义》中“四衢”条有注曰，“《释名》云，齐鲁谓四齿杷为欋，欋扒地即有四处，此道似之，因为名焉”。这几句话，传本《释名》里没有，可能是传写时脱落了。如果玄应不是误引，那就是至迟在东汉时即有了四齿杷。从“欋”字也可联想到“渠絮”或“渠疏”，因为读音很接近。这也是汉代农民已经设计出来耙这种整地工具的一个证明。(图二十一)

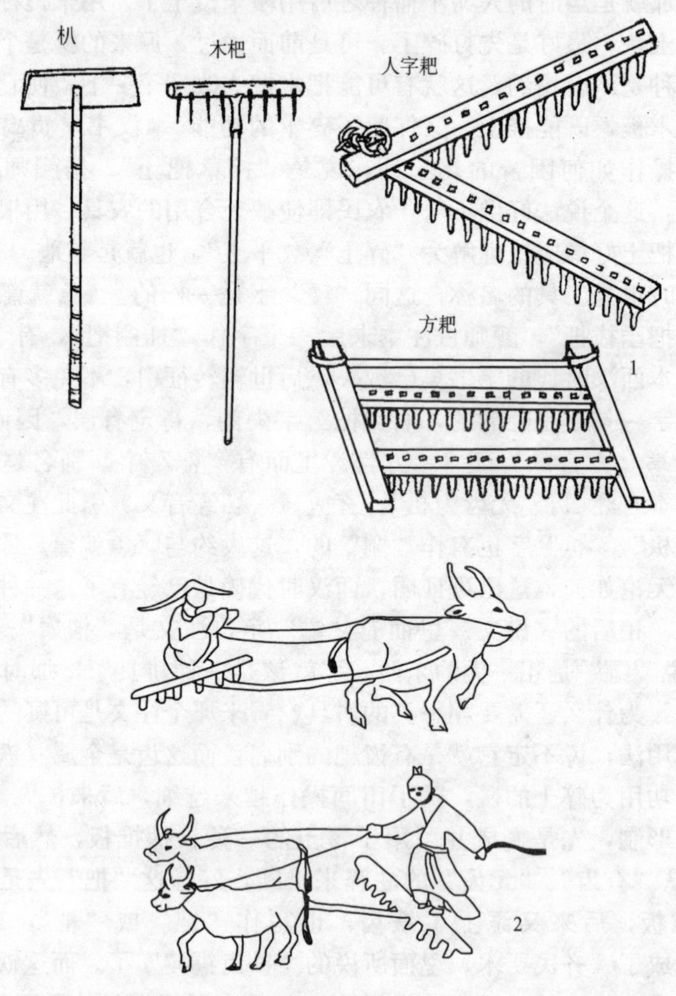

图　二十一

1. 王祯《农器图谱》中之“杋”、“大耙”、“人字耙”、“方耙”

2. 甘肃嘉峪关出土的魏晋墓画像砖上的耙地图（二幅）（《文物》1974年九期）

这里面还有一个“劳”的问题。照后来一般的耕法，是把耕翻过的地先用带齿的“耙”（名词）耙（动词）过，使地里较大的土块破碎，清除了土内的杂草，地表大体上弄得平整，然后再用“劳”摩过，使土壤团粒靠紧，增高保墒的作用。这“劳”是用柳条编制的，也叫作“盖”，在像黄河流域这样的干旱地带，为了保证墒情，它是很需要的，所以应该是很早就制作了出来。《盐铁论·论勇篇》说，“鉏、耰、棘、橿、以破冲隆”，这个“棘”也应该是一种农具。《氾胜之书》里面讲到耕田，说过“冬，雨雪止，辄以（物）蔺之，掩地雪，勿使从风飞去”。原文显然脱落了“（物）”字。这“物”大约就是树枝棘条之类。这样看来，这不单像是后世的“挞”，而且可以设想，“劳”就是从这条线上演变出来的。汉代文献中没有当某种农具讲的“劳”字。不过《说文》里面的“耰”字，原注是“摩田器”而不是碎土器。联想到《氾胜之书》里面说的“春，地气通，……辄平摩其块以生草”，同书讲到枲又说“覆种平摩之”，那说明当时已有摩田这一工序。《释名》里有个“檀”字与“鎌”、“犁”、“锄”等字并列，也应当是一种农具，它的解释是“坦也，摩之使坦然平也”，这“檀”和“櫌”都像是“劳”的较早期的名称。櫌也就是耰，也许是“劳”这个摩田器刚一制作出来，还没有定名，暂且借用原来用以碎土的“耰”以名之。总而言之，西汉时，或者说公元前一个世纪左右，专为整地的耙已经创作出来，跟着又出现了摩田的器具，后来逐渐演变为后世的“劳”。整地是我国传统的干旱农法的和精耕细作的一个重要环节，而耙和劳是其主要工具，汉代制出了这种工具，说明那个时期精耕细作的农法正在奠定基础。（图二十二）

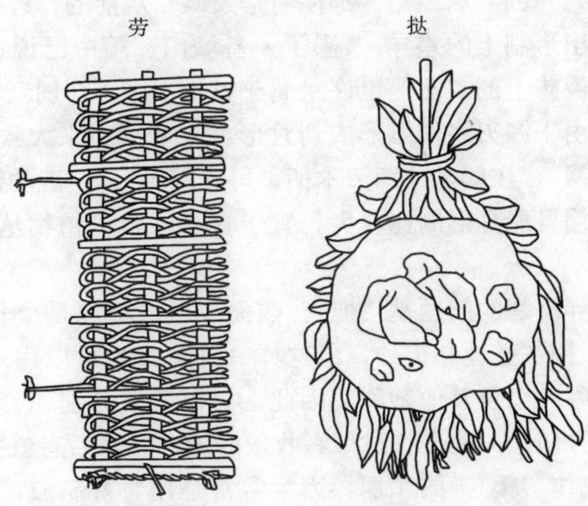

图二十二　王祯《农具图谱》中之“劳”和“挞”

精耕细作的另一个重要环节是中耕，而中耕是和除草结合在一起的，所用的工具就是锄。这一农具在《吕氏春秋》里面还叫作“耨”，并且说，它的柄是一尺长，刃很窄，只有六寸，那当然是手锄。最早的字书之一《仓颉篇》里面已有“鉏”字，只是和后来的《急就篇》一样没，解释早已不见了。直到《说文》此字才注明是“立薅所用”，这就说明了是长柄锄。不过不能说东汉以前没有长柄锄，随了精耕细作的发展，锄的使用只会增加，庄稼长高了之后，短柄的锄显然是不合用的，农民们一定会制作出长柄的来。（图二十三）

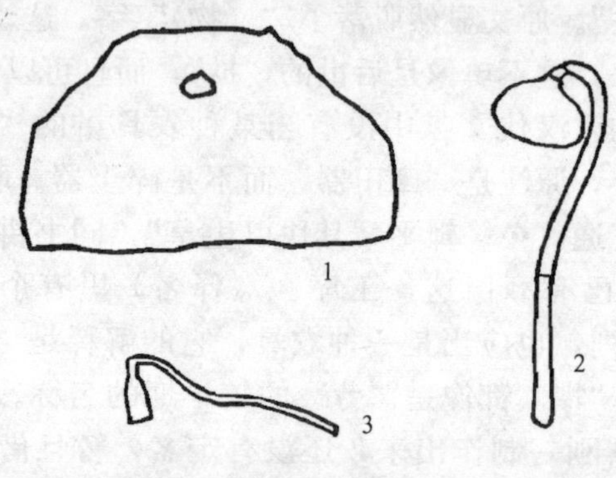

图　二十三

1. 湖南长沙出土的战国时期铁锄（《考古通讯》1956 年一期）

2. 王祯《农器图谱》中之“锄”（“耰锄”）　3. 河南禹县出土的北宋铁锄（转引自刘仙洲书）

对镰的要求比起锄来变化要小，所以它的发展不太显著。《方言》里面有“刈钩”，别名是“鉊”、“鐹”、“钩”、“鎌”、“鍥”。《说文》也有“钏”、“剀”、“鎌”、“鍥”等字。“剀”和“鉊”都注明是大镰。从前的“銍”是短镰，这是由于用途不同引出形制上的差异。《墨子·备城门》篇中已说过“长鎌柄长八尺”了。东汉画像砖上的“艾”也许是属于这一类。“刈钏”、“钏”和“钩”之得名，大约是由于镰刃略作弧形或新月形，改变了原来大致成直角的样式。此外还有一个“鏺”，注解是“两刃木柄，可以刈草”。一般的镰本来也都可以用来割草，这个鏺可能是形制比较大，宜于在高秆野生植物丛生的地方运用。（图二十四）

有一个需要弄清楚的问题是“杷”。前面说过，杷原是个长柄的推板，即所谓“无齿杷”，用在整地和覆种，但这样一种工具也可以用来在大田里和场院上收拢禾秆、谷粒以及其他杂物。因此，它以后就分别朝着两个方向演变，一是专往整地的方向，一是专往拢聚者收敛的方向。从后者就变化出来后世称为“扒”（俗写也作“爬”）的东西，因为常常是用竹片制成，也叫作“竹扒”或“竹爬”。《说文》里面注明为“收麦器”的那个“杷”字，其实所指的是这种这种工具。似乎可以设想，这个收敛工具和那个整地工具是从同一物变化出来的，所以名称的发音相近，历来的士大夫们又不屑于理会这生产上的“贱

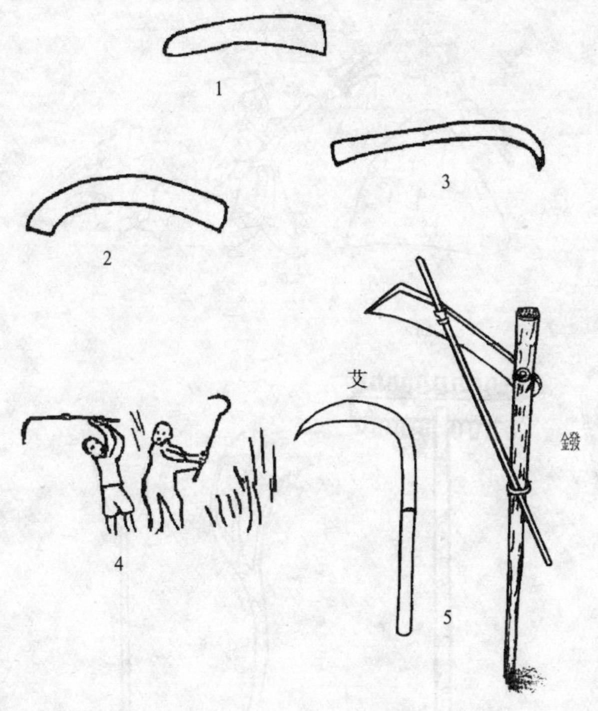

图　二十四

1. 河北武安出土的战国时期铁镰（转引自刘仙洲书）　2. 陕西宝鸡斗鸡台出土的西汉铁镰（转引自刘仙洲书）　3. 山东肥城出土的东汉铁镰（转引自刘仙洲书）　4. 东汉画像砖上的“艾”（《新中国的考古收获》）　5. 王祯《农具图谱》中之“艾”和“鏺”

务”，所以用来表明这些工具的名称的文字，写出来也并不一致，使人读起来眼花缭乱，无端生出来不小的麻烦。

有名的王褒《僮约》里面就有“揉竹五杷”的话，那说的显然是收敛工具。如果那篇文章不是后人伪作，那就是西汉时代已经有了竹扒。不久前出土的甘肃嘉峪关汉墓内的画像当中，有几幅是扬场的场面，打场人有的手里的工具是长柄前端装着横木，上面垂直着是四根长齿，像是木杈。另一个拿的也像木杈，但杈齿尖端稍稍弯曲，大约就是竹扒了。《说文》里面有个“耒圭”字，注解是“耒圭 叉”，那大约是当时的名称，也就是画像上前一个人所执的那种工具。看来到了战国秦汉时代，场院上的用具逐渐多了起来，竹扒和木杈之外，也创制出来脱粒的连枷，像《国语》里面已有“耒耜枷殳”的话。《方言》里面说到“僉”、“连架”、“檑”、“度”、“棓”、“桲”、“柍”、“桲”，是它在各地的不同名称。《释文》更补充了“罗枷”、“丫丫”这样两个别名。嘉峪关汉墓画像砖上有件工具作“丫”形，很像“丫”字，正是打场用的，可能“丫

丫”之名就是这样来的。它的形制大约是随地而有所改变。（图二十五）

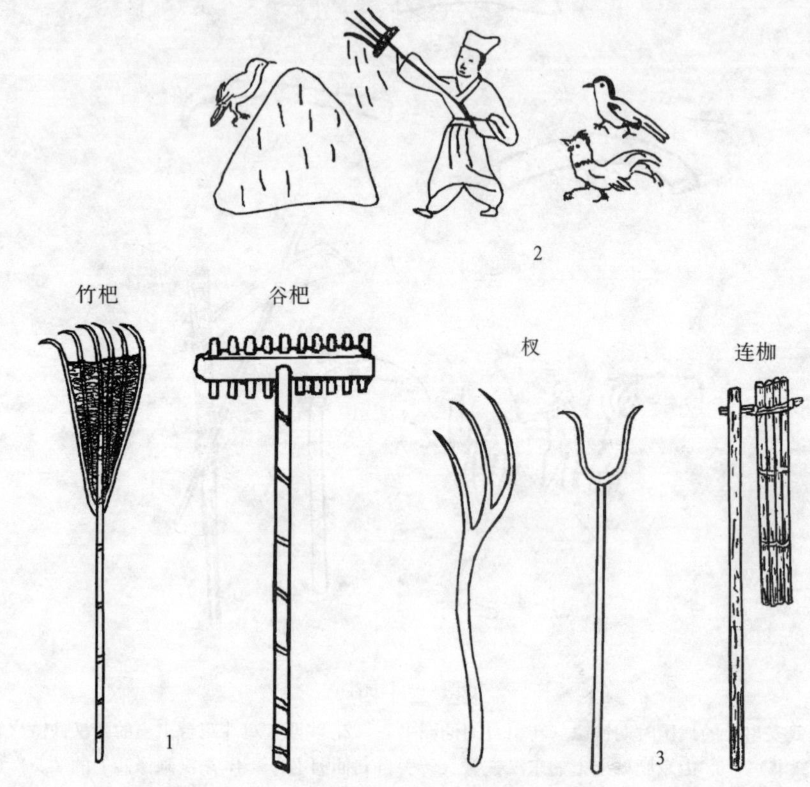

图 二十五

1. 王祯《农具图谱》中之“竹杷”和“谷杷” 2. 甘肃嘉峪关出土的汉画像砖上的“扬场图”（《文物》1972年十二期） 3. 王祯《农具图谱》中之“杈”和“连枷”

还有几种农具也得提到。

《仓颉篇》里面有“椟栌”，注解是“三辅举水具也”，极可能是辘轳之类的东西，或者竟是辘轳的前身。特别指明“三辅”，也就是关中地区，可知在秦汉之际它的使用还不是很普遍。嘉峪关汉墓画像砖有一幅画是“井饮”，井台上有个木架，装着轮轴，上面缠绕着绳索，一头缚着个钩，另一头由一人牵着。这是古代桔槔之外另一种汲水设计，应用滑车的原理，大约就是那个椟栌，它比桔槔能汲更深处的水，所以效能更大。它的设置并不需要很高的代价，因此可以相信，在两汉时期推广不会是很慢的。（图二十六）

《急就篇》有一句是“碓硙扇隤舂簸扬”，说的是收获以后的各种操作和新用的工具。“碓”即杵臼，“硙”就是磨，“隤”字或作“匮”，也就是“櫃”

字，“蕺”是“簸”的误文，“扬”或作“飏”，“簸飏”就是所谓“扬场”。这句话是说，碓和硙是用来舂米的，而“扬米去糠”就使用扇欂。硙在那个时代也叫作“磑”，《说文》里面除了“硙”字之外，还有“砻”、“研”、“礳”等字都是后世的所谓“磨”。这种器具的出现好像同小麦的推广种植有关。《说文》上说“古者公输班作硙”，那是根据当时的传说，不过它的出现不应晚于战国时期。西汉中期，政府曾大力提倡种“宿麦”，依理推想，磨面的工具必然会跟着多起来。现在已经有汉代的石磨出土。（图二十七）

图二十六　甘肃嘉峪关出土的汉画像砖上的“井饮图”
（《文物》1972年十二期）

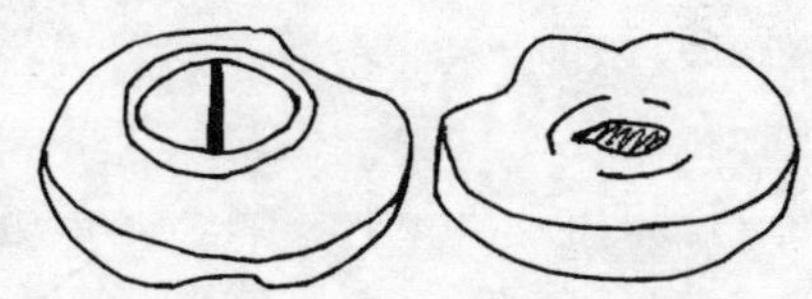

图二十七　河南洛阳出土的汉代石磨
（《新中国的考古收获》）

“碓”是从杵臼演变出来的。据东汉初年的桓谭说，利用人身的重量来舂谷，效果可以提高十倍。那就是王祯《农书》中的“踏碓”那个样子，不久前河南济源出土的西汉陶舂碓模型可以为证。那个陶模是在一个西汉晚期的墓中发现的，它的创制自然更早。桓谭还讲到使用畜力、水力的舂具，这留待后面讲“农业机具”时再谈。（图二十八）

和陶舂碓模型同时出土的还有一个陶风车，旁边还有摇风车的陶俑，那显然就是《急就篇》里的扇柜。从模型看来，它的构造和后世的“飏扇”已是没有多大区别这也归到“机具”那一节去讲，这里只是提一下，借以显示出来那个时期农业生产各个方面所用工具发展的全貌。（图二十九）

从战国到汉帝国灭亡，在这大约四个世纪期间，是中国的干旱农法基本形成的时期，这也反映在农具的发展上面。在气候干旱，特别是春旱严重的黄河流域，我国古代农民从一开始就同这种不利于农业的自然条件进行经常的艰苦的斗争。在不断地扩大耕地面积的同时，更致力于研究在生产实践上尽可能适应和改造自然条件，改进各个环节上的操作技术和方法。战国时期，实际上各国都在讲求“尽地力”，面对着不理想的自然条件特别看重人的因素的作用的发挥，这里包括了各种农具的改进和创制。所谓精耕细作一套耕作制度逐渐形成了，表现在农具上面，这就是以整地和中耕除草的工具为主的一套农具陆续

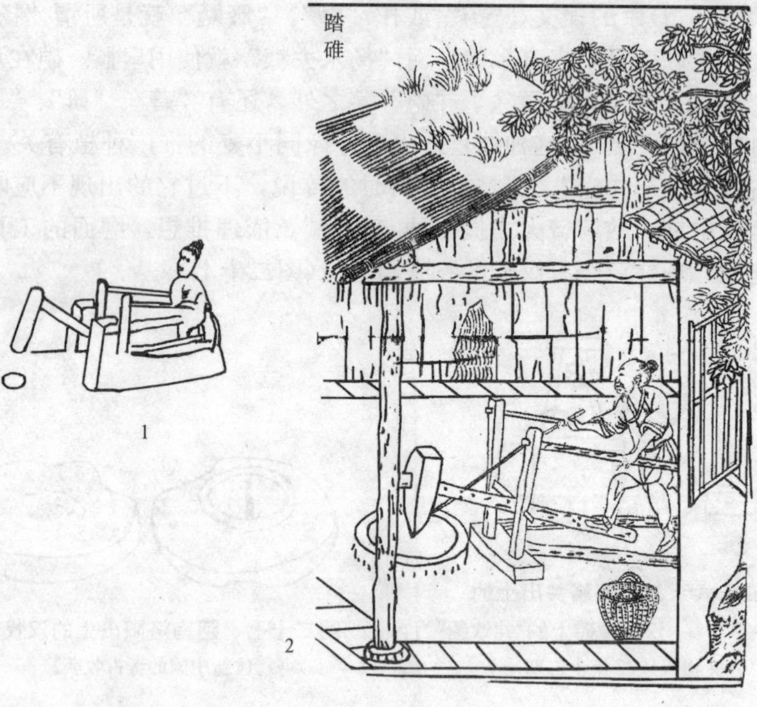

图　二十八

1. 河南济源出土的西汉陶舂碓（1972年3月27日《北京日报》）

2. 王祯《农具图谱》中之“踏碓”

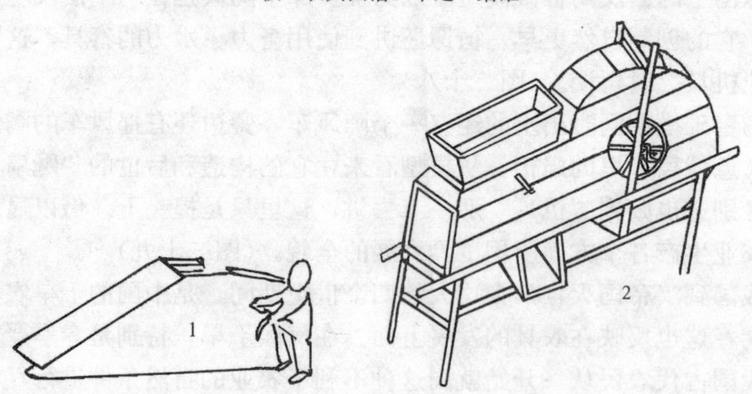

图　二十九

1. 河南济源出土的西汉陶风车（1972年3月27日《北京日报》）

2. 王祯《农具图谱》中之“飏扇”

制作了出来。当然这仍只是奠定了基础。精耕细作还要继续发展下去，农具也是还要不断推陈出新。

四、配合传统的精耕细作的农具之大致齐备（公元3至6世纪）

从东汉末军阀大混战起，直到隋初，大约四个世纪之久，是一个长期分裂割据的时代，对农业的发展来说，一方面是遭受了极大的破坏，特别是原来农业比较发达的黄河流域受到汉末混战和后来五胡十六国兵乱的严重摧残和蹂躏，但另一方面在个别地区由于割据势力图谋自保这样客观形势的逼迫，农业在一定程度上得到了某种促进。特别是长江流域加速了开发。这种情况反映在农具方面，也还是出现了一些不容忽视的成就。就是在这一时期之末，写出了总结古代农业生产技术的著名农书《齐民要术》。在这部书里可以看到，北方这个干旱地区的精耕细作已发展到了很高的水平，而配合这种农法的一套农具，可以说也大致齐备了。从那以后，新的农具的创作主要是在水田方面，水田所需要的特殊农具，在这一时期里已是逐渐多了起来。因此，从农具发展的角度来看，这四百年也实在是一个独特的阶段。

《齐民要术》里屡屡说到“铁齿镉楱”和“劳”。铁齿镉楱也就是耙。从所说的功用上面可以推知，其形制大约都已和《王祯农书》中所绘的没有什么重大的出入。后于《要术》大约一个世纪写成的玄应《一切经音义》里面有个“榜”字，注释就是“编棘为之”。这就是说，从西汉以来，这两种精耕细作的重要工具经过不断的演变改进，都已达到了定型的地步，同时也肯定都是用牲畜牵引。不过《要术》中讲到了“锋”、“镞”和“耩”，有人以为这都是农具，这却需要略加说明。

必须指出，这三个字在《要术》中都是用作动词的。“耙”和“劳”也是常常当动词用，但有些地方却明明可以看出来是农具的名称，而“锋”、“镞”和“耩”三字却不是这样。“镞”字只两见，实际上是在同一个地方，那就是《种谷篇》里，正文是“苗生如马耳则镞锄”，下面的注文是“谚曰：欲得谷，马耳镞”。从文法上来说，无论是“镞锄”还是“镞”，在这里都不应该是名词。石声汉先生说，“镞锄大概是一种尖锐像箭镞式的小型锄”，也只是一种揣测。如果真是有这样一种农具，而且又是属于锄的一类，那似乎就不会只在《种谷篇》里提到它。同书《伐木篇》《种地黄法》一段说到“锄时别作小刃锄，勿使细土覆心”。这所谓小刃锄倒有些像是石氏所说的这样一种工具，但其名称又不是镞锄。当然应当承认，精耕细作发展到《要术》的时代，各种农具都不会是拘泥于一种固定的形状，而显然是会根据具体需要变化出种种异型来的，锄之外又出现小刃锄就是一个例子。不过肯定镞锄为一种特殊农具的名称却不能认为它是有确实的根据。

相信“锋”是一种特殊的农具，这大约是受了王祯的影响。王祯的《农器图谱》里列有“锋”这一目，并且照例附有图形，好像是确凿无疑。其实他明明说“近世农家不识此器，亦不知名”，而只是一种“古农器”。看来王氏是为农器作“谱”，依照体例，尽量求全求备，才把这个出身不明的“锋”收了进去，究其实好像是连他自己也没有见过。他说锋是“首如刃锋，故名锋，取其銛利也”，也只是望文生义。又说“其金比犁鑱小而加锐”，显然是想当然耳的说法。同样，他所绘的“锋”的图样，也像是以古代的类似耒耜为蓝本，加上想像画出来的。像那样一种农具，看来也是不大好用的。既然贾思勰的著作里没有明说是一种名为“锋”的农具，在别处也未见有人提及，那就不应轻信王祯，而以存疑为是。更有一说，“锋”和“鏃”一样，作为动词，好像都是古代北方农民的口语式的齐鲁一带的方言，意思大约都是入土面窄而较深。《农器图谱》上说，“夫锄法有四，一次曰‘鏃’，二次曰‘布’，三次曰‘壅’，四次曰‘復’。这“鏃”、“布”、“壅”、“復”，都是用锄的术语，王祯和贾思勰是同一地区的人，也许“鏃”这一口语到元朝时候还没有改。这样的词还算是动词，或者算它是副动词，而无论如何不会是名词。这就是说，用来锋地和鏃地的并不是名叫“锋”和“鏃”的两种农具，而好像是把手中的锄稍稍倾斜，使刃的一端的夹角刺入土中，就可以实现入土面窄而较深的要求。例如《种谷篇》讲到“刈谷之后，即锋茇下，令突起”，这要是用王祯所想像的那个“锋”，恐怕不如用锄或鑁为更得力，更何况还有那个确实存在的小刃锄呢？（图三十）

《齐民要术》里的“耩”字有两个用法，一是播种，即所谓“耧耩”，另一个是松土。现在北方农民中间还都保留着这两种说法。王祯在“锋”的说明中说，“无鐴而耕曰耩”，鐴是犁耳，用无耳犁耕地称为耩地，北方农民今天还是这样讲。《农器图谱》里还有“劐”这个目，“劐”就是简单的小犁头。王祯说“劐所过，犹小犁一遍”，这显然就是现在的用耠子耠地。“耠”字大约就是从“劐”的音变化出来的。这种劐子脚常常是装在播种用的耧车的腿上，这大约也就是“耩”字有两种意义的由

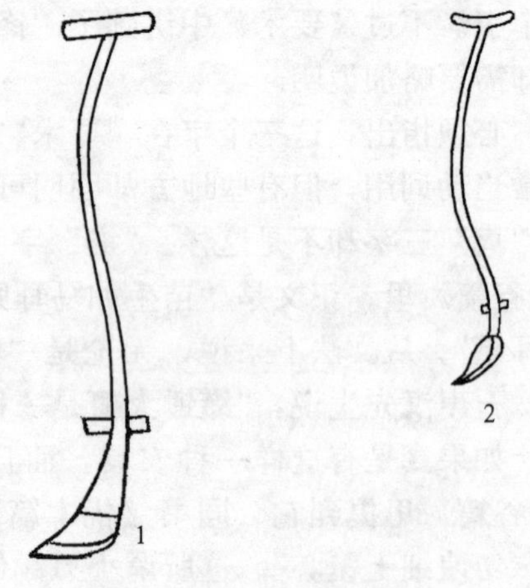

图　三十

1. 王祯《农器图谱》中之“锋”

2.《三才图会》中之“锋”

来。这就是说，实际上并不曾有过名为“耩”的一种特殊农具，所以连亟力求全求备的《农器图谱》也没有把它列入。仔细读来，《要术》中讲到“耩”，都是用耧来完成的。因为实行条播，在禾苗还不大的时候，可以用耧松土。《黍穄篇》说，“苗晚耩即多折也”，就是说，苗如已长高，再耩就晚了，真要再耩，就会伤苗。反过来说，那就是苗还未长大以前，可以用耧松土。

以上不嫌辞费，就是想要说清楚，从《要术》中找不出根据来可以肯定“锋”、“鏃”、“耩”这样三种农具确实存在。应该考虑到，我国历史上苦难深重的农民，很难说能够把所需要的农具配备得齐全，常常是对仅有的不足的农具尽可能地加以利用，或者说，要学会用同一种农具来完成多种不同的作业。想到这一现实，这个问题就比较容易解决。《要术》里讲到“锋”、“鏃”和“耩”，几乎总是和锄（动词!）联在一起，而其作用也都像与锄（动词!）相类似，或者竟可以说都是锄（动词!）的补充，只是补充的主要不是除草而是中耕。这是不难理解的，因为在精耕细作中，中耕也是一个重要环节，《要术》作者在这方面的发挥也确是大大超过了前人。这也就是说，否定了叫作“锋”、“鏃”和“耩”的三种独特农具，并不排除中耕作业之受到农民的重视。应该着重指出，事实完全不是这样。

实行精耕细作，整地是重要的，同样重要的是中耕除草。这个方面主要是靠一把锄，但锄的形制因应具体要求而有多少的变化。还应指出，所谓精耕细作，本质上是手工作业，其主要特点是，工作效率和质量的提高，主要不是依靠工具的构造精巧，而是灵活的操作手法，这一点在锄的运用上面突出地表现出来。农民说，锄头上有水又有火，这句话充分道出了这个道理。正是由于这个缘故，在锄的形制上看不大出来显著的发展变化。

同前一个阶段对比，以《齐民要术》中所记述的为依据，似乎可以说，北方在这一时期没有出现什么重要的新农具。《要术》里提到了用于播种的“窍瓠”、用于覆土的“挞”和用于镇压的“陆轴”，以及从井中汲水用的“辘轳”。从农具发展的情况来推想，前二者很可能是汉代早已有了，因为制作并不复杂，尤其是“窍瓠”，只能说它是适合于特殊的要求，同耧车比起来，它不能算是更先进。陆轴就是磟碡，它和辘轳也不会是《齐民要术》那个时代才制作出来的。《要术》中提到的陆轴是在《水稻篇》，也许这件东西是先在水田里使用。（图三十一）

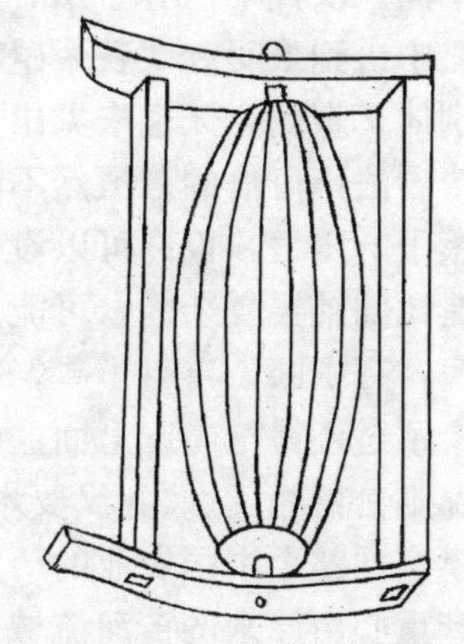

图三十一　王祯《农器图谱》中之磟碡

晋朝人写的《邺中记》里已经讲到使用辘轳，那虽然不是用以汲水，但秦汉之际的农民已经设计出来了椟栌，而辘轳的构造，也是应用的同一原理，改用它来从井里汲水，这一步应该是不难跨进的。总起来说，配合精耕细作的一套农具，到写作《齐民要术》时可以说大致齐全了。后来的事实证明，这方面很少有意义较大的进展。（图三十二）

图三十二　王祯《农器图谱》中之辘轳

这里讲到陆轴，可以顺带谈一下"碾"的问题。碾和磨的功用相同而又有所不同。汉代早已有了磨，但传世文献中没有碾字。后魏人写的《洛阳伽蓝记》中讲到景明寺"石辇硙舂簸皆用水功"。那个"石辇"字大约是"碾"字的别体。直到今天也未见出土实物。刘仙洲先生说，碾的发明可能稍迟于磨，这个看法是可信的。虽然不能确言其创始于何时，但因为它和陆轴都是以一个石滚子的压力，也许可以设想，这两件器物的设计是有一定关联的。整个碾的构造比陆轴要复杂些，可能是陆轴在前，受了陆轴的启发，又制出了碾。无论如何，有了磨，再有了碾，粮食加工的器具也就有了基础了。（图三十三）

不过还得指出，上面这样说法只限于北方的干旱农作，在南方的水田区，情况则恰恰相反。《齐民要术》以后，农具的发展主要表现在水田一方面。这个事实同整个中国农业的历史发展情况完全符合。从那个时代起，全国农业的生产重心由原来的黄河流域的旱农区转移到了长江流域及其以南的水田区。南方水田农业的急剧发展是开始于汉末中原人口大量南迁，而水田区最主要的工具翻车（龙骨车）正好是那个时候制作出来的。史书上记载的东汉末年和三国

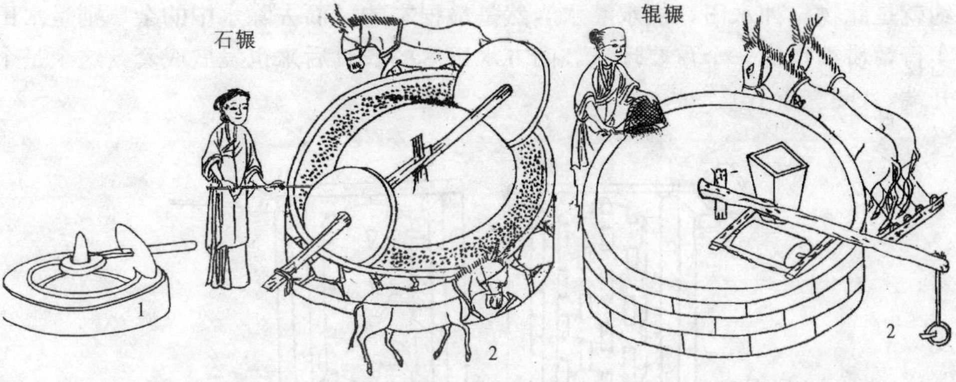

图　三十三

1. 河南安阳隋墓出土的陶碾　2. 王祯《农器图谱》中之石碾和辊碾

（转引自刘仙洲《中国古代农业机械发明史》）

时期创制的翻车都是在北方，而且原本不是为水田生产设计的。当然有可能是南迁的人把这种设计带到水田区，因而同生产实践结合了起来，但也不能完全排除另一种可能，那就是南方农民由于生产上的迫切要求而自己摸索出来同样的设计。重要的是，像这样的汲水工具必然是要在像南方那样的广大水乡和丘陵地区大规模地开展水田时才会得到推广而充分地发挥作用。至于北方农书《齐民要术》里面没有提到它，那是不难理解的。（图三十四）

图三十四　王祯《农器图谱》中之翻车

翻车之外，那个时期南方水田农业还有哪些工具，由于缺乏资料，目前还无从说起。只有晋朝人编写的一部字书《字林》的残卷里面有“磯碑”这个词，注解是“打草田器”。后来陆龟蒙著《耒耜经》，讲到“礰礋”，说明它是有齿的，王祯认为礰礋也就是磯碑。《农器图谱》中画的有两个礰礋，一石一木，说明“独用于水田，破块滓，溷泥塗也”。一个石磙子或木磙子，遍体有齿，在水田中滚动时，除了“破块滓，溷泥塗”之外自然也有拔除水中杂草的效用，所以《字林》说它是打草田器。《宋会要稿》所记的“木勒泽”大约就是此物。种水田，供水灌水当然是最根本的，而去除水中的杂草则是水田实行精耕细作的一个重要环节。南方水田区的农具后来也发展成套，这个是个开端。（图三十五）

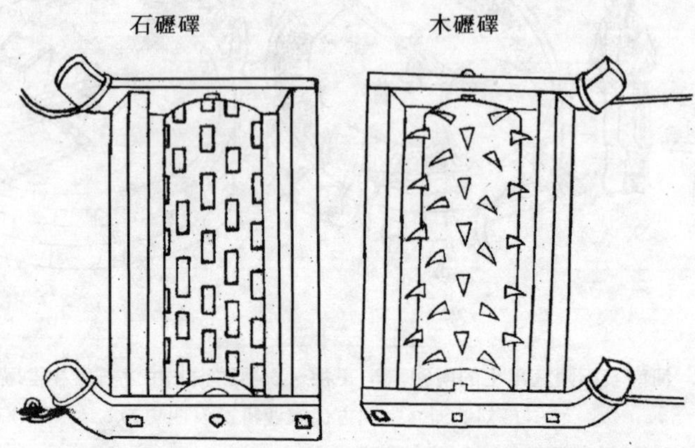

图 三十五 王祯《农器图谱》中之石礰礋和木礰礋

《太平御览》卷四五六“蛇”一节引《搜神记》记载吴兴农民在田间用“鍛”叉蛇的故事，还说“雷公若来，吾当以鍛斫汝腹”，这个“鍛”字，在《玉篇》里的解释只是“器也”，应该说是一种农具。这事发生在“于田中耕”的时候，更可知是耕具。后来《集韵》里又说是“小矛”，也写作“锻”。“小矛”自然是可以说“叉”，但说“斫”就不合适了。王祯《农器图谱》里讲到“耰鉏”，说明是“江淮虽有陆田，习俗水种，……但用‘直项锄头’，刃虽锄也，其用如斸，是名镬锄，故陆田多不丰收”。这所说的“镬锄”却很像那个“鍛”。旱田在水田区是不甚受重视的，这里说的这种农具大约是南方有多种用途的，比较简单的一种，后来一直到了元朝还未被弃置。

除“鍛”字外，汉以来的几部字书中还有几个字，注释只笼统地说是“田器”，如果不是说明讲过的别种农具的异名而真是另外的特殊的农具，好像也都不会是比较重要的，因此可以略而不谈。只有《玉篇》里的“枕”字，注解是“锹也”。联想到《说文》中的“銛”字，原注也说是“臿属”。此二字读音相似，很像是同一种东西。因为后来“锹”在北方农村也通称为“枕”，所以特为指出，以待后考。（图三十六）

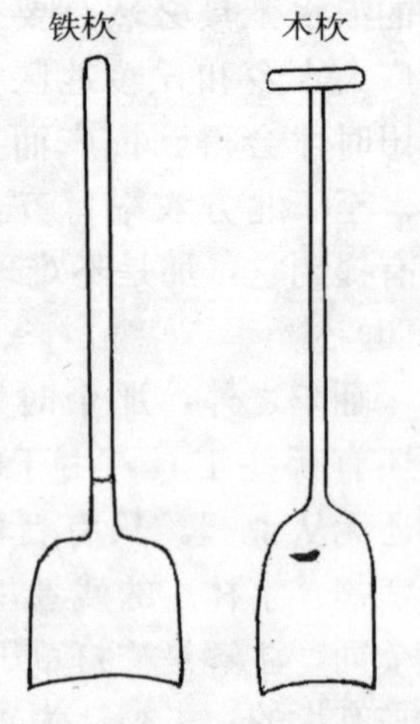

图 三十六 王祯《农器图谱》中之“枕”（铁枕、木枕）

五、水田农具的发展（公元6世纪以后）

隋唐两代，南方的农业生产蒸蒸日上，很快就超过了黄河流域。经过唐朝后期和五代十国的纷乱，特别是宋朝南渡之后，几经破坏的北方的农业，落到了抱残守缺的地步，而南方的全国农业重心的地位终于确定下来。这一现实也完全在农具的发展上面得到反映。南方水田的经营原则仍然是建基于手工作业的精耕细作，因此，农具的演变也还是以这个原则为主导。

首先要谈的是唐末陆龟蒙《耒耜经》里面所描写的那个犁。那里是古代文献中关于犁耕的构造的惟一详尽的记载。它是由十一个部件构成的，除了“犁鑱”和“犁壁”之外，都是木质。在这一点上和以前的犁没有分别。犁鑱长一尺四寸，宽六寸，显然仍旧是个等边三角形的样子。犁壁大致是直径一尺的圆形盘，原文只是说它是倾斜着，壁体未必是作弧形。这种犁比过去的犁进步的地方主要是多了一个调节入土深浅的“犁评”。这样的一种犁好像是唐代后期江太湖水田区一般农家使用的。太湖区在当时来说是最先进的，据刘仙洲先生说，直到全国解放，各地农民所使用的耕犁也都没有超过这个水平。其所以如此，一则是由于一般农民所受剥削过重，因而资力微薄，在生产用具方面难于改旧图新，而只顾坐享其成的地主又不大关心生产，自然对改良农具不感兴趣。在另方面，一直处于手工作业状态的农业，也只能是老式的笨犁与之配合。在这里，农民的贫穷是最主要的，所以一般习于因陋就简。像所谓“压鑱”和“策额”的作用，一般只是就“犁底”（即“犁床”）和“犁箭”（即“犁柱”）上面来解决，而不是特为再添附件。调节入土深浅也是在犁辕的前端装上一个简单的木钉，叫作“犁鞰”的，或者竟是一根简单的绳，同“犁槃”（即“引木”）结合起来，要耕得浅些就低放，要深些就往高里提。再不然就全靠掌握“犁梢”（即“犁柄”）的手法。同样，控制耕幅的宽狭，也是凭了对犁柄的操持的技巧。这正式手工作业的特点。（图三十七）

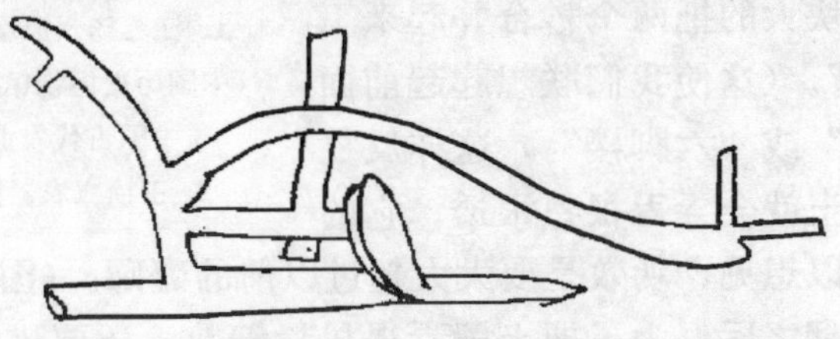

图三十七　陆龟蒙《耒耜经》中之犁的复原模型

（中国历史博物馆藏）

当然也必须指出，尽管在很长时期内我们的耕犁的构造没有显著的改进，但也绝不能说多少世纪以来我国的农民和农具设计者一直是无所用心。犁身的结构始终是以木为主，这是受了原材料铁的缺乏的限制。可是也要想到，木质构造的分量较轻，却也是适合于畜力较弱的客观条件。再就另一方面来说，全国各地农民所使用的耕犁，其形制是千变万化，为的是适应各地特殊的土壤及其他具体情况。可以想到，这里面是耗费了设计者的多少心思的。

水田犁是和水牛配套的，贫农地少，如果没有牛和犁可用，有时就改用"铁搭"。铁搭的样子有些像耙子，又有些像锄，铁头有四根或六根尖锐且两梢稍带钩的齿，完全用人力操作。王祯说，"举此斸地，以代耕垦，取其疏利，仍就镉铐块壤，兼有耙镬之效"。此物虽非绝不见于北方，但究竟是适于翻动水田泥土的一种工具，所以王祯特别指出"尝始见于江浙"。1956年，江苏扬州出土宋代四齿铁搭，也是一个证明。（图三十八）

南宋时一个四川人说，"及来浙间，见浙人治田，比蜀中尤精。土膏既发，地力有馀，深耕熟犁，壤细如面，……"（高斯得《耻堂存稿》五《宁国府劝农文》）"壤细如面"四字说明江南水田整地的精细程度。把泥土整治得主要细致，农民的艰苦劳动自不必说，一定也还得有合用的工具。宋时人写《耕织图》诗里提到了"耖"，据王祯《农器图谱》，耖是"疏通田泥器"，作用同北方旱田的耙类似，好像是从耙演变出来的。耙也未尝不可用于水田，只是究竟不甚合用，所以又特为创造出来耖。《农器图谱》说"其齿比耙齿倍长且密"，横梁上面装有扶手，人用手按着扶手，前面用水牛来拖，方式也和用耙一样。田块大的把两个耖合并起来工作，叫做"连耖"。（这使我们联想起起前面谈过的"六爪犁"或"六脚耧"。）这样反复进行，田里的泥土就会弄得很熟很透。它的齿既长又密，可以想见，功效是要大大超过以前的礰礋。（图三十九）

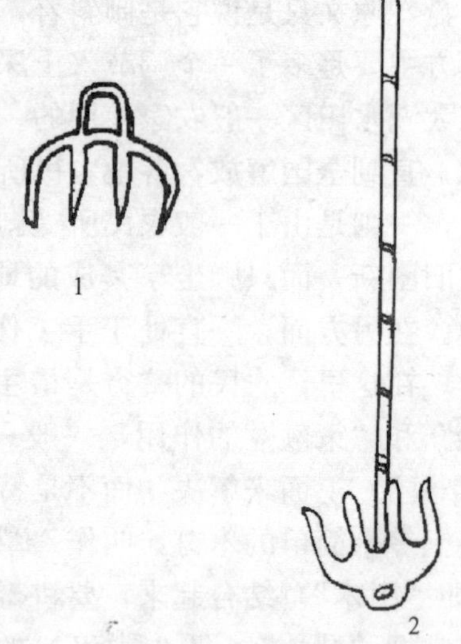

图三十八

1. 江苏扬州凤凰河出土的四齿镐（中国历史博物馆藏　转引自刘仙洲《中国古代农业机械发明史》）

2. 王祯《农器图谱》中之铁搭

北方旱地耕翻之后，为了把土壤弄得尽量细数，还要进行耙和劳的工作。水田在这方面的要求更高。如果说，耖的功效和耙相仿，那么水田区的农民也制作出来与劳相当的工具，那就是"平板"和"田盪"。王祯说，"田方耕耙，

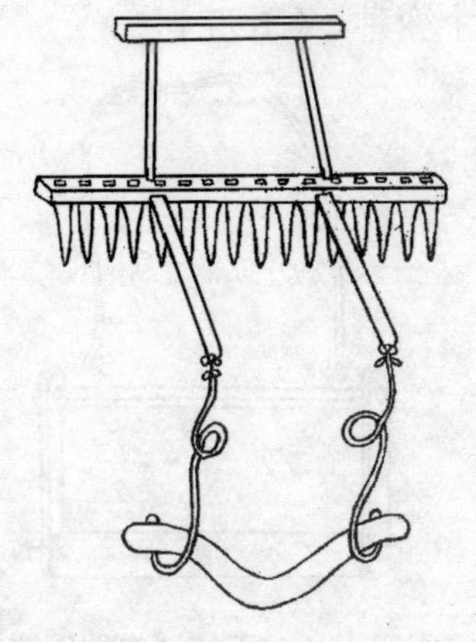

图三十九　王祯《农器图谱》中之耖

尚未匀熟，须用此器，平著其上盪之，使水土相合，凹凸各平，则易为秧莳”。这是说的田盪，它是一根带双杈的树枝，前面双杈的头上横装一块木板，由一人操持推动。平板也是一块长方形但较大的木板，有绳系着，由人或牛拖了摩田。“摩田须平，方可受种”。田盪是在耖过之后进一步把水和泥调和均匀，并把田面大致弄得平整，平板则是在这个基础上更进一步把田面摩得很平，为播种水稻和插秧准备好条件。这是因为水田的水下田面比起旱田来要求更加平坦的缘故。这样再三整治，在手工作业的前提下，操作技术可以说是达到了很高的水平，而这几种简陋的工具也应该说是可以满足要求的。（图四十）

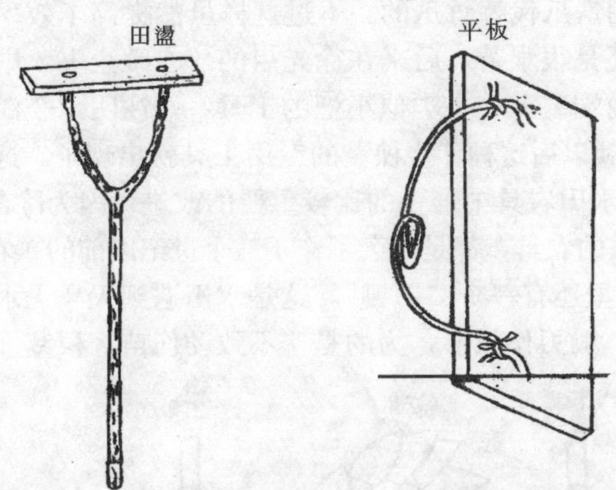

图四十　王祯《农器图谱》中之“田盪”和“平板”

和旱田上一样，水田里的精耕细作除了表现在耕地整地方面，中耕除草也是极重要的环节。古代农民在生产实践中陆续创造出来几种简单但又适用的农具，其中较早制成的可能是“辊轴”。这是一段并不太粗的圆木磙子，装在木轴上，用牛拖带。实行撒播的稻田里，杂草和秧苗一齐长出来，用辊轴碾过，草和苗都压入泥里，过两天之后，苗又恢复过来，草却死在泥里了。说它出现较早，这是因为实行的是撒播，而这种做法使人回忆起颜师古所注释的《汉书》中的“火耕水耨”。王祯还提到，他那个时代北方种稻就是实行撒播，也是用辊轴，但“却于轴间交穿板木，谓之‘雁翅’，状如礰碍而小，以車衮打

水土成泥，就碾草禾如前”。这又是因地制宜的一个变种。（图四十一）

实行插秧之后，田里有了行，辊轴就不能用了。《农器图谱》里面讲到一种“耘杷”，“以木为柄，以铁为齿，用耘禾稻”。从附绘的图样来看，好像效率不会很高。在另一处又讲到“耘盪”，并且说明是“江浙之间新制也”，自然是比较晚出的。竹柄前端装上一个好像发梳样子的东西，齿是短钉，密密排比，用来“推盪禾垅间草泥，使之溷溺”，则田可除草，又有中耕的功效，确是比较先进的。在没有制出这种工具以前，种水田的农民大约“皆以两手耘田，匍匐禾间，膝行而前，日曝于上，泥浸于下”，确是十分辛苦，真可说是不折不扣的手工作业。为了减轻劳累，农民们设计出来“耘爪”，这就是照每个人的手指粗细，截成一些一寸多长的“竹管”，削去一边，状如“爪甲”，套在手指头上面来挠秧。也有用铁爪代替竹爪的。不过这样虽然提高了效率，但农民仍然得蹲在水里劳动，还是很艰苦。后来在徐光启的《农政全书》中，耘爪就改成了一件一根长竹柄前端装上一个类似小杷的工具，并注明“今江南改为此具，更为省便”。大约元朝以后这种“挠秧”的专用工具就出现了。这也许是自王祯作《农器图谱》以后水田农具中惟一的比较重要的改进，因为除此之外，《农政全书》中所载的有关的农具，都是因袭了作于三个世纪以前的《农器图谱》。

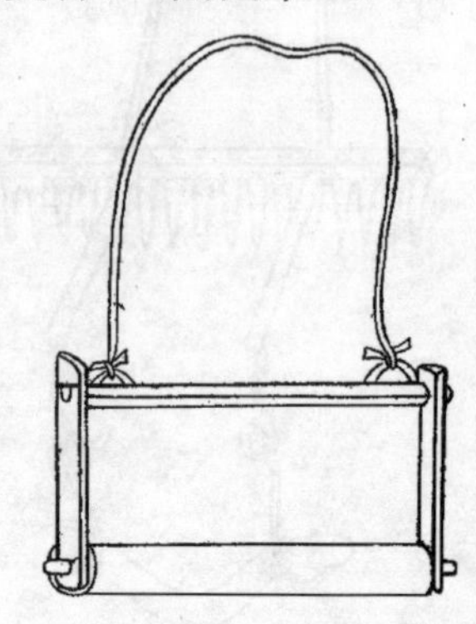

图四十一　王祯《农器图谱》中之“辊轴”

《农器图谱》里还有一个“镫锄”。这是水田遇到天旱无水时专用的锄草工具，形状像马镫，锄刃作弧形，为的是“不致动伤苗稼根茎”。（图四十二）

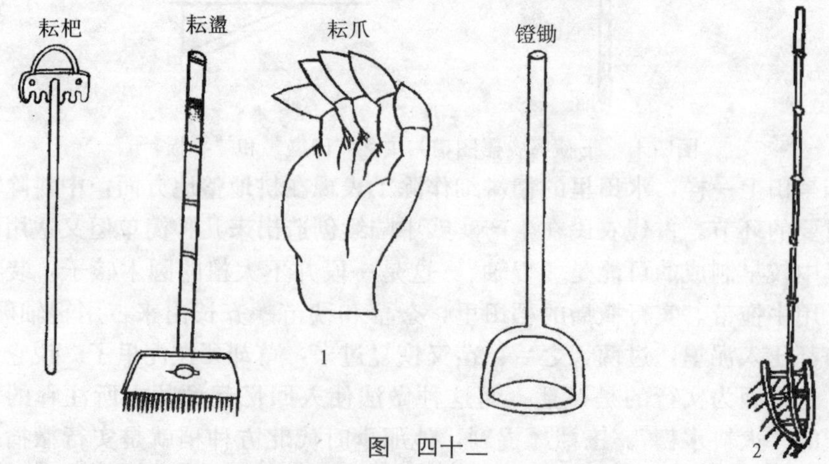

图　四十二

1. 王祯《农器图谱》中之“耘杷”、“耘盪”、“耘爪”和“镫锄”　2. 徐光启《农政全书》中之耘爪

以上讲的这些农具陆续制作出来，水田的精耕细作也就逐渐发展成熟，从而南方广大水田区在全国农业生产中的领先地位也就越来越趋于巩固。这一过程主要出现是在唐宋两朝，也就是从第七到第十三世纪。

最后还要讲一讲“秧马”。这是农民插秧时骑着滑行的一种类似小船样子的东西。苏东坡写过一首“秧马歌”，可见至晚北宋时已有此物。从南宋时许多人的吟颂中可以知道，特别是长江流域各地此物使用颇为普遍。可是后来就很少有人提及。不能想像这种能够大大减小农民疲劳的器具会被废弃不用。消失的原因还是应该在农民所受的剥削越到后来越重，一般农家经济越来越窘，生产资料越来越差这个事实上面去找。当然也可以考虑到，后来插秧的行距缩小了，秧马容纳不下，因而停用了。（图四十三）

图四十三　王祯《农器图谱》中之“秧马”

六、干旱农法定型后续出的农具（公元6世纪以后）

6世纪以后，水田区以外，农具也并没有停止发展。有些新的制作还是显示出来，我们的农民以及民间艺匠还是努力不懈的。

《农器图谱》里面有“长鑱”，作者指出，杜甫的诗里提到过它，但又说那也就是“踏犁”。刘仙洲先生也认为，就图谱中的绘图来看，应该就是宋代的踏犁。历史记载，北宋前期政府曾一度大力推广过这种农具，那是因为有的地方缺乏牛畜，改用人耕，使用踏犁据说“可代牛之功半，比镬耕之功则倍”。《宋会要稿》没有说形制如何。南宋周去非《岭外代答》中记载了静江（今广西）的踏犁，说它“形如匙”，柄的上端有横木，柄的中段靠左边有一短横枝，是为脚踏的。说它像匙，大约是前端刺土部分弯曲，与地面接近于平行，又说工作起来是向前进的，这所说的都像是犁。可是《图谱》中所绘的长鑱，想像着使用起来应该是近于古代的耒耜，所以王祯也说“亦耒耜之遗制也”，而用耒耜却是逐步向后退的。这就是说，如果北宋政府推广的长踏犁和周玄非所记的并不只是名称相同，而《图谱》中所画的长鑱又确是实有其物，那就有理由设想，长鑱并不就是踏犁。陆放翁的诗里面，多处提到长鑱，但和鸦嘴锄一样，都是联系着采药来说的，说不定二者是异名同物，可是那只是一件轻便的小铲，亦即与踏犁无关。再说到操作方法，《宋会要稿》说是“用四五人可以耕稼”，这话不知所云。《岭外代答》的描述是“踏可耕三尺，则释左脚而以两手翻泥，谓之一进，迤逦而前，泥垅悉成行列，不异牛耕”。可以想像，这样操作也是很费力的。可知它只是畜力非常缺乏的用以救急的一种工具，而不能说是什么更为先进的设计。此外周玄非还说，遇到“荆棘费锄之地，三人二踏犁，夹掘一穴，方可五尺，……”。刘仙洲先生猜想，二人各持一犁，总由另一人用绳或杆牵引，那就像山西的抢犁的样子了。总之，这个踏犁究竟是何形制，虽然还不能说得很清楚，但可断言，它和山西的抢犁同样不是便巧的耕具。

《岭外代答》里面讲到用踏犁来耕“荆棘费锄之地”，好像是说的开荒，这就使人联想到“劚刀”。刘仙洲先生说，“唐代以后，在犁的构造上比陆龟蒙《耒耜经》上所叙述的更进一步的发明，最主要的只有犁刀一项”。犁刀在《农器图谱》中叫“劚刀”，整个结构大致像犁，在装犁鑱的地方是一个厚背的刀，要开垦荒地，尤其是芦苇丛生的下湿的地，地下是盘根错节，用犁是困难的，于是设计出来“劚刀”，用劚刀先把地里的粗根以及比较粗壮强韧的杂草割断，然后再用犁，就会省力多多。《宋会要稿·食货三》之一七“营田条”里讲到，南宋孝宗乾道五年，把楚州（今江苏北部淮安一带）界内管田配给从女真族统治下归来的汉人，并借与各种农具，其中就有“銐刀”。因为当时主要是叫他们开荒，这就可以相信銐刀一定就是劚刀。这种开荒的利器至晚北宋时代已经制作出来了。这里所讲的劚刀是一种独特的耕具。现代的所谓犁刀则是犁整体的一个部件，装在犁辕上面，位于犁鑱的前面，这就更为省便。不过像这样的设计，据王祯说，那个时代已经实现了。（图四十四）

顺带一提，《农器图谱》里面还讲到一种叫“刬”的家什，俗名是“锛”（上声）。“其刃如锄而阔，上有深袴，插于犁底所置鑱处”。那是一种小犁，专用于“草莽汙泽之地”，春初刚一解冻，用它来耕，可以切断地中的草根。其所以取名为“刬”，就是因为它的作用是“刬土除草”。照这样说法，它就很有些像前面所说的“劚刀”了。不过王祯说明了，使用这种农具的限于“北方幽冀等处”，而且也并不是为了开荒。（图四十五）究竟是个什么样的农具，尚待研究。

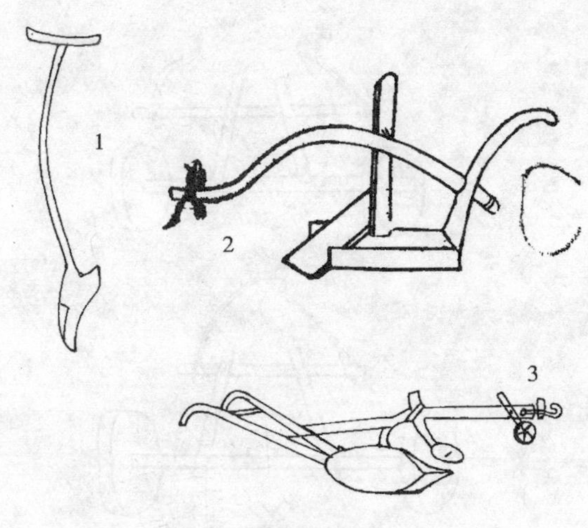

图　四十四

1. 王祯《农器图谱》中之长鑱

2. 王祯《农器图谱》中之劚刀

3. 现代带犁刀的犁（转引自顾复《农具》）

图四十五　王祯《农器图谱》中之“刬”

《齐民要术》里播种也用“窍瓠”，《农器图谱》里的“瓠种”“泻种于耕过垅畔，随耕随泻，齐便均匀，又犁随掩过，遂成沟垅，覆土即深，虽暴雨不至拍挞，暑夏最为能旱，且便于撮锄，苗亦鬯茂”。它与《齐民要术》中的“窍瓠”都是用天然的瓠来盛种子，但它较为精巧。窍瓠好像只是在瓠的底部穿几个眼，系在腰间，播种人走步，瓠就摇动，种子就从孔中落下。瓠种则是“穿瓠两头，以木箄贯之，后用手执为柄，前用作嘴”。这就是说，窍瓠只是做到了省事，瓠种却能控制播种的质量。这自然是一个进步。（图四十六）播种之后，覆土镇压改用“砘车”，也比以前的“挞”更先进了。（图四十七）特别要一提的是从耧车又演变出来“下粪耧种”，这就是所谓“粪耧”，“于耧斗后别置筛过细粪，或拌蚕沙，耩时随种而下，覆于种上”，开沟下种、施肥，毕其功于一役，这确是一个很巧妙的设计。砘车和粪耧都载在《农器图谱》，其创制当在元朝以前。

中耕除草方面又制作出来一种“耧锄”。这是装在耧车上的一种锄。刘仙洲先生说，它“是我国第一个采用畜力的中耕、除草及培土的机械”，最早记载见于金元之间所写的《种莳直说》，可知最迟在女真族统治黄河流域时期（第十二、第十三世纪间）已在使用。元朝初年，诗人王恽在今河北藁城县境内经过时，看到农民用“锄耧”在田间除草，很感兴趣，曾写下一首诗，据诗中“双竿驾特牛，独脚云耳并，纷纷捲土落，一刬蕃草尽”等句来想像，那显然是王祯所描述的耧锄，地点也正与《种莳直说》里所说的“今燕赵多用之”

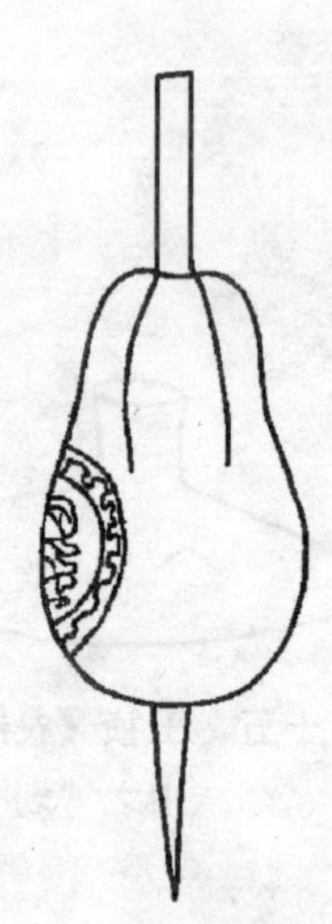

图四十六　王祯《农器图谱》中之“瓠种”

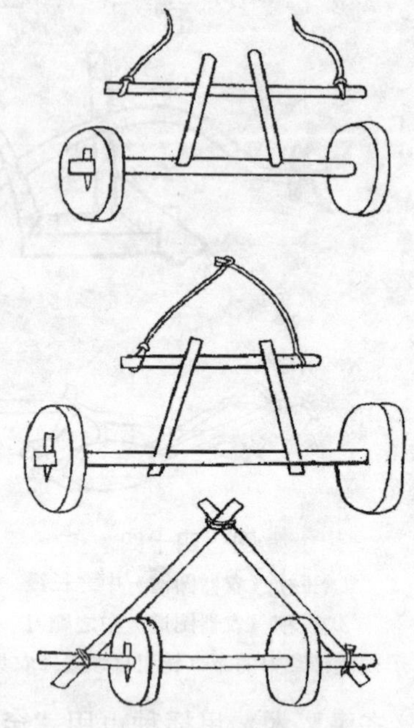

图四十七　王祯《农器图谱》中之“砘车”

相合，农具的名称可能是诗人记颠倒了。王祯还讲了与耧锄大同小异的“劐子”、“耠子”，其不相同之处是“劐子”第一遍即成沟子，谷根未成不耐旱；耧锄刃在土中，不成沟子，第二遍加“擗土木雁翅”，方成沟子，“其土分壅谷根”。在耧锄上加装木雁翅，也就是类似“犁壁”之类的东西，这确如刘仙洲先生所说的，“也是一项很聪明的设计”。正是在这种地方，常常可以看出来农民的智慧和创新的精神。大约就是因为劐子置办起来比较容易，用起来也比较省事，所以后来在北方似乎更得到推广。这也是历史上灾难深重的我国农民被迫因陋就简的一个例证。（图四十八）

东北的农民把大田里的中耕除草叫做“铲蹚”，这大约是由来已久。那里种地也是实行大垅，两垅之间形成一条比较深的沟，在这样的沟中进行中耕除草，一般的锄是不大合用的，必须是锄刃的两端稍稍跷起，这样才可以把松动的土拨到两旁给苗根培土。这种特种式样的锄叫做“蹚头”。前些年，辽宁省绥中县出土了金元时代的铁蹚头。那一带的农民开始使用这种农具可能还远在那个时代以前。这也是因地制宜变化设计的一个例子。（图四十九）

“推镰”的设计也值得特别提出。这是一种特别用于收割荞麦的工具。荞麦到成熟时，子实容易散落，用普通的镰收割，损失太大。推镰的特点是在带杈的长柄前端横装的镰刃两旁有一对转轮，和一对“蛾眉杖”。转轮安在一根

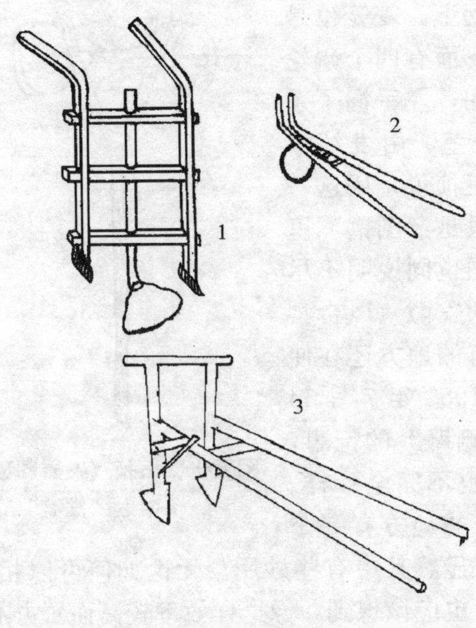

图四十八

1. 王祯《农器图谱》中之“耧锄” 2. 现代山东济南的“劐子”或“耘锄”（转引自刘仙洲《中国古代农业机械发明史》 3. 现代北京的双腿开沟耠子（农业部编《农具图谱》第一卷）

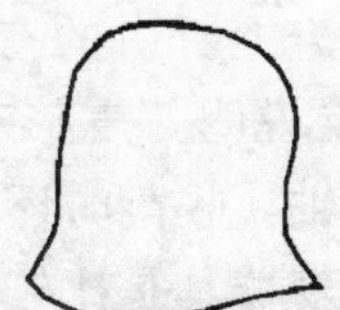

图四十九 辽宁绥中金元遗址出土的铁蹚头

（王增新《辽宁绥中县城后村金元遗址》转引自刘仙洲书）

横木的两头。这样描述是根据《农器图谱》的绘图，在《图书集成》里，就不是一对转轮而像是一个木磙子，总之是一件能够转动的东西。蛾眉杖的作用是约束割断的植株，把它们推成整齐的行列。据王祯说，用这种器具“子既不损，又速于刀刈数倍”。此外工作的人只需直身向前推动，疲劳可以大大减轻。应该说这是一种先进的收割器。元初王恽有《观获荞麦》诗，说“野人趁时获，拖车施素刃，前推约步长，偃仆为一顺”，所说的“拖车”显然就是这里所讲的“推镰”，而所收割的也正是荞麦。可知那个时候北方农民确实是使用它的。可是从那以后，也不在再见有人提起。追究起原因来，全元之际，黄河流域大部分事实上处于无政府状态，农业生产极不稳定，生长期短的荞麦种得可能是多一些，因而出现了这样一种专用农具。但更主要的恐怕还是后来时过境迁，荞麦的播种又有限了，推镰不适合于一般作物的收获，广大的小农户就不肯特为置办它了。（图五十）王祯在他的《农器图谱》里还描述了另外一种专用于收麦的工具，其实应当说是一组工具，因为那是由“麦钐”、“麦绰”和“麦笼”三件东西组成。“麦钐”是一把特种形状的镰，麦绰是用竹篾编成的特殊的带有两根木柄的簸箕，两柄下端装在一根横的短拐上面，用一根绳把麦钐也系在拐上。麦笼也是竹篾编的，像个大簸箩，放在一个下面有四个碣轮的木座之上。操作时用右手抓住短拐，左手握了系麦钐的绳，双手一齐用力，斩断麦茎，由麦绰承受，然后翻到身后的麦笼里去。据王祯说，用这一套工具收麦，比用镰割要快得多。只是《图谱》里关于操作方法讲得不是很清楚，附图也同说明不尽相符。像这样的收麦方法，清朝编的安徽《凤台县志》里也有记载，现在河南、陕西有的地方还在使用，不过具体操作方法有些改变。1958 年 7 月 14 日的《人民日报》上有一篇关于“删镰”的记事，与《图谱》上所讲的有点近似，但也不完全一样。《图谱》上说明，麦钐和麦绰相联结的地方有一个绕绳的短轴，收割时还要掣动绳子，显然其中有些妙用。无论如何可以相信，这一套收麦器具是比较先进的。同时也应该想到，像这样效率较高而置办起来又不是太难的器械，却没有能够普遍推广也必然是还有一定的缺点。石声汉先生说，“用钐收麦的技巧简直是一套艺术表演”。也是觉得这种操作手法不易掌握，不过我国的农民也和手工业者一样，在操作技巧上面是有很高的水平的，单单是这方面的难度好像不应该是阻碍他们采用先进工作方法的主要原因。也许是小农户的麦田过小，不需要这样的“大材”像这样成套的收割工具，还是得在较大的麦田里才能够充分发挥威力。清吴其浚《长编》说，“按，麦秸织草帽，利甚大，故平地多不肯用钐绰，惜其秸也”，这也可算是原因之一。（图五十一）

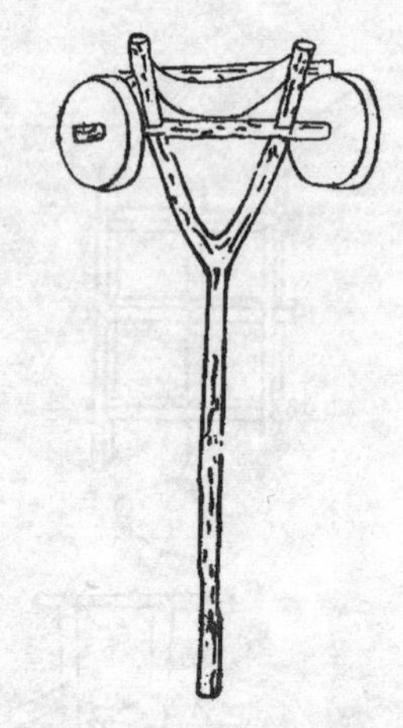

图五十　王祯《农器图谱》中之“推镰”

旱地的农具发展，自从《齐民要术》时代以后就放慢了。水田农具在明清两朝也没有什么比较重要的改进。但这不是说，这些农具的效果始终如一。一般说来，手工作业的效率，在很大程度上常常是靠使用工具的技巧和特别的“诀窍”来提高，虽然也必须承认，这样的提高终归是有限的。以耙的使用为例，《齐民要术》里说的是让人坐在耙上时时用手折断塞进耙齿里的杂草，以防禾苗受伤。王祯《农书》里就说，人站在耙上，使耙齿入土更深，每到地头上用脚把挂在耙齿间的草木根须踩掉。这里可以看出来操作方法上的改变。一般说来，对工具的“运用之妙”，主要是使用者“存乎于心”，其中的奥妙不易形之于语言，只能心领神会。这是手工作业的特色，因此只能略而不谈。

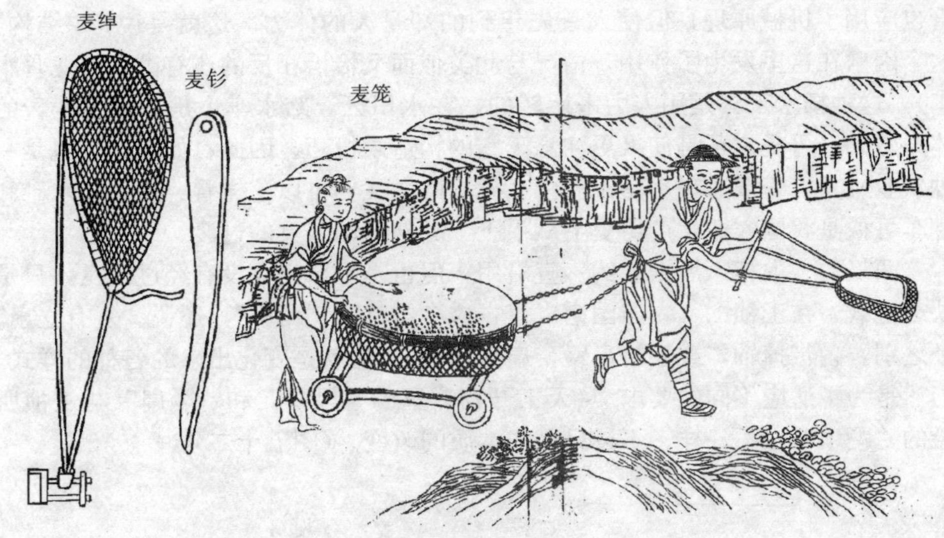

图五十一　王祯《农器图谱》中之麦钐、麦绰和麦笼

七、农业机具和动能

刘仙洲先生在其《中国古代农业机械发明史》中一开头说，“若就机械的定义说，任何一种工具，无论简单到什么程度，当使用它作工的时候，都是一种机械”。这自然是机械学专业中的科学的概念。照通俗的理解，“机械”或“机具”的范围却是比较狭小的。不过也很难说有一个什么科学的界说，只是依据一般人的习惯想法或说法。比如说“机械化”这个词，所谓“机械”，就是不把简单的工具如锹、锄、镬、镰以及耕犁、磟碡之类包括在内。判别是标准虽然是模糊的，但究竟也不是完全不可捉摸的。如果试加推究，好像是与动力的性质不无关系，说得具体一点就是，工具的推动主要是不是靠人的体力和技巧。此外似乎还有一点，那就是算得上是机械或机具的，总得是构造上多少要复杂一些。现在就按照这样通俗的理解来检查一下我国历史上这方面的发展情况。

同犁、锹之类的农具比较起来，风扇和水碓也许可以算是比较复杂的构造。如果说这就是最早出现的农业机具，那首先是因为这二者都使人觉得是利用了自然力，即风力和水力。更进一步分析，风扇虽说是利用风力来发挥作用，但还是全靠人类；人力来推动，在这一点上，它不能说是比辘轳有所超过，可是在一般人看来，它好像更容易被认为具有“机器”的性质。这就是因为它比辘轳有更复杂一些的结构，多少给人一个“巧”的印象。至于辘轳，尽管也应用了机械原理，但使人首先想到的却是人的体力。这就是说，“结构”这个因素在这里发生了作用，情况与此类似而又恰恰相反的还有翻车（龙骨水车）。这种扬水工具是用人力来运转的，在水田区，踏水车也是一种很辛苦的体力劳动，可是它还是使人更注意于它的构造之机巧。因此，如果说它也是一种农业机具，一般人似乎是没有什么异议的。我们可以这样看：风扇、水碓和翻车可说是我国农业生产历史上从手工工具向机动工具的过渡。

西汉的“扇柜”后来大约一直沿用，但也是不会完全没有经过改良，只是缺乏记载。在王祯的《农器图谱》里，这个器具叫“飏扇”，还说“复有立扇、卧之别，各带掉轴，或手转足蹑，扇即随转”，这就是变化出来的各种的样式，当然是为了适应不同的要求。《天工开物》里的“风车”和“飏扇”与王祯所绘的“飏扇”也不一样，不过只是非本质的改变。（图五十二）

图五十二　《天工开物》中之“风车”和“飏扇”

碓的发展比较显著些。作于西汉末年的《方言》里面已有“碓机”这个名称，还说“陈、魏、宋、楚，自关而东谓之‘梴’”，可知当时各地都已普遍使用。也可设想，更早写成的《急就篇》里的“碓”，有可能也是这种碓机。据桓谭说，制作出来踏碓之后，“又复设机关，用驴骡牛马及役水而舂，其利乃且百倍”。（《新论》）他这是概括地叙述了公元以前时期舂具的发展情况。踏碓虽已不再是很简单的工具，究竟是仍用人力操作，好像还不能说是“机具”，使用畜力和水力，那就有“机械”的意味了。刘仙洲先生指出，利用畜力在一定地点连续工作，要采用“回转运动”，由地平面上的回转运动把动力传送到碓的本体，最后使碓能产生舂米动作，这中间是需要一对斜齿轮的传送。这就是说，碓的构造复杂化了。踏碓的制作已经是给了人以“机”的感觉，所以当时称为“碓机”。从这里可以意识到，在一般人看来，“机”包含有“巧”的意思在内，即所谓“机巧”，桓谭也说“后人加巧”。而所谓“巧”，在这里好像就是部分地或基本上代替了人的笨力气，同时又提高了工作效率。如果再用牲畜，尤其是水流作为动力，那当然就更是“机”了。沿了这条线索下去，后来跟着出现了杜预的“连机碓”，也是用水力推动。据王祯说，连机碓就是像他那时代由水轮带动的那样一种设计，但他所引《通俗文》上面有“水碓曰翻车碓”这样一句话，从字面上来理解，又好像最初的连机碓是利用翻车的作用。无论如何可以肯定，这种设计到后来是发生过变化的，王祯就提到还有“撩车碓”和“斗碓”（也叫“鼓碓”），都是因地制宜的另型设计。（图五十三）

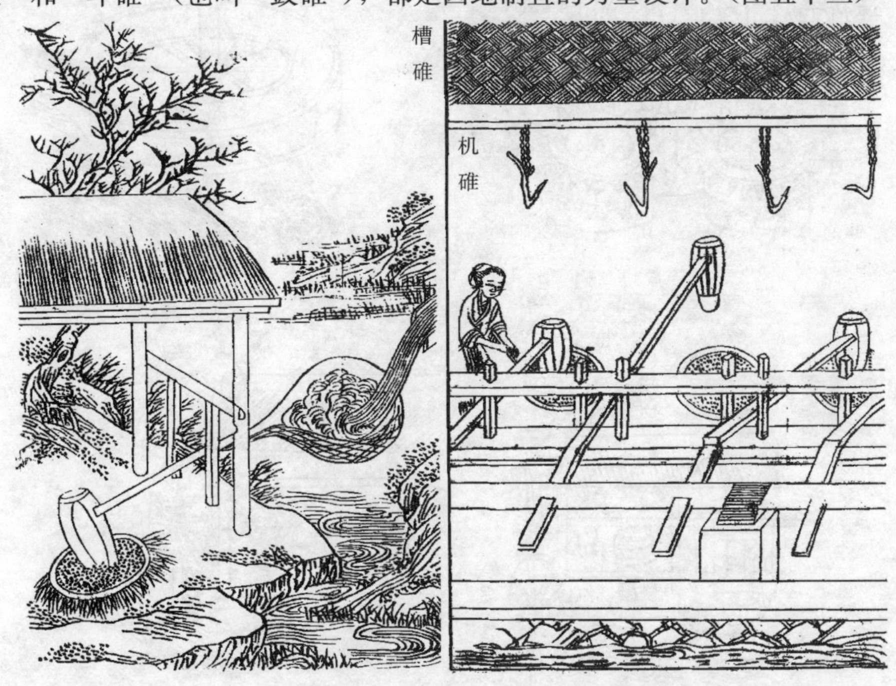

图五十三　王祯《农器图谱》中之“槽碓”和“机碓”

不过文献上记载杜预的连机碓又说什么“为八磨”。磨和碓是功用不同的两种器具。可能是著书人疏忽给弄错了，否则就是杜预于连机碓之外又制作过机动的磨。又稍后于杜预的嵇含写过一篇八磨赋，却说是他的外兄刘景宣“作磨奇巧”，赋中有“巨轮内建，八部外连”这样的句子，这就像《图谱》里的“连磨”的样子了。可是又说用一头牛来转动而不是水。不过无论如何，似乎可以相信，魏晋时代，设计精巧的连机碓和水硙历经魏晋南北朝以至隋唐，一直未断，碓和磨之外，还有“水碾”。单从农具的制造技术这方面来说，可以

想见，设计什么一定是逐渐有所改进。(图五十四)

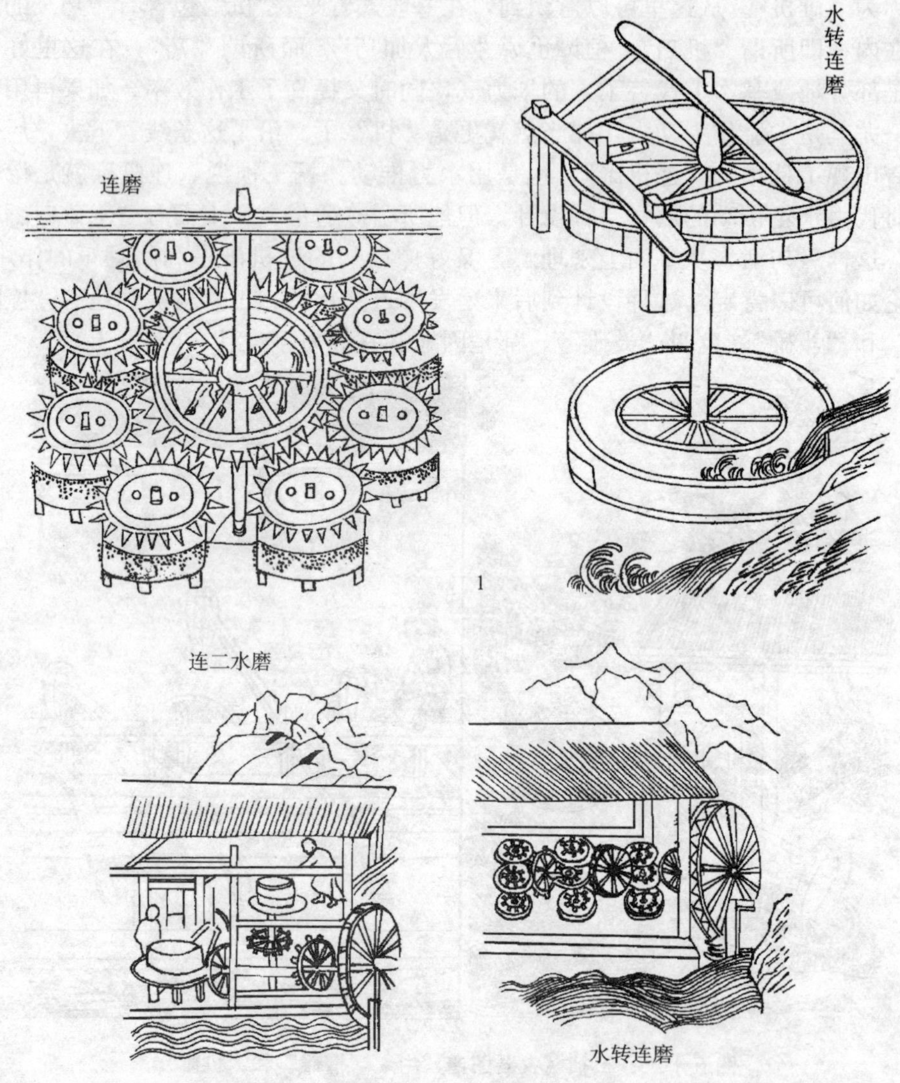

图五十四

1. 王祯《农器图谱》中之“连磨”和“水转连磨”

2. 《授时通考》中之“连二水磨”和“水转连磨”

说起“磨”来，可能是从一开头就想到了利用畜力来转动，再加上它的整个构造也不是很简单，所以有一定理由把它算作机具。工作的人不是直接使用它而是伺候它。到后来又利用水力，而且又同时转动好几盘磨，那就更是“机器”了。碾的情况与磨相同，因此应当援例也算作机具。它同样可由畜力和水力转动。《旧唐书》记载，高力士“截沣水作碾，并转五轮，破麦三百斛”。破麦用碾，这样说也许有点问题，只这“并转五轮”，刘仙洲先生认为是一个水轮带动多数碾轮，那就应该叫做“连碾”了，当然是机器。（图五十五）

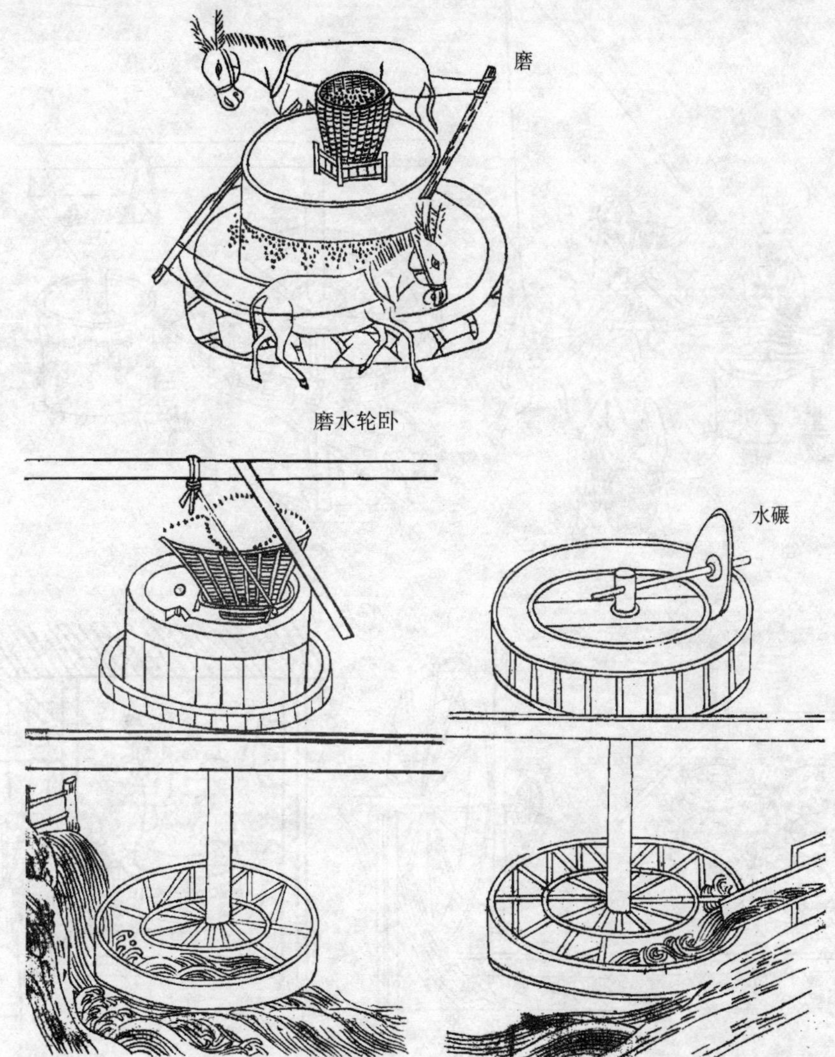

图五十五 王祯《农器图谱》中之“磨”、“水磨”和“水碾”

“砻”原来与“磨”、“硙”同义，不知从何时起，它成了另一种专用于谷粒脱壳的器具的专名。它也和磨一样，除了也可用人力外，大都是用畜力或水力。值得注意的是，《图谱》里砻的绘图，虽然是用人力推动，却是用的偏心轮的道理，这就使人有一定的“机械”的观感。（图五十六）

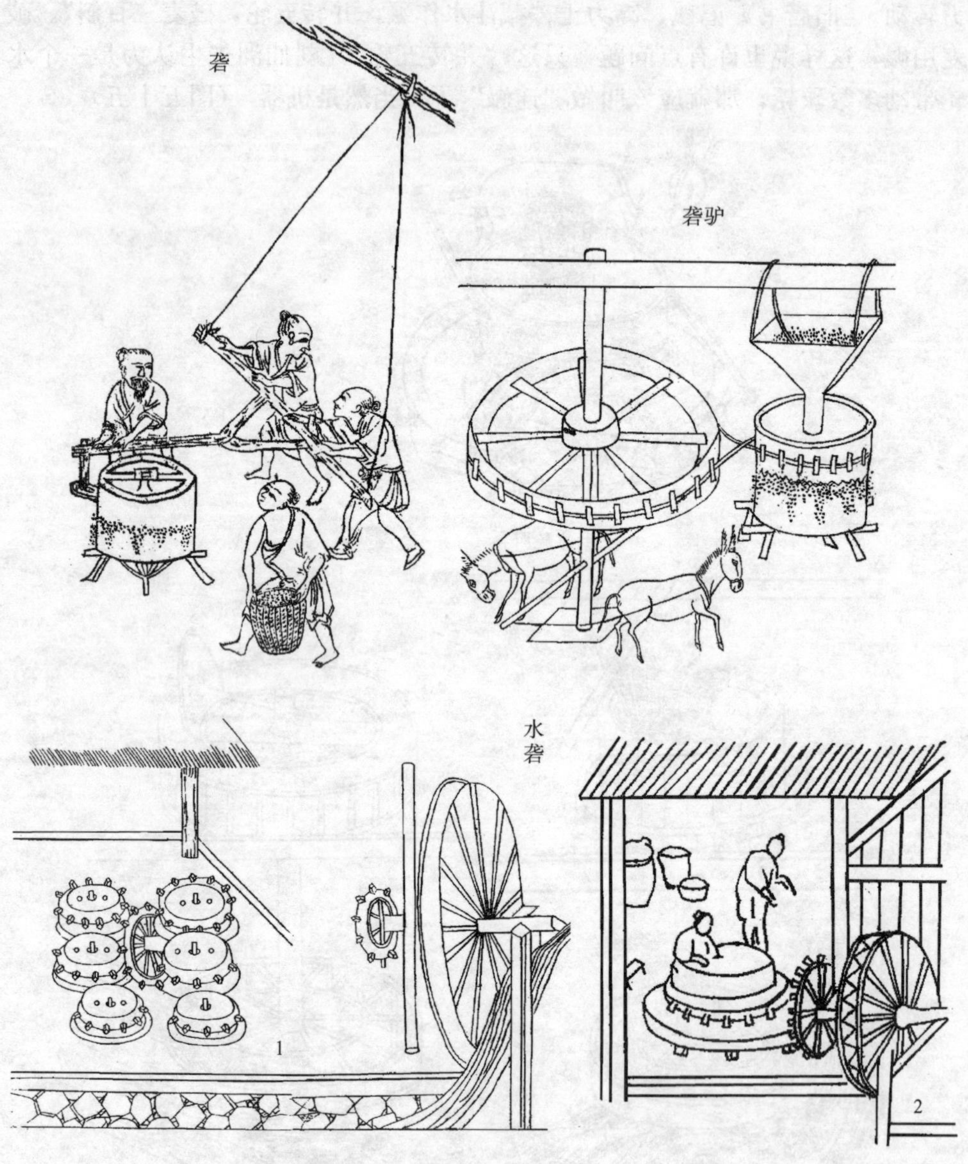

图五十六

1. 王祯《农器图谱》中之“砻”、“驴砻”和“水砻”　2.《授时通考》中之“水砻”

以上说的这些利用畜力或水力转动的粮食加工器具，有的是用卧轮，有的是用竖轮，都是根据所在的地势以及水力的大小来设计的。王祯另外设计出来一个用同一水转轮轴兼能进行磨、砻、和碾三项工作的机具，因每次工作的要求不同，磨、和砻可以互相替换。这也是一种高明的设计，可惜后世未见推广。此外王祯还提到一种“船磨”，那是由相傍的两只船各载一盘磨，二船之间设置一个水轮，同时转动二磨，也是变化出来的一种设计。（图五十七）

翻车自从发明出来之后，就成为水田作业必不可少的用具。在以后大约一千年的期间，改进的情况，缺少文字记载。王祯的《农器图谱》里面，记载了有两种推陈出新的设计，都是依据不同的具体情况变化出来的，而又都是应用轮轴的结构。有的是用牛拽转，称为“牛转翻车”，有的是借流水的力量推动，称为“水转翻车”。用牛力或水力转动一个卧轮，由卧轮拨动一个竖轮，这样把力量传到贯穿竖轮的横轴上面，横轴旋转，带动翻车。这些新的设计大约都是早在王祯以前就出现了。据刘仙洲先生说，北京故宫旧藏有南宋初年马逵所画的“柳阴云碓图”上面就有牛转翻车。下面就要谈到，唐朝时候已经有了水车和筒车，依理推想，那个时代的人也会设计出来用畜力和水力推动的翻车的。（图五十八）到后来，沿海地方的人还利用风力，仿效船帆，制出了“风转翻车”。

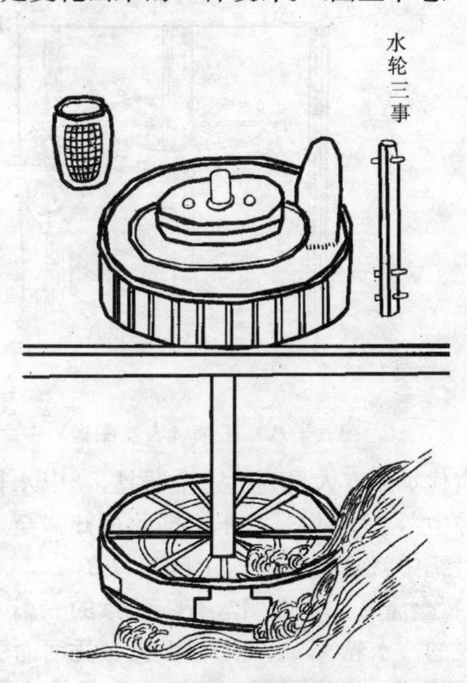

图五十七　王祯《农器图谱》中之“水轮三事”

不久以前的农民从深井汲水，往往还用水车。论起它的功用，和辘轳并没有什么区别，虽然一般是使用畜力开运转，但用人力的也不是没有。可是它和踏车一样，也具有“机械”的意味，问题同样是在构造上面。它像是把辘轳和踏车二者结合了起来，能够连续向上提水，因而效率大大超过了辘轳。因此可以推想，它的制作必然是在踏车推广以后。具体的时代很难说。《太平广记》所引的一部书叫《启颜录》，里面记载

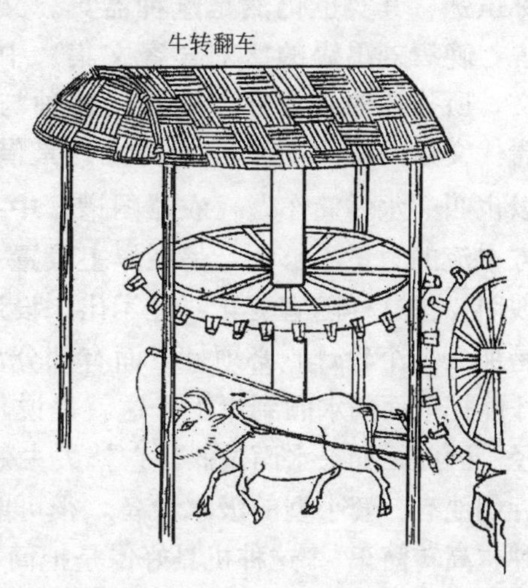

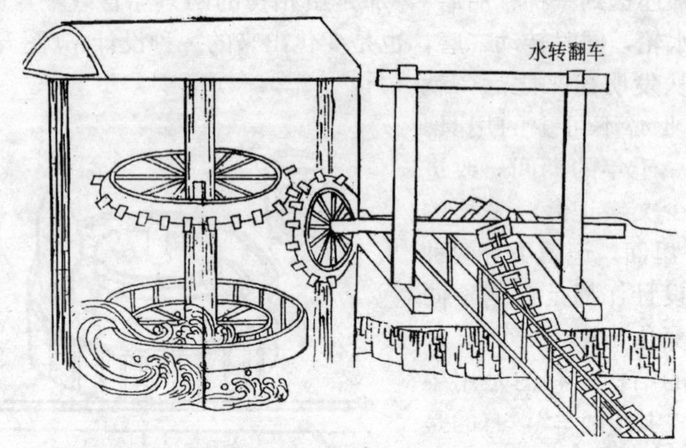

图五十八　王祯《农器图谱》中之“牛转翻车”和“水转翻车”

了唐代早期有人见到过这个器具，“以水桶相连，汲于井中”，完全像是水车。据此可知，至迟到公元第七世纪中就已经有了。（图五十九）

《全唐文》卷九四八有陈廷章的一篇《水轮赋》，所说的“水轮”，是“斲木而为，凭河而引”，“殊辘轳以致功，就其深矣，鄙桔槔之烦力，使自趋之”，这显然是后世的“筒车”。这个提水器具，有的地方也叫“天车”。北宋范仲淹所赋的“水车”，“固无伤于濡轨，轧之临川，初有认于埋轮，翘翘在渚”，名称虽殊，其实也仍然是这种器具。又据刘仙洲先生说，晚唐刘禹锡的《刘宾客文集》中《机汲记》一文，所描述的好像亦即此物。这种与水车同始见于唐代文献的提水机具，最初大约是借水力推动，所以也叫“水转筒车”。《农器图谱》中另外还有“衛转筒车”，那显然是有的地方水流的力量不够大，另在岸上设置一套像牛转翻车那样的转轴结构，由驴来拽引。像这样随宜变化，显示出来设计者的匠心。（图六十）筒车的构造就只是那么一个轮，它必须是下面有部分没在水里，最上面的部分比岸稍高，这样才能把下面的水倾到岸上。这就是说，水面和岸上之间的距离必须小于轮的直径。因此，如果水面过低，它就失去效用。王祯讲到当时平江（今苏州）虎丘寺剑池有一套小型的汲水设备，很可能就是王祯本人受到了启发，设计出来一种“高转筒车”。这种机具好像是把筒车和水车、踏车三者结合到了一起，于岸

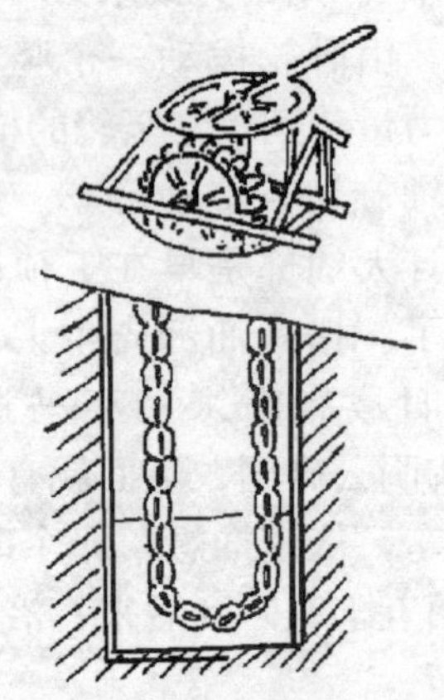

图五十九　现代的水车

（引自刘仙洲《中国古代农业机械发明史》）

上和水上各设计一个轮，侧立在一条直线上，由竹索联系起来，竹索上面是一连串的竹筒，在一旁看起来，一个个小竹筒鱼贯上下，“如环无端”，有如水车，构造的主体倾斜着，连接着水面和岸上，又有些像翻车。岸上那个轮的轴，显然是带上另一个竖轮，由一个卧轮拨动，而用畜力来转动卧轮，就像牛转翻车那个样子。要是使用人力，那就在轮轴的两端安装拐木，如同人踏翻车的办法。这是因为水里那个轮的轴与水流是同一方向，自然不能利用水力，动力是得从岸上发出的缘故。王祯又设想出一个由水力推动的筒车，称为“水转高车”。那是依照水转翻车的样子，下面的轮轴带上一个竖轮，另由一个被水流推动的卧轮来拨动。不过可惜的是这两幅图在传本《农器图谱》里都不清楚。（图六十一）

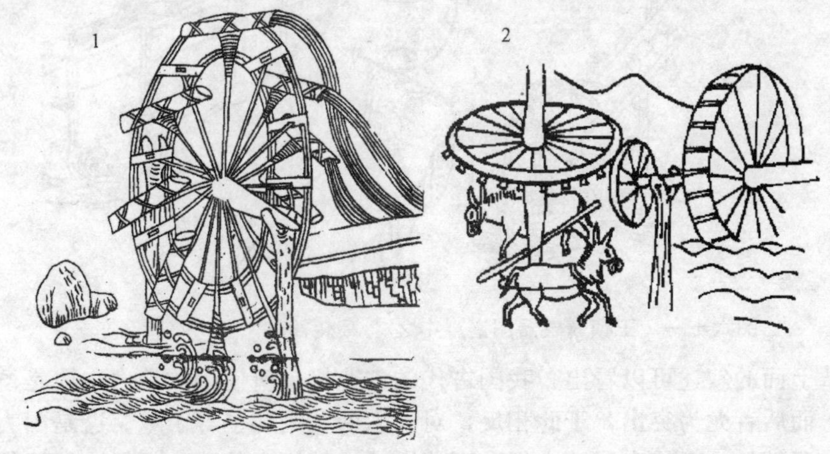

图六十

1. 王祯《农器图谱》中之“筒车”（水转筒车）　2. 徐光启《农政全书》中之“驴转筒车”

部分农业机具发展变化示意图：

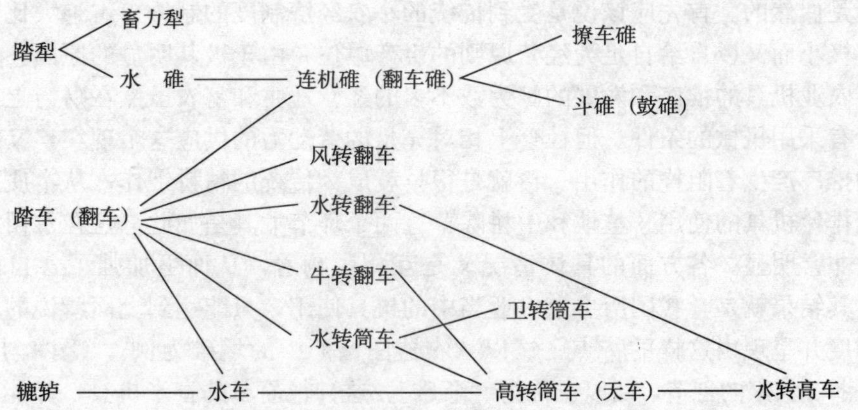

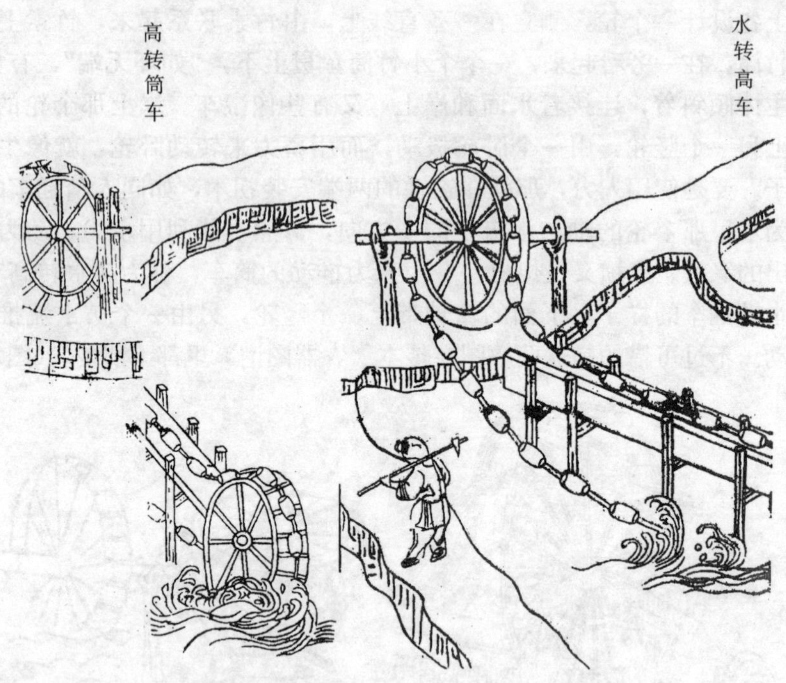

图六十一　王祯《农器图谱》中之“高转筒车”和“水转高车”

从上面的叙述可以看出，我国古代的农业机具所使用的动力主要是畜力和水力，而后者尤为突出，于此相反，对风力的利用几乎等于零。这是因为我国的自然条件的一个特点是缺少像欧洲那样的比较恒定的风，一般连续性的作业无法加以利用的缘故。同样容易觉察的是，机具的使用主要限于灌溉和收获后的整治加工这两个方面。而就这两个方面互相比较，在时间上又是后者开始得更早。可以说，我国农业上使用机械是从产品的整治加工这个环节开始的。这并不是偶然的。首先应该说是受到传统的小农经济制度的制约。占绝大比重的规模极小而又以自给自足为经营原则的生产单位，由于极其明显的原因，是不利于农业机具的推广和发展的。为数不多的经营地主和富农虽然在财力上或多或少有采用机械的条件，但社会上相对充足的劳动力的供应这个现实，又对机具的推广产生着阻挠的作用。再就是很早就成为传统的精耕细作，从本质上来说也排斥机具的使用。整地和中耕除草这两个环节尤其是如此，这在水田方面更是非常明显。各方面的具体情况又是互相影响着，从而更加强了各自的作用。其结果就是，我国历史上农业当中的机具使用，只能达到上面所说的这样的程度并呈现出这样的特点。试以《农器图谱》中的堈碓为例。（图六十二）这是浙江农家的创造，所以也称为“浙碓”。这种很简单的舂米机具，却能做到

“米自翻倒，簸于篘内，一捣一簸，既省人搅，米自匀细”。这说明了设计的高妙。可是原文接着又指出，“然木杵既轻，动防狂迸，须于踏碓时已起而落，随以左足蹑其碓腰，方得稳顺”这就是说，为了取得上述的效果，工作的人的操作技巧是不可少的，甚至可以说，使用机具的人的个人的技巧对机具的充分有效使用有很大的关系，或者竟是决定性的。再联想到古代其他简单的农具，以及现代的机器，就会看出来，配合精耕细作的农业机具的使用，多少还带着手工作业的意味。反之，现代的机器则是把效率完全寄托在构造本身的精审设计上面，而使用机器却相对地轻而易举，如果说还是不很简单，那主要是还必须掌握一套比较复杂的知识而不是灵巧的操作手法了。农民越是习惯于依靠自己的操作上的巧妙来提高工作效率，也就越减小了制作和改进机具本身的积极性。这种心理状态多少也对机具的发展产生了不利的影响。

图六十二　王祯《农器图谱》中之“堈碓”

最后还可以举出“代耕架”来作为补充说明。一提起代耕架，首先会想到的是明末王徵的那个设计。其实在他以前，据湖北《郧阳府志》的《官师志》记载，明嘉靖年间因为闹牛瘟，不能及时耕田，有人“造人耕之法，施关键，使人推之，省力而功倍”。假如记载是确实的，虽然无从臆测它的具体构造，还是可以肯定其为一种代耕的机具。王徵《新制诸器图说》中的代耕架，不单对构造的用法讲得很清楚，而且还绘有图。清初屈大均在其《广东新语》中谈到了“木牛”，与王徵的代耕架相似，这二者都像是同前些年盛传一时的绳索牵引机属于同类的东西。明代湖北郧阳府的那个设计，志书上说明了“惜其法不传”。清初广东农民的木牛是否根据王徵的设计制成，不得而知。又据清末出版的《农学丛书》中记载，太平天国战争之后，一个叫马彦的安徽人以王徵的设计为蓝本，又加以改良，制出一种代耕机具，曾在湖北随州试用。关于这一种在农民看来要算是很新颖的农业机具，文字记载只有这寥寥几条，在过去生产实践中显然未曾发挥它应该发挥的作用，而只是偶尔用来救一时之急。(图六十三)

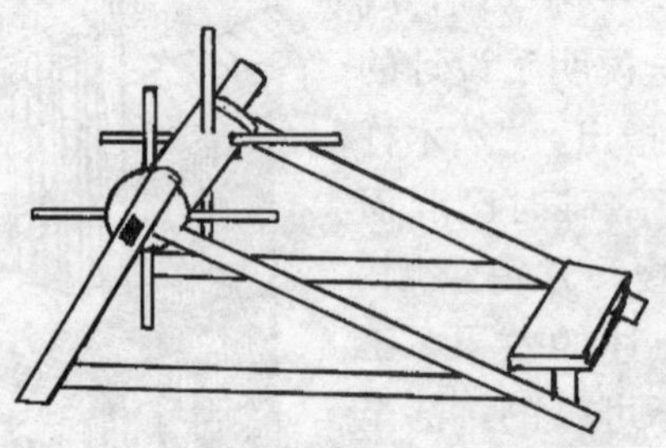

图六十三　王徵《新制诸器图说》中之“代耕架”

当然，今天的情况是完全不同了，我们的农业要机械化，这是必然的。要实现农业的机械化，仔细研究一下过去农业中机具应用和发展的情况，尤其是如果一时还不完全放弃精耕细作，那么如何使这个传统与机械化结合起来，这似乎还是很值得认真考虑的。